대한민국 역대 정부

주요 정책과 국정운영

대한민국 역대 정부
주요 정책과 국정운영

2. 박정희 정부

한국행정연구원

도서출판 대영문화사

발간사

올해는 우리 민족이 일제로부터 해방된 지 70년이 된 해이며, 대한민국 초대 정부가 수립된 지 67년이 된 해입니다. 그동안 우리나라는 동북아의 작은 신생 국가에서 경제 규모 세계 13위권의 국가로 발전했습니다. 세계는 우리의 발전에 놀라워하고 있으며, 많은 개발도상국가들이 우리나라의 경험을 배우려 하고 있습니다.

이러한 놀라운 경제 성장의 배경에는 일차적으로 대한민국 역대 정부가 그 중심에 있었습니다. 1948년 이승만 정부가 수립된 이후 대한민국에서는 많은 정부가 들어섰으며, 이들 정부에 의해 다양한 정책과 국책사업이 추진됐습니다. 이들 정부의 정책과 국책사업으로 인해 대한민국은 전쟁의 상처를 극복하기도 했으며, 급속한 경제 성장과 민주화를 이루기도 했습니다.

물론 그동안 모든 정책이 크게 성공하여 국가 발전과 국민생활에 기여했던 것은 아닙니다. 일부 정책의 경우 기대한 성과에 미치지 못해 국민에게 실망을 안겨주기도 했습니다.

그러나 성공한 정책이든 혹은 실패한 정책이든 역대 정부의 정책들은 대한민국의 역사인 동시에 미래 정부의 정책결정과 집행에 반드시 참고해야 할 중요한 자료이기도 합니다. 따라서 과거 정부가 추진했던 정책과 국책사업들의 성공과 실패의 원인을 분석하고 미래 정책의 지표로 삼는 것은 당연하며 꼭 필요한 작업이라고 할 수 있습니다.

이에 한국행정연구원에서는 우리나라 역대 정부들이 어떤 정책을 어떤 배경에서 추진했으며, 어떤 성과를 냈는가를 재조명하기 위해 본 편찬사업을 계획하고 추진하여, 이번에 『대한민국 역대 정부: 주요 정책과 국정운영』이란 제목으로 전체 8권의 결과물을 발간하게 됐습니다.

2013년 말부터 계획 · 추진된 이 편찬사업에는 연구원 내외에서 총 78명의 학자가 참여하여 이승만 정부부터 이명박 정부까지 우리나라 역대 정부의 주요 정책과 국정운영의 현상들을 객관적이며 종합적인 안목에서 재조명하고 분석했습니다. 세부 주제는 한국행정연구원에서 선정했으나, 각 세부 주제의 집필 방향과 내용은 각 집필위원들의 분석 시각과 판단에 맡겼습니다.

한편 한국행정연구원은 이 편찬사업의 추진을 위해 7명의 전문가를 모시고 편집위원회를 구성했습니다. 2013년 말부터 활동했던 편집위원회에서는 연구에 담을 세부 주제를 선정해 주셨으며 그 주제에 적합한 집필자들도 추천해 주셨습니다. 또한 많은 집필자가 참여하는 사업인 만큼 연구의 통일성 유지 방안 등 여러 내용에 대해 논의, 결정했습니다. 특히 각 편집위원들께서는 연구의 중간 발표 및 최종 보고회 등 사업의 여러 과정을 주관해 주셨습니다.

편집위원회에 참여하여 수고를 아끼지 않으신 김성배 교수님(숭실대), 박양호 교수님(홍익대), 주재현 교수님(명지대), 이대희 교수님(광운대), 최흥석 교수님(고려대), 하미승 교수님(건국대), 한표환 교수님(충남대)께 깊은 감사를 드립니다.

또한 한국행정연구원은 편집위원회와는 별도로 자문위원회를 구성하여 이 편찬사업 전반에 대해 자문을 받았습니다. 자문위원회에서는 학술사업의 전반적 추진 방향을 비롯하여 국내외 편찬 사례, 연구 성과물 확산 방안 등 다양한 내용에 대해 자문을 해 주셨습니다. 자문위원의 역할을 기꺼이 맡아주신 정정길 울산대학교 재단이사장님(전 대통령실장), 안병만 전 교육과학부 장관님, 정형근 전 국회의원님, 김석준 안양대 총장님(전 국회의원), 이달곤 가천대 교수님(전 행정자치부 장관), 박영희 건국대 명예교수님, 윤정길 건국대 명예교수님께 깊은 감사의 말씀을 전합니다. 특히 안병만 전 장관님과 김석준 총장님께서는 본 연구사업의 서론과 결론 부분까지도 직접 집필해 주셨습니다.

이『대한민국 역대 정부 주요 정책 및 국정운영』은 제1권 이승만/장면 정부부터 제8권 이명박 정부까지 총 8권으로 구성되어 있습니다. 과도 정부였던 허정 내각과 최규하 대통령 재임기를 제외한 대한민국 역대 정부의 주요 정책과 국책사업 그리고 정부개혁의 내용이 모두 수록되어 있습니다. 본 연구사업의 서론은 제1권 앞부분에, 결론은 제8권 뒷부분에 수록되어 있습니다.

재임 기간이 짧았던 장면 정부를 제외한 각 정부의 내용은 크게 3편으로 구성되어 있는데, 제1편은 정부의 출범과 국정운영의 기초에 대한 내용으로 각 정부에 대한 개괄적 소개(제1장)와 각 국정운영의 목표와 방향(제2장)에 대해 분석하고 있습니다. 제2편의 내용은 각 정부에서 추진됐던 주요 정책 및 국책사업에 대한 분석으로 각 정부별로 5장 또는 6장으로 구성되어 있습니다. 각 정부 2편 내용의 선정은 편집위원들께서 담당했는데, 각 정부에서 추진됐던 정책 및 국책사업들을 검토하여 그중 정부가 가장 역점을 두어 추진했다고 판단되는 정책들과 당시 정부에서 국민적 논란이 됐던 정책 또는 국책사업 위주로 선정했습니다. 제3편은 정부개혁에 대한 내용이며 모두 3장으로 되어 있습니다.

이미 언급한 바와 같이 한국행정연구원에서는 이 연구 성과물의 발간에 앞서 여러 차례의 발표회를 가졌으며, 지난 해 12월 2일에는 대규모의 학술토론회도 개최했습니다. 발표회에서는 집필자 발표 내용에 대한 토론과 함께 내용의 중복성 방지를 위한 방안, 편집 방안 등을 논의했고, 학술토론회에서는 각 정부에 대한 연구 결과 발표 외에도 향후 정부의 정책 운영 방안에 관한 다양한 논의가 있었습니다.

한국행정연구원은 이 편찬사업에 그치지 않고 2015년에는 본 연구의 결과를 요약하여 영문으로 번역하여 출판할 예정입니다. 출판된 영문 책자는 한국행정연구원과 국제관계를 맺고 있는 외국 기관들은 물론 주요 외교 기관들에도 배포될 것입니다. 아울러 우리 연구원은 국제행정협력센터를 설치하여 ODA 관련 사업을 적극 추진하고 있는 바, 이 책자는 아주 유용하게 사용될 것으로 생각합니다.

끝으로 한국행정연구원 편찬사업에 참여해 주신 많은 집필진 여러분과 편집위원님 그리고 자문위원님께 다시 한 번 감사를 드립니다. 그리고 이 학술사업을 총괄・책임지고 수행한 양현모 선임연구위원과 이 사업을 총괄 지원한 장지원 전문연구원, 그리고 각 정부별 집필위원들과 소통하면서 간사의 역할을 수행한 김영록, 조세현, 오윤경, 임성근, 윤종설, 최순영, 황혜신, 허준영 박사와 이 사업을 행정적으로 지원한 김두진 행정원을 비롯한 연구원 직원들에게도 감사의 말씀을 드립니다. 아울러 원고를 정성껏 교정・편집해서 8권의 책으로 발간해준 대영문화사 임춘환 사장님께도 감사의 마음을 전합니다. 이외에도 이 책이 나오기까지 수많은 분의 노고와 정성이 있었으나 일일이 거론하지 못해 죄송한 마음입니다.

아무쪼록 이 책들의 내용이 향후 국민들의 학습과 연구 자료로 사용되는 것은 물론 우리나라 정부 정책 과정에 도움이 되는 정책 자료로도 널리 활용되기를 기대해 봅니다.

감사합니다.

2014년 12월

한국행정연구원 원장 **이은재**

총 목 차(1~8권)

제 2 권 박정희 정부

제 3 권 전두환 정부

제 4 권 노태우 정부

제 5 권 김영삼 정부

제 6 권 김대중 정부

제 8 권 이명박 정부

제 2 권

박정희 정부

목차

제1편 박정희 정부의 출범과 국정운영의 기초

제2편 박정희 정부의 주요 정책 및 국책사업

제1장 경제성장 정책(Ⅰ): 경제개발 5개년계획

제2장 경제성장 정책(Ⅱ): 수출주도정책과 중화학공업정책

제 3 편 박정희 정부 정부개혁

제 1 편

박정희 정부의 출범과 국정운영의 기초

제 1 장

박정희 정부의 출범 및 정부 소개

하미승
건국대학교

제 1 절 박정희 정부 출범에 대한 역사적 · 환경적 분석

1. 역사적 맥락

박정희 정부(1963~1979)의 출범은 조국 근대화를 주도할 새로운 권력 엘리트 집단이 출현한 것을 의미한다. 장면 정부가 집권하고 있던 제2공화국의 말기, 박정희 소장을 주축으로 한 3,000여명의 군인은 1961년 5월 16일 서울 용산 육군본부를 거쳐 중앙청으로 진출, 주요 정부기관과 방송국을 장악해 정치적 실권을 행사하기 시작한다(한국행정연구원, 2008: 219).

군부는 4 · 19 이후 장면 정부 시절의 정치적 혼란 상태와 행정적 아노미 현상에 대응해 소장파 장교들을 중심으로 정군운동을 벌였고 새로운 국가 개조로의 방향 의식을 갖고 있었던 것으로 보인다. 일부 장교들은 그전부터 자유당 정권의 무능과 국가 빈곤의 악순환, 미국 군사 · 경제에의 의존 등을 비판해 왔던 것으로 알려졌다. 그리고 4 · 19

이후 민주당의 신·구 양파 간 정권경쟁으로 인한 혼란 상태와 행정적·정책적 무능 상태를 극복하고 경제 개발을 통한 국가 근대화를 이루겠다는 것을 5·16의 명분으로 내세웠던 것으로 볼 수 있다(한국행정연구원, 2008: 219, 225, 227). 군부는 소위 '혁명공약'으로 다섯 가지를 제시했다. 첫째, 반공을 국시(國是)로 하여 외부의 침략에 대비하고, 둘째, 유엔헌장을 잘 지켜 자유세계 국가들과의 결속을 단단히 하며, 셋째, 사회적 부패와 정치적 구악을 배제하여 국민 도의와 민족·민주정신을 기르며, 넷째, 국가경제 자립·재건에 힘을 기울여 국민의 굶주림을 해소하고, 다섯째, 북한 공산 세력을 퇴치해 국토 통일을 이루겠다는 것이었다.

5·16 이후 군부는 '국가재건최고회의'라는 군사정권의 통치기구를 설치하고 약 3년간에 걸친 군정을 실시했다. 군사정부는 경제개발 5개년계획 수립과 장기적인 경제발전 정책의 추진을 위해 경제기획원을 발족했고, 기획조정위원회도 설치했다(이한빈 외, 1969: 416-418). 군정기간 동안 군사정부는 새로운 정치제도와 조직 기반을 구축했는데, 민주공화당의 창당과 헌법의 개정, 선거법과 정당법의 정비 등이 그것이다(한국행정연구원, 2008: 220). 새 헌법의 중심 내용은 대통령제로의 회귀였다(권찬호, 1998).

1963년 12월 군사정부는 민정으로 복귀하면서 제3공화국을 출범시켰다. 당초 5년간의 군정기간을 설정했으나 미국의 반대와 국내 민간 정치세력의 저항으로 군정을 유지하기 어려웠다. 군부는 1963년 1월 민간 정치인의 정치활동을 허용하는 조치를 취했고, 이때부터 야당의 창당과 여야 간 정치 경쟁이 이뤄졌다. 1963년 10월 15일 제5대 대통령 선거가 실시됐다. 대선에서는 민주공화당의 박정희 후보와 민정당의 윤보선 후보가 경쟁을 벌였는데, 박정희 후보가 제5대 대통령으로 당선됐다. 비교적 공정한 선거를 통해 절차적 정당성을 확보했다(김일영, 1999: 290-318). 1967년 박정희 대통령은 제6대 대통령으로 당선됐고, 1971년에는 소위 '3선 개헌'을 통해 대통령의 연임 조항을 삭제한 후 제7대 대통령으로 당선됐다.

1972년에는 소위 '유신체제'가 도입돼 제4공화국이 등장했다. 유신헌법에 따라 1972년 12월 박정희 후보는 통일주체국민회의의 투표를 거쳐 제8대 대통령으로 취임했고, 1978년 제9대 대선에서도 대통령으로 당선돼 1979년 10·26 사태까지 정권을 유지했다.

제3·4공화국은 정치적으로는 권위적인 체제를 유지했으며, 경제적으로는 경제 개발과 국가 발전이라는 과제를 강력하게 추진한 정부로 볼 수 있다. 중요한 정책들을 보면, 경제개발 5개년계획의 추진, 수출 주도의 경제 성장 정책, 경부고속도로 건설, 새마을운동, 외자 도입 정책, 기업 육성 정책, 중화학공업 육성 정책, 국토개발 10개년계획 추진, 월남 참전 등을 들 수 있다. 이러한 정책들의 추진에 관해서는 아래에서 상세하게 검토할 것이다.

2. 정치적, 경제적, 사회적 환경

제3공화국의 탄생 직전의 정치적 상황을 살펴보면, 4·19 학생의거에 의해 이승만 정권이 무너지고 의원내각제를 기본적 통치 체제로 하는 장면 정부가 집권하고 있는 상태였다. 권위주의 정권을 무너뜨린 학생들과 그를 지원했던 교수들은 언론, 집회, 결사의 자유를 요구하고 있었다. 일부 진보적인 학생단체는 북한 학생들과 판문점에서 만나 통일을 논의해야 한다는 주장을 펴기도 했다. 그러나 민주당으로서는 이런 욕구를 충족시켜 주지도, 그것을 억제하지도 못했다(한배호, 2008: 227).

한편, 북한의 대남 간첩활동이 증가하고 있었으나, 4·19 당시 학생운동을 진압했던 경찰조직은 국민의 신뢰를 잃어 치안 유지에 취약점을 보이고 있었다. 이에 일부 우익 단체들은 남한의 정치적 혼란과 이에 따른 북한의 전략에 대해 우려를 표하고 있었다. 북한 출신의 일부 장교들도 민주당 정권 하의 정치 상황이 안보를 위태롭게 할 수 있다는 시각을 갖고 있었다.

군 내부적으로는 부패와 승진 적체 문제가 지적되고 있었다. 일부 부패한 장성이 아닌 양심적인 장교들은 생계 유지도 어려웠고, 국회 국방위원회 등 정치권에 의한 인사 개입도 존재했다(한배호, 2008: 226). 군 장교들은 자유당의 무능과 국가 빈곤 상태를 비판한 데 이어, 그런 문제를 해결하지 못하고 오히려 신·구 양파 간의 정치적 경쟁 상황을 드러낸 장면 정부에 대해서도 불만이 많았다. 이러한 상황은 소장파 군 장교들이 정군운동을 벌이게 하는 빌미를 주었고, 1961년 5월 박정희 소장을 비롯한 군부세력이 5·16을 일으킬 명분의 일단을 준 것으로 볼 수 있다.

5·16 당시 대한민국의 경제적 환경은 매우 열악했다. 미국의 경제 원조에 크게 의존하고 있었으며 많은 국민이 빈곤 속에서 살고 있었다. 1961년 당시 국가 GNP는 2,968억 원 수준이었으며 1인당 GNP는 82달러에 불과했다(한배호, 2008: 254). 이러한 경제적 빈곤 상황은 군부에 정권 장악의 빌미를 주었다고 할 수 있다. 어려운 경제적 상황이 그 명분의 하나였다는 점은 소위 '혁명공약'의 내용과 함께 5·16 이후 2개월 만에 경제개발 5개년계획을 발표한 사실에서도 알 수 있다. 제3·4공화국의 경제개발 정책과 국

가 발전 추진 내용에 관해서는 아래에서 각 정책 부문별로 구체적으로 논의하겠지만, 전반적으로 수출 주도의 불균형적 성장전략에 입각해 주요 전략적 부문을 중심으로 고도 성장을 이뤄나갔다고 할 수 있다.

제3공화국 출범 당시의 사회적 환경은 농업사회 중심의 전통적 구조와 새로운 산업적 태동이 이뤄지는 준산업사회 구조가 혼재하는 상황이었다. 여전히 농촌 중심의 전통적 사회가 유지되면서 농민들은 박정희 정권에 대한 지지 기반을 형성했다. 산업화와 도시화가 서서히 이뤄지면서 노동세력은 아직 성장하지 못했고, 도시 지식인 집단은 박정희 정권에 대한 비판적 세력으로 작용했다.

제2절 선거 과정 및 결과

1. 제3공화국 제5·6·7대 대선과 총선

박정희 정부의 대통령 선거와 국회의원 총선거의 과정과 결과를 살펴보되, 각 선거 당시의 정당 구도와 후보 간의 경쟁 관계, 그리고 선거의 과정과 그 결과에 관해 객관적으로 기술한다.

5·16 이후 군정을 실시해 온 군부는 그동안 정치활동이 금지됐던 기존 정치인에 대해 1963년 1월 1일부터 정치활동을 허용했다. 이에 따라, 군부를 지지하는 정치세력은 김종필 주도 하에 민주공화당을 중심으로 제5대 대통령 선거 준비에 돌입했다. 범국민정당이라는 이름의 정치적 움직임도 있었으나 여권은 민주공화당으로 통합됐다. 그 반대 측인 야권에서는 윤보선·유진산 등의 주도로 민정당을 창당했고, 박순천을 중심으로 하는 민주당을 세웠다. 야권에는 신정당, 민우당 등의 정당도 있었으나 이들 간의 통합은 이뤄지지 않았다. 전반적으로 대선의 경쟁 구도는 민주공화당의 박정희 후보와 민정당의 윤보선 후보 간 양당 구도를 이뤘다. 제5대 대통령 선거는 1963년 10월 15일에 실시됐다. 민주공화당을 중심으로 통합된 여권과 4개 정당으로 분산된 야권 간의 경쟁 구도에서 승리를 거둔 쪽은 여권이었다. 박정희 후보는 윤보선 후보를 15만여 표 차이로 누르고 대통령에 당선됐다. 박정희 후보의 득표율은 42.6%, 윤보선 후보의 득표율은 41.2%로 나타났다(한국선거학회, 2011: 100). 이어서 실시된 1963년 10월 26일의 총선

에서도 민주공화당은 야당들을 이기고 다수 의석을 차지했다. 민주공화당은 국회의원 총 의석 수 175개 중 115석을, 민정당은 41석을 점유하게 됐다(한국행정연구원, 2008: 393; 한배호, 2008: 237).

제6대 대통령 선거는 1967년 5월 3일에 실시됐다. 정당 구도를 보면 여권은 민주공화당을 선거 전과 다름없이 유지했으나, 야권은 제5대 대선에서의 패배에 따라 1965년 민주당과 민정당을 합당해 민중당을 만들었고, 1966년에는 민중당에서 탈당한 윤보선이 신한당을 창당했다. 이어서, 민중당의 유진오 후보와 신한당의 윤보선 후보는 협상을 통해 신민당으로 합당했다. 대선의 경쟁 구도는 민주공화당의 박정희 대통령과 신민당의 윤보선 후보 간의 각축전으로 압축됐다. 이 선거에서 박정희 대통령은 윤보선 후보보다 116만 표를 더 얻어 당선됐다. 이 선거에서 박정희 후보는 제5대 선거에서의 득표율 42.6%보다 높은 48.8%의 득표율을 보였다(한국선거학회, 2011: 105). 같은 해 6월 8일에 실시된 총선에서는 총 의석 수 175개 중 129석을 차지한 민주공화당의 승리로 끝났다(한국행정연구원, 2008: 394).

제7대 대선은 1971년 4월 27일에 실시됐는데, 이는 1969년 3선 개헌이 이뤄진 후의 첫 대선이었다. 3선 개헌안은 대통령의 세 번 연임을 허용하고, 대통령 탄핵 발의에 필요한 의원 수를 30인에서 50인으로, 그 의결 정족수를 과반수에서 3분의 2로 늘리는 내용이었다(한국선거학회, 2011: 109). 민주공화당은 1969년 9월 14일 3선 개헌안을 통과시켰다. 유권자의 77.1%가 국민투표에 참여했고 65.1%가 찬성했다(한배호, 2008: 271-272). 신민당은 개헌안이 통과되자 유진산을 대표로 하는 지도 체제를 갖췄다. 윤보선은 신민당을 탈당해 국민당을 창당했다. 제7대 대선은 민주공화당의 박정희 후보와 신민당의 김대중 후보 간 경쟁 구도 하에서 실시됐고, 94만여 표를 더 득표한 박정희 후보가 승리했다. 같은 해 5월 25일 총선에서는 민주공화당이 118석, 신민당이 89석을 얻었다(한국행정연구원, 2008: 395). 제7대 대선에서는 여촌야도 현상과 영-호남 간의 지역주의 대결 구도가 나타났다. 총선에서는 지역 대결 구도는 그다지 나타나지 않았으나 여촌야도 현상이 뚜렷하게 나타났다(한국선거학회, 2011: 111-114).

2. 제4공화국 제8·9대 대선과 총선

제4공화국은 유신체제의 도입과 함께 출범했다. 1972년 10월 17일 박정희 대통령은 비상계엄의 선포와 함께 국회를 해산했으며 일체의 정치적 활동을 금지시켰다. 이어 10

월 27일에는 '유신헌법'이라고 불리는 헌법개정안을 내놓았다. 유신헌법의 주요 내용은 대통령 직선제를 폐지하고 통일주체국민회의에 의한 대통령 간접선거제를 도입하는 것과, 대통령의 임기를 6년으로 하면서 중임이나 연임 규정을 삭제해 제한 없이 대통령으로 출마할 수 있게 하는 것이었다. 또한 대통령에게 긴급조치권, 국회해산권, 국민투표 부의권, 법관임명권 등을 부여해 국회와 사법부의 견제 권한을 약화시켰다(한국선거학회, 2011: 118). 정부와 집권당은 국민투표를 실시해 유신헌법안을 통과시켰다. 국민투표에서는 91%의 투표율과 91.5%의 찬성률을 나타냈다(한배호, 2008: 281-282). 유신헌법 하에서 실시된 1972년 12월 23일의 제8대 대선에서는 박정희 후보가 단독 출마했고 통일주체국민회의의 투표를 거쳐 당선됐다. 박정희 후보에 대한 지지율은 99.9%였다. 1973년 초 국회의원 선거에서는 민주공화당이 73석, 신민당이 52석을 차지했다(한국선거학회, 2011: 126).

제9대 대선은 1978년 7월 6일에 실시됐다. 이 역시 1975년 국민투표에 의해 재차 찬성을 받은 유신헌법에 따라 박정희 후보가 단독으로 출마해 제9대 대통령으로 선출됐다. 같은 해 12월 12일의 총선에서는 민주공화당 68명, 신민당 61명이 국회의원으로 당선됐다(한국행정연구원, 2008: 395-396).

제3절 대통령, 총리, 장관 등 주요 관료 소개

1. 박정희 대통령

5·16으로 정권을 장악한 박정희는 1962년 3월 대통령 권한대행으로 취임했으며 1963년 12월까지 재임했다. 그리고 대통령 선거에서 승리한 박정희 대통령 권한대행은 1963년 12월 제5대 대통령으로 취임했으며, 그 임기는 1967년 6월까지 이어졌다. 박정희 대통령은 연속으로 대통령에 당선돼 제6대 대통령으로 1967년 7월부터 1971년 6월까지 재임했다. 1969년 10월 21일 3선 개헌 후 제7대 대통령으로 선출된 박정희 대통령은 1971년 7월부터 1972년 12월까지 재임하던 중, 1972년 12월 27일 유신헌법 제정과 함께 임기 6년의 제8대 대통령으로 취임해 1978년 12월까지 재임했다. 그리고, 1978년 12월에 제9대 대통령으로 취임한 박정희 대통령은 1979년 10·26 사태로 인해 서거했다.[1]

표 1-1-1 제3 · 4공화국의 대통령

역대	성명	재임 기간
대통령 권한대행	박정희	1962. 3 ~ 1963.12
제5대	박정희	1963.12 ~ 1967. 6
제6대	박정희	1967. 7 ~ 1971. 6
제7대	박정희	1971. 7 ~ 1972.12
제8대	박정희	1972.12 ~ 1978.12
제9대	박정희	1978.12 ~ 1979.10

자료: 연합연감(2007); 한국행정연구원(2008: 543).

2. 국무총리 및 각부 장관

1) 제3공화국

표 1-1-2 박정희 정부 제3공화국 국무총리

직위	대수	이름	임기
국무총리	8대	최두선(崔斗善)	1963년 12월 17일~1964년 5월 9일
	9대	정일권(丁一權)	1964년 5월 10일~1970년 12월 20일
	10대	백두진(白斗鎭)	1970년 12월 21일~1971년 6월 3일
	11대	김종필(金鍾泌)	1971년 6월 4일~1975년 12월 18일

표 1-1-3 박정희 정부 제3공화국 부총리 겸 경제기획원 장관

직위	대수	이름	임기
부총리 겸 경제기획원 장관	7대	김유택(金裕澤)	1963년 12월 17일~1964년 5월 11일
	8대	장기영(張基榮)	1964년 5월 11일~1967년 10월 3일
	9대	박충훈(朴忠勳)	1967년 10월 3일~1969년 6월 3일
	10대	김학렬(金鶴烈)	1969년 6월 3일~1972년 1월 4일
	11대	태완선(太完善)	1972년 1월 4일~1974년 9월 18일

---

1) 제3·4공화국의 대통령, 국무총리, 장관 등 행정부 주요 인사 및 국회의장, 대법원장 등 주요 인물과 그 재임 기간에 관해서는 한국행정연구원(2008), 「한국행정60년」을 참조했음.

표 1-1-4 박정희 정부 제3공화국 국토통일원 장관

직위	대수	이름	임기
국토통일원 장관	초대	신태환(申泰煥)	1969년 2월 17일~1970년 3월 8일
	2대	김영선(金永善)	1970년 3월 9일~1973년 12월 1일

표 1-1-5 박정희 정부 제3공화국 외무부 장관

직위	대수	이름	임기
외무부 장관	11대	정일권(丁一權)	1963년 12월 17일~1964년 7월 24일
	12대	이동원(李東元)	1964년 7월 25일~1966년 12월 26일
	13대	정일권(丁一權)	1966년 12월~1967년 6월 29일
	14대	최규하(崔圭夏)	1967년 6월 30일~1971년 6월 3일
	15대	김용식(金溶植)	1971년 6월 4일~1973년 12월 2일

표 1-1-6 박정희 정부 제3공화국 내무부 장관

직위	대수	이름	임기
내무부 장관	28대	엄민영(嚴敏永)	1963년 12월 17일~1964년 5월 11일
	29대	양찬우(楊燦宇)	1964년 5월 11일~1966년 4월 15일
	30대	엄민영(嚴敏永)	1966년 4월 15일~1967년 6월 28일
	31대	이 호(李 澔)	1967년 6월 28일~1968년 5월 21일
	32대	박경원(朴璟遠)	1968년 5월 21일~1971년 6월 3일
	33대	오치성(吳致成)	1971년 6월 3일~1971년 10월 7일
	34대	김현옥(金玄玉)	1971년 10월 7일~1973년 12월 3일

표 1-1-7 박정희 정부 제3공화국 재무부 장관

직위	대수	이름	임기
재무부 장관	17대	박동규(朴東奎)	1963년 12월 17일~1964년 6월 26일
	18대	이정환(李廷煥)	1964년 6월 26일~1964년 12월 5일
	19대	홍승희(洪升熹)	1964년 12월 5일~1965년 11월 16일
	20대	서봉균(徐奉均)	1965년 11월 16일~1966년 1월 25일
	21대	김정렴(金正濂)	1966년 1월 25일~1966년 9월 26일
	22대	김학렬(金鶴烈)	1966년 9월 26일~1966년 12월 27일
	23대	서봉균(徐奉均)	1966년 12월 27일~1968년 5월 21일
	24대	황종률(黃鍾律)	1968년 5월 21일~1969년 10월 21일
	25대	남덕우(南德祐)	1969년 10월 21일~1974년 9월 18일

표 1-1-8 박정희 정부 제3공화국 법무부 장관

직위	대수	이름	임기
법무부 장관	17대	민복기(閔復基)	1963년 12월 17일~1964년 5월 10일
	18대		1964년 5월 11일~1966년 9월 25일
	19대	권오병(權五柄)	1966년 9월 26일~1968년 5월 20일
	20대	이 호(李 澔)	1968년 5월 21일~1970년 12월 20일
	21대	배영호(裵泳鎬)	1970년 12월 21일~1971년 6월 3일
	22대	신직수(申稙秀)	1971년 6월 4일~1973년 12월 2일

표 1-1-9 박정희 정부 제3공화국 국방부 장관

직위	대수	이름	임기
국방부 장관	15대	김성은(金聖恩)	1963년 3월 16일~1968년 2월 27일
	16대	최영희(崔榮喜)	1968년 2월 28일~1968년 8월 5일
	17대	임충식(任忠植)	1968년 8월 5일~1970년 3월 10일
	18대	정래혁(丁來赫)	1970년 3월 10일~1971년 8월 25일
	19대	유재흥(劉載興)	1971년 8월 25일~1973년 12월 3일

표 1-1-10 박정희 정부 제3공화국 문교부 장관

직위	대수	이름	임기
문교부 장관	14대	고광만(高光萬)	1963년 12월 17일~1964년 5월 10일
	15대	윤천주(尹天柱)	1964년 5월 11일~1965년 8월 26일
	16대	권오병(權五柄)	1965년 8월 27일~1966년 9월 25일
	17대	문홍주(文鴻柱)	1966년 9월 26일~1968년 5월 20일
	18대	권오병(文鴻柱)	1968년 5월 21일~1969년 4월 10일
	19대	홍종철(洪鐘哲)	1969년 4월 11일~1971년 6월 3일
	20대	민관식(閔寬植)	1971년 6월 4일~1974년 9월 17일

표 1-1-11 박정희 정부 제3공화국 농림부 장관

직위	대수	이름	임기
농림부 장관	20대	원용석(元容奭)	1963년 12월 17일~1964년 5월 10일
	21대	차균희(車均禧)	1964년 5월 11일~1966년 2월 22일
	22대	박동묘(朴東昴)	1966년 2월 23일~1967년 6월 29일

	23대	김영준(金榮俊)	1967년 6월 30일~1968년 5월 20일
	24대	이계순(李啓純)	1968년 5월 21일~1969년 2월 15일
	25대	조시형(趙始衡)	1969년 2월 17일~1970년 12월 20일
	26대	김보현(金甫炫)	1970년 12월 21일~1971년 6월 3일
	27대		1971년 6월 4일~1973년 3월 3일

표 1-1-12 박정희 정부 제3공화국 상공부 장관

직위	대수	이름	임기
상공부 장관	21대	이병호(李丙虎)	1963년 12월 17일~1964년 5월 11일
	22대	박충훈(朴忠勳)	1964년 5월 11일~1967년 10월 3일
	23대	김정렴(金正濂)	1967년 10월 3일~1969년 10월 20일
	24대	이낙선(李洛善)	1969년 10월 20일~1973년 12월 2일

표 1-1-13 박정희 정부 제3공화국 건설부 장관

직위	대수	이름	임기
건설부 장관	3대	정낙은(鄭樂殷)	1963년 12월 17일~1964년 5월 11일
	4대	전예용(全禮鎔)	1964년 5월 11일~1966년 12월 27일
	5대	김윤기(金允基)	1966년 12월 27일~1967년 10월 3일
	6대	주 원(朱 源)	1967년 10월 3일~1969년 2월 17일
	7대	이한림(李翰林)	1969년 2월 17일~1971년 6월 4일
	8대	태완선(太完善)	1971년 6월 4일~1972년 1월 4일
	9대	장예준(張禮準)	1972년 1월 4일~1973년 12월 3일

표 1-1-14 박정희 정부 제3공화국 보건사회부 장관

직위	대수	이름	임기
보건사회부 장관	10대	박주병(朴柱秉)	1963년 12월 17일~1964년 5월 11일
	11대	오원선(吳元善)	1964년 5월 11일~1966년 4월 15일
	12대	정희섭(鄭熙燮)	1966년 1월 15일~1969년 10월 21일
	13대	김태동(金泰東)	1969년 10월 21일~1971년 6월 4일
	14대	이경호(李坰鎬)	1971년 6월 4일~1973년 12월 3일

표 1-1-15 박정희 정부 제3공화국 교통부 장관

직위	대수	이름	임기
교통부 장관	15대	김윤기(金允基)	1963년 2월 8일~1964년 7월 8일
	16대	안경모(安京模)	1964년 7월 8일~1967년 10월 3일
	17대	박경원(朴璟遠)	1967년 10월 3일~1968년 5월 21일
	18대	강서룡(姜瑞龍)	1968년 5월 21일~1969년 10월 21일
	19대	백선엽(白善燁)	1969년 10월 21일~1971년 1월 28일
	20대	장성환(張盛煥)	1971년 1월 28일~1971년 11월 24일
	21대	김 신(金 信)	1971년 11월 24일~1974년 9월 18일

표 1-1-16 박정희 정부 제3공화국 체신부 장관

직위	대수	이름	임기
체신부 장관	16대	홍헌표(洪憲杓)	1963년 12월 17일~1964년 7월 20일
	17대	김홍식(金弘植)	1964년 7월 22일~1965년 5월 15일
	18대	김병삼(金炳三)	1965년 5월 16일~1966년 12월 26일
	19대	박경원(朴璟遠)	1966년 12월 27일~1967년 10월 2일
	20대	황종률(黃鍾律)	1967년 10월 3일~1968년 5월 20일
	21대	김태동(金泰東)	1968년 5월 21일~1969년 10월 20일
	22대	김보현(金甫炫)	1969년 10월 21일~1970년 12월 20일
	23대	신상철(申尙澈)	1970년 12월 21일~1973년 12월 2일

표 1-1-17 박정희 정부 제3공화국 문화공보부 장관

직위	대수	이름	임기
공보부 장관	5대	김동성(金東晟)	1963년 12월 17일~1964년 5월 10일
	6대	이수영(李壽榮)	1964년 5월 11일~1964년 9월 1일
	7대	홍종철(洪種哲)	1964년 9월 2일~1968년 7월 23일
문화공보부 장관			1968년 7월 24일~1969년 4월 10일
	8대	신범식(申範植)	1969년 4월 11일~1971년 6월 3일
	9대	윤주영(尹胄榮)	1971년 6월 4일~1974년 9월 17일

표 1-1-18 박정희 정부 제3공화국 총무처 장관

직위	대수	이름	임기
총무처 장관	13대	이석제(李錫濟)	1963년 12월 17일~1969년 10월 20일
	14대	서일교(徐壹敎)	1969년 10월 21일~1973년 12월 2일

표 1-1-19 박정희 정부 제3공화국 과학기술처 장관

직위	대수	이름	임기
과학기술처 장관	초대	김기형(金基衡)	1967년 4월 12일~1971년 6월 3일
	2대	최형섭(崔亨燮)	1971년 6월 15일~1978년 12월 22일

2) 제4공화국

표 1-1-20 박정희 정부 제4공화국 국무총리

정부	직위	대수	이름	임기
박정희 정부	국무총리	11대	김종필(金鍾泌)	1971년 6월 4일~1975년 12월 18일
		서리	최규하(崔圭夏)	1975년 12월 19일~1976년 3월 12일
		12대		1976년 3월 13일~1979년 12월 12일
최규하 정부		13대	신현확(申鉉碻)	1979년 12월 13일~1980년 5월 21일
		서리	박충훈(朴忠勳)	1980년 5월 22일~1980년 9월 1일
전두환 정부		서리	남덕우(南德祐)	1980년 9월 2일~1980년 9월 21일
		14대		1980년 9월 22일~1982년 1월 3일

표 1-1-21 박정희 정부 제4공화국 부총리 겸 경제기획원 장관

정부	직위	대수	이름	임기
박정희 정부	부총리 겸 경제기획원 장관	11대	태완선(太完善)	1972년 1월 4일~1974년 9월 18일
		12대	남덕우(南德祐)	1974년 9월 18일~1978년 12월 22일
		13대	신현확(申鉉碻)	1978년 12월 22일~1979년 12월 13일
최규하 정부		14대	이한빈(李漢彬)	1979년 12월 13일~1980년 5월 22일
		15대	김원기(金元基)	1980년 5월 22일~1980년 9월 2일
전두환 정부		16대	신병현(申秉鉉)	1980년 9월 2일~1982년 1월 4일

표 1-1-22 박정희 정부 제4공화국 국토통일원 장관

정부	직위	대수	이름	임기
박정희 정부	국토통일원 장관	2대	김영선(金永善)	1970년 3월 9일~1973년 12월 1일
		3대	김용식(金溶植)	1973년 12월 2일~1974년 9월 17일
		4대	신도성(愼道晟)	1974년 9월 18일~1975년 8월 17일
		5대	유상근(俞尙根)	1975년 8월 18일~1976년 12월 3일
		6대	이용희(李用熙)	1976년 12월 4일~1979년 12월 13일
최규하 정부		7대	이규호(李奎浩)	1979년 12월 14일~1980년 5월 21일
		8대	최완복(崔完福)	1980년 5월 22일~1980년 9월 1일
전두환 정부		9대	이범석(李範錫)	1980년 9월 2일~1982년 1월 3일

표 1-1-23 박정희 정부 제4공화국 외무부 장관

정부	직위	대수	이름	임기
박정희 정부 최규하 정부	외무부 장관	15대	김용식(金溶植)	1971년 6월 4일~1973년 12월 2일
		16대	김동조(金東祚)	1973년 12월 3일~1975년 12월 18일
		17대	박동진(朴東鎭)	1975년 12월 19일~1980년 9월 1일
전두환 정부		18대	노신영(盧信永)	1980년 9월 2일~1982년 6월 1일

표 1-1-24 박정희 정부 제4공화국 내무부 장관

정부	직위	대수	이름	임기
박정희 정부	내무부 장관	34대	김현옥(金玄玉)	1971년 10월 7일~1973년 12월 3일
		35대	홍성철(洪性澈)	1973년 12월 3일~1974년 8월 20일
		36대	박경원(朴璟遠)	1974년 8월 20일~1975년 12월 19일
		37대	김치열(金致烈)	1975년 12월 19일~1978년 12월 22일
		38대	구자춘(具滋春)	1978년 12월 22일~1979년 12월 14일
최규하 정부		39대	김종환(金鍾煥)	1979년 12월 14일~1980년 9월 2일
전두환 정부		40대	서정화(徐廷和)	1980년 9월 2일~1982년 4월 28일

표 1-1-25 박정희 정부 제4공화국 재무부 장관

정부	직위	대수	이름	임기
박정희 정부 최규하 정부	재무부 장관	25대	남덕우(南德祐)	1969년 10월 21일~1974년 9월 18일
		26대	김용환(金龍煥)	1974년 9월 18일~1978년 12월 22일
		27대	김원기(金元基)	1978년 12월 22일~1980년 5월 22일
전두환 정부		28대	이승윤(李承潤)	1980년 5월 22일~1982년 1월 4일

표 1-1-26 박정희 정부 제4공화국 법무부 장관

정부	직위	대수	이름	임기
박정희 정부	법무부 장관	22대	신직수(申稙秀)	1971년 6월 4일~1973년 12월 2일
		23대	이봉성(李鳳成)	1973년 12월 3일~1974년 9월 17일
		24대	황산덕(黃山德)	1974년 9월 18일~1975년 12월 18일
		25대		1975년 12월 19일~1976년 12월 3일
		26대	이선중(李善中)	1976년 12월 4일~1978년 12월 21일
		27대	김치열(金致烈)	1978년 12월 22일~1979년 12월 13일
최규하 정부		28대	백상기(白翔起)	1979년 12월 14일~1980년 5월 21일
		29대	오탁근(吳鐸根)	1980년 5월 22일~1980년 9월 1일
전두환 정부		30대		1980년 9월 2일~1981년 4월 9일

표 1-1-27 박정희 정부 제4공화국 국방부 장관

정부	직위	대수	이름	임기
박정희 정부	국방부 장관	19대	유재흥(劉載興)	1971년 8월 25일~1973년 12월 3일
		20대	서종철(西鐘喆)	1973년 12월 3일~1977년 12월 20일
		21대	노재현(盧載鉉)	1977년 12월 20일~1979년 12월 14일
최규하 정부 전두환 정부		22대	주영복(周永福)	1979년 12월 14일~1982년 5월 21일

표 1-1-28 박정희 정부 제4공화국 문교부 장관

정부	직위	대수	이름	임기
박정희 정부	문교부 장관	20대	민관식(閔寬植)	1971년 6월 4일~1974년 9월 17일
		21대	유기춘(柳基春)	1974년 9월 18일~1976년 12월 3일
		22대	황산덕(黃山德)	1976년 12월 4일~1977년 12월 19일
		23대	박찬현(朴瓚鉉)	1977년 12월 20일~1979년 12월 13일

최규하 정부		24대	김옥길(金玉吉)	1979년 12월 14일~1980년 5월 21일
전두환 정부		25대	이규호(李奎浩)	1980년 5월 22일~1983년 10월 14일

표 1-1-29 박정희 정부 제4공화국 농수산부 장관

정부	직위	대수	이름	임기
박정희 정부	농림부 장관	27대	김보현(金甫炫)	1971년 6월 4일~1973년 8월 7일
	농수산부 장관			1973년 3월 3일~1973년 8월 7일
		28대	정소영(鄭韶永)	1973년 8월 8일~1975년 12월 18일
		29대	최각규(崔珏圭)	1975년 12월 19일~1977년 12월 19일
		30대	장덕진(張德鎭)	1977년 12월 20일~1978년 12월 21일
		31대	이희일(李熺逸)	1978년 12월 22일~1979년 12월 13일
최규하 정부		32대	이재설(李在卨)	1979년 12월 14일~1980년 5월 21일
		33대	정종택(鄭宗澤)	1980년 5월 22일~1980년 9월 1일
전두환 정부		34대		1980년 9월 2일~1981년 3월 9일

표 1-1-30 박정희 정부 제4공화국 상공부 장관

정부	직위	대수	이름	임기
박정희 정부	상공부 장관	24대	이낙선(李洛善)	1969년 10월 20일~1973년 12월 2일
		25대	장예준(張禮準)	1973년 12월 2일~1977년 12월 19일
		26대	최각규(崔珏圭)	1977년 12월 19일~1979년 12월 13일
최규하 정부		27대	정재석(丁渽錫)	1979년 12월 13일~1980년 7월 5일
		28대	신병현(申秉鉉)	1980년 7월 5일~1980년 9월 2일
전두환 정부		29대	서석준(徐錫俊)	1980년 9월 2일~1982년 5월 21일

표 1-1-31 박정희 정부 제4공화국 동력자원부 장관

정부	직위	대수	이름	임기
박정희 정부	동력자원부 장관	초대	장예준(張禮準)	1978년 1월 1일~1979년 12월 13일
최규하 정부		2대	양윤세(梁潤世)	1979년 12월 14일~1980년 5월 21일
		3대	유양수(柳陽洙)	1980년 5월 22일~1980년 9월 1일
전두환 정부		4대	박봉환(朴鳳煥)	1980년 9월 2일~1982년 1월 3일

표 1-1-32 박정희 정부 제4공화국 건설부 장관

정부	직위	대수	이름	임기
박정희 정부	건설부 장관	9대	장예준(張禮準)	1972년 1월 4일~1973년 12월 3일
		10대	이낙선(李洛善)	1973년 12월 3일~1974년 9월 18일
		11대	김재규(金載圭)	1974년 9월 18일~1976년 12월 4일
		12대	신형식(申泂植)	1976년 12월 4일~1978년 12월 22일
		13대	고재일(高在一)	1978년 12월 22일~1979년 12월 4일
최규하 정부		14대	최종완(崔鍾浣)	1979년 12월 14일~1980년 9월 2일
전두환 정부		15대	김주남(金周南)	1980년 9월 2일~1982년 1월 4일

표 1-1-33 박정희 정부 제4공화국 보건사회부 장관

정부	직위	대수	이름	임기
박정희 정부	보건 사회부 장관	14대	이경호(李坰鎬)	1971년 6월 4일 ~ 1973년 12월 3일
		15대	고재필(高在珌)	1973년 12월 3일 ~ 1975년 12월 9일
		16대	신현확(申鉉碻)	1975년 12월 9일 ~ 1978년 12월 22일
		17대	홍성철(洪性澈)	1978년 12월 22일 ~ 1979년 12월 14일
최규하 정부		18대	진의종(陳懿鍾)	1979년 12월 14일 ~ 1980년 9월 2일
전두환 정부		19대	천명기(千命基)	1980년 9월 2일 ~ 1982년 5월 21일

표 1-1-34 박정희 정부 제4공화국 교통부 장관

정부	직위	대수	이름	임기
박정희 정부	교통부 장관	21대	김신(金信)	1971년 11월 24일~1974년 9월 18일
		22대	최경록(崔慶祿)	1974년 9월 18일~1977년 11월 17일
		23대	민병권(閔丙權)	1977년 11월 17일~1978년 12월 22일
		24대	황인성(黃寅性)	1978년 12월 22일~1979년 12월 14일
최규하 정부		25대	유양수(柳陽洙)	1979년 12월 14일~1980년 5월 22일
		26대	김재명(金在命)	1980년 5월 22일~1980년 9월 2일
전두환 정부		27대	고 건(高 建)	1980년 9월 2일~1981년 3월 10일

표 1-1-35 박정희 정부 제4공화국 체신부 장관

정부	직위	대수	이름	임기
박정희 정부	체신부 장관	23대	신상철(申尙澈)	1970년 12월 21일~1973년 12월 2일
		24대	문형태(文亨泰)	1973년 12월 3일~1974년 9월 17일
		25대	장승태(張承台)	1974년 9월 18일~1975년 12월 18일
		26대	박원근(朴元根)	1975년 12월 19일~1978년 12월 21일
		27대	이재설(李在卨)	1978년 12월 22일~1979년 12월 13일
최규하 정부		28대	배상욱(裵相稶)	1979년 12월 14일~1980년 5월 21일
		29대	윤흥정(尹興禎)	1980년 5월 22일~1980년 9월 1일
전두환 정부		30대	김기철(金基喆)	1980년 9월 2일~1981년 3월 8일

표 1-1-36 박정희 정부 제4공화국 문화공보부 장관

정부	직위	대수	이름	임기
박정희 정부	문화 공보부 장관	9대	윤주영(尹胄榮)	1971년 6월 4일~1974년 9월 17일
		10대	이원경(李源京)	1974년 9월 18일~1975년 12월 18일
		11대	김성진(金聖鎭)	1975년 12월 19일~1979년 12월 13일
최규하 정부		12대	이규현(李揆現)	1979년 12월 14일~1980년 5월 21일
전두환 정부		13대	이광표(李光杓)	1980년 5월 22일~1982년 5월 20일

표 1-1-37 박정희 정부 제4공화국 총무처 장관

정부	직위	대수	이름	임기
박정희 정부	총무처 장관	14대	서일교(徐壹敎)	1969년 10월 21일~1973년 12월 2일
		15대	심흥선(沈興善)	1973년 12월 3일~ 1977년 12월 19일
		16대	심의환(沈宜渙)	1977년 12월 20일~1979년 10월 22일
		직무 대리	최택원(崔澤元)	1979년 10월 26일~1979년 12월 13일
최규하 정부 전두환 정부		17대	김용휴(金容烋)	1979년 12월 14일~1982년 5월 20일

표 1-1-38 박정희 정부 제4공화국 과학기술처 장관

정부	직위	대수	이름	임기
박정희 정부	과학기술처 장관	2대	최형섭(崔亨燮)	1971년 6월 15일 ~ 1978년 12월 22일
		3대	최종완(崔鍾浣)	1978년 12월 23일 ~ 1979년 12월 13일
최규하 정부		4대	성좌경(成佐慶)	1979년 12월 14일 ~ 1980년 8월 31일
전두환 정부		5대	이정오(李正五)	1980년 9월 1일 ~ 1985년 2월 18일

제4절 정부조직 체계

1. 제3공화국 정부조직 체계

제3공화국의 정부조직 체계는 대통령을 행정수반으로 하여 국무총리, 감사원, 중앙정보부와 함께 2원 13부 3처 6청의 중앙행정기관으로 구성돼 있었다.

먼저, 대통령 직속기관부터 살펴보면, 청와대 내에 비서실과 경호실이 있었다. 그리고, 헌법기관으로서 대통령 직속기관인 감사원이 각급 행정기관과 지방자치단체 등에 대한 직무감찰과 회계감사 기능을 수행했다. 또한, 중앙정보부가 국가안보와 관련된 정보 수집, 대공 수사 등의 역할을 담당했다. 아울러, 대통령의 자문기구로서 경제과학심의회의를 설치해 국가경제정책에 관한 주요 안건의 심의, 검토, 자문 기능을 맡겼다. 국가안전보장회의 역시 대통령의 정책자문기구로서 국가안보 및 국토방위 등과 관련한 주요 사항을 심의, 검토, 자문하도록 했다.

다음으로, 국무총리는 행정 각부를 통할하는 역할을 맡고 있었으며, 총리실의 내부기관으로 기획조정실과 비서실이 설치돼 있었다. 중앙행정부처로서 국무총리 직속기관으로 설치돼 있었던 부처로는 경제기획원, 총무처, 법제처, 원호처가 있으며, 원자력원이라는 원자력안전기구도 존재했다.

국무총리 직속기관을 제외한 중앙행정기관은 13부 6청으로 구성돼 있었다. 장관급 또는 국무위원급의 중앙부처로는 외무부, 내무부, 재무부, 법무부, 국방부, 문교부, 농림부, 상공부, 건설부, 보건사회부, 교통부, 체신부, 그리고 공보부 등 13부가 있었다. 차관급인 청 단위 기관으로는 재무부 아래의 전매청과 조달청, 법무부 소속의 검찰청, 농림부 아래의 농촌진흥청, 보건사회부 소속의 노동청 등이 있었다.

중앙행정기관 내부의 보조기관이 아닌 부처 외부의 독립된 행정기관으로 외국(外局)이 있었다. 문교부 소속의 문화재관리국, 상공부 아래의 특허국, 중앙계량국, 표준국, 교통부 소속의 철도국과 수로국, 그리고 체신부 아래의 전파관리국 등이 그것이다.

중앙행정기관의 내부 하부조직 또는 보조기관으로는 9차관보, 15실, 95국이 설치돼 있었다. 그리고 보편적으로 실·국 아래에는 과, 계 등의 중간보조기관이 편성돼 정책과 행정의 실무를 담당했다.

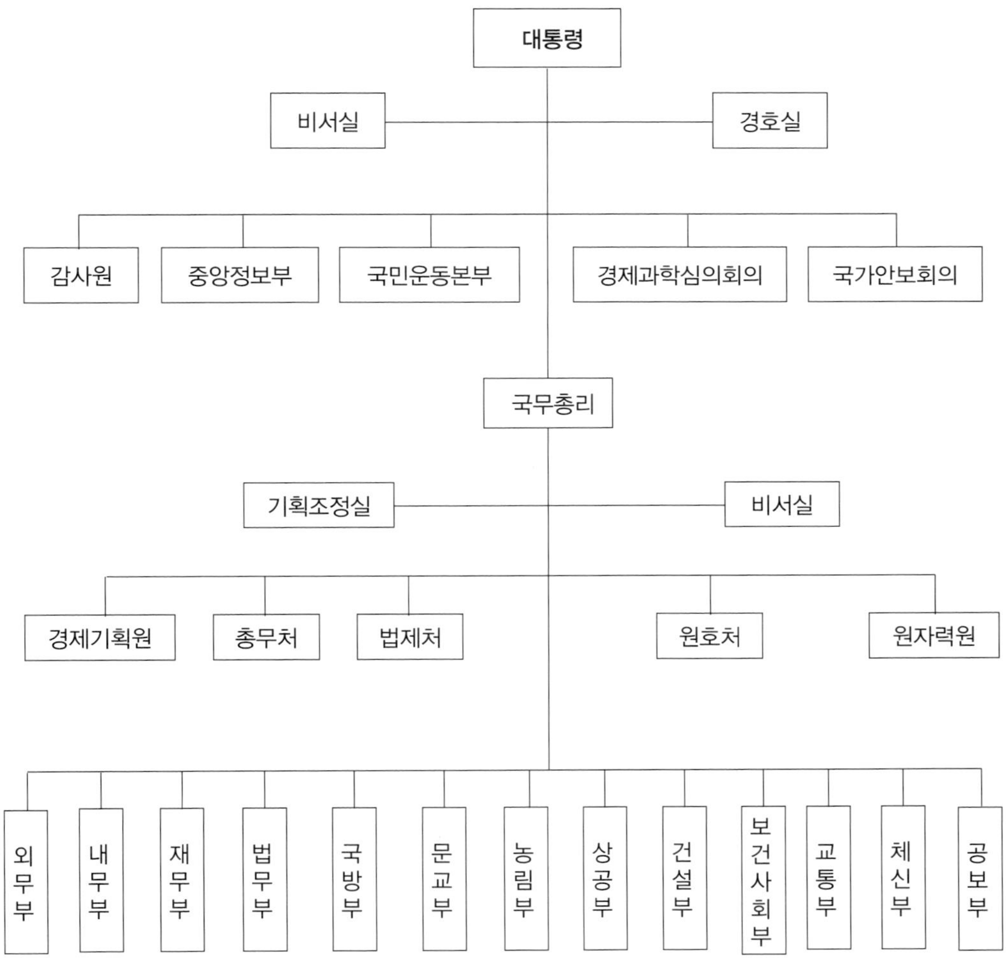

그림 1-1-1 제3공화국 정부조직 체계도

자료: 행정자치부(1998: 103).

표 1-1-39 제3공화국 행정기관 및 하부조직 구성

중앙부처	31개	2원(院)	13부(部)	3처(處)	6청(廳)	7외국(外局)
차관보	9	2	7			
실	15	1	14			
국	95	5	60	8	15	7

자료: 행정자치부(1998: 103).

2. 제4공화국 정부조직 체계

제4공화국의 정부조직은 제3공화국에 비해 훨씬 확대된 규모를 가지고 있었다. 특히, 남북통일 정책의 적극적 추진을 위해 국토통일원이 설치되고, 과학입국이라는 기치 아래 과학기술처가 신설되었다. 그리고 국가의 정책이나 사업을 실질적이고 효과적으로 집행하기 위한 청 단위 중앙행정기관이 대폭적으로 신설됐다. 제4공화국 정부조직 체계는 전반적으로 대통령을 행정수반으로 하여 국무총리, 감사원, 중앙정보부와 함께 2원 13부 4처 13청의 중앙행정기관으로 이뤄져 있었다.

헌법에 의거 대통령이 의장인 국무회의가 있었고, 대통령의 내부직속기관으로 청와대 내에 경호실과 비서실이 있었다. 그리고 헌법기관으로서 대통령 직속기관인 감사원이 각급 행정기관과 지방자치단체 등에 대한 직무감찰과 회계감사의 권한을 행사했다. 중앙정보부 역시 대통령 직속기관으로서 국가안보와 관련된 정보 수집, 대공 수사 등의 기능을 수행했다. 대통령의 자문기구로는 제3공화국에서와 같이 국가안전보장회의와 경제과학심의회의가 존속했다. 국가안전보장회의는 국가안보 및 국토방위 등과 관련한 주요 사항을 심의, 검토해 대통령을 자문했다. 경제과학심의회의는 국가경제정책에 관한 자문을 위해 경제개발계획 등 주요 안건의 심의, 검토 역할을 수행했다.

국무총리의 내부직속기관으로는 제3공화국 때 없었던 행정조정실이 새로 설치됐다. 이는 각 행정부처의 정책이나 행정의 추진에 관한 조정적 역할을 총리실에 부여해 국무총리의 권한을 강화했다는 의미가 있다. 중앙행정부처로서의 국무총리 직속기관에는 제3공화국 시기부터 설치돼 있었던 경제기획원, 총무처, 법제처, 원호처 외에 통일정책의 추진을 위한 국토통일원과 과학기술 개발의 지원을 위한 과학기술처가 추가로 설치됐다.

국무총리 직속기관이 아닌 중앙행정기관은 13부 13청으로 확대됐다. 국무위원급의 중앙부처는 제3공화국에서와 같이 외무부, 내무부, 재무부, 법무부, 국방부, 문교부, 농림부, 상공부, 건설부, 보건사회부, 교통부, 체신부, 그리고 공보부 등으로 구성됐다. 차관급 청 단위 기관으로는 재무부 소속의 국세청과 관세청이 신설됐고, 국방부의 병무청, 농림부의 수산청과 산림청, 상공부의 공업진흥청, 교통부의 철도청 등이 추가로 설치됐다. 하부조직으로는 18차관보, 21실, 127국이 있었다.

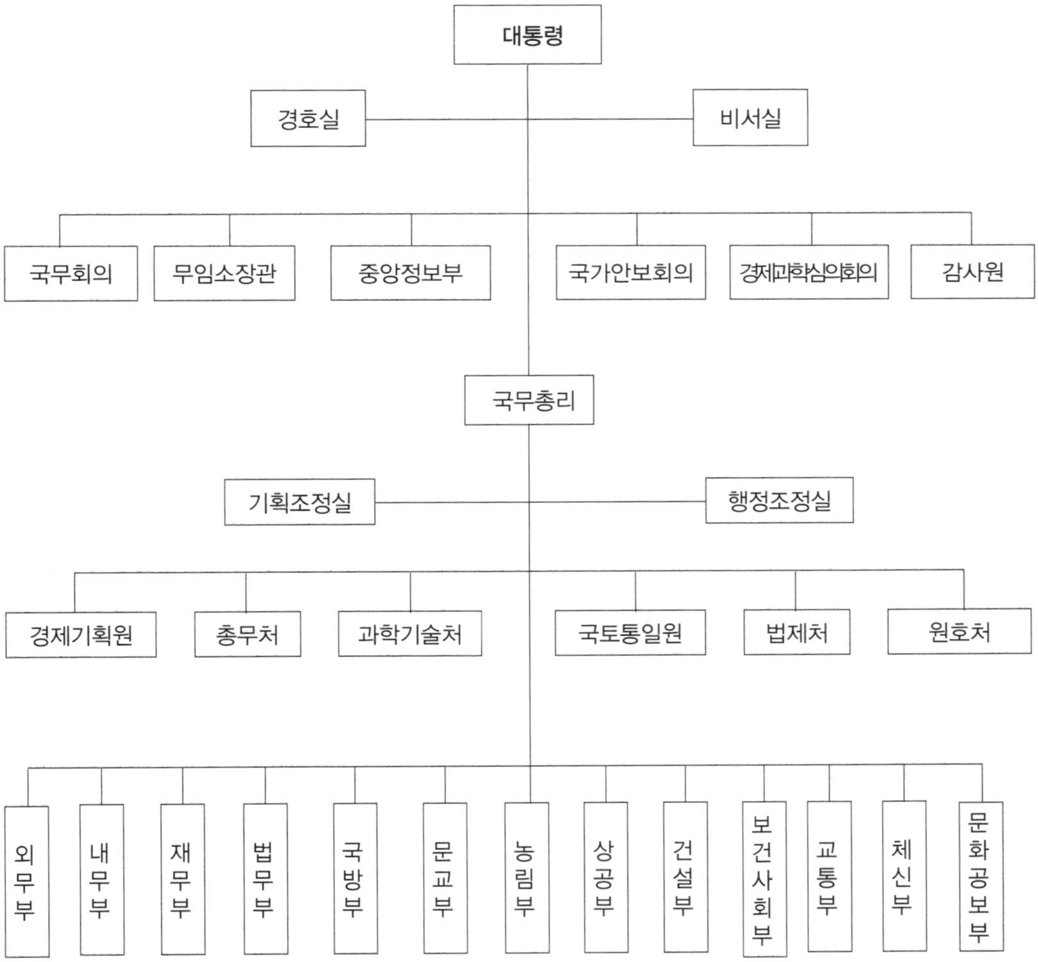

그림 1-1-2 제4공화국 정부조직 체계도

자료: 행정자치부(1998: 104).

표 1-1-40 제4공화국 행정기관 및 하부조직 구성

중앙부처	37개	2원(院)	13부(部)	4처(處)	13청(廳)	5외국(外局)
차관보	18	2	16			
실	21	4	14	3		
국	127	8	67	11	36	5

자료: 행정자치부(1998: 103).

제5절 입법부 및 사법부와의 관계

1. 입법부와 행정부의 관계

일반적으로 입법부는 법률안 심의, 예산 및 결산 심사 등 권한을 가진다. 그러나, 대통령중심제 하에서는 행정부가 우위를 가질 수밖에 없다(정용덕, 2002; 정정길, 2003; 원시연, 2007). 제2공화국에서 유지되던 내각제는 제3공화국 헌법의 성립을 통해 대통령중심제로 바뀌었다. 정치의 실권을 장악했던 당시 군부가 대통령중심제의 도입 근거로 제시한 논리는 의원내각제가 그 장점을 나타내기보다는 오히려 비효율적인 당파적 분쟁을 야기하고, 이로 인해 정치적 혼란과 사회질서의 불안정을 가져왔으며, 국가정책의 수행에 소극적이었다는 것이다(한국선거학회, 2011: 97-98). 그리하여, 대통령중심제를 통해 국정의 안정과 국가발전정책의 적극적 추진을 도모해야 한다는 명분을 갖고 있었다.

1963년 제3공화국이 출범할 당시 행정부와 입법부 간의 관계는 대통령중심제의 본래 특성처럼 대통령에게 국가원수로서의 지위 및 국군통수권을 부여했으나, 어느 정도의 권력 균형을 이룰 수 있는 헌법적 기반을 갖고 있었다. 그것은 국회에 대통령을 비롯한 국무총리·국무위원에 대한 탄핵소추권을 부여했고, 국무총리 및 국무위원에 대한 해임건의권을 갖게 했기 때문이다. 그뿐만 아니라, 국회는 행정부에 대한 국정감사권을 가지고 있었다.

그러나 1969년 3선 개헌 후에는 입법부의 권한이 다소 약화됐다. 그것은 대통령과 국무총리·국무위원에 대한 탄핵소추의 발의 및 의결 요건을 강화한데서 찾아볼 수 있다. 즉, 그전에는 의원 30명 이상의 발의와 재적 과반수 찬성에 의한 의결로 탄핵소추가 가능했으나, 3선 개헌 후에는 의원 50명 이상의 발의와 재적의원 2/3 이상의 찬성에 의한 의결로 탄핵소추 요건이 강화됐기 때문이다(박찬욱 · 원시연, 2008: 380-383).

제4공화국에 들어오면서 행정부와 입법부의 관계는 큰 변화를 겪게 된다. 1972년 11월에 공포된 유신헌법은 행정부, 특히 대통령과 입법부와의 관계를 크게 바꿔놓았다. 유신헌법에서는 대통령에게 긴급조치권, 국회해산권, 국민투표 부의권을 부여해 국회의 견제 권한을 약화시켰다(한국선거학회, 2011: 118). 긴급조치권의 발동에 관해 국회에 통보만 하면 되고 승인을 요하지 않았다. 국가의 중요한 정책에 관해서는 대통령이 직접 국민투표에 부칠 수 있어서 사실상 국회의 의결권이 약화된 것이었다. 그뿐만 아니라, 국회의 행정부에 대한 실질적 견제 권한이라고 할 수 있는 국정감사권이 폐지됐다. 탄핵소추의 발의 및 의결 요건도 의원 과반수 발의와 재적의원 2/3 찬성으로 강화됐다. 한마디로 유신헌법 이후 행정부에 대한 국회의 견제력은 크게 약화됐다고 할 수 있다.

이상은 헌법 규정을 기준으로 제3 · 4공화국에서의 행정부와 입법부 간의 관계를 살펴본 것이다. 실제로 양자 간의 관계는 대통령 개인의 권력과 권위에 따라 많은 영향을 받았으므로 대통령에 대한 국회의 견제는 상당히 어려웠을 것이라고 추정할 수 있다. 그뿐만 아니라, 행정부 요직에 정치적 실세들이 자리 잡고 있었고, 국회 내의 주요 보직자들도 대통령을 지지하는 여당의 실권자들로 구성돼 있어서, 국회는 전반적으로 대통령을 비롯한 행정부의 정책에 대해 우호적으로 작용했다고 보아야 할 것이다. 다만, 야당 정치인들은 대통령과 행정부의 권위주의에 대한 비판적 · 투쟁적 입장에 있었기 때문에 반대와 저항의 역할을 수행하고자 했을 것이다. 그러나 의석 수의 한계나 헌법 규정상의 제약 때문에 그 실질적 역할은 제한적이었을 것으로 사료된다. 특히, 야당의 반대와 저항이 다양한 구체적인 정책의 실체적 내용의 합리성에 대한 비판보다는 전반적인 정권에 대한 정치적 공세에 중점을 둔 결과 정책 차원의 견제 역할은 약했을 것으로 추정된다.

2. 사법부와 행정부의 관계

1962년 제3공화국 헌법에서는 대법원장을 법관추천회의의 제청을 거쳐 대통령이 임명하도록 했다. 대법원 판사는 법관추천회의의 동의와 대법원장의 제청을 거쳐 대통령이 임명하게 되어 있었다. 일반 법관은 대법원판사회의의 제청에 따라 대법원장이 임명하게 했다. 이와 같이 고위 법관에 대한 임명권을 대통령에게 부여한 것은 대통령 또는 행정부가 사법부에 대해 영향력을 미칠 수 있는 여지를 준 것으로 볼 수 있다.

1972년 소위 '유신헌법'에서는 그전에 존재하던 법관추천회의를 폐지했다. 대법원장은 대통령이 국회의 동의를 얻어 임명하게 했고, 일반 법관은 대법원장의 제청을 거쳐 대통령이 임명하게 되어 있었다. 아울러, 법관에 대한 징계제도를 도입했다. 이는 법관들의 합의체에 의한 판사 임명제도를 폐지해 법관들이 집단적으로 영향력을 미칠 수 있는 소지를 없앤 것으로 볼 수 있으며, 대통령에게 모든 법관의 임명권을 부여함으로써 사법부에 대한 대통령과 그 하부조직인 행정부의 영향력을 확대한 것으로 해석할 수 있다. 한편, 소위 '유신헌법'에서는 위헌법률심판 기능을 헌법위원회에서 수행하도록 규정했다. 그러나 실제로 유신헌법 하에서 헌법위원회는 헌법재판을 단 한 건도 실시하지 않았다(표시열, 2008: 434).

그리고 동 헌법은 비상국무회의에서 제정한 법령이나 비상조치에 대해서는 제소나 이의를 제기하지 못하도록 했다. 실제로 당시 대법원은 긴급조치 제1호 내지 제4호와 제9호에 대한 위헌 여부 재판을 실시했으나 위 긴급조치들이 무효라고 볼 만한 근거가 없다고 판결했다(한국행정연구원, 2008: 434).

이는 대통령이 발한 긴급조치들의 합헌성을 대법원이 지지해준 것으로서 대통령과 행정부의 위상을 사법부가 스스로 인정해준 예라고 할 수 있겠다.

참고 문헌

권찬호(1998). 한국 정당협조제도에 관한 연구: 집권당의 정책결정 과정 참여를 중심으로. 중앙대학교 대학원 박사학위 논문.

김일영(1999). 1960년대 정치지형 변화: 수출지향형 지배연합과 발전국가의 형성. 한국정신문화연구원 편. 1960년대 정치지형 변동. 서울: 백산서당.

______(2008). 정치적 맥락(1): '발전국가' 형성 과정. 한국행정 60년. 한국행정연구원. 파주: 법문사: 207-235.

박찬욱 · 원시연(2008). 행정부와 입법부의 관계. 한국행정 60년. 한국행정연구원. 파주: 법문사: 376-423.

연합연감(2007). 연합통신사.

원시연(2007). 대통령과 국회의 제도적 권력관계의 변화: 제1공화국부터 노무현 정부까지. 비교미주의 연구, 3(1).

이한빈 외 (1969). 한국행정의 역사적 분석: 1948~1967. 서울: 행정문제연구소.
정용덕 (2002). 현대국가와 행정. 파주: 법문사.
정정길 외 (2003). 정책학원론. 서울: 대명출판사.
표시열 (2008). 행정부와 사법부의 관계. 한국행정 60년. 파주: 법문사: 424-451.
한국선거학회 (2011). 한국 선거 60년. 서울: 도서출판 오름.
한국행정연구원 (2008). 한국행정 60년. 파주: 법문사.
한배호 (2008). 한국정치사. 서울: 일조각.
행정자치부 (1998). 정부조직변천사.

제 2 장

박정희 정부 국정운영의 목표 및 방향 *

임도빈

서울대학교

제 1 절 국정운영의 비전 및 목표

1. 개관

국정기조란 "국정운영의 바탕에 흐르는 기본적인 국정철학이나 국정 방향"을 말한다(황윤원, 2007: 42). 국정기조에는 반드시 특정 가치에 대한 지향성이 함축돼 있기 때문에(박재창, 2012: 60) 그 가치 지향의 방향이 얼마나 추상적인지, 또는 구체적인지에 따라 국정철학(government philosophy), 국정 비전(government vision), 국정 원리(government principle), 국정목표(government objective), 국정지표(government guideline) 등으로 구분된다(황윤원, 2007: 42). 국정기조는 구호나 캐치프레이즈로 간결하게 만들어져 특정 정부가 지향하는 바를 표어로 일목요연하게 표현하기도 한다(황윤원, 2007: 42).

* 이 글의 작성 과정에서 서동욱 석사과정생의 도움이 컸음.

이 글에서 국정기조는 국정 전반을 지배하는 근본 원칙(fundamental principle)이나 통치철학(governing philosophy)이라고 보기로 한다. 국정 비전, 국정목표, 국정과제, 국정지표 등은 그 구체성의 정도로 구분하기로 한다. 즉, 먼저 언급된 순서대로 상위 개념이다. 국정 비전→국정목표→국정지표(과제) 등으로 그 구체성의 계서를 상정하기로 한다. 그렇다면 박정희 정부의 국정 비전과 국정목표, 국정지표 등은 무엇이었을까?

박정희 정부의 대표적인 목표를 하나만 꼽자면 당연히 경제 개발이라고 할 수 있겠다. 당시 시대적인 상황으로 봤을 때, 박정희 대통령은 문화나 사회복지 등의 분야보다 경제와 산업 개발에 치중할 수밖에 없었다. 이승만 정권 때부터 각종 정치적인 문제와 재정적인 문제로 인해 전후 복구 다음 단계로 도약하기 위한 기반이 제대로 세워지지 못했고, 계속되는 북한의 도발은 경제개발계획 실현의 속도를 더디게 만들었기 때문이다.

이러한 상황적 제약을 감안할 때, 5・16 쿠데타로 등장한 박정희는 이를 정당화하기 위해 국민에게 어떤 만족감을 주어야 했다는 신념이 있었던 것 같다. 따라서 강화된 국가안보 체계 안에서 좀 더 건설적이고 미래 지향적인 경제개발 계획을 목표로 제시하고 추진했다.

이러한 국정목표는 총 18년 여 간의 장기 집권 중에도 큰 변화가 없었다는 특징이 있다. 대부분의 장기 집권자들이 초심을 잃고 후반기에 혼란을 일으키는 것이 보통인 점을 생각하면 이는 매우 중요한 시사점이다. 계획의 구체적 내용에는 다소 변화가 있었으나, 경제 발전이라는 국정운영의 방향은 유지됐다. 따라서 박정희는 '배고픔으로부터의 탈출'을 위한 경제 발전에 역점을 두고, 총 18년 동안 "① '국가재건' 시기(1961~63), ② '조국근대화' 시기(1964~71), ③ '국민총화' 시기(1972~79)"를 거치면서 한국에 많은 변화를 불러일으킨 것으로 평가되고 있다(이병천, 2003: 40).

특히 명확한 목표를 견지함과 동시에 시간과 싸우는 모습을 보였다. 좀 더 빠른 경제개발과 장래 자주적인 발전을 위해 박정희 대통령은 과감하게 시대를 앞서가는 개발정책을 시행했다. 포항제철소를 건립하고 경부고속도로 등 고속도로망 신설을 추진해 현재까지의 한국 경제 발전의 기초를 다지는 시기가 됐다. 따라서 이 장에서는 박정희 정부의 국정운영 전반을 살피기 위한 틀로서 국정 비전, 목표, 과제, 지표 등을 중심으로 이것이 유신 시대 이전과 이후를 거치면서 어떻게 달라지고 정책에 반영됐는지 살펴보도록 할 것이다.

2. 유신 이전 박정희 정부

1) 시대적 여건

1961년 5·16 군사 쿠데타로 집권한 박정희는 재선에 성공해 제5대와 6대 대통령을 역임한다. 박정희 정부는 태생적으로 결여된 정치적 정당성을 공격적인 경제 발전 사업에서 찾았다(김종태, 2013: 77). 한국의 경제 여건은 한국전쟁 이후 상당히 열악해 미국의 무상원조에 의존할 수밖에 없는 상황이었다. 국민들의 경제 수준은 의식주가 제대로 해결되지 않는 절대빈곤층이 대다수인 비참한 상황이었다. 일제 강점기의 착취경제와 6·25전쟁을 겪으면서 한국은 세계 최빈국에 속했다.

더구나 1950년대 말 미국은 한국에 대한 지원 방식을 무상원조를 줄이고, 대신 유상차관의 형태로 방향을 바꿨다. 이런 국제환경의 변화는 좌절과 포기를 가져오기에 충분했다. 그러나 박정희는 더욱더 한국의 자주적인 경제 발전의 필요성을 느끼게 되었다. 대외적 상황의 악화가 오히려 경제 발전이라는 절체절명(絕體絕命)의 목표를 견고화하는 결과를 가져왔다고 할 수 있겠다.

박정희 정부는 국내 경제 발전뿐 아니라 안정적인 경제 발전을 위한 대외적 환경으로서 미국을 주요 파트너로 관심을 기울였다. 박정희가 여러 선진국 중 미국을 선택한 것이 아니고, 역사적으로 주어진 것이었지만, 경제 발전에 최대한 활용한 점은 높이 평가할 만하다. 1945년 해방 이후에 미국이 주도하는 세계 질서에 편입됨으로써 "자유우방과의 유대를 공고히 하며 공산주의에 대항해 민족통일을 이루는 것을 골자로, 1960년대에 들어 북한 군사 위협의 봉쇄, 한미동맹의 발전, 다른 자유주의 국가들과의 다자적 연대 강화, 국제무대에서 북한과의 외교 경쟁에서 승리 등을 주요 안보외교 전략의 목적으로 정립했다"(전재성, 2008: 148).

2) 국정운영 비전: 조국 근대화

박정희에게 조국 근대화는 대내·외적 여건에 따라 권력의 유지, 강화에 동원되는 '지배 이데올로기'였다(임현진·송호근, 1994: 169-207; 임도빈, 2008: 486). 조국 근대화란 경제 성장이라는 중립적일 수 있는 목표를 민족주의 정신이라는 감성적인 언어로 포장한 것이다. 즉, 실질적으로 높은 경제성장률을 추구하면서도 '조국 근대화', '민족중흥' 등의 슬로건을 사용한 것이다. 경제 발전이란 목표를 민족주의에 결합시켜 경제 개발에 대한 국민의 지지를 동원하고자 한 것이었다(전재호, 1997: 53-56; 정해구, 2008: 244).

박정희는 제5대 대통령 취임사 중, "1960년대 우리 세대의 한국이 겪어야만 할 역사적 필연의 과제는 정치, 경제, 사회, 문화 모든 분야에 걸쳐 조국의 근대화를 촉성하는 것", "조국의 근대화를 향해 위대한 전진의 발걸음을 재촉해야 하겠습니다"라고 하는 등, 쿠데타로 집권한 자신의 정권 획득을 정당화하기 위해 조국 근대화가 막중한 과업임을 강조했다. 무엇보다도 조국 근대화를 위한 핵심이 민주화나 평등보다는 '경제 발전'이라고 내세웠다. 특히 이전 정권의 경제 실정(失政)을 '예속경제'나 '원조경제' 때문이라고 비판하면서 자립경제를 건설하겠다고 공언했다. 1967년 제6대 대통령 선거에서는 민족적 민주주의의 제1차적 목표가 경제적 자립임을 강조하면서 이를 민주주의와 연결시켰다(강정인, 2008: 463). 또한 박정희는 자립경제의 건설이야말로 "승공통일을 위한 실력 배양의 길"이라고 강조해 자립경제 건설을 반공과 통일에 연결시켰다(전재호, 1998: 68-75; 강정인, 2008: 463). 허은(2010: 213)이 지적하듯이, 박정희 시기 조국 근대화 사업의 일차 목표는 경제 발전이었지만, 궁극적으로는 경제 발전과 더불어 사회 전반의 발전을 추구하는 것이었다.

그러나 경제 발전이란 거창한 구호에도 불구하고, 이 당시의 경제 상황을 고려한다면 이를 빈곤 탈출 정도라고 봐야 한다. 1차 산업을 중심으로 하는 경제에서 발생하는 절대빈곤층을 줄이고, 배고픔으로부터 해방되는 것이 실질적인 목표였다고 볼 수 있다.

국정목표라고 하는 문서와 체계화된 논리가 개발된 것도 아니었다. 박정희 개인의 철학과 신념이 중요하게 작용했다고 봐야 할 것이다. 박정희는 경제정책과 관련해 이승만과는 달리 자유시장 경제보다는 계획경제를 강조했다(박정희, 1962: 226-227). 경제계획을 통해 국가 주로로 경제 발전을 실현시키겠다는 것이었다. 사단장 출신으로서 국가 전체를 군대와 같이 생각하지 않았나 생각된다. 군대가 전쟁을 이기기 위해 일사불란하게 움직이는 것과 마찬가지로, 경제 발전을 통해 배고픔을 이겨내겠다는 목표가 확고했던 것이다.

한편, 단일 목표를 향해 움직이는 수단으로 행정관료를 일선에 세웠다. 즉, 관료조직을 운영하는 데 "철저히 효율성과 능률성을 중시한 철학의 소유자"였다(임도빈, 2008: 223). 행정의 능률과 목적 달성을 저해하는 모든 형태는, 그것이 설령 헌법상의 기본권이나 법적 근거에 의거할지라도 국익에 반하는 것으로 배척됐고 법적 제재를 받았다(홍준형, 2008: 351).

관료조직 운영의 효율성을 기하기 위해 박정희는 "전문가 관료(specialist)를 중시"했다(임도빈, 2008: 488). 그가 봤을 때 당시 정부관료들은 군대에서 경험한 인적 자원에 비해 대부분 교육 수준 및 재교육, 전문성 등에 걸쳐 전반적인 수준이 낮았다(김충남, 2006: 215; 임도빈, 2008: 488). 따라서 박정희는 관료조직의 전문성을 높이기 위한 방법으로 군 출신 인사들을 대거 등용했고, 공무원 사기 진작을 위해 봉급을 인상했다. 또한 기존 공무원 제도와 행정제도 개혁을 통해 베버(Max Weber)가 생각한 근대적 관료제를 만들고자 하는 비전이 있었다.

박정희는 효율성과 능률성을 중시하는 한편 윤리와 질서가 존중되는 형평의 사회를 지향했다. 정치적 행동 방식에서의 윤리, 사회생활의 윤리, 근로자의 윤리 등을 중시하며 부정부패 없는 윤리적인 정부를 비전으로 가지고 있었다. 예컨대, 제6대 대통령 취임사에서 부정부패를 3대 공적(公敵) 중 하나로 꼽을 만큼 부정부패의 척결을 중요한 과제로 여겼다. 관료 개혁을 하면서 제도나 규정의 수정 또는 폐지를 통해 청산해야 하는 부정부패의 원인을 줄이고자 목표를 제시했다.

그러나 관료제 내부 운영에서 보면 민주행정이란 비전은 부족했다. 즉, 정부조직의 관리에 군대와 같이 효율적인 운영을 비전으로 했기 때문에, 오늘날과 같은 민주주주의적 리더십과 같은 비전은 결여돼 있었다고 하겠다. 박정희가 중시하는 효율성과 능률성의 철학이 강하게 반영된 관료행정 체제는, "획일주의적이고 권위적으로 운용돼 민주행정의 철학이 결여"됐다고 볼 수 있다(임도빈, 2008: 225).

3) 국정목표: 자주

국민이 물질적으로 풍요를 누리는 것을 지고(至高)의 선으로 생각했다는 점에서 박정희는 물질 위주의 '공리주의적 철학'을 가진 사람이었다. 조국 근대화(즉, 경제 발전)란 그의 비전은 '자주'라는 국정목표로 구체화된다. 여기서 자주란 남에게 의존하고, 모든 것을 운명으로 여기는 당시의 체념적 정서를 벗어나서 '스스로 할 수 있다'라는 자신감을 가져야 한다는 문제의식이 중요하게 작용한 것이다. 국정 비전을 실현할 수단적 목표를 제시한 것이다. 그는 민주주의를 당분간 다소 희생하더라도 경제 발전이라는 시급하고도 실현 가능한 목표에 집중하고자 했다(임도빈, 2008: 486).

박정희는 1963년 제5대 대통령 취임사에서 "정치적 자주와 경제적 자립, 사회적 융화 안정을 목표로 대혁신 운동을 추진"할 것을 밝혔다. 그러나 이러한 추진 목표는 실질적이라기보다는 구체성이 결여된 선언적 목표에 가까웠다. 여기서 자주(自主)란 향후 궁극적 목표로서 가치를 가지고 있는 것이었다. 외세에 의존해 사는 것보다는 '우리 스스로 할 수 있다(we can do)'라는 방향 제시적 목표라고 할 수 있다. 실제로는 빈곤 탈출과 같은 최소한의 경제 발전을 확보하고자 했던 것으로 보인다. 즉, 빈곤 탈출이라는 현실적이고 자기비하적 표현보다는 경제적 자립이라는 우리 민족의 자존심을 지키는 표현을 썼다.

그러나 빈곤 탈출이 가장 절실하고 유일한 목표였음에도 불구하고, 그것 하나만을 내세우지는 않았다. 정치적 자주나 사회적 융화 안정 같은 것도 목표로 제시했다는 점에 주목할 필요가 있다. 여기서 정치적 자주란 열강의 영향으로부터의 자주이기도 하겠지만, 한반도에서 공산주의의 위협에서 벗어난 '정치 안정'을 의미하지 않았나 생각된다. 이념 논쟁으로 정치권이 사분오열되고 국민 여론도 나뉜 상태를 극복하기 위한 정치 분야에서의 목표다. 물론 정치적 자주나 사회적 융화가 경제 발전을 위한 수단 내지 조건이 된다는 점에서 적어도 논리상으로는 이를 중요시했다고 볼 수 있다. 그러나 실제 정책은 무엇보다도 경제 발전에 집중돼 있었다.

한편 박정희 정권의 국정목표는 1960년대 초에서 1960년대 후반~70년대로 넘어가면서 다소 변화가 있었다. 제3공화국 기간 동안 박정희의 대통령 취임사 또는 연두 기자회견을 분석한 연구에 따르면, 1963~67년까지는 경제 발전의 담론(자립경제, 경제 건설, 근대화, 증산·수출·건설 등)이 지배적인 데 반해, 1968년부터는 '자주국방' 또는 '국방력 강화' 등 군사주의와 국가주의 담론이 경제 발전에 대한 강조와 병행해 나타난다(전재호, 1998: 55-58; 강정인, 2008: 464). 국방 분야에서도 '자주'를 수단적 국정목표로 제시한 것이다. 이를 통해 북한과의 체제 경쟁에서 승리해야 한다는 그의 국정 비전이 구체화된 것이다.

제6대 대통령 취임사에서는 빈곤과 부정부패, 공산주의를 민족 중흥을 위해 배격해야 할 3대 공적으로 꼽고 있는데, 빈곤은 경제적 자립을, 공산주의는 정치적 자주를, 부정부패는 사회적 융화 안정이라는 국정목표를 달성하기 위해 해결해야 하는 지침인 것으로 보인다. 이것은 무엇을 달성하기 위한 긍정적 목표의 설정(positive goals)과 더불어, 타파해야 하는 부정적 목표(negative goals)를 제시함으로써 국정 방향을 더욱 선명하게 했다는 것을 의미한다.

위와 같은 국정목표를 달성하기 위한 국정 세부 과제는 제2절에서, 목표와 과제 달성을 위해 실제로 추진 및 시행했던 정책은 제3절에서 다루기로 한다.

3. 유신 이후 박정희 정부

1) 시대적 여건

제1차, 2차 경제개발 5개년계획 실행으로 1964년 수출 1억 달러 달성, 1977년 수출 100억 달러를 달성할 만큼 경제가 급속도로 발전함에 따라 이에 걸맞은 국정운영 목표와 실행력이 필요하게 됐다. 즉, 절대빈곤에서 탈피라는 국정목표가 어느 정도 실현되고 있다는 것이 밝혀진 것이다.

그러나 이러한 초기의 목표 '달성'이 모든 문제를 해결한 것을 의미하지는 않았다. 거꾸로 더 많은 문제를 야기했다. 노동문제, 환경문제 성장에 뒤따르는 문제들이 부각되기 시작했고, 경제 발전을 가속화시키기에 부족한 기술 인력을 양성하기 위한 교육이 필요했다. 농어촌의 인력이 도시로 이동하고 공업화되는 도시와 농촌의 근대화 정도는 점차 격차가 벌어졌다. 이에 따라 예컨대 기업이나 근로자의 이익과 복지 증진을 위한 제도 구축, 도농 격차 문제 해결, 경제 발전의 가속화 등을 위한 전략적 정책이 요구되기 시작한 것이다.

국제환경도 그리 우호적이 아니었다. 냉전 체제와 분단국가라는 현실에서 외교 및 안보는 매우 중요한 사안이었다. 베트남전에서 수세에 몰린 미국이 아시아에 유보적 태도를 취하면서 미국과 중국이 데탕트 정책을 펼치는 등 국제적 안보 변화(마상윤, 2003; 전재성, 2008: 148-149)가 있었고, 1970년대 중반 이후에는 냉전 구도가 다시 강화됐다. 이러한 국제사회 분위기에서 한국은 분단국가로서 생존을 모색해야 했다.

이러한 시대적 배경에서 박정희 대통령은 장기 집권을 위해 3선 개헌을 통과시키고 1972년에는 유신정권을 출범했다. 5대, 6대 대통령 재임 기간을 통해 경제 성장을 이루는 데 자신감을 갖게 된 박 대통령은, '한국적 민주주의'라는 슬로건을 내세우며 장기 집권을 통한 일관된 정책 추진의 의지를 보이기 시작했다.

그러나 3선을 금지한 헌법 조항을 개정해 무제한 집권하도록 하고 임기를 7년으로 하는 것은 국민들의 대대적인 반대 움직임에 부딪쳤다. 권위주의 문화에 물들어서 수동적인 대다수의 국민에 더해 전태일 분신, 대학생 시위 등 노골적인 정권에 대한 저항이 심화됨에 따라 정권의 정당성 확보가 필요했다.

유신개헌 이후 통일주체국민회의에 의한 간접선거(일명 체육관선거)가 등장한 7대 대통령 취임사에서는 모든 국민이 공감할 수 있는 명확한 국정목표나 비전이 제시되지 못했다. 즉, 그동안 경제 성장을 과시하고, 정치 불안을 일소하기 위해 한국적 민주주의라는 기치로 유신정권을 정당화하는 데 초점을 두었다(이세화, 2005: 51-52). 마찬가지로 8대, 9대 대통령 취임사에서 역시 그간 이룩해온 경제 성장의 업적을 과시함과 동시에 국민들로부터 유신정권 및 체제의 유지 정당성을 모색한 것으로 보인다.

환언하면, 제5대와 6대에는 당시의 경제 상황이나 정치 상황에서 어느 정도 받아들일 수 있었거나 수동적으로 묵인할 수밖에 없는 국정목표를 제시함으로써 통치가 가능했다. 그러나 유신 이후에는 이전 시기의 국정목표가 더 이상 국민들로부터 강력한 지지를 얻을 수 없는 시대적 상황에 있었다는 것이다.

2) 국정운영의 비전: 통일과 한국적 민주주의

기존 1960년대의 경제 발전 위주의 조국 근대화는 변화하는 시대에 부응하는 데 다소 미흡한 점이 있었다. 더욱이 유신헌법을 통과시키며 장기 집권에 들어간 정부는 더욱 높아진 국민의 장기 집권에 대한 불만과 다양한 사회문제를 해결해야 했다. 즉, 사회 갈등의 확대는 분열된 국민의 마음을 사로잡을 국가 비전을 필요로 했다.

이러한 난관을 극복할 수 있는 사안으로 통일을 이슈화한 것이다. 이전 시기에 북한의 경제가 남한의 경제보다 좋았을 때가 있었으나, 이제 이 상황이 역전되기 시작한 것이다. 남한이 경제적으로 풍요로워지기 시작했고 우수한 군사력을 확보해 북한의 도발에 대응할 수 있다고 보았다, 그리고 통일 후 남한 경제가 북한 주민을 먹여살릴 정도가 돼야 한다는 논리가 필요했다. 그리하여 유신 이후 정권에서 원활한 국정운영을 위해 '통일'을 국정운영 비전으로 제시하게 된다.

박정희 대통령은 1970년대 중엽을 '통일 국력 확보의 시기'로 간주하며 "제3차 경제개발 5개년계획은 민주 발전의 자양소요, 민주 사회의 성장은 통일 기지의 확보"라 밝혔다. 이때의 통일 국력은 비단 안보와 외교적 노력으로 달성하는 차원이 아니었으며, 경제적 우위를 통한 흡수통일을 의미하는 것이었다.

개발독재에 대한 민주세력들의 비판에 대해서도 대응이 필요했다. 그들은 서구 민주주의를 동경해 그대로 한국에 도입하는 것을 주장했지만, 서구식 민주주의는 한국의 토양에 맞지 않는다는 주장을 했다. 우리 체형에는 한복이 맞지, 미국인이 입던 기성복인 양복은 맞지 않는다는 논리다.

박정희 정부가 주장한 '한국적 민주주의'가 과연 정치제도 분야에서 서구식 민주주의를 대체할 만한 가치가 있는 비전이었는가에는 논란의 여지가 있다. 국가수반을 중심으로 강력한 리더십을 부여한다는 측면에서 프랑스의 드골 헌법과 유사한 점이 있다. 오늘날에도 서구식 민주주의 제도가 우리나라에 적합하지 않다는 논리가 있는 점을 감안하면, 한국적 민주주의가 단지 통치 수단에 불과한 것이었다는 비판에도 의문을 가질 수 있다. 적어도 당시 체제순응자들이나 경제우선주의자들에게는 정치 체제 면에서 일종의 국정 비전을 제시한 것이 아닌가 하고 생각해 볼 수 있겠다.

3) 국정목표: 경제 성장

주목할 점은 한국적 민주주의나 통일이란 국정 비전도 사실상 박정희의 근본적 동기인 경제 성장을 포장한 것이 아니었는가 하는 것이다. 즉, 이러한 슬로건을 실현하기 위한 도구적 국정목표로 경제 성장이 확고하게 자리 잡고 있었다는 점이다. 국내 정치적 안정과 국제사회와의 관계 형성, 사회적 균형과 발전, 정신과 문화적 측면에서 민족의 주체성과 애국심을 길러 통일로 나아갈 수 있는 토대는 곧 경제력이라고 본 것이었다. 박정희는 이와 같이 경제 발전을 민주주의 발전과 통일에 이르기까지 사회 전반의 과업을 해결할 수 있는 핵심으로 보고, 경제 발전을 가속화할 것을 강조했다. '희망과 행복의 통일조국'을 만들기 위해 국력을 신장시키는 것을 최우선으로 삼은 것이다.

유신 이후에 박정희 대통령은 5대, 6대 정권에 비해 더 세부적인 정책 방향을 제시했다. 특히 9대 대통령 취임사에서 박정희 대통령은 "우리의 중요 정책 지표를 앞으로도 계속 완전 자립 경제의 달성, 자주 국방 태세의 확립, 사회 개발의 확충, 정신문화의 계발에 두고 온 국민과 더불어 총력을 기울여 나가고자 합니다"라는 표현을 사용했다. 완전 자립 경제의 달성, 자주 국방 태세의 확립, 사회 개발의 확충, 정신문화의 계발이라는 네 가지 중요 정책 지표를 언명했다. 여기서 완전 자립 경제란 오늘날의 의미로서 자급자족 경제를 의미하기보다는 생필품조차 수입에 의존하던 것을 국산으로 대체하겠다는 것을 의미한다. 자주 국방이란 미군에 의존하는 것에서 탈피하는 것을 의미한다. 이전 시기에 사용하던 '자주(自主)'라는 단어를 강조함으로써 국민적 지지를 확보하려는 의도도 일정 부분 있었을 것이다.

정권의 주요 정책 역시 1960년대 정권과 비교해 더욱 구체적으로 발전했다. 1960년대 정권에서는 경제 발전이 국정목표이자 근대화, 정치적 안정, 사회 안정의 근간이었다면, 1970년대 정권에서는 조국 근대화와 경제 발전에 더불어 더 높은 경제 발전을 위한 사회 개발에도 관심을 두었다. 따라서 물리적·사회적 인프라를 구축하는 것이 주요 정책 지표에 들어가게 됐고, 더불어 국가적·민족적 목표에 유용한 정신문화 또는 민족문화를 전략적으로 개발하고자 하는 것 또한 중요하게 됐다(임학순, 2012: 165-175).

유신 이전에 비해 유신 이후의 국정과제가 좀 더 구체적으로 변화한 것은 경제 발전을 강조한 박정희 정권 초기에 장기적 플랜이 존재했다기보다는 환경의 변화에 대응한 것이 아니었나 싶다. 즉, 빠른 경제 성장과 국내외 정세 등이 급변하면서 과거의 것을 고수하기보다는 발전적, 미래 지향적으로 플랜을 조금씩 변형해 나간 것으로 보인다. 즉, 국정의 목표가 경직적이고 불변한다기보다는 시대 상황에 따라 변화하고 적응했다는 점에서 그 장점을 높이 평가할 만하다.

유신 이후 박정희 정권에서 강조한 주요 정책지표에 대한 국정 세부 과제, 달성 전략 및 정책 추진체계에 대해서는 제2절, 3절에서 다루기로 한다.

제 2 절 국정기조 및 국정과제

1. 유신 이전

1) 국정지표 1: 자립 경제 성장

제1절에서 살펴본 국정 비전과 국정목표가 구체적으로 국정지표 및 국정과제로 추진됐는지를 살펴보기로 한다. 박정희가 주축이 된 5 · 16 군사정권과 이전 장면 총리의 정권은 "근대국가의 (안정화) 요건을 갖춘다"는 면에서 중요한 차이를 보인다(김일영, 1999: 286). 즉, 근대 국가로서 정체성을 구비한다는 국정지표를 당면 과제로 삼는다는 점에서 근본적이 차이가 있었다. 장면 총리 정부는 군부 통제에 실패했을 뿐만 아니라, "질서 유지의 실패와 이데올로기적 포용성의 부족, 그리고 경제적 성과의 부재"로 인해 일명 '사회'세력이 주도권을 가지게 됐다(김일영, 1999: 286). 1961년의 5 · 16 쿠데타로 들어선 박정희 정권은 물리적인 힘으로 정권을 획득했지만, 이를 정당화하기 위한 배경은 부족했다. 자신들의 정권 장악을 정당화하기 위한 방책으로 박정희 정부는 국가 주도형 경제적 성과로 국민들의 지지를 받겠다는 국정과제를 추진한 것이다.

1962년의 신년사에서 박정희 대통령은 "우리가 이상으로 하는 진정한 자유민주주의가 확고한 경제적 기반 없이는 실현을 바라기 어렵다"는 것을 강조하며, 경제 재건을 위한 산업 개발이 시급한 과제임을 역설한 것으로 보아 경제 기반 구축이 명확한 국정지표였음을 엿볼 수 있다. 한국전쟁 이후 여전히 열악했던 경제 상황을 타개하려는 목적이 주였지만, 한편에서는 기존의 합헌정부를 무너뜨리고 집권을 하게 된 군사정권이 "정통성 결여를 보완할 거의 유일한 대안"으로 경제 개발을 선택한 것이라고 본다(김대환, 1993: 147-148).

이것은 '선(先)성장, 후(後)민주화'라는 국정과제의 추진으로 구체화된다. 소위 '보릿고개'라고 하여, 봄철에 식량이 부족해 굶주리는 국민이 없도록 해야 한다는 절박한 국정과제가 있었던 것이다. 경제문제가 정치문제보다 선행된다는 것은 나름대로 중대한 국정 방향 설정이란 의미가 있다. 이렇게 시작된 국가 주도형 경제 개발정책은 의도적인 왜곡 배분으로 대표되는 불균형 발전전략으로 인해 때로는 경제·사회적 질서를 위해 억압이 자행되기도 했다. 김일영(1999: 287-288)에 따르면, 사유재산이 인정되며 시장경제가 기본틀이 되면서도 후발 산업화국가가 시장에 적극적으로 개입함으로써 소위 말하는 '부국강병'을 추구할 때, "의회 및 정당정치는 비효율적인 것으로 대신 행정적 효율성이 그것을 대체해 경제 발전을 이끄는 수가 많다"는 것을 박정희 정부 또한 인지하고 있었다.

서구 민주정치 제도에 대한 동경도 없었고, 오로지 경제 성장을 통해 국민들의 배고픔을 면하게 하겠다는 국정과제를 추진했다. 그렇기 때문에 명시적으로 민주정치의 구현을 추구하고자 했지만, 실제로는 정치민주화는 항상 차순위 국정지표였던 것으로 보인다.

유엔 및 자유우방 국가들과의 유대 관계 촉진은 경제 성장이란 국정목표를 추진하기 위한 구체적인 국정과제였다. 당시 한국은 최빈국 중의 하나로 국제사회에서 목소리를 낼 처지가 아니었다. 따라서 유엔 및 자유우방, 특히 미국과의 유대 관계를 돈독히 하는 것은 곧 국내의 경제 발전에 도움이 된다는 계산이 있었던 것 같다.

전술한 경제적·정치적인 이유 때문에 박정희는 1961년 11월 미국을 방문해 한국군의 베트남 파병 의사를 밝혔다. 당시의 케네디 대통령 정부는 베트남전 참전을 결정하지 않고 있던 상태라, 이러한 의사가 반영되지는 않았다. 하지만 미국의 베트남전 참전이 결정된 이후 미국 정부는 한국에 대한 지원을 분담하기 위해 일본과 한국의 국교회복을 고려했다(김일영, 1999: 320-330). 결과적으로 볼 때, 국교 회복도 국가 경제 개발을 위한 외화 확보라는 국정지표를 달성하기 위한 방법으로 볼 수도 있다. 이를 계기로 정부는 국내의 시중은행에 대한 권한뿐만 아니라, 외자를 도입하고 분배하는 기능에 대한 권한까지 갖는 계기가 됐다.

이 시기 "정부는 1차 경제개발계획에 소요되는 약 7억 달러 중 약 62%인 4억 2,600만 달러를 외자로 충당하려고 했으나 1964년 말 유치한 외자는 목표액의 30%에 불과했다. 미국의 동아시아 정책 변화와 군부 자체의 필요성이 합치한 가운데 한일관계는 야당과 학생들의 격렬한 반대 속에서 1965년 정상화됐다. 그 결과 일본으로부터 6억 달러의 청구권 자금(무상원조 3억, 공공차관 2억, 민간상업차관 1억)을 비롯한 각종 차관이 쏟아져 들어왔다"(김일영, 2008: 224-225). 이 당시 국정지표로서 재원 확보가 얼마나 중요했는가를 알 수 있는 대목이다.

일본과의 국교정상화도 하고, 대일청구권 자금을 받아내어 포항제철 건설비용을 마련했다. 포항제철의 건설은 공업입국을 위한 중요한 경제 개발 목표를 달성하기 위한 미래 지향적 지표였다.

단순 수입대체에서 수출 지향 경제 개발을 국정목표로 정한 박정희 정부는 이를 실현시킬 분위기를 조성하기 위해 국제관계 개선을 국정지표로 한 것이다. 파병으로 인한 경제적 이익을 생각하지 않을 수 없었고, 미국을 비롯한 우방국들과 일본 등지에 수출 판로를 개척하는 것도 중요하다고 판단했기 때문이다(김일영, 1999: 320-330).

2) 경제적 자립을 위한 국정과제

'경제개발 5개년계획'은 많은 후발국이 부러워하고 추종하고자 하는 발전모델로서 국정지표의 역할을 했다. 구체적인 행동계획(action plan)을 제시함으로써 자원의 동원과 국력의 결집을 가져오게 한 것이다. 정정길(1994: 32)에 따르면, 6・25전쟁 이후 1960년대의 빈곤으로 인해 한국 사회 곳곳에서 경제 발전을 이룩해야 한다는 의식이 표출됐다. 박정희 정권은 '경제 성장 제일주의'를 가장 중요한 국정지표로 삼게 됐고, 국정지표로서 '경제개발 5개년계획'을 발표한 것이다. 5・16 군사 쿠데타에서 발표한 6개의 혁명공약 중 하나가 "기아선상에서 허덕이는 국민을 구해낸다"였다(정정길, 1994: 31). 경제 성장이 "개인적인 소신이었건 아니면 독재정권 유지의 정당성을 확보하기 위해서였건, 정부가 경제 성장을 슬로건으로 내걸고 이를 강력히 지원하자 국민들의 광범위한 지지를 받을 수 있었고 노력의 성과가 가시화"되면서, 정부의 주요 과제로 자리 잡게 됐다(정정길, 1994: 32-33).

박정희가 이러한 경제 개발의 초석이 된 5・16에 최고지도자로서 참여하게 된 계기로 몇 가지를 들 수 있다. 비교적 어려웠던 가정환경에서 자란 박정희는 가난을 극복하고자 했던 의지가 강했던 것으로 보인다(정윤재, 2003: 310). 그랬던만큼 자신이 직접 경제개발계획의 진행 상황을 챙겨보았다고 전해지고 있다. 이는 공공사업 부문에만 그친 것이 아니라 민간사업 부문에도 해당됐는데, 관계 공무원들이 모든 것을 계획에 맞춰 진행하도록 박정희가 신경을 썼다(정윤재, 2003: 310).

박정희 정권은 앞서 말한 경제적 정체를 극복하기 위해 1960년대 이후 '대외지향적인 경제 성장'을 추구했고, 이 사실은 곳곳에서 여실히 드러난다(김낙년, 1999: 42). 대외지향적인 경제 성장을 추구했기 때문에 시장자유화가 어느 정도 이뤄졌으나, 기본적으로 이 시기 한국의 경제 개발이 박정희 정권의 개발국가 체제 아래에서 이뤄졌기 때문에 정부가 국가 경제에 적극적으로 개입한 것이 중요한 특징이라고 할 수 있다(김낙년, 1999: 42).

표 1-2-1 제1차 경제개발 5개년계획의 기본 목표와 중점 사항

기본 목표	모든 사회경제적인 악순환을 시정하고 자립경제의 달성을 위한 기반을 구축
중심 내용	(1) 전력, 석탄 등 에너지 공급원의 확보 (2) 농업생산력의 증대에 의한 농가소득의 상승과 국민경제의 구조적 불균형 시정 (3) 기간 산업의 확충과 사회간접자본의 충족 (4) 유휴자원의 활용, 특히 고용의 증대와 국토의 보전 및 개발 (5) 기술의 진흥
전략산업	비료와 시멘트, 합판, 섬유

자료: 김준모(2008); 경제기획원(1982); 홍사균 외(2010).

표 1-2-2 제2차 경제개발 5개년계획의 기본 목표와 중점 사항

기본 목표	산업구조의 근대화와 자립경제의 확립을 더욱 촉진, 대외 지향적 공업화
중심내용	(1) 소비재 수출 증대 (2) 소비재 및 중간수입 대체 (3) 사회간접자본의 확충
전략산업	합성섬유와 석유화학, 전기기기

자료: 김준모(2008); 경제기획원(1982); 홍사균 외(2010).

이를 위해 1962년에 시행된 제1차 경제개발 5개년계획은 1950년대의 자유당의 경제개발 계획안과 그와 연계된 1960~1961년 민주당정권의 "부흥부 산업개발위원회의 경제개발 5개년계획"과 연관됐다고 볼 수 있다(이완범, 1999: 16). 당시의 시대적 상황으로 볼 때, 한국전쟁 이후 파괴되고 극도로 낙후된 산업과 경제를 위한 개발 의지의 필요성은 두말 할 필요가 없는 것이다. 1950년대 미국의 원조 당국은 한국 정부에 '한국경제 재건계획'과 타스카 3개년 대한원조계획을 제안했고, 1954년 이승만 정권은 '경제부흥 5개년계획'(1954~1958)을 내놓았는데, 모두 구체적으로 체계화된 경제계획이라기보다는 전쟁 전 수준으로 경제가 부흥되려면 얼마의 경제 원조가 필요할지를 주로 다룬 계획들이었다(이완범, 1999: 19).

이에 비해, 박정희 정부의 국정지표 및 국정과제로서 경제계획은 실천 지향적이고 미래 지향적이었다. 1957년경에 전후 복구가 어느 정도 이뤄지고 국민경제 수준이 일정 수준으로 유지되기 시작한 후부터는 1950년대의 수입대체적 공업화 대신 미래의 성장을 위한 '독자적인 개발의 필요성'이 강조됐고, 이후의 정당과 정부 차원에서 체계적인 경제개발계획을 추진하는 지표가 됐다(이완범, 1999: 19). 또한 이때부터 경제 원조는 감소했고 1959년부터는 차관이 도입되기 시작했다(이완범, 1999: 21).

그 이후 박정희가 주도한 5·16 쿠데타가 일어났고, 정치 구도가 변화하는 것을 주시하던 미국 정부는 한국의 공산화를 막기 위해 이전의 장면 총리 정권이 실패한 사회부패 척결과 경제개발계획 수립의 중요성을 피력했다(이완범, 1999: 39-53). 민족주의와 자주성을 바탕으로 한 '혁명' 정부는 "농업 육성을 통해 국내시장을 확대하고 기간산업을 건설해 수입대체 효과를 거둠으로써 자립경제를 지향"하자는 경제개발계획을 준비했으며, 이는 1962년 제1차 경제개발 5개년계획에 반영됐다(김일영, 1999: 318).

3) 국정지표 2: 농공병진

불균형 성장을 국정기조로 한 박정희 정부는 그렇다고 하여 농촌을 경시하지는 않았다. 당시 농업의 중요성을 알고 있었기 때문에 오히려 제한된 자원을 동원해 농업 발전에 중점을 두어 정책을 추진했다. 즉, 농촌의 후진성과 빈곤을 극복하기 위해 농촌 시책을 좌시하지 않고, 농민의 생활 향상을 통해 균형 잡힌 경제재건과 민주 발전을 도모할 것을 국정기조로 했다.

전통적인 농업 형태로는 경쟁력이 없음을 인식했기 때문에 따라서 국정과제로서 과거부터 이어진 영세 소농 위주의 농업을 근대화 및 협업화, 대형화함으로써 농업 분야의 경쟁력 제고가 필요함을 인정했다(김병택, 2002: 59). 구체적인 국정지표로서 "식량 증산과 농가소득 증대"를 내세웠으며, 이에 따라 근본적인 "농업구조를 개선해야 한다"는 정책과제가 나오게 됐다(김병택, 2002: 59).

산업화가 진행됨에 따라 농촌에서 도시로의 인구집중이 큰 문제였다. 따라서 농촌의 발전은 국토의 균형 개발과 밀접히 연결되는 문제였다. 이를 위해 국토 건설에 대한 명확한 비전을 가지고 국정목표를 설정하고, 그의 행동 방향으로서 국정과제가 추진됐다.

국토균형개발이란 국정목표는 구체적으로 경부 및 경인, 호남고속도로의 건설과 같은 대규모 사업을 국정과제로 삼았다는 데에서 단지 구호가 아니고 실천이었음을 알 수 있다. 아직 농경사회에서 벗어나지 못했던 1960년대 당시에는 많은 사람이 고속도로 건설 자체의 필요성을 느끼지 못하는 경우가 많았다. 하지만 박정희 대통령은 공업화와 수출 증대, 그리고 농산물 생산과 수송의 효율화를 위해 운송 수단으로서 국토에 고속도로를 설치하는 것을 중요하게 생각했다. 그중 우선적으로 나온 것은 서울과 부산을 연결하는 고속도로였는데, 이는 서울 교외와 전국 각지에 분포하게 될 여러 공업단지와, 수출을 위한 부산의 항구를 연결하는 것이 주된 국정지표였다. 그래서 박정희 대통령은 경부고속도로 건설을 국정과제로 추진하기로 했다.

정부가 명확한 비전을 가지고, 국민에 선도적으로 국정목표를 구체화한 것에서 외부 원조와 외부 전문가의 도움을 받은 것도 아니었다. 경부고속도로 건설의 경우는 오히려 반대의 경우로서 우리 정부가 독자적인 계획을 한 것이다. 당시 한국에 대한 원조를 담당한 기구들은 독자적으로 경부고속도로 계획을 제시한 박정희 정부에 대해 대립각을 세우며, 자신들이 제안한 고속도로 건설안을 수용했을 경우에만 이에 대한 원조가 가능할 것이라고 주장했다. 그럼에도 불구하고 국토의 균형 발전을 위해서는 경부고속도로를 비롯한 호남고속도로 등 각 지역과 서울을 연결할 수 있는 도로망이 시급하다고 주장하며, 박정희 대통령은 이 계획을 적극적으로 지원했다.

2. 유신 이후

1) 국정지표 1: 수출경제

1970년대 들어 박정희는 제7대 대통령 취임식에서 "확실히 지난 60년대는 우리에게는 내부 성장에 치중한 내실기였다고 자부해도 좋을 것"이라면서, "이를 토대로 하여 평화 지향의 새로운 국제 조류에 능동적으로 뛰어들어, 그 속에서 국가 목표 달성의 길을 모색하는 외향적 참여도 강화해야" 한다고 보았다. 여기서 내부 성장이란 경공업을 중심으로 하여 이제 겨우 배고픔을 면했다는 의미라고 봐야 한다. 한반도에 국한된 우물 안 개구리가 아닌, 국제시장에 눈을 돌려 상품을 수출해서 경제 성장을 이루겠다는 국정지표를 명확히 내세운 것이다.

구체적으로 3,4,5차 경제개발 5개년계획에서 제시하는 목표를 보면 이를 좀 더 명확히 알 수 있다. 제3차 경제개발 5개년계획은 고도 성장과 중화학 공업을 목표로 했다. 중화학공업을 육성하려면 공장을 건설해야 하고 공장의 설비가 필수적이다. 여기에는 막대한 자금이 필요했다. 그러나 이런 목표를 달성하기 위한 환경이 녹록치는 않았다. 곳곳에서 난관에 부딪쳤다. 닉슨 쇼크로 인한 국제 통화 질서의 붕괴와 석유 파동으로 인해 타격을 입었으나, 외자 도입과 중동 건설 붐 등을 적극 활용했다.

제4차 경제개발 5개년계획은 "기본 지침으로 성장, 형평, 능률을 개발 이념으로" 삼고, 경제 성장의 자립구조 확립, 사회 개발을 통한 형평 증진, 그리고 기술과 능률의 혁신 등을 목표로 했다(현성남, 1975: 83-84, 87). 여기에는 중공업 진흥정책을 추진하는 데 자본, 설비의 부족뿐만 아니라, 기술이 필요하다는 것을 명시한 것이다. 과학기술에 대한 투자의 필요성을 인식하고, 정책 목표를 설정하게 됐다.

제5차 경제개발 5개년계획의 기본 이념은 안정, 능률과 균형이었으며, 이를 바탕으로 "경제 안정 기반을 정착하여 국민생활을 안정시키고 경쟁력 강화와 국제수지 개선"을 이루고, "지속적 성장 기반을 다져 고용 기회를 확대하고 소득을 증대"시키며, "소득계층 간, 지역 간 균형 발전으로 국민의 복지를 증진"시키는 것이 목표였다(경제기획원, 1982: 366). 이를 실현하기 위해 구체적으로, 물가를 10% 이내에서 안정시키기 위한 물가 상승 요인 정비, 7~8%의 지속적 성장을 위해 투자효율을 극대화하고 저축을 증대시키며, 경쟁을 촉진하고 시장 기능을 활성화, 수출 주도 전략의 지속 및 대외 개방정책 적극화, 비교 우위 산업 육성, 국토 균형 개발과 환경 보전, 그리고 국민의 기본 수요를 충족시키며 사회 개발을 적극 추진하는 것을 세부 전략으로 삼았다(경제기획원, 1982: 366).

산업구조의 고도화, 즉 중화학공업 육성의 필요성 자체는 1960년대 후반에 이미 제기됐고, 관련 법규도 다수 제정됐다. 그러나 단순히 법규 수준에 머물지 않고, 실천에 옮기는 것이 절실했다. 국민경제의 국정과제로 중화학공업화를 설정하고 그 실현을 위해 통합적이고 강력한 정책 추진체계를 구축한 것은 1970년대 초에 들어서였다.

특정 산업을 대상으로 한 저리융자와 산업기지 건설 등 본격적인 지원 조치가 시행되기 시작한 것도 1970년대 초였다. 당시 국민들은 흑백 텔레비전도 가진 사람이 드물었는데, 컬러 텔레비전을 만들어서 수출하기 시작했다. 당시 교통 수단 수준에서 보면,

상상할 수도 없는 '마이 카(my car)' 시대를 슬로건을 내세우기도 했다. 한 집에 자가용 한 대씩 보유하는 시대가 온다는 꿈 같은 국정지표를 국민들에게 제시한 것이다.

국민들이 정부정책을 믿건 안 믿건 일단 정한 국정목표는 일관되게 추진했다. 정부가 보증하는 차관을 도입해 투자하는 방법을 사용했다. 한국의 근대적 경제 성장 과정에서 이처럼 강력하고 종합적인 정부 주도형 성장정책 내지 산업구조 고도화정책이 시행된 예는 일찍이 없었으며, 세계적으로도 그 유례를 보기 힘든 선별적 산업 육성정책(industrial targeting)의 실천 사례라고 할 만한 것이었다.

2) 국정지표 2: 인적 자원의 개발과 농공병진

가난을 극복하기 위해 가장 큰 장애물은 인구 과잉이었다. 따라서 산아제한 정책을 추진해, 자녀를 두 명까지만 갖도록 정부가 강력한 인구억제 정책 목표를 설정했다. 아울러 이러한 양적 억제와 더불어 인적 자원의 질적인 수준을 높이는 정책 목표도 추진했다.

인구의 질적인 수준을 높이는 것은 학생들의 교육을 통해서였다. 초등교육 및 중등교육의 확대를 꾀했고, 동시에 대학교를 비롯한 고등교육과 기술/직업 교육의 발전을 도모해 국가에 필요한 인재를 개발하는 데 초점을 뒀다. 이미 1960년부터 시작된 이 정책은 1970년대에는 더욱 강력한 목표로 재등장했다. 청년들의 군복무 중에도 '하면 된다'라고 정신무장을 하게 하고, 기술을 습득해 직업 준비를 할 수 있게 하는 정책도 추진했다.

초등교육 우선에서 중등교육 투자 병행, 산업화를 지원할 수 있는 교육정책의 수행, 경제 규모 확대에 따라 발생한 교육 수요의 다양화에 대한 대응을 중점으로 하는 교육분야 국정과제로 선정했다(전영한 · 권태욱, 2008: 202-203). 이때 교육은 경제 성장에 필수적인 기술 인력의 양성이라는 데에 초점이 맞춰졌다(이종재 외, 2006: 5-6).

1960년대에는 교육 부문은 초등교육의 완전 취학을 달성하고, 중등교육을 확대하기 시작했다고 한다면, 1970년대에는 실업계 고등학교를 확충하고 공고를 특성화했으며, 고등학교 평준화 정책을 국정과제로 했다. 또한 공공부문의 직업훈련을 지속적으로 확충해 나갔다(김신복, 2008: 608-609). 한편 국가 경제 발전에서 교육 부문의 연계성 강화가 강조됨에 따라 실업교육의 중요성이 부각됐는데(한국교육개발원, 1997), 실업교육의 강화는 공업화 추진에 필수적인 인력을 개발하기 위한 필수적 과제였다(전영한 · 권태욱, 2008: 203). 교육이 미래에 대한 투자라면, 이미 성인이 된 인구에 대한 인적 자원정책은 현재에 대한 투자라고 보아야 한다. 이런 인구계층의 인적 자원 개발은 일자리 창출을 통한 현장교육(on-the-job training)이다. 1960년대 당시 경제 성장이 본격화됨에 따라서 산업계의 노동시장 또한 양적으로 성장했다. "어떠한 임금 수준과 노동 조건 하에서도 노동력의 공급은 거의 무한정으로 이뤄질 수 있는 상황, 즉 '노동력의 무제한 공급'이라는 전형적인 후진국적 과잉 인구 조건을 배경"으로 했다(박준식, 1999: 162). 이러한 상황에서 무조건 인적 자원을 '착취'하는 데 급급하지 않게 했다. 인적 자원의 개발은 간접적으로나마 노동인구의 보호를 통해 이뤄지는 것이기에, 따라서 국정목표로서 노동권 문제와 사회보장 제도가 등장하게 됐다. 노동자 처우문제를 어느 정도 해결하기 위해서는 정부 차원에서의 복지 체제 및 사회보장 제도의 관리가 필요하다는 것이 국정목표에 반영된 것이었다.

1960년대부터 계속된 "공업 육성 위주의 경제개발 정책"이 성공적으로 진행되자, 농업 외 분야의 일자리가 증가했고, 이에 따라 "향도이촌(向都離村)하는 농업노동력이 급증"했다(김병택, 2002: 61). 도시로 나가야 출세한다(돈을 번다)라는 인식이 커지고, 이것은 인적 자원 개발의 중요한 방향타가 됐다.

그렇다고 하여, 농촌 거주자들을 국정과제에서 제외하거나 등한시한 것은 아니다. 이전 시기의 농공병진 국정목표는 이 시기에도 변함없이 추진됐다. 농촌의 인구가 곧 도시의 산업화를 뒷받침해주는 바탕이 된다는 것을 인식하고 이를 국정과제로 천명했다. 정책적으로 공업도시 개발을 통한 공업화는 어쩔 수 없이 도농간 소득 격차를 심화시켰다는 점은 인정했다. 이에 정부는 이를 "농가소득을 높여 공산품의 내수 기반을 구축한다"는 국정과제를 세우는 등 한편, 식량 부족을 해결하기 위해 증산의 필요성을 강조했다(김병택, 2002: 63). 새마을운동을 통해 농촌 인구의 동기부여 및 자립의 정신을 불어넣는 것도 일종의 인적 자원 개발이다.

농촌 인적 자원의 개발은 '사람'에만 국한된 것이 아니고, 국토의 균형 개발을 통한 농촌의 생활환경 개선과 병행됐다. 1972년의 제1차 국토종합개발계획은 도시와 농촌 간의 균형 있는 발전과 모든 산업이 조화롭게 이뤄져 국민의 생활을 개선시킬 수 있게 국토와 환경을 향상시킨다는 국정과제를 강조했다. 이러한 국정과제를 달성하기 위한 국정지표로서 "① 국토의 효율적 이용과 관리, ② 개발 기반의 확충, ③ 자원의 효율적 개발과 자연환경의 보전, ④ 국민 생활환경의 개선"의 기본 목표를 제시했는데, 이는 "대규모 산업기지 건설, 교통통신망의 확충, 낙후지역 개발 강화" 등에 초점을 맞춘 것이라는 것을 의미한다(김성배, 2008: 442-443).

또한 권역 단위의 개발정책이 추진돼, 전국을 지리적인 자연조건과 행정구역 등을 고려해 "4대권, 8중권, 17소권"으로 구분한 권역 개발이 시작한 것도 농공병진이라는 국정지표를 실현시키기 위한 것이었다(김성배, 2008: 443). 이에 부합하는 토지 이용 관련 제도도 도입됐다. 1972년에는 「농지보전 및 이용에 관한 법」과 「국토이용관리법」, 「특정지역개발 촉진을 위한 특별조치법」이 제정됐고, 1973년에는 「산업기지개발촉진법」, 1976년은 「도시재개발법」, 1977년에 「주택건설촉진법」과 「환경보전법」, 1979년 「공원법」, 1980년에 「도시공원법」 등이 각각 제정돼 좀 더 효율적인 국토의 이용을 가능하게 하여 향후의 국토 발전에 대비했다(김성배, 2008: 443).

3) 국정지표 3: 자주국방 태세의 확립

하나의 국가로서 계속성을 유지하는 것은 생존을 위한 가장 기본적인 요건이다. 1960년대 말부터 1970년대까지 조성된 한반도 주변 데탕트 분위기 속의 국제환경 변화는 박정희 정부가 적극적으로 변화에 대응하는 계기가 됐다. 적대 관계에 있던 미국과 중국이 화해하고 교류를 시작했다.

그러나 냉전 시기 한국의 국가정책은 국제적 냉전 체제와 이로 인한 분단 현실에서 자유로울 수 없었다(전재성, 2008: 147). 1960년대 후반 무장공비 침투 등 북한의 도발은 더욱 대담해지고 있었다. 군사력이 북한보다 열세한 한국은 미국에 안보를 거의 전적으로 의존하는 상태였다. 그러나 미국이 적극적으로 대응하지 않은데다, 닉슨 독트린이 아시아 국가가 자체적인 국가 방위 체계를 갖춰야 한다고 주장하면서, 이 시기 박정희 정부는 국가의 계속성을 유지하기 위한 대비책을 국정목표로 제시할 수밖에 없었다.

우선 내부 체제 강화를 통한 체제 안정이 중요한 국정과제로 등장했다. 특히 1968년 청와대 습격사건, 무장공비 침투사건 등으로 인해 남북한 관계가 악화되고, 박정희 정부는 '체제의 병영화'를 시도한 것은 이런 맥락에서 이해할 수 있다(정해구, 2008: 245).

그가 내세운 한국적 민주주의도 이러한 맥락에서 이해할 수 있다. 이 당시의 헌법은 체제의 목표를 잘 나타내준다. 즉, 1972년 10월 '대통령 특별선언'으로 유신체제가 등장함으로써, 박정희 정부가 "통일주체국민회의에 의한 대통령의 간접 선출, 대통령 추천에 의한 국회의원 1/3 선출, 대통령에 대한 초헌법적 긴급조치권 부여 등을 통해 공개적인 1인 독재 체제와 장기 집권을 제도화"하는 계기가 됐다(정해구, 2005:59-60). 1960년대까지 형식적으로나마 유지되던 민주주의 대신 긴급조치와 중앙정보부 등이 중심이 됐고, 정당정치는 사실상 유명무실하게 되어 행정부의 역할이 강화됐다(정해구, 2008: 246).

가장 큰 위협 요인은 닉슨 독트린을 계기로 70년대 들어 주한미군이 일부 철수하기 시작했다는 점이다. 한국군의 현대화가 이뤄져야만 주한미군이 전면 철수 이후에도 안보를 보장할 수 있다는 위기의식을 군인 출신인 대통령 자신부터 인식했던 것 같다. 따라서 국정지표로서, 자주국방 체계의 필요성이 크게 강조됐다. 이를 계기로 방위산업 육성이 주요 국정운영 과제가 됐으며, 국군 현대화작업이 본격적으로 정책으로 등장했다.

이미 박정희 대통령은 1961년 군사 쿠데타를 통한 정권의 지지를 얻기 위해 미국을 방문했다. 그리고 "군사정부에 대한 미국의 지지를 얻는 방안의 하나로 한국군을 베트남에 파견할 용의가 있다고 제안했다"(MacDonald, 1992: 109; 김일영, 2008: 225). 1964년 미국이 마침내 베트남전 직접 참여를 결정하고부터 1973년까지 한국군 연인원 약 32만 명이 파병됐다(김일영, 2008: 225).

미국과의 유대 강화는 단지 외교안보 정책에만 국한된 의미를 갖는 것은 아니었다. 그에 대한 부수적인 효과로서 경제적 효과도 암묵적으로 추구한 것으로 보인다. 경제성장이 최우선 국정목표인 당시 정부로서는 파병에 대한 대가로 한국군의 물자와 용역은 되도록 한국에서 조달하게 했으며, "미국이 베트남에서 국제개발처(AID)의 자금으로 시행하는 건설 및 구호사업에 소요되는 물자와 용역도 한국에서 구매한다는 등의 경제적 보장"을 받아내는 것을 국정지표로 삼는 전략을 택했다.

"한국은 1965-1973년 사이 베트남과의 무역에서 약 2억 8,300만 달러를 벌어들일 수 있었다"(Choi, 1995: 198-222; 김일영, 2008: 226). 또한 미국은 한국군 파병 장병에 대한 봉급 및 보상금뿐만 아니라 "한국 기업과 인력이 베트남 시장에서 활동할 수 있는 우호적 권리도 보장"함으로써, 한국의 기업 및 군인, 노동자들은 이 기간 약 7억 5,000여만 달러를 벌어들였다(김일영, 2008: 226).

이것은 일본이 한국전쟁을 계기로 전후복구를 할 수 있었던 것과 같이, 한국의 경제에 중요한 기여를 할 것이라는 생각이 당시 지도자에게는 있지 않았나 생각한다. 수출진흥을 통한 경제 개발이라는 국정지표 1의 목표에 대한 수단적 국정지표가 된 것이다. 더욱이 참전의 대가로 용이해진 미국 시장 진출 덕분에, 한국의 대미 수출이 같은 기간 약 6배 이상 증가했으며, 미국으로부터 좋은 조건의 공공차관을 다량 도입할 수 있게 됐고, "한국에 대한 미국의 안보 공약이 좀 더 확고해짐에 따라 상업차관을 얻기도 한결 수월해졌다"(김일영, 2008: 226).

이로써 1966년~1972년에 도입된 총 35억 달러의 외자 중 11억 달러의 공공차관은 경제 성장을 달성하기 위한 정책과제 우선 분야에 사용됐다. 즉, 주로 "발전, 철도, 고속도로 등의 기간설비 건설에 투입됨으로써 그 후 한국 경제가 도약하는 데 크게 공헌했다"(김일영, 2008: 226). 이후부터 재정의 증가와 이를 통한 재투자가 계속해서 이뤄지게 됐다(배득종, 2008: 217).

제3절 박정희 정부 시기 정치적 · 사회적 이슈와 이에 대한 정부의 대응

박정희 대통령의 집권 당시 한국의 국내 경제 여건은 한국전쟁의 영향으로 상당히 열악했으며 국민의 대다수는 의식주가 해결되지 않는 절대빈곤층이었다. 이러한 당시의 국내 경제 사정으로 한국은 유신 이전 대외적으로 미국의 원조에 상당 부분 의존하고 있었다. 하지만 1950년대 말부터 미국의 한국에 대한 무상원조 지원 기조가 유상차관의 형태로 바뀌기 시작했으며, 이러한 상황 변화에 직면해 한국의 자주적인 경제 발전의 필요성이 이슈로 제기됐다.

유신 이전의 한국이 당면한 가장 큰 문제는 결국 경제적인 빈곤의 문제였고, 이러한 경제 상황으로부터 정치적 · 사회적 이슈들이 제기됐다. 경제 발전을 위한 정책의 입안과 정부부처 조직의 신설 등이 필요해 향후 한국의 경제정책을 담당하는 두 개 주요 경제부처인 재무부와 기획처가 박정희 정부 당시 신설됐다. 또 한국 경제 발전에 가장 필요한 자본을 조달하기 위해 관련 정부 부처도 신설됐으며, 국가를 건설하고 국토를 개발하기 위한 각종 계획과 법령 등도 발표됐다.

한편 어느 정도의 경제 발전을 달성한 이후인 유신 이후에는 유신 이전과는 다른 정치적 · 사회적 이슈들이 제기됐다. 우선 경제와 관련해서 정부는 경제 발전을 더욱 가속적으로 추진하고자 노동집약적 산업에서 기술집약적 산업으로의 전환을 적극적으로 시도했다. 수출 주도의 중화학공업 체계 구축을 위해 관련 정부조직이나 회의를 신설했고 수출 관련 기업들을 전폭적으로 지원했다. 또한 경제 발전의 근간이 과학기술이라고 판단해 기술 인력 양성 교육, 국책연구소 설립, 해외 과학자 귀국 등을 추진했다.

유신 이후 시기에는 국민의 절대빈곤 문제가 어느 정도 해결돼 오히려 그동안은 드러나지 않던 노동이나 환경 이슈들이 새롭게 부각되기 시작했다. 한편 사회문제로 제기되거나 하지 않았음에도 미리 선제적으로 공정거래위원회를 설립하는 등 경제 발전을 위해 다각적으로 여러 제도를 도입 추진했다.

제 4 절 정부 정책기조 및 추진체계

1. 개관

좋은 국정비전을 가지고 잘 세워진 국정목표는 구체적인 국정지표와 국정과제로 연결돼야 한다. 그러나 이들은 목표일 뿐 실천성이 담보되지 않는다. 목표 달성을 위한 실행이 이뤄지기 위해서는 효율적인 정책 추진체계가 뒷받침돼야 한다.

박정희는 국가 정책을 시행하는 과정에서, 행정기구를 운영할 때 "철저히 효율성과 능률성을 중시"하는 정책 체계에 대한 신념을 가지고 있었다(임도빈, 2008: 223). 군대에서 습득한 과학적 관리론이 정책 추진체계에 대한 그의 생각에도 영향을 미쳤을 것이다.

단지 관료제를 효율적으로 활용하는 것에 머물지 않고, 정치제도를 포함한 거시 국정 추진체계의 효율화에도 관심을 가지고 있었다. 이는 계속되는 북한의 도발과 경제적으로 낙후된 현실에서는 정부의 철저한 계획으로 경제정책 및 산업정책을 펼쳐야만 한국이 안정적으로 발전을 할 수 있다는 믿음을 가지고 있었기 때문이다(정윤재, 2003: 301; 임도빈, 2008: 223). 그 결과 민주주의의 기반이 되는 동의 메커니즘보다는 정부 주도의 "권위주의적 하향식 행정"에 익숙해졌으며, 전문가 관료의 중요성이 강조됐다(김호진, 1994: 379; 오석홍, 2007: 5; 임도빈, 2008: 224).

한편 엘리트 공무원을 선발해 파격적인 대우를 해줌으로써 관료들이 경제 발전이란 목표에 앞장서도록 했다. 물론 단지 관리적 측면뿐만 아니라, 관료 체제의 안정도 중시했다. 박정희는 당시 중앙정부의 공무원의 대다수가 자신의 업무에 대한 체계적인 전문교육을 받지 않아 각종 정책을 실현하는 데 한계가 있다고 생각하고, 상대적으로 전문가집단이었던 군 출신 인사를 정부 주요 보직에 임명하게 됐다(김충남, 2006: 215; 임도빈, 2008: 224).

2. 유신 이전 정책의 추진체계

1) 경제 · 건설 정책과 추진 조직

재무부는 기획처와 함께 1948년 대한민국정부 출범과 동시에 신설됐다. 이 두 부처가 박정희 정권의 경제발전 정책 형성에 큰 영향을 미쳐 1970년대 '한강의 기적'으로 대표되는 고도의 성장 시기에 핵심 역할을 했다. 1960~70년대 산업화 시기에는 "전국가적 인력과 자원을 집중"시켜 경제 개발을 할 필요성이 있었고, 관련 정부조직을 개편하게 됐다(임도빈, 2014: 9). 재무부의 경우는 각종 세금정책 및 회계관리와 금융통화 정책을 수립하고 집행하는 역할을 수행했다(이석환, 2008: 154). 기획처는 1961년에 재무부와 건설부, 내무부의 일부 기능을 흡수하면서 "4국(종합계획국, 예산국, 물동계획국, 통계국) 19과"를 두어 경제기획원으로 확대 개편됐으며, 1963년에는 경제기획원 장관이 부총리로 격상됐다(임도빈, 2008: 11). 이렇게 개편된 경제기획원은 경제개발 5개년계획의 수립 및 이에 대한 예산편성의 역할을 맡게 됐다(이석환, 2008: 154). 또한 신설된 국토건설청까지 소속돼 국토 건설까지 맡게 된, "정부조직 내 초월적인 부처로 자리매김"하게 됐다(임도빈, 2014: 10).

이러한 경제개발 정책을 수행하는 데에는 자본이 필요했는데, 대체로 외국 자본에 의존해야 하는 상황이었다. 더군다나 외국의 원조가 지속적으로 감소하는 상황에서 박정희 정부는 직접 차관 도입을 추진하기도 했으며, 투자 확대를 위한 투자진흥관실을 설치하는 등 외국인 투자 확대 기반을 마련했다(임도빈, 2014: 10).

한편 1960년대 경제기획원이 개괄적인 국토 건설의 업무 또한 담당하게 되면서, 각종 사회간접시설 건설을 통한 경제 개발이 촉진됐다. 1962년에는 「도시계획법」, 1963년에는 「국토건설종합계획법」이 제정돼, 한국의 건설행정 기반이 마련됐고, 국토개발계획이 본격화됐다. 특정지역개발계획은 지역개발계획의 하나로 국토 면적의 25%를 대상으로 했다. 이는 "부분적인 지역 특성을 살린 공간경제의 재편을 위한" 것이었다(김성배, 2008: 441).

2) 공업정책의 추진체계

상공부는 1948년 신설돼 1977년까지 상업과 무역 및 공업에 관한 업무를 총괄했다. 수출 주도형 경제 발전이란 국정목표는 상공부를 통해 추진됐다고 하겠다. 박정희 정부의 상공업정책은 '수출 지향적 산업화(export-oriented industrialization)'로 대표되는데, 한국 제조업의 급성장세의 원동력이 됐으며 다른 개발도상국과는 차별화된 점이었다(이병천, 2008: 283).

통상적으로 다른 개발도상국들의 경우, 수입대체산업화 전략을 취했으나 "외환 부족과 그에 따른 성장의 단속적(斷續的) 패턴, 정부 관료의 권한 비대와 그에 따른 지대추구(rent-seeking), 규모의 경제를 달성할 수 없는 데 따르는 고비용, 보호와 보조금에 안주하는 기업 행태" 등으로 전략의 지속이 어려웠다(이제민, 2008: 254). 그러나 한국의 수출지향적 산업화는 위와 같은 문제점이 나타나기보다는 오히려 일자리 창출과 근로자 및 기업가에 대한 교육으로 수십년 간의 고도 성장의 발판을 마련했다(이제민, 2008: 254).

제2차 경제개발 5개년계획 시기 국민경제의 수출 의존율은 1차에 비해 2배 정도 증가했고, 이는 주로 공업화를 기반으로 한 "비료, 시멘트, 화학섬유, 정유, 자동차, 조선, 전기제품 등 기간산업 또는 수입대체산업의 제품"의 수출산업이 주도했다(김준모, 2008: 352). 광공업의 경우 집중적인 투자를 받으면서 농공 간, 대기업·중소기업 간 성장 격차를 불러일으킨 주요 산업이 되기도 했다.

3. 유신 이후 정책의 추진체계

1) 공업구조의 고도화

경제 개발이라는 국정목표의 중요도가 한 단계 격상된 1970년대에는 한국의 주요 공업의 구조적 기반이 견고해져야 할 필요성이 대두돼, 종전의 노동집약공업 위주의 산업이 기술집약적 공업으로 국정 방향이 변화했다. 당시 박정희 정부는 경공업의 국제경쟁력이 약화되는 추세를 파하고, 향후 방위산업 발전까지 염두에 두어 미국의 반대에도 불구하고 일본의 자본을 도입해 "철강, 화학, 비철금속, 기계, 조선, 전자"의 6대 전략업종을 정책적으로 육성하기로 한 것은 국정과제를 좀 더 명확히 하고 추진하겠다는 의지를 표현한 것이었다(김일영, 2008: 228). 이 당시 고부가가치 공업에 속하는 기계·전자·조선과, 소재공업에 해당하는 철강·화학·금속 등의 중화학공업 육성으로, 한국의 공업 구조를 고도화하게 되는 체계적 정책 추진을 하게 된 것이다(김준모, 2008: 353-354).

정부정책이 각 부처의 이기주의로 분산되는 것을 막기 위한 강력한 추진체계도 만들었다. 상공부 장관을 비롯한 관련 장관들을 중심으로 매달 모이는 수출진흥확대회가 그

것이다. 대통령이 이를 직접 주재함으로써 수출의 진도를 점검하고, 장애가 되는 문제점을 해결하도록 강력한 추진체계를 갖춘 것이다.

박정희 정부의 중화학공업 육성정책은 한국의 공업 구조를 개편해 '수출 100억 달러, 1인당 GNP 1,000 달러'를 국정지표로 하여, 철도나 도로, 항만 등의 사회간접시설 설치 및 재원 조달, 인력 양성 등의 국정과제를 추진했다. 그러나 연구개발 인력 육성보다는 우선적으로 기능공 육성과 공장 건설 및 운영 기술 확보에 집중한 시기였다(김준모, 2008: 354).

이러한 국정지표를 달성하기 위해서는 국내시장을 넘어 수출을 통한 해외시장 개척이 필수적이었다. 해외시장의 개척은 해외시장에서 팔릴 상품을 생산해야 한다는 것을 전제로 가능하다. 그래서 1973년부터 1979년까지 중화학공업 부문에 4조여 원에 달하는 금액이 투자됐으며, 금융 지원과 조세 지원까지 이뤄져 국제시장에서의 가격경쟁력을 확보하기 위한 국정 추진체계를 가동하기에 이르렀다(김준모, 2008: 355-356).

또한 정부의 기업들에 대한 전폭적인 지원과 보호로 중화학공업화정책을 집행할 당시의 국정 추진체계에서 기업들은 현재의 대기업으로 성장하는 발판을 마련했다. 정부는 해외시장에서 상대적으로 불리한 입장에 있던 국내 기업들을 보호하는 정책을 펼쳤는데, 특히 자금 조달 면에서 정책적 지원을 했고 이를 통해 이 기업들이 부실기업들을 인수 합병하면서 규모를 늘리는 데에 큰 도움이 됐다(김준모, 2008: 359-360).

물론 경제발전 정책의 중심에는 몇몇 대기업(물론 당시의 이들 기업의 규모는 대기업이라고 하기에는 소규모였다)에 대한 지원 집중이 있었다. 그러나 상대적으로 규모가 작은 중소기업 발전도 국정 추진체계에 포함돼 있었다. 1968년에 상공부 산하에 중소기업국이 설립되고, 중소기업청은 설립이 됐으나 실질적으로 중소기업에 대한 지원은 이뤄지지 않았다고 볼 수 있다(이석환, 2008: 160). 이를 조금이나마 개선하기 위해 1979년에는 중소기업진흥공단이 설립됐고, "중소기업이 당면한 애로 사항의 시정을 지원하고, 중소기업진흥기금과 중소기업창업자금을 관리·운영하는 역할"을 맡게 된 것이 중요한 계기였다(이석환, 2008: 160-161).

그리고 당시에는 문제시되지 않았던 부분에 대해서도 정부가 앞장서서 선도적으로 미래를 준비했다. 자유시장 경제질서를 확립하고 공정거래를 하도록 하는 것이 그 한 예다(임도빈, 2014: 11). 이를 위해 1976년에 설립된 경제기획원 산하 물가정책국 공정거래과는 차후 공정거래위원회로 확대 독립하게 되는데, 이는 '기업 간의 공정하고 자유로운 공정'을 기본 원리로 하는 시장경제 체제의 활성화 및 경제활동의 질서 확립을 좀 더 철저히 하는 데에 주목적이 있었다(이석환, 2008: 155).

한편, 중화학공업 육성의 일환으로 설립된 경상북도 포항시에 위치한 포항종합제철소는 1960년대 박정희 정권의 경제개발 5개년계획 중 중공업건설사업 부문에서 '가장 성공적인 사업'으로 평가돼 왔다. 1950년대 말 한국의 수출 규모가 2,000만 달러 정도에 불과할 때도 일관제철공장 건립계획이 있었으나, 이때에는 필요한 외자 도입 실패로 계획이 실현되지 못했다. 일관제철공장은 제선, 제강, 압연의 3개 공정을 한 곳에서 모두 처리하는 공장인데, 이때까지 국내에 이런 시설이 없는 관계로 많은 부분을 외국에 의존하고 있었다. 그 이후 제1차 경제개발 5개년계획이 성공적으로 진행돼 국내 철강 수요가 급격히 증가했고, 박정희 대통령 정권에서 1965년 제2차 경제개발 5개년계획 기획 시에 또다시 일관제철소 건설계획을 수립했는데, 이때에도 외자 도입과 기술 도입이 가장 큰 문제였다. 당시 철강뿐만 아니라 고철의 수입액이 석유 다음으로 많을 정도로 철강 국내 생산의 중요성이 부각됐다. 마침내 1970년부터 80년대 초반까지 포항 영일만에 첫 일관제철소인 포항제철소가 건립됐고, 1980년대에는 제2의 일관제철소인 광양제철소까지 건립됐다.

한국의 공업고도화에는 에너지자원의 관리 또한 매우 중요한 부분이었다. 박정희 정부 시기 상공부는 석탄자원이 머지않은 미래에 고갈될 것으로 예상하고, 1966년에 에너지 수급 대책위원회를 구성해 연료정책의 전환을 추진했다(임도빈, 2014: 12). 이 정책을 시행하는 도중에 1973년 1차 석유파동을 맞게 됐고, 결과적으로 외부 국제환경의 압력을 받기 이전에 대비책을 마련한 셈이 됐다. 이후 상공부 산하의 전기국이 모태가 된 동력자원부가 1977년에 신설되면서 "해외자원의 적기 공급과 국내 부존자원의 개발" 등을 담당하는 전담 부처가 생기게 됐다(이석환, 2008: 155; 임도빈, 2014: 12).

2) 과학과 기술 분야 국정 추진체계

그보다 더욱 근본적인 것은 과학기술이 발전시키는 것이었다. 이를 위해 박정희 정부는 지속적으로 국책연구소를 여럿 설립했고, 우수 해외 과학인들을 귀국하도록 하고 이에 대한 지원 체제를 확충해 나갔다(김준모, 2008: 359). 1960년대 과학기술진흥법, 기술사법, 직업훈련법 제정을 바탕으로 제1차 과학기술진흥 5개년계획이 수립됐다. 1966년에 설립된 한국과학기술연구소는 한국 최초의 현대적인 과학기술 종합연구기관으로서 계약연구 제도의 정착을 가능케 했으며, 해외 우수 과학기술자들을 유치해 한국 과학기술 연구에 획기적인 전환을 가져왔다(홍형득, 2008: 682-683).

과학기술개발 장기종합계획(1967~1986)은 1980년대에 한국의 과학기술을 '자주개발 능력의 강화로 중진공업국가군에서 최상위 수준에 도달'시키는 것을 목표로 하여 선진 기술 도입을 촉진하고 민간기술 개발활동을 위한 환경 조성 등을 추진했으나, 당시 제도적인 여건이 갖춰지지 않아서 각 부처별로 과학기술 관련 행정 업무를 처리하는 것이 당시의 현실이었다(홍형득, 2008: 683).

특히 1972년에는 기술개발촉진법이 제정됐고, 국제기술협력 5개년계획이 수립돼 과학자 국제교류와 협력이 강화되는 추진체계가 비로소 갖춰지게 되었다(홍형득, 2008: 684-685). 이 분야 추진체계의 실질적 총사령탑이라고 할 수 있는 과학기술처는 각 부처의 사업을 종합하고 한국과학기술진흥재단을 통한 과학지식 보급활동을 활발하게 전개했다(홍형득, 2008: 685-686).

1977년에는 기초과학 육성을 위해 한국과학재단이 설립됐으며, 1971년 서울연구개발단지의 발족과 1974년 대덕연구단지의 조성도 이 시기 한국의 과학기술발전정책들 중 중요한 비중을 차지한다(홍형득, 2008: 685). 또한 1978년, 1979년에는 중화학공업의 본격화로 선진 기술의 원활한 도입을 위해 제1,2차 기술 도입 자유화 조치가 단행됐다(홍형득, 2008: 684-685).

오늘날 우리나라를 IT강국이 되도록 만든 것도 이 당시의 국정과제와 국정 추진체계로부터 시작됐다. 당시 전기통신(현재의 정보통신을 의미) 분야의 국정 추진은 1960년대 초부터 4차에 걸친 5개년계획으로 후진성을 탈피하고 근대화된 통신 구조를 갖추는 데서 출발했다(체신부, 1988). 1962년 자동식 전자교환기의 생산, 1971년 장거리자동전화(DDD)의 개통으로 정보화의 초석을 다졌으며(한세억, 2008: 421), 경제기획원이 조사통계 업무를 위한 IBM컴퓨터를 도입하면서(한세억, 2008: 425) 한국 행정전산화의 시초가 됐다.

이것은 행정부를 효율적 국정 추진체계로 변화시키는 데에도 활용됐다. 1978년에 행정전산화 및 행정정보화 등이 추진되면서 인사, 급여, 출입국관리 업무의 전산화가 계획됐다(한세억, 2008: 425). 이것은 차후 정권에서 전자정부화 등 정보화 부문에서 한국이 세계를 선도할 수 있는 선견지명이 있는 국정 추진체계를 가졌었다는 것을 의미한다.

3) 사회복지 분야 및 추진체계

박정희 정부는 장기적으로 지속 가능한 경제 발전을 통해 부국강병을 이룩하기 위해 경제 외의 분야에도 관심을 가졌다. 비록 국가 정책 수립과 시행은 경제를 중심으로 했으나, 실질적으로 국민들의 삶의 질을 높여 경제 발전을 피부로 느낄 수 있도록 하기 위해서는 복지정책 등이 반드시 제대로 이뤄져야 했다.

1960년대에만 하더라도 박정희 정부는 경제 개발에 집중하면서 상대적으로 노동자에 대한 권익 보호나 기타 복지정책 개발 및 추진에는 미처 충분히 신경을 쓰지 못했다. 그러나 본격적으로 박정희 정부가 경제 성장을 위주로 한 정책을 추진하면서, "산업경쟁력을 유지하기 위한 차원"의 복지를 추구하게 됐다(권혁주, 2007; 임도빈, 2014: 13). 1963년에는 보건사회부 산하에 있던 노동국을 노동청으로 승격하고, 노동청에 직업훈련과를 신설하는 등 빠르게 성장하는 제조업에 맞춰 기술인력 양성 및 그들의 복지에 신경을 쓰기 시작했다(김영종, 1992; 노동청, 1973; 임도빈, 2014: 13). 그러나 중화학공업 수출우선정책으로 인해 2차 산업의 비중이 높아짐에 따라 임금근로자가 늘어나자, 가격경쟁력을 확보하기 위해 정부 차원에서 임금 상한선을 통제했고, 이로 인해 노사 간 분쟁이 지속적으로 발생하게 됐다(노동부, 2006: 21-30). 이와 같은 분쟁에서 촉발된 노동조합 활동에 다소 제한을 두는 등 노동계의 정치 진입을 막기 위한 통제 끝에 결국 1970년대 전태일 분신사건 등을 시작으로 노동운동이 빠르게 전개됐다. 하지만 노동자 문제에 대한 사회 인식이 커지면서 정부가 노동계를 통제하는 데 한계에 봉착했으며, 결국 앞서 말한 노동계의 정치세력화를 막기 위해 고육지책으로 노동자 복지를 위한 많은 노력을 해야 했다(주재현, 2008: 173).

이미 1960년대에 박정희 정부는 보건사회부 산하에 사회보장심의위원회를 설치함으로써 생활보호법(1961), 원호법(1961), 사회보장에 관한 법(1963), 아동복지법(1961), 재해구호법(1962), 군인연금법(1963), 산업재해보상보험법(1963), 의료보험법(1963), 공무원연금법(1960) 등의 기초 사회복지법을 정비하는 작업을 수행했다(우명숙, 2007: 168, 171-173; 양재진, 2008: 470-471). 이것은 오늘날과 같이 실질적으로 사회복지 서비스를 개선하는 데까지 이르지 못하고, 국정과제의 방향을 제시하는 기능을 했다고 하겠다. 1968년 의료보험법을 공표했으나 이를 집행할 조직이 형성되지 않아 1979년에 들어서야 의료보험이 실시됐다(노화준 · 정홍익, 1981). 그러나 유신 이후에는 이런 분야의 정책이 실제로 초보적이나마 추진되기에 이른다. 예컨대 1973년에 기획관리실의 사회개발담당관이 사회국 소속으로 바뀌고, 지역복지과와 사회보험과가 신설됨으로써 가능해진 것이었다(임도빈, 2014: 13).

결론적으로, 박정희 정부 18년간에는 경제 개발이 국정의 최우선이고, 거의 독점적 국정목표였다고 할 수 있다. 그럼에도 불구하고, 상황이 발전하면서 보완적인 국정목표, 국정과제가 등장했다는 점을 주목할 필요가 있다. 실행 능력이 없는 슬로건만 내세우기보다는 여건이 개선됨에 따라 국정지표와 국정과제가 구체화돼 추가되는 양상을 보였다.

급격한 경제 개발과 이를 위한 사회간접자본과 자원의 편중화 현상이 일어나 상대적으로 소외되는 산업과 지역, 계층이 있었으나, 이 또한 경제 개발이 단계적으로 진행됨과 점차로 개선책이 국정과제로 등장했다. 초기부터 경제 개발 이외의 사회복지나 교육, 기술, 외교 및 안보 정책 또한 등한시하지 않았다는 것은 이런 개념들이 당시부터 사용됐음에서 알 수 있다. 그러나 점차적으로 국민들의 삶의 질을 높여 경제 발전을 피부로 느끼며 동시에 새로운 문제를 해결하려고 국정과제를 변화시켰음을 알 수 있다. 이 모든 과정에서 나타나는 문제점도 있었지만, 결과적으로 현 시대 한국 사회가 좀 더 민주적·자주적으로 발전하려는 노력을 하는 계기가 됐다. 차후 정권에서 활용할 수 있는 오늘날의 한국이 있기까지 초석을 놓은 것이다.

참고 문헌

강윤호(2003). 해양행정 조직개편의 과정과 결과: 해양수산부를 중심으로. 한국행정학보, 37(2).

강인덕·송종환(2004). 남북회담: 7·4에서 6·15까지, 극동신서(5). 극동문제연구소.

강정인(2008). 정치사상. 한국행정 60년: 1948-2008 제1권: 배경과 맥락. 한국행정연구원 편. 파주: 법문사.

경제기획원(1982). 개발연대(開發年代)의 경제정책: 경제기획원(經濟企劃院) 20년사.

과학기술처(1987). 과학기술행정20년사.

______(1997). 창의적 연구진흥사업 관리규정.

교육부(1998). 교육 50년사. 서울: 교육부.

권혁주(2007). 한국행정에서 사회적 평등과 발전. 한국행정학보, 41(3): 67-90.

김낙년(1999). 1960년대 한국의 공업화와 그 특징. 1960년대 한국의 공업화와 경제구조. 한국정신문화연구원 편. 서울: 백산서당: 11-76.

김대환(1993). 특집: 군정30년－박정희시대를 해부한다 박정희 경제개발정책의 현재적 조명. 역사비평, 21, 145-156.

김미경(2008). 성평등·가족정책. 한국행정 60년: 1948-2008 제3권: 공공정책. 한국행정연구원 편. 서울: 법문사.

김병택(2002). 한국의 농업정책: 전개 과정과 발전 방향. 서울: 한울아카데미.

김성배(2008). 건설·교통정책. 한국행정 60년: 1948~2008 제3권: 공공정책. 한국행정연구원 편. 파주: 법문사.

김신복 (2008). 교육정책. 한국행정 60년: 1948-2008 제3권: 공공정책. 한국행정연구원 편. 파주: 법문사.
김영순 · 권순미 (2008). 한국의 공공부조 정책결정 과정(미발간).
김영종 (1992). 노동정책론. 서울: 형설출판사.
김일영 (1999). 1960년대의 정치지형 변화: 수출지향형 지배연합과 발전국가의 형성. 1960년대의 정치사회변동. 한국정신문화연구원 편. 서울: 백산서당: 285-362.
______(2008). 정치적 맥락(1): 발전국가 형성과정. 한국행정 60년: 1948-2008 제1권: 배경과 맥락. 한국행정연구원 편. 파주: 법문사.
김정수 (1980). 환경청 발족의 정책과정연구. 연세대학교 석사학위 논문.
______(2006). 문화행정론: 이론적 기반과 정책적 과제. 서울: 집문당.
김종태 (2013). 박정희 정부 시기 선진국 담론의 부상과 발전주의적 국가정체성의 형성. 한국사회학, 47(1): 71-106.
김준모 (2008). 산업 · 기술정책. 한국행정 60년: 1948-2008 제3권: 공공정책. 한국행정연구원 편. 파주: 법문사.
김충남 (2006). 대통령과 국가경영: 이승만에서 김대중까지. 서울: 서울대학교출판부.
김호진 (1994). 한국정치체제론. 서울: 박영사.
노동부 (2006). 노동행정사(제1편 총괄). 서울: 신영문화사.
노동청 (1973). 노동행정 10년사.
노화준 · 정홍익 (1981). 복지행정조직의 변천과 개편방안. 행정논총, 19(2): 2192-2216.
류상영 (2011). 박정희의 중화학공업과 방위산업정책구조 - 행위자 모델에서 본 제약된 선택. 세계정치, 32(2): 135-167.
문태훈 (2008). 환경정책. 한국행정 60년: 1948-2008 제3권: 공공정책. 한국행정연구원 편. 파주: 법문사.
마상윤 (2003). 안보와 민주주의, 그리고 박정희의 길: 유신체제 수립 원인 재고. 국제정치논총, 43(4): 171-196.
민진 (2008). 국방 · 정보정책. 한국행정 60년: 1948-2008 제3권: 공공정책. 한국행정연구원 편. 파주: 법문사.
박광국 (2008). 문화정책. 한국행정 60년: 1948-2008 제3권: 공공정책. 한국행정연구원 편. 파주: 법문사.
______외 (2003). 문화행정조직의 개편과정 분석. 한국정책과학학회보, 7(1): 233-253.
박재창 (2012). 차기 정부의 국정기조: 전략과 과제. 국가정책연구, 26(3): 59-80.
박정희 (1962). 우리 民族의 나아갈 길. 서울: 동아출판사.
박준식 (1999). 1960년대의 사회환경과 사회복지정책: 노동시장의 문제를 중심으로. 1960년대의 정치사회변동. 한국정신문화연구원 편. 서울: 백산서당: 159-200.
배득종 (2008). 재정정책. 한국행정 60년: 1948-2008 제3권: 공공정책. 한국행정연구원 편. 파주: 법문사.
배무기 (1984). 노동경제학. 서울: 경문사.
서원우 (1969). 제9장. 복지행정. 이한빈 외, 한국행정문제연구소.

양재진 (2008). 복지정책. 한국행정 60년: 1948-2008 제3권: 공공정책. 한국행정연구원 편. 파주: 법문사.
______(2012). 산업화 시기 박정희 정부의 수출 진흥 전략: 수출 진흥과 규율의 정치경제학. 동서연구, 24(3): 5-28.
오석홍 (2007). 대한민국 행정개혁의 발자취와 장래의 진로. 한국행정학회 동계학술대회 발표논문집.
우명숙 (2007). 한국의 복지제도 발전에서 산재보험 도입의 의의: 복지제도 형성과 발전주의적 국가개입. 한국사회학, 41(3): 154-185.
이병천 (2003). 개발독재와 박정희시대. 파주: 창비.
______(2008). 경제적 맥락(2): 경제발전의 명암. 한국행정 60년: 1948-2008 제1권: 배경과 맥락. 한국행정연구원 편. 파주: 법문사.
이상오 (2005). 평생교육론. 서울: 문음사.
이석환 (2008). 산업・경제행정조직. 한국행정 60년: 1948~2008 제2권: 국정관리. 한국행정연구원 편. 파주: 법문사.
이선우 (2008). 인적자원정책. 한국행정 60년: 1948-2008 제3권: 공공정책. 한국행정연구원 편. 파주: 법문사.
이세화 (2005). 한국 대통령 연설문의 변화와 정책적 반영에 대한 연구. 서울대학교 행정대학원 석사학위 논문.
이완범 (1999). 제1차 경제개발 5개년계획의 입안과 미국의 역할. 1960년대의 정치사회 변동. 한국정신문화연구원 편. 서울: 백산서당: 11-158.
이제민 (2008). 경제적 맥락(1): 경제성장과 정부 역할. 한국행정 60년: 1948-2008 제1권: 배경과 맥락. 한국행정연구원 편. 파주: 법문사.
이종원 (1994). The Role of the US in the Korean-Japanese Negotiations: Why Did Dulles Intervene?. 국제정치, (105): 163-181.
이종재 외 (2006). 한국교육의 발전 전략과 새로운 과제. 교육행정학연구, 24(4).
임도빈 (2008). 역대 대통령 국정철학의 변화: 한국행정 60년의 회고와 과제. 행정논총, 46(1): 211-251.
______(2014). 중앙부처조직의 개편에 관한 연구: 역사적 시각에서. 한국조직학회보, 11(1): 1-45.
임학순 (2003). 창의적 문화사회와 문화정책. 서울: 진한도서.
______(2012). 박정희 대통령의 문화정책 인식 연구: 박정희 대통령의 연설문 분석을 중심으로. 예술경영연구, 21: 159-182.
임현진・송호근 (1994). 박정희 체제의 지배이데올로기. 역사문제연구소 편. 한국정치의 지배이데올로기와 대항이데올로기. 서울: 역사비평사.
장하원 (1999). 1960년대 한국의 개발전략과 산업정책의 형성. 1960년대 한국의 공업화와 경제구조. 한국정신문화연구원 편. 서울: 백산서당: 77-126.
장홍기 (1998). 건국 50주년 기념 특집: 기획논문; 군사전략과 군구조. 국방연구, 41(1): 53-79.
전영한・권태욱 (2008). 교육・환경행정조직. 한국행정 60년: 1948-2008 제2권: 국정관리. 한국행정연구원 편. 파주: 법문사.

전재성 (2005). 1960년대와 1970년대 세계적 데땅뜨의 내부 구조: 지역적 주도권의 변화과정 분석. 국제정치논총, 45(3): 33-56.

전재호 (1998). 박정희 체제의 민족주의 연구: 담론과 정책을 중심으로. 서강대학교 대학원 정치외교학과 박사학위 논문.

정윤재 (2003). 정치리더십과 한국민주주의. 서울: 나남출판.

정정길 (1994). 대통령의 경제 리더십: 박정희, 전두환, 노태우 정부의 경제정책관리. 서울: 한국경제신문사.

정해구 (2008). 정치적 맥락(2): '운동정치'. 한국행정 60년: 1948-2008 제1권: 배경과 맥락. 한국행정연구원 편. 파주: 법문사.

조성일 · 신재흡 (2005). 한국 교육행정발달사 탐구. 서울: 집문당.

주재현 (2008). 사회 · 문화행정조직. 한국행정 60년: 1948~2008 제2권: 국정관리. 한국행정연구원 편. 서울: 법문사.

체신부 (1988). 한국의 통신: 80년대 발전전략과 성과.

한국교육개발원 (1992). 한국 사회교육의 과거, 현재, 미래. 서울: 한국교육개발원.

______(1997). 한국의 교육과 국가발전.

한세억 (2008). 정보통신정책. 한국행정 60년: 1948-2008 제3권: 공공정책. 한국행정연구원 편. 파주: 법문사.

허 은 (2010). 박정희 정권하 사회개발 전략과 쟁점. 한국사학보, 38: 213-248.

현성남 (1975). 제4차 경제개발 5개년계획: 기본 방향과 과제. 입법조사월보 89(1975.7.8): 83-90.

홍준형 (2008). 행정법제. 한국행정 60년: 1948-2008 제1권: 배경과 맥락. 한국행정연구원 편. 파주: 법문사.

홍형득 (2008). 과학기술정책. 한국행정 60년: 1948~2008 제3권: 공공정책. 한국행정연구원 편. 파주: 법문사.

황윤원 (2007). 새 정부의 국정기조와 정책 과제 분석. 한국인사행정학회보, 6(2): 33-60.

Choi, D. (1995). The Political Economy of Korea's Involvement in the Second Indo-China War, Ph.D. Dissertation, University of London.

Kim, J. (1991). *US and Korea in Vietnam and the Japan-Korea Treaty: Search for Security, Prosperity and Influence*. Cambridge, MA: Harvard University Press.

MacDonald, D. S. (1992). *US-Korean Relations from Liberation to Self-reliance: The Twenty-year Record: an Interpretative Summary of the Archives of the US Department of State for the Period 1945 to 1965*. Westview Press.

제 2 편

박정희 정부의 주요 정책 및 국책사업

제 1 장

경제성장 정책(Ⅰ): 경제개발 5개년계획

이원희
한경대학교

제 1 절 정책의 추진 배경

1. 선행의 시행착오 과정[1)]

1) 제1공화국의 원조를 위한 경제계획

한국의 산업화와 민주화는 서구 자본주의에 비해 늦게 이뤄졌다. 조선 왕조에 의한 봉건 체제를 오랫동안 경험하다가 일본에 의한 식민지 시기를 경험했다, 1945년에 해방을 하고, 1948년 건국을 했으나, 극심한 혼란의 시기를 경험했다. 미군정 시기에 형성된 좌우 대립 구도는 더욱 극단을 치닫고 있었고, 1950년 6・25전쟁을 통해 국토는 완전히 파멸됐다.

1) 유교 사상에 근거한 국가개입주의 전통에 따라 기획의 개념이 우리의 의식 속에 오랫동안 자리 잡고 있다고 보는 시각도 있다(김일영, 2008: 308).

역사의 단절과 국토의 단절 속에서 제1공화국은 경제 발전을 추진할 동력을 찾지 못하고 있었다. 제1공화국은 원조에 의존한 경제 구조를 극복할 청사진을 설계하지 못했고, 자립과 발전을 기대하기 어려운 상황이었다. 1955년 부흥부를 신설하고 산업경제 부흥에 관한 종합계획 실시와 관리 및 조정에 관한 사무를 관장하도록 했지만, 부흥부가 가지고 있는 차관과 외자 조달 기능이 재무부가 가지고 있는 예산 기능이 분리돼 있어 조정 기능을 충분히 수행하지 못했다.

그럼에도 외국 기관에 의한 경제개발 종합계획이 수립되기도 했다. 첫째는 네이산 자문단(Nathan & Associates)에 의해 '한국경제재건계획'이 작성돼 1953~1958년간의 경제 재건 및 자립을 위한 종합적 계획이 수립된 바 있다. 둘째는 「타스카 보고서(Taska Mission Report)」로서 1953년 아이젠하워(Dwight D. Eisenhower) 대통령 특사로 파견된 타스카에 의해 한국의 경제 부흥과 미국의 원조정책을 수립하기 위한 보고서가 작성됐다.

한편 이러한 한국경제재건계획과 타스카 보고서에 기초해 '경제부흥5개년계획'을 수립했다. 이는 우리의 손으로 작성된 최초의 경제계획이기는 하지만, 자립적 경제개발계획의 청사진으로 작성됐기보다는 원조 획득에 목적을 뒀다.

본격적인 의미에서 한국 최초의 경제개발계획으로는 자유당 말기에 작성된 '경제개발 3개년계획(1960~1963)'을 들 수 있다. 미국의 원조가 1957년을 정점으로 감소하는 경향을 보이면서 태동하기 시작했다. 부흥부 산하 산업개발위원회가 원조를 효과적으로 활용하기 위해 입안하고 작성한 한국 최초의 경제개발계획이었다. 이 계획의 가장 큰 특징은 농·공의 균형, 중·경공업의 조화, 국제수지 균형 등 자립적 균형 성장을 개발 전략으로 삼고 있었다는 점이었다. 그러나 이 계획은 4·19혁명 이후 경제 여건 변화로 제1공화국의 종식과 함께 사라지게 됐다.

2) 제2공화국의 혼합경제를 위한 경제계획

4·19혁명 이후 들어선 제2공화국의 민주당정권도 '경제개발 5개년계획(1961~1965)'을 만든 일이 있었다. 케네디(John F. Kennedy) 미국 정부가 그동안의 원조정책의 기조를 바꿔 무상원조에서 장기적인 유상원조로 전환했을 뿐만 아니라, 장기발전계획을 세운 저개발국가에 대해 중점 원조할 방침을 정한 데 따른 것이었다. 당시 민주당 정부가 채택한 '경제개발 5개년계획'은 자유당 정부의 계획과는 달랐다. 즉, 불균형 성장전략의 개념을 도입해 정부의 강력한 참여와 지도를 가미한 혼합경제 체제를 정책의 기조로 삼고 있었다. 이러한 민주당 정부의 경제개발 5개년계획은 1961년 5월 10일에 성안됐지

표 2-1-1 5·16 이전에 시도된 경제개발계획

경제계획 명칭	계획 기간	추진 주체	내용상 특성
한국경제재건계획	1953~1958	네이산 자문단	한국 경제개발계획의 효시
타스카보고서	1953. 7	타스카	미국의 원조정책 수립 목적
경제부흥 5개년계획	1954~1958	자유당 정부	원조 획득 목적
경제개발 3개년계획	1960~1963	자유당 정부	최초 경제개발계획, 균형 성장 전략
경제개발 5개년계획	1961~1965	민주당 정부	불균형 성장 전략

자료: 저자가 작성.

만, 엿새 뒤 일어난 5·16으로 빛을 보지 못했다.

2. 5·16 군사혁명과 경제계획

5·16 군사정부는 오랜 세월 물려받아온 민생고의 근원적 해결을 위한 경제 개발 의지가 매우 강렬했다. 민생고 해결은 당시 시대적 요구이기도 했지만, '군사혁명'의 당위성 확보라는 정치적 차원에서도 매우 절박한 과제였다.

더군다나 이미 제1공화국과 제2공화국을 통해 실험적으로 작성된 계획안이 있었기 때문에 이를 발전시키는 과정으로 진행됐다. 다만 이러한 임무를 총괄적으로 수행해나갈 강력한 경제개발 추진기구가 필요했다. 이에 군사정부는 5·16 후 불과 두 달 만인 1961년 7월 22일 경제기획원을 창설했다. 그리고 바로 이어 '종합경제 재건계획'도 발표했다. 당시 군사정부의 경제 개발 요구에 대한 강한 의지와 집념을 잘 보여주는 대목이다.

3. 정치 상황의 변화와 전개 과정

제1차 경제개발 5개년계획의 달성 이후에 이는 제3공화국의 상징적인 정책으로 자리 잡게 되었고, 제2차 경제개발 5개년계획으로 이어졌다. 제3차 경제개발 5개년계획은 유신정권으로 바뀌는 과정에서 이뤄졌다. 그리고 이때 중화학공업 정책이 중요한 산업정책으로 자리 잡게 된다. 그리고 제4차 경제개발 5개년계획으로 이어졌다.

10 · 26으로 박정희 정부가 끝나고 1980년 전두환 대통령이 취임을 하면서 제5차 경제사회개발계획으로 이름을 바꾸게 된다. 처음으로 복지정책이 경제정책 안으로 들어오게 된 것이다. 당시 개발에서 안정으로 정책기조가 바뀐 것과 연계된다. 그리고 제6차 경제사회개발 5개년계획으로 이어진다.

1993년 김영삼 정부가 들어서면서 제8차 경제사회개발 5개년계획을 작성할 시기에 신경제 5개년계획으로 대체되고, 이후 더 이상의 종합적인 국가 단위의 계획은 작성을 하지 않게 되었다.

이러한 종합계획이 끝나던 1997년 12월에 외환위기를 맞이했고, 이후 노무현 대통령에 와서 계획과 예산을 연동시킨 중기재정계획(Mid Term Expenditure Framework)으로서 국가재정운용계획을 작성하게 됐다.

표 2-1-2 경제개발 5개년계획의 과정

경제개발 5개년계획	대통령 임기
제1차 5개년계획(1962~1966)	권한 대행 박정희(1962. 3~1963. 12)
	제5대 대통령 박정희(1963. 12~1967 .6)
제2차 5개년계획(1967~1971)	제6대 대통령 박정희(1967. 7~1971. 6)
제3차 5개년계획(1972~1976)	제7대 대통령 박정희(1971. 7~1972. 12)
	제8대 대통령 박정희(1972. 12~1978. 12)
제4차 5개년계획(1977~1981)	제9대 대통령 박정희(1978. 12~1979. 10)
	권한 대행 최규하(1979. 10~1979. 12)
	제10대 대통령 최규하(1979. 12~1980. 8)
	권한대행 박충훈(1980. 8~1980. 8)
	제11대 대통령 최규하(1980. 9~1981. 2)
제5차 5개년계획(1982~1986)	제12대 대통령 전두환(1981. 2~1988. 2)
제6차 5개년계획(1987~1991)	
제7차 5개년계획(1987~1991)	제13대 대통령 노태우(1988. 2~1993. 2)
신경제 5개년계획(1992~1996)	제14대 대통령 김영삼(1993. 2~1998. 2)

자료: 저자가 작성.

제2절 정책의 추진체계

1. 경제기획원의 주도

1) 기관 설계[2)]

경제기획원은 1961년 7월부터 1994년까지 존속하면서 우리나라 경제개발 5개년계획의 수립과 집행을 통해 한국 경제 개발의 주도적인 역할을 했다.

출발은 종전 부흥부의 종합계획국과 물동계획국, 재무부의 예산국, 그리고 내무부 조사통계국을 합쳐 종합계획국, 예산국, 물동계획국, 통계국과 총무과의 4국 1과 체제로 출범했다. 이러서 경제계획 및 관리에 관한 강력한 힘을 가진 독립부처의 체제를 갖췄다.

이로써 경제기획원은 국내외 재원 조달과 기획 기능을 모두 갖게 됐다. 기획·예산·외자 도입 등 3대 핵심 경제 개발 수단을 유기적으로 연계함으로써 최대 효과를

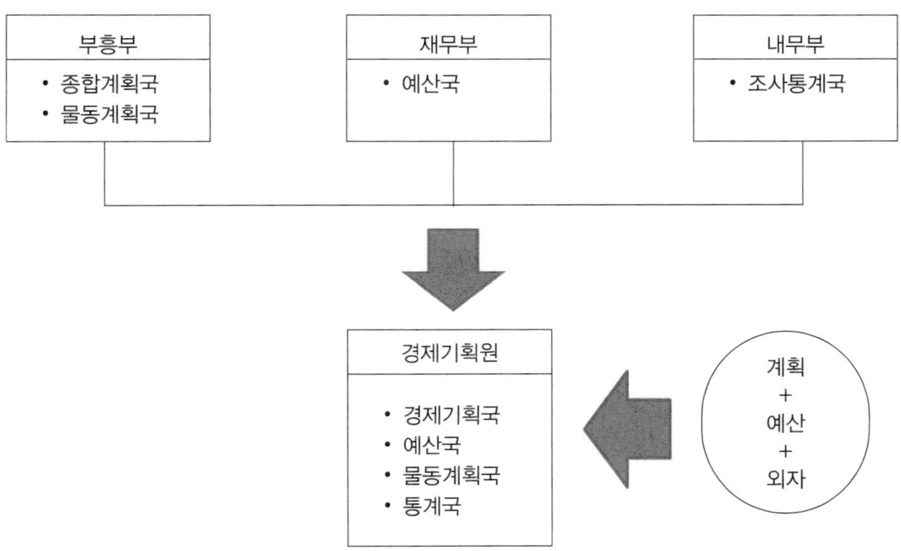

그림 2-1-1 경제기획원의 구조 설계

자료: 저자가 작성.

---

2) 경제기획원의 설립 과정과 역할에 대해서는 다음을 참조함(이만희, 1993: 77-84).

발휘할 수 있도록 했다. 당시는 민생고 해결을 위한 재원조차 절대 부족하고, 정부의 경제정책 수립 및 운영에 대한 역량도 매우 취약한 때였기 때문에 통합 추진력을 가진 강력한 정부 기능이 필요하기도 했다.

또 경제기획원장(1963년 12월 장관으로 변경)이 경제총수로서의 리더십을 확고히 발휘할 수 있도록, 행정부 내의 서열을 내각수반(지금의 국무총리) 다음으로 올려놓았다. 1963년 12월부터는 부총리직을 신설해 경제기획원 장관이 겸임하도록 해 국무총리 다음의 높은 서열로 격상시켰다. 이로써 부총리 겸 경제기획원 장관은 내・외자를 동원해 배분하고 경제계획을 수립・집행하는 막강한 권한을 행사할 수 있게 됐다. 동시에 부총리로서 각종 경제 관련 회의를 주재함으로써 명실공히 경제정책의 총괄 조정자로서 강력한 리더십을 발휘할 수 있게 됐다.

이러한 경제기획원은 개발연대에 우리나라 경제 발전에 중추적인 역할을 했다는 긍정적인 평가를 받고 있다. 특히 한국의 경제 개발 성과를 연구한 세계의 많은 학자들은 한국 경제 성공 요인의 하나로 경제기획원이라는 독특한 기구의 역할이 컸음을 들고 있다.

2) 기관 중립성과 장기적 관점

경제기획원은 다른 부처와 달리 이익집단과 연계되는 사업을 수행하지 않고 장기적인 관점에서의 국가정책을 주로 담당하도록 했다. 이에 사업을 담당하지 않고 정책만 담당하는 부처로 발전하게 된다. 기관 중립성은 기관 자율성(institutional autonomy)의 근거가 됐고, 이를 통해 국익의 관점에서 국가정책을 수립할 수 있는 장점이 됐다. 그리고 사업을 담당하지 않기 때문에 장기적인 관점에서의 정책 관리가 가능했다. 이는 한편으로는 재정을 장기적 관점에서 관리하며, 계획을 지원하는 기능을 강화할 수 있게 하는 장치도 됐다.

그러나 이러한 특성은 다른 모든 부처와 대립되거나 갈등을 유발하는 요인이 되기도 한다. 그리고 이를 극복하기 위한 강력한 논리를 개발해야 하는 부담을 갖게 된다. 이는 경제기획원이 좀 더 논리적인 부처로 발전하는 계기가 되기도 하지만, 다른 부처의 견제를 받는 이유도 됐다.

같은 맥락에서 경제기획원은 대통령의 지지에 힘입어 문제를 해결하기도 하지만, 이는 대통령의 관심에 따라 기관의 능력과 권한이 영향을 받을 수 있는 문제점을 드러내기도 했다.

3) 예산과 계획의 연계

케이든(Naomi Caiden)과 윌다브스키(A. Wildavsky)는 개발도상국에서 야심찬 계획을 수립하지만 그것이 실행되지 않는 이유를 계획이 예산과 연계되지 못한다는 것에서 이유를 찾고 있다(Caiden & Wildavsky, 1974). 실제 많은 개발도상국에서 계획을 담당하는 기구는 대통령 직속기구로 두지만 예산은 부처 단위에 설치하는 경우가 많다. 이에 계획은 정권이 교체되면서 화려하게 작성을 하지만, 실제 매년의 예산과 연계되지 않아 실효성을 상실하게 된다.

그러나 우리의 경우에는 제1차 경제개발 5개년계획부터 계획과 예산의 기능을 같은 부처에서 담당하도록 했다. 이는 계획이 예산과 연계돼 강력한 실천력을 갖추는 계기가 됐다.

우리나라 최초의 중앙예산기관은 국무총리 관할의 예산국이었다. 예산국은 1948년 제헌헌법에 따라 국무총리가 관장하는 기획처에 소속돼 있었다. 그러나 1954년 개헌과 1955년 정부조직법의 개정을 거쳐 재무부로 이관됐다. 예산국은 다시 1961년 7월 22일 경제기획원이 신설되면서 이곳으로 소속이 바뀌었다. 예산 기능을 비롯해서 기획 기능, 외자 도입 기능 등 핵심 경제 개발 수단을 갖고 경제 개발에 관한 종합적인 관리・조정 능력을 갖춘 경제기획원 설립의 취지에 부응하기 위한 것이었다.

경제기획원 설립 당시 예산국은 예산총괄과를 비롯해 행정예산, 투자예산, 기업예산과 등을 두고 있었다. 경제기획원의 예산국은 여러 차례 조직이 확대・개편돼 왔다. 1968년 12월에는 새롭게 예산관리관이 신설됐는데, 예산 절감을 통한 예산효율화가 주 임무였다. 예산국은 그 이후에도 여러 차례 확대 개편돼 오던 중 1979년 6월 26일 예산실로 승격됐다. 예산실의 주된 기능은 예산정책과 중기재정계획을 입안하고 국가의 예산안을 편성하는 것이다. 예산실을 통해 경제기획원은 장기적인 계획과 단기적인 예산을 연계시키는 중요한 역할을 수행했다.

4) 부총리제도와 조정의 기능 강화

경제기획원은 처음부터 관료 출신이 장관으로 임명돼 전문성을 지키기 위해 노력했다. 경제기획원 장관으로 임명된 28명(중복 포함) 중 71.4%가 관료 출신이었다는 것은 군 출신 장관이 많은 당시의 시대 상황에서 전문성을 보장하기 위해 노력했다는 것을 알 수 있다. 1980년대 노태우 대통령 시대에는 교수 출신이 대거 등용돼 새로운 경제

표 2-1-3 역대 경제기획원 장관 명단과 경력

경제기획원 장관			주요 경력
1	김유택	1961. 7~1962. 3	관료(이후 국회의원)
2	송요찬	1962. 3~1962. 6	군인(이후 내각수반)
3	김현철	1962. 6~1962. 7	관료(이후 내각수반)
4	김유택	1962. 7~1963. 2	관료(이후 국회의원)
5	유창순	1963. 2~1963. 4	관료(이후 국무총리)
6	원용석	1963. 4~1963.12	관료(이후 국회의원)
7	김유택	1963.12~1964. 5	부총리 겸직 시작 관료(이후 국회의원)
8	장기영	1964. 5~1967.10	관료(이후 국회의원)
9	박충훈	1967.10~1969. 6	관료(이후 국무총리)
10	김학렬	1969. 6~1972. 1	관료
11	태완선	1972. 1~1974. 9	관료(이후 국회의원)
12	남덕우	1974. 9~1978. 12	교수
13	신현확	1978. 12~1979. 12	교수(이후 국회의원)
14	이한빈	1979. 12~1980. 5	교수
15	김원기	1980. 5~1980. 9	관료
16	신병현	1980. 9~1982. 1	관료
17	김준성	1982. 1~1983. 7	관료
18	서석준	1983. 7~1983.10	관료
19	신병현	1983.10~1986. 1	관료
20	김만제	1986. 1~1987. 5	교수(이후 국회의원)
21	정인용	1987. 5~1988. 2	관료
22	나웅배	1988. 2~1988. 12	교수(이후 국회의원)
23	조순	1988. 12~1990. 3	교수(이후 국회의원)
24	이승윤	1990. 3~1991. 2	교수(이후 국회의원)
25	최각규	1991. 2~1993. 2	관료(이후 국회의원)
26	이경식	1993. 2~1993. 12	관료
27	정재석	1993. 12~1994. 10	관료
28	홍재형	1994.10~1994. 12	관료(이후 국회의원)
비율			관료 20명(71.4%) 교수 7명(25.0%) 군인 1명(3.6%)

자료: 저자가 작성.

정책을 입안하기 위해 노력했다는 것을 읽을 수 있다.

1963년 12월부터는 부총리직을 신설해 경제기획원 장관이 겸임하도록 해 국무총리 다음의 높은 서열로 격상시켰다. 이로써 부총리 겸 경제기획원 장관은 내·외자를 동원해 배분하고 경제계획을 수립·집행하는 막강한 권한을 행사할 수 있게 됐다. 동시에 부총리로서 각종 경제관련 회의를 주재함으로써 명실공히 경제정책의 총괄 조정자로서 강력한 리더십을 발휘할 수 있게 됐다.

경제기획원은 관료로서 능력이 인정을 받았거나, 학자로서 명성이 있는 인사가 임명돼 정부 내에서도 전문성과 정치적 지지를 통해 강력하게 정책을 추진할 수 있는 기반을 구축했다.

이러한 연장선상에서 경제기획원 장관을 지낸 인사들은 이후에 국무총리가 된다든지 국회의원으로 진출하는 기회가 주어졌다. 이는 결과적으로 경제기획원의 위상을 제고하는 의미로 작용했을 것이다.

5) 직업공무원에 근거한 엘리트 공무원 충원

1970년대 경제 개발을 추진하던 주체는 관료였다. 그리고 이들 관료는 직업공무원제도를 통해 신분을 보장했고, 또한 고시제도라고 하는 실적주의를 통해 선발했다.

1963년 제3공화국의 발전과 더불어 등장한 총무처는 김영삼 정부(1998년)까지 존속하면서 중앙인사기구로서의 역할을 수행했다. 이를 통해 고도 성장기에 필요한 인적 자원을 확보하는 기능을 수행했다. 그리고 직업공무원제도의 정착에 기여했다.

이러한 제도적 기반 위에서 유교문화의 전통 의식이 결합돼 많은 엘리트가 행정부로 몰렸고, 특히 경제기획원은 그중에서도 우수한 인재로 구성됐다. 이러한 엘리트는 강한 공직관을 가지고 경제 개발 초기에 소신을 가지고 한국 경제를 이끌어가는 원동력이 됐다.

특히 경제기획원 공무원의 경우, 순환배치가 자연스러웠던 한국 관료제에서 예외적으로 기획국과 예산실의 공무원은 사무관에서 국장에 이르기까지 한 국(局) 안에서 일하도록 했다. 그리고 경제기획원 부처의 국장이 다른 부처의 차관이나 장관으로 임명되도록 했다(김광웅. 1991: 133-134).[3] 이러한 경향은 안정적으로 경제계획을 수립하고 추진하게 하는 요인이 될 수 있었다.

---

3) 경제기획원 국장 중 장관이나 차관으로 임명된 비율(1961~1982)

2. 한국개발원(KDI)의 정책 지원

1) 설립 과정

한국개발원(Korea Development Institute: KDI)은 우리나라 경제 전반에 관한 정책과제를 현실적·체계적으로 연구하고 5개년 경제개발계획 수립 및 정책 입안에 도움을 줄 연구기관이 필요하다는 인식에 따라 1971년 3월에 설립됐다.[4] 1970년대의 KDI는 '번영을 위한 경제설계'를 목표로 5개년 경제개발계획뿐 아니라 당시 경제기획원 주관의 3개년 연동계획과 경제운영계획의 작성에도 적극 참여했다. 경제 현안에 대한 정책 수립에 도움을 주기 위한 단기과제 연구도 수행했으며, 이에 관한 토론과 협의가 이뤄지도록 정책협의회를 수시로 개최했다. 또한 KDI는 경제정책 수립은 물론 한국 경제 연구의 기초를 놓는 데에도 기여했다.

KDI 설립 초기 당시 박정희 대통령의 지시 아래 해외에 체류 중인 한국인 출신 재외학자들을 대거 초빙했고 수준 높은 대우를 보장함으로써 연구 활동에 전념할 수 있도록 했다. 아울러 정부의 입김에 좌우되지 않도록 중립성을 확보했으며 연구 결과가 정책에 반영되도록 권위를 인정했다.

2) 주요 기능

KDI는 정부의 경제개발 5개년계획의 수립을 지원하는 정부의 싱크탱크(think tank) 기능을 수행했다. 한국의 경우 국가적 어젠다를 설정하고 경제발전계획을 수립하기 위해 KDI라고 하는 별도의 전문적인 연구기관을 설립한 것이 군부 출신 대통령들이 많았음에도 경제정책을 성공적으로 이끌어나갈 수 있었던 중요한 요인에 해당한다.

1980년대에는 경제·사회 변화에 부응해 '변화에의 끝없는 도전'을 시도하게 됐다. 재벌에의 경제력 집중이 심화되고 정치·사회적 문제로 확대됨에 따라 그 현황을 파악하고 대책을 마련하기 위한 연구를 시작해 1986년 공정거래법 개정 시에 경제력 집중

국	차관	장관
경제기획국	8/12	7/12
예산국	6/6	3/6
물가정책국	2/5	1/5
경제협력국	3/12	1/12

4) 한국개발연구원에 대한 소개에 관한 내용은 대부분 홈페이지의 연혁 부분을 참조했음. (http://www.kdi.re.kr/general/about/history.jsp)

억제를 위한 제도적 장치를 마련하는 기초를 제공했다.

그리고 공기업 부문의 효율성 제고와 민영화를 위한 연구를 통해 정부투자기관 책임경영제도의 개발과 법제화에 중요한 역할을 했고, 이를 통해 개선된 한국의 공기업경영제는 하나의 모델로서 국제적 관심의 대상이 됐다.

1990년대에는 '경제위기의 극복과 구조개혁'을 중심으로 1993년 집권한 문민정부 아래에서 새로 추진된 '신경제 5개년계획' 작성에 참여했다. 세계적인 금융자유화 · 개방화 · 국제화가 진행되는 가운데 국내 금융 부문의 개방화와 자율화를 위한 연구를 지속해 1997년 12월 금융개혁 종합보고서를 발표했다.

KDI는 경제환경 변화에 따라 국가적 차원의 어젠다를 설정하기도 하고, 정부가 요구하는 정책대안을 전문적으로 개발함으로써 경제기획원과 더불어 한국 경제 발전의 정책을 이끄는 주요한 주체 중의 하나가 됐다.

3. 대통령의 강력한 리더십

1) 빈곤 탈피에 대한 강력한 신념

경제개발 5개년계획을 추진했던 박정희 대통령은 "배고픔으로부터 탈출한다"는 것이 국정운영의 목표가 되어 있었다. 이러한 경제 개발에 대한 강력한 대통령의 의지는 경제개발 5개년계획의 추진력이 됐다.

김광웅(1991: 156-159) 교수는 박정희 대통령의 이념적 가치관을 다음의 네 가지 차원으로 구분한다. 즉, ① 발전관은 물질주의적, ② 자본주의 체제 안에서의 복지주의 및 안보주의, ③ 시관은 미래지향성, ④ 행정관은 기능적이고 도구적이었다고 평가한다. 이러한 평가는 다시 경제 발전을 위해 모든 것을 수단으로 두었다는 것으로 압축될 수 있다.

2) 권위주의 정부의 추진력

장관에 대해서는 리더십을 부여하기도 한 대통령의 통치 스타일이 초기 경제 발전을 이끄는 원동력이 되기도 했다.

경제 개발 초기에 시장에서의 자본 축적이 되어 있지 못한 상황에서는 결국 정부 주도적으로 경제 개발을 추진할 수밖에 없는 시기였다. 이러한 유도된 근대화(induced modernization)에서 정부는 권위주의적 성향을 가지는 것이 불가피했다. 이에 민주와 자유는 유보하고, 강력한 정부의 공권력에 근거한 정부 주도형의 발전 모형이 연계됐다.

3) 비공식적 회의를 통한 권력 행사

대통령이 실질적인 리더십을 발휘하고 경제기획원이 추진력을 확보한 것은 경제장관간담회와 월례경제동향보고회의라고 하는 비공식적 모임이었다.[5)]

경제장관간담회(후에 경제장관협의회로 개칭)는 주요 현안에 대해 관련 경제 장관들이 모여 의견을 조율하고, 정부 방침을 결정하는 비공식·비공개 회의였다. 부총리 겸 경제기획원 장관이 공식 경제장관회의에 앞서 주요 경제 현안을 관련 장관들과 사전 조율할 때는 경제장관간담회(협의회)를 활용했다. 공식회의인 경제장관회의는 참석자가 너무 많아(통상 20여 명) 이해가 날카롭게 대립되는 복잡한 현안을 심도 있게 다루기가 어려웠기 때문이다.[6)]

월례경제동향보고회의[7)]는 매월 정기적으로 대통령과 정부·여당의 주요 인사가 모두 참석한 가운데 열렸다. 회의가 열릴 때에는 대통령이 직접 참석해 회의에 힘을 실어주었다. 거의 모든 경제 관련 장관과 대통령이 만나서 경제 동향과 주요 현안 등 경제 운용 전반에 관해 보고하고 토의하는 자리라는 점에서 매우 중요한 역할을 했다. 모든 자료가 공유되기 때문에 인식의 차이를 줄이는 효과도 있었을 것이다. 그리고 경제기획원 장관이 주관하고 또 회의 장소도 경제기획원 회의실이었기 때문에 부총리 겸 경제기획원 장관으로서는 자신의 철학과 소신을 마음껏 펼칠 수 있는 장이기도 했다.[8)] 1970년대 초기에는 매우 활발하게 진행됐으나, 후반에 오면서 개최 건수는 확연하게 줄어들었다. 이를 강광화 외(2008; 107-108)에서는 성장 후유증이라고 표현하기도 한다.

---

5) 한편 경제개발 5개년계획을 추진하면서 수출 주도형 정책을 도입했다. 이를 지원하기 위해 1965년 2월부터 수출진흥확대회의를 대통령 주도 하에 진행했다. 이러한 장치도 경제개발 5개년계획의 추진력을 확보하는 역할을 했다(강광화 외, 2008: 150-197).

6) 이 회의는 경제기획원 건물(현 문화관광부 건물) 3층 부총리실 옆에 붙어 있는 10여 평의 작은 회의실에서 열렸다. 이 방은 양탄자와 의자가 녹색이어서, 여기서 열리는 경제장관간담회를 통칭 녹실회의라고 불렀다. 주요 경제 정책이나 현안들은 대부분 이 회의에서 실질적으로 결정되거나 해법이 마련됐다. 비공식 회의임에도 공식회의인 경제장관회의보다 실질적으로 더 무게를 갖는 이유였다(재경회·예우회, 2011: 56).

7) 이를 통해 여러 분야의 전문가와 공무원이 모여 협의하고 조정하는 기능이 있었다고 보고 있다. 이에 관한 구체적인 자료를 다음을 참조. 특히 수출확대회의를 통한 민관의 협력 체계도 중시하고 있다(강광화 외, 2008).

8) 이러한 비공식적 권력에 의한 의사결정이 풍선 효과를 유발했다고 분석하기도 한다(차세영; 2013: 310). 힘이 센 부총리가 오면 역할을 수행하다가 힘이 약한 부총리가 오면 역할을 수행하지 못한다는 이론이다.

제3절 정책의 추진 과정 및 내용

1. 단계별 전략

1인당 국민소득이 100달러가 되지 못하는 상황, 그리고 식량의 자급자족이 되지 못한 상황에서 제1차 경제개발 5개년계획이 출발했다. 그리고 내세울 만한 자원도 부족한 국가였다. 그러나 경제개발 5개년계획은 수출, 중화학공업 육성을 축으로 하여 국가경제 발전을 유도해 나갔다.

제1차 경제개발 5개년계획을 통해 석탄, 발전, 비료, 정유산업 등이 국가 기반산업으로서의 모양을 갖추기 시작했다. 이를 금융의 차원에서 지원하기 위해 기존의 외자도입촉진법을 보완할 수 있도록 1962년에 「차관에 대한 지불보증법」, 「장기결제 방식에 의한 자본재 도입에 관한 특별조치법」을 제정하는 한편 1950년대에 민영화됐던 상업은행을 다시 국유화했다(차동세 외. 1995: 49). 이러한 노력을 통해 수출품의 구성에서 1962년에 1차 산품 63%, 공산품 27%로 구성됐던 것이 1967년에는 1차 산품 27.5%, 공산품 72.5%로 전환됐다. 농업경제에서 산업사회로의 변화가 이뤄지고 있었다는 것을 알 수 있다(기획재정부. 2010: 66-69).

제2차 경제개발 5개년계획에서는 민간과 전문가의 참여를 확대하면서 합의의 규모를 확대하려는 노력을 했다. 이를 통해 식량의 자급자족을 달성하는 한편 기계, 조선, 섬유, 전자, 석유화학, 철강, 비철금속 등 7개 분야의 특정 공업진흥법을 제정해 선별적인 지원을 제도적으로 뒷받침했다.[9] 제2차 경제개발 5개년계획은 총계획, 산업부문계획, 자본투자계획 등 3개의 축으로 이뤄졌다. 총 계획에서는 소득, 재정, 금융, 무역 수지 부문의 목표치들이 제시됐다. 산업 부문 계획에서는 산업을 세분화하고 투입-산출 분석 등을 통해 산업별 미레 계획이 수립됐다. 자본 투자계획은 소득 대비 투자율, 투자와 무역의 한계 효과 등의 분석을 통해 이뤄졌다. 이 기간을 통해 한국 경제 발전의 기초가 마련됐다고 할 수 있다.

제3차 경제개발 5개년계획 기간인 1973년에 1차 석유파동이 있었지만, 한국 경제는

9) 이들 법은 기계공업진흥법(1967년), 조선공업진흥법(1967년), 섬유공업근대화촉진법(1967년), 전자공업진흥법(1969년), 석유화학공업육성법(1970년), 철강공업육성법(1970년), 비철금속제철사업법(1971년) 등이다.

유연성과 적응력을 보이면서 목표치를 달성했다. 이 시기에는 새마을운동을 통해 도시와 농촌의 격차를 줄이는 시도도 이뤄졌다. 그리고 1973년에 중화학공업화를 선언하고 이를 위해 철강, 금속, 석유화학, 전자산업 등을 전략적으로 육성했다.[10] 1977년 수출 100억 달러 달성은 그간의 전략에 대한 성공적인 지표가 됐다. 한편 이 시기는 경제 안정을 위한 노력을 시도한 것도 특징적이다. 1960년대 고도 성장 과정에서 파생된 기업 재무구조의 악화, 물가와 환율의 악순환, 산업합리화의 부진, 국제경쟁력의 악화 등 근본적인 취약점을 개선하기 위해 노력했다. 그리고 석유파동 이후 1974년 1월 14일에 '국민생활의 안정을 위한 대통령 긴급조치'를 발표했다. 1·14 조치 이후에 저소득층을 위한 지원을 강화하면서 성장 지향에서 안정 지향으로 전환이 시도되기도 했다(차동세 외, 1995: 283).

제4차 경제개발 5개년계획은 성장과 균형을 동시에 달성하고자 했다. 계획의 범위가 확대돼 사회계층 간 균형, 노사관계와 같은 사회적 문제가 계획의 범위에 들어오기 시작했다.

그러나 점차 산업화가 성숙되고 민주화가 이뤄지는 1980년대에 와서는 정부 주도의 경제개발계획에 문제가 제기되고 경제개발 5개년계획의 한계도 노정되기 시작했다. 점차 국가 주도의 경제개발계획에 대한 중요성과 의미가 희석된 것이다.

우리나라의 경제개발 5개년계획은 5년 단위의 경제개발 전략이었지만, 앞선 시기의 목표를 달성하고 이를 통해 새로운 전략을 연계해 수립함으로써 산업화와 근대화를 구축하는 동력(momentum)을 마련했다.

2. 총자원예산제 도입: 경제 여건 변화에 총체적 대응 체제 구축

1967년부터 경제개발계획과 예산을 일치시키기 위해 '총자원예산제도(Overall Resources Budget: ORB)'를 도입했다. 이 제도는 정부사업뿐만 아니라 민간사업까지 포함한 물동계획과 자금운용계획을 수립해 경제 개발을 추진하기 위한 것이었다.

총자원예산제도는 큰 틀에서의 5개년계획의 목표와 정책 방향에 따라 경제의 여건 변동을 감안해 작성하도록 되어 있으며, 일관성 있는 단기 정책 수립을 할 수 있는 기초를 마련해줬다. 이렇게 마련된 총자원예산은 국내외 경제 동향의 분석과 전망을 근거로 당해 연도의 성장 목표와 기본정책 방향, 부문별 투자 규모, 국제수지계획, 재정

10) 이에 창원기계공업단지, 여천석유화학단지, 구미전자공업단지 등 대단위 공업단지를 건설했다.

표 2-1-4 경제개발 5개년계획의 이념과 중점 목표

	기본 목표 내지 이념	중점 시책 내지 목표
제1차 (1962~1966)	자립경제 기반 구축	• 농업생산력 증대에 의한 농업소득의 향상 • 전력, 석탄 등 에너지 공급원의 확보 • 기간산업의 확충과 사회간접자본의 충족 • 수출 증대를 주축으로 하는 국제수지 개선 • 기술의 진흥
제2차 (1967~1971)	자립경제 확립 더욱 촉진	• 식량자금과 산림녹화 및 수산 개발(농가소득 향상 주력) • 화학, 철강 및 기계공업 건설해 공업 고도화 기틀 마련 • 수출 증대 국제수지 기반 구축 • 과학 및 경영기술 진흥
제3차 (1972~1976)	성장·안정·균형의 조화	• 농어촌경제 혁신적 개발 • 수출의 획기적 증대 • 중화학공업의 건설
제4차 (1977~1981)	성장·형평·능률	• 자력성장구조 실현(국제수지 균형, 산업구조고도화 등) • 사회 개발의 촉진(소득분배, 생활환경 개선) • 기술혁신과 능률 향상(기술 능력 확대, 경제 운용 합리화)

자료: 경제기획원(1982: 358-365).

및 금융 부문의 주요 지표 등을 제시해주었다.

따라서 예산의 편성, 외환수급계획의 입안 등 부처별 계획과 민간부문 활동의 지침이 됐다. 이는 5년 단위의 경제개발 5개년계획의 실효성을 제고하는 역할을 했다.

그러나 총자원예산은 경제기획원에서, 그리고 기본운영계획은 국무총리 기획조정실에서 운영하고 있었기 때문에 예산편성에 도움이 되지 못했다는 평가도 있다(신무섭, 2009: 190).

3. 정책 수단

1) 예산회계법 정비[11]

1961년 말 군사정부는 경제 개발을 위한 재정 지원활동의 법적 기틀을 보강하기 위해 정부 수립 후에 운영해 오던 「재정법」 대신 새로운 예산회계법을 제정했다. 구 재정법은 일본의 재정법을 그대로 모방한 것으로서 건전재정 유지, 즉 수입과 지출이 균형

11) 이하의 내용은 사실을 소개하는 것으로 재경회·예우회(2011: 69-70)의 자료를 참조함.

을 유지하도록 하는 데 중점을 뒀다. 그러나 의욕적인 경제 개발 추진 과정에서 좀 더 신축적이고 탄력적인 재정정책 운용이 필요했다. 즉, 책임이나 통제의 관점이 아니라, 신축과 재량을 위해 제정된 것이었다. 이를 통해 경제 개발에 필요한 효율적인 재정관리를 지원했다.

예산회계법은 일반회계 이외에 행정부의 신축적인 운영을 지원하기 위해 특별회계와 기금의 활용을 보장했다. 특별회계는 국회의 심의를 받지만, 국회의 심의를 받지 않는 기금을 통해 신축적으로 사업을 집행하는 근거를 마련하기도 했다. 이는 신속한 집행을 위해서는 도움이 됐으나, 재정민주주의 입장에서 투명성을 저해하는 요인을 잉태했다.

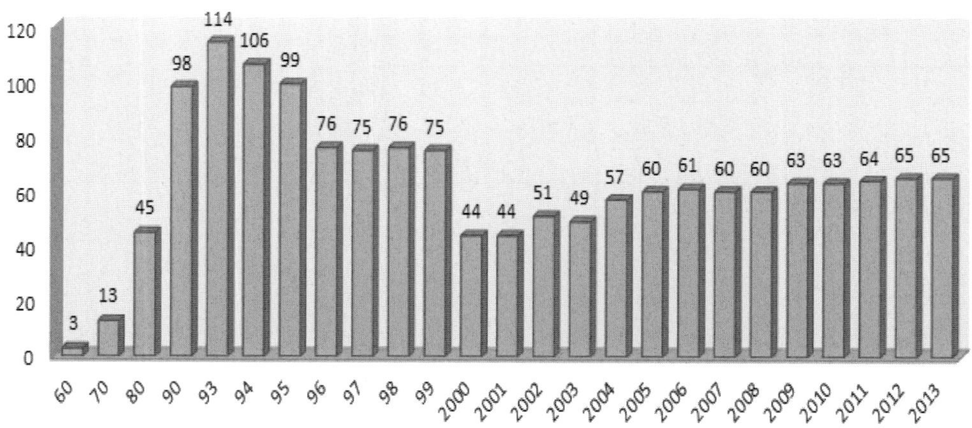

그림 2-1-2 **기금의 연도별 증가 추이**

자료: 저자가 작성.

2) 투융자의 확대: 특별회계와 기금의 활용[12)]

일반회계가 경상 경비를 관리하도록 하면서 정부의 투자활동이나 융자활동은 별도로 구분해 관리하도록 했다. 이를 위해 각종 특별회계와 기금 등을 설치해 과감한 투자정책을 수행해 나갔다. 특별회계와 기금은 일반회계에 비해 국회의 통제를 덜 받으면서 상황 변화에 좀 더 신축적이고 탄력적으로 대응해 나갈 수 있다는 취지가 반영된 것이다.

---

12) 이하의 내용은 사실을 소개하는 것으로 재경회・예우회(2011: 70-73)의 자료를 참조함.

특별회계는 1948년 2개에 불과했다. 5·16 이전에는 대충자금특별회계가 경제 부흥을 위한 주요 재정투융자 재원으로 활용됐다. 그것이 5·16 이후 크게 달라졌다. 군사정부는 경제개발계획을 수립하고 추진할 때 소요되는 자금을 효율적으로 운용·관리하기 위해 1961년 12월 31일 「재정자금운용특별회계법」을 제정해 재정융자관리의 기틀을 마련했다. 이어 1962년 11월 28일 「경제개발특별회계법」을 제정해 재정 투자에 대한 근거를 마련했다. 일반회계 및 각 특별회계에서 조성된 자금을 '경제개발특별회계'로 옮겨, '투융자자금'으로 사용했던 것이다. 또 각 회계(전매사업특별회계, 공무원연금특별회계, 문화재관리특별회계 등)의 일부 여유자금을 '재정자금운용특별회계'에 예치해, 재정 '융자자금'으로 사용하도록 했다. 결국 일반회계, 대충자금특별회계, 경제부흥특별회계, 국토건설사업특별회계, 그리고 각종 기타 특별회계를 통해 회계별로 분산 운용돼오던 재정투융자의 운용 체제가 1962년부터 시행된 제1차 경제개발 5개년계획의 수립을 계기로 새로운 재정투융자 체제로 통합·정비된 것이다.

1974년에는 종래의 경제개발특별회계와 재정자금운용특별회계에서 운용하던 재정투융자 업무를 통합해 새로운 경제개발특별회계에서 전담하도록 했다. 재정 투자와 재정융자 업무를 일원화한 것이다.

그 후 1977년 대대적으로 특별회계를 정비했다. 경제개발특별회계를 폐지하고 자금관리특별회계를 신설한 것이 대표적인 사례였다. 자금관리특별회계에서 재정융자를 담당하고, 재정투자는 일반회계에서 담당하게 함으로써 재정투융자제도가 다시 이원화한 것이다. 1977년 이래로 기타 특별회계의 비중이 급격히 줄고 일반회계 비중이 크게 증가한 것은 이 같은 제도 변화 때문이었다.[13]

한편 엄격한 예산 원칙의 제약으로부터 벗어나 좀 더 탄력적으로 운용할 수 있도록 기금을 활용했다. 1963년에 설립된 공무원연금기금과 군인연금기금을 시작으로 하여 그 후 정부관리기금의 수는 1972년에 11개, 1979년에는 19개로 증가했다. 그중에서 특히 1968년부터 운용하기 시작한 농수산물가격안정기금, 1970년에 설치·운용된 '양곡관리기금'은 양곡을 비롯한 농수산물의 수급 조절, 가격 안정 등에 중요한 역할을 했다. 1973년에는 새로 '국민투자기금'이 창설돼 그 이후 중화학공업 관련 재정융자의 주요

13) 한편 한일국교정상화에 따라 1966년 이후에는 대일청구권자금의 징수금계정과 차관계정이 투융자재원으로 동원되기도 했다. 또 1966년부터 재정차관자금관리특별회계를 신설해, 재정차관자금을 민간기업에 제공(전대)했다. 여기서 발생한 원리금은 차관공여국에 상환할 때까지 경제 개발을 위한 정부의 투융자사업에 활용되기도 했다. 오랜 세월 재정투융자의 주요 재원이었던 대충자금은 1972년 끝나게 됐다(재경회·예우회, 2011: 71-72).

표 2-1-5 재정투융자재원으로 활용된 각종 특별회계

특별회계(이하 특회)	용도
대충자금특회(1954. 3. 12~1973. 1. 1)	재정투융자 지원 기능
전매사업특회, 공무원연금특회, 문화재관리특회의 여유자금 → 재정자금운용특회(1961. 12. 31~1974. 1. 1)	재정융자 기능
일반회계, 각 특회 여유자금 → 경제개발특회(1962. 11. 28~1977. 1. 1)	재정투자 기능 →재정투융자 통합 운영[1]
대일청구권자금특회(1966. 4. 2~1977. 1. 1)	재정투융자 지원 기능
재정차관자금관리특회(1965. 12. 20~1977. 1. 1)	재정투융자지원 기능
자금관리특회(1976. 12. 22 신설)	재정융자 기능[2]

주1: 1974년부터 재정자금운용특회 재정융자 업무를 경제개발특회에서 통합해 운영.
주2: 1977년부터는 재정융자는 자금관리특회에서, 재정투자는 일반회계에서 담당하는 것으로 재정투자와 융자가 이원화됨.
자료: 재경회·예우회(2011: 71).

한 창구 역할을 담당했다. 농수산물가격안정기금과 국민투자기금이 전체 재정융자기금의 대부분을 차지했다. 특히 국민투자기금은 전체 재정융자기금의 90%를 넘는 경우까지도 있었다.

이러한 각종 특별회계와 기금의 운용에 힘입어 재정투융자 규모도 빠른 속도로 증가했다. 제1차 5개년계획 기간 중 총재정의 22.6% 수준에 머물던 재정투융자 규모가 제2, 3차 5개년계획 기간에는 30%에 근접했다. 이는 기타 특별회계와 기금이 당시의 재정투융자활동을 지탱해 주었음을 의미한다.

3) 공기업의 활용[14]

경제개발계획 실시 초기인 1960년대 우리나라는 자금이나 기술, 인력 등 경제 개발에 필요한 기본 조건들이 모두 결핍돼 있었다. 민간의 자본 축적이 부족한 상황에서 민간 기업에 의해 산업 발전을 이뤄가기 힘든 형편이었다. 이에 정부는 공기업을 설립해 경제 개발의 주요 역할을 맡기는 전략을 수립했다.

이에 1961년 말 「예산회계법」과 더불어 「기업예산회계법」을 제정했다. 당시 교통,

14) 이하의 내용은 사실을 소개하는 것으로 재경회·예우회(2011: 75)의 자료를 참조함.

표 2-1-6 총재정 규모와 특별회계·기금 및 투융자 비중 변화 추이(1962~1979)

(단위: 10억 원, %)

연도	총재정 규모									재정투융자	
	합계	중앙정부						공기업			
		일반회계		기타 특별회계		기금					
		금액	비중	금액	비중	금액	비중	금액	비중	금액	비중
1962	119.9	68.2	56.9	23.6	19.7	-	-	28.1	23.4	27.2	22.7
1963	111.0	49.4	44.5	24.4	22.0	-	-	37.2	33.5	27.3	24.6
1964	120.8	55.1	45.6	21.2	17.5	-	-	44.5	36.8	23.8	19.7
1965	154.1	68.2	44.3	26.9	17.5	-	-	59.0	38.3	29.5	19.1
1966	231.0	94.7	41.0	52.5	22.7	-	-	83.8	36.3	62.6	27.1
기간 평균			46.5		19.9				33.7		22.6
1967	291.2	126.9	43.6	72.5	24.9	-	-	91.8	31.5	79.0	27.1
1968	402.9	187.7	46.6	95.2	23.6	-	-	120.0	29.8	117.6	29.2
1969	578.0	251.0	43.4	162.9	28.2	-	-	164.1	28.4	175.6	30.4
1970	672.9	284.7	42.3	154.3	22.9	29.7	4.4	204.2	30.3	184.3	27.4
1971	826.4	366.9	44.4	165.3	20.0	16.3	2.0	277.9	33.6	213.3	25.8
기간 평균			44.1		23.9		1.3		30.7		28.0
1972	879.3	446.0	50.7	230.7	26.2	69.5	7.9	133.1	15.1	297.1	33.8
1973	934.8	461.7	49.4	195.2	20.9	64.3	6.9	213.6	22.8	248.6	26.6
1974	1,489.7	695.4	46.7	341.0	22.9	166.6	11.2	286.7	19.2	394.6	26.5
1975	2,432.0	996.2	41.0	524.5	21.6	244.6	10.1	666.7	27.4	677.6	27.9
1976	2,921.9	1,442.1	49.4	690.1	23.6	386.7	13.2	403.0	13.8	871.0	29.8
기간 평균			47.4		23.0		9.9		19.7		28.9
1977	3,680.6	2,570.1	69.8	273.9	7.4	430.4	11.7	406.2	11.0	1,023.1	27.8
1978	5,033.4	3,300.3	65.6	346.1	6.9	761.6	15.1	625.4	12.4	1,244.6	24.7
1979	7,056.0	4,707.1	66.7	426.8	6.0	856.1	12.1	1,066.0	15.1	2,138.3	30.3
기간 평균			67.4		6.8		13.0		12.8		27.6

주: 비중은 총재정 규모 대비 비중을 나타냄.
자료: 경제기획원(1980: 141).

통신, 전매사업 등의 정부기업들이 정부회계제도를 그대로 적용하고 있어, 기업 경영의 능률이나 효율적인 관리통제 면에서 문제가 있다고 판단해 정부기업의 예산과 회계를 별도로 관리하기 시작했다. 이때부터 종래의 현금주의와 단식부기회계 처리 방식과 달리 발생주의와 복식회계 처리 방식에 입각한 기업회계제도로 전환됐다. 공기업의 경영

합리화를 꾀할 수 있는 체제를 갖춘 것이다.

그뿐만 아니라 정부투자기관들이 개별적으로 규정하고 있는 투자기관설립법의 적용을 받던 것도 개선했다. 1962년 「정부투자기관예산회계법」을 제정해 정부투자기관 예산회계에 관한 일반적인 규범을 마련했다. 1973년에는 「정부투자기관관리법」을 제정해 정부투자기관의 조직을 관리하는 근거를 마련했다. 이사회 구성해 의결과 집행을 분리하고, 예산의 심의와 확정은 이사회에서 수행하도록 했다.

경제개발 5개년계획이 시작된 이래 경제개발계획 기간별 중점 목표와 공기업의 설립은 밀접한 관련이 있었다. 특히 1960년대 우리나라 공기업은 제조업을 중심으로 설립됐다. 특히 석유화학, 제철 등 투자액, 투자 회임 기간, 위험 부담 등이 큰 산업 분야에 집중됐다. 1961년 최초의 공기업인 한국전력, 대한석유(1962), 수자원개발공사(1967) 등이 상징적인 공기업들이다.

표 2-1-7 경제개발 5개년계획 기간별 중점 목표와 공기업 설립 현황

<table>
<tr><th colspan="2" rowspan="2">5개년계획 기간별 중점 목표</th><th colspan="2">공기업</th></tr>
<tr><th>설립 목표</th><th>공기업명</th></tr>
<tr><td rowspan="2">제1차
(1962~1966)</td><td>에너지 공급원의 확보</td><td>에너지 공급원의 확충</td><td>한국전력주식회사(1961)
대한석유(1962)</td></tr>
<tr><td>기간산업의 기반 확충
사회간접자본의 확대</td><td>기간산업의 확충
사회간접자본의 확대</td><td>광업제련, 충주비료, 대한통운(1961),
대한항공(1962), 호남비료(1963)</td></tr>
<tr><td rowspan="3">제2차
(1967~1971)</td><td>식량 자급과 수자원 개발</td><td>수자원 개발</td><td>수자원개발공사(1967)</td></tr>
<tr><td>산업고도화의 기반 조성</td><td>철광업 기반 조성</td><td>포철(1968)</td></tr>
<tr><td>영농 다각화와 농가소득
향상</td><td>영농 다각화, 농가소득 향상 지하수 개발과 토지개량조합</td><td>농어촌개발공사(1967)
농촌진흥공사(1970)</td></tr>
<tr><td rowspan="3">제3차
(1972~1976)

제4차
(1977~1979)</td><td>공업의 고도화</td><td>공업의 고도화</td><td>한국종합화학주식회사(1973)</td></tr>
<tr><td>국토자원의 효율적 개발</td><td>국토자원의 효율적 개발</td><td>토지금고(1975)
→토지개발공사(1979)</td></tr>
<tr><td>사회보장과 국민복지
향상</td><td>사회보장과 국민복지
향상</td><td>한국방송공사(1973), 근로복지공사
(1977), 해외개발공사(1979)</td></tr>
</table>

자료: 한국재정40년사 편찬위원회(1991(6권): 618).

제2절 성과 및 평가

1. 성과

1) 경제 발전을 위한 기반 구축

식량의 자급자족조차 이루지 못했던 시절에 한국은 수출 지향적 경제 발전 전략, 중화학공업 육성이라고 하는 공격적인 경제 개발 전략을 통해 선진국으로 도약하는 성과를 거뒀다. 1994년에 1인당 국민소득 1만 달러를 달성하고 OECD에 가입하게 된 것은 1962년부터 추진된 이러한 노력의 연장에서 가능했다.

그리고 그것은 일회성의 단발적 집행이 아니라 경제개발 5개년계획이라고 하는 체계적이고 지속적인 전략을 통해 가능했다. 이런 맥락에서 경제개발 5개년계획은 한국의 산업화를 이끈 청사진이었다.

2) 성공적인 집행

1960년대는 전 세계적으로 전후 복구사업이 이뤄지면서 경제가 좋았던 시기다. 아울러 중국이 사회주의 혁명을 추진하면서 산업화의 경쟁국이 되지 않은 환경도 우리에게 유리하게 작용했다. 이러한 배경에서 우리가 경제 개발을 추진한 것은 시기적으로 매우 중요한 의미가 있었다.

표 2-1-8 경제개발 5개년계획기의 계획치와 실적치 비교

(단위: %)

구분	제1차 (1962~1966)		제2차 (1967~1971)		제3차 (1972~1976)		제4차 (1977~1981)	
	계획	실적	계획	실적	계획	실적	계획	실적
경제성장률	7.1	8.5	7.0	11.4	8.6	10.1	9.2	5.5
투자율	22.6	15.1	19.0	30.6	24.9	25.5	26.0	31.2
국내 저축률	9.2	6.1	11.6	15.5	21.5	23.1	26.1	22.3
해외 저축률	13.4	8.8	7.4	15.1	3.4	2.4	-0.1	8.9

주: 1980년까지 실적과 1981년 예측치를 포함.

자료: 한국재정40년사 편찬위원회(1991(6권): 235).

그리고 매번의 경제개발 5개년계획의 집행 과정에서 최고권력자의 관심을 반영한 강력한 추진력에 근거해 계획보다 실적이 좋았다. 특히 1960년대와 1970년대의 두 자리 숫자의 경제성장률은 추후 한국 경제의 밑거름이 됐다.

3) '하면 된다(can do) 정신'의 확산

일본에 의한 식민지, 그리고 해방이 되자 경험했던 6・25 전쟁으로 인해 당시 한국 국민의 의식은 패배주의가 지배적이었다. 극단적인 빈곤 속에서 미래에 대한 방향을 잡지 못하고 있었다.

그러한 과정에서 이룩한 경제 개발 전략과 성공의 경험은 우리 국민에게 '할 수 있다'는 자신감을 주었다. 그리고 1970년대 시작한 농촌 개발 전략인 새마을운동과 연계돼 국가 정신 개조의 역할도 담당했다.

이는 경제 개발의 결과 변수이기도 하지만 과정 변수이기도 하다. 우리 국민이 가지고 있던 교육열에 근거해 형성된 우수한 인적 자원이 경제 발전의 원동력이 되기도 했기 때문이다.

경제개발 5개년계획의 성공은 우리 사회의 인적 자원이 능력을 활용하는 계기가 됐던 것으로 평가할 수 있다.

2. 남겨진 과제

1) 시장 활성화를 통한 성장 동력의 내재화

경제개발 5개년계획은 권위주의 정부의 정부 주도형 경제 발전의 전형적인 모형에 해당된다. 이러한 과도한 정부 개입은 시장의 내생적 동력에 의한 자본주의 발전을 저해하는 요인으로 작용하게 된다.

자본주의의 핵심적인 주체는 기업이 돼야 하고, 기업가 정신으로 추진돼야 한다. 이러한 개별 주체의 경쟁력을 바탕으로 경제의 자생력과 국제경쟁력을 확보하도록 해야 한다.

결국 정부의 개입에 의한 경제 발전 전략은 경제 발전의 초기(take off)에 어느 정도 성과가 있었다고 하더라도, 이후 어느 정도 경제 발전이 이뤄진 다음에는 다른 전략으로 수정돼야 할 과제를 안고 있었던 것이다. 정부의 전략 없이 시장의 논리로 국민경제의 성장 동력을 확보하도록 하는 것이 새로운 과제가 됐다.

2) 물가 안정과 경제 안정화

제4차 경제개발 5개년계획이 마무리돼 가던 1979년에는 매우 어려운 경제 여건이 조성됐다. 1978년에는 제2차 석유파동이 세계 경제를 강타하고 있었다. 물가 상승과 실업이 증가하는 스태그플레이션(stagflation)으로 경제가 매우 어려운 상황이 됐다. 1979년 10월 장기 집권을 해온 박정희 대통령이 시해되는 사건이 발생했다. 나라 전체가 한꺼번에 몰아닥친 엄청난 내우외환으로 걷잡을 수 없는 위기에 빠졌다. 1980년을 전후해서 우리 경제는 물가 불안, 실업 증대, 국제수지 악화라는 3중고에 허덕여야 했다.

이러한 상황에서 5・16 이후 줄곧 고속 성장을 향해 숨가쁘게 달려온 우리 경제에 정책 전환의 필요성이 조심스럽게 대두됐다. 그것은 성장일변도의 경제개발정책이 낳은 각종 부작용을 극복하기 위해서는 안정 기조로의 정책 전환이 필요하다는 인식의 표출이었다.

그러나 성장 지향적인 개발철학에 깊이 젖어 있던 주요 경제부처와 업계의 반대로 안정화정책이 채택되기까지는 많은 어려운 과정을 거쳐야 했다.[15] 그럼에도 경제기획원 중심의 안정론자들은 안정정책의 기조를 지속적으로 추진했다. 이러한 배경 속에서 안정화정책 기조는 1981년 새로 들어선 제5공화국 정부에서도 경제정책의 기본 골격으로 이어졌다. 그리고 1980년대 세계적인 추세로 등장한 신보수주의 물결 속에서 규제 완화, 작은 정부론 등을 이론적 기반으로 하면서 강력한 추진 동력을 가지고 추진됐다.

3) 재정 적자의 극복

재정 지출에 의존해 만성적 재정 적자를 보이고 있었다. 이에 1984년과 1985년에 동결 예산을 편성하는 사례가 발생하게 된다. 재원이 부족한 상황에서 재정 지출의 증가, 이로 인한 부채의 증가 그리고 물가 상승은 악순환의 고리가 됐다.

이러한 물가 불안정은 국민소득 1만 달러에서 성장의 늪에 빠지는 이유이기도 하다. 정부 주도형 경제 성장 전략이 가져오는 한계를 극복하는 것이 중요한 과제가 됐다.

---

15) 중요한 시도가 있었다. 1979년 3월 박정희 대통령이 안정 기조로의 정책 전환을 수용함으로써 4월 17일 '경제안정화 종합시책'이 확정, 발표됐다. 4・17 경제안정화 시책은 한마디로 지난 18년간 지속돼온 수출 지원, 중화학공업 중심 투자 지원 등을 위한 간섭과 규제 중심의 성장우선전략을, 간섭과 통제를 최소화하고 시장경제 원리를 대폭 수용한 안정중심전략으로 전환하자는, 당시로는 매우 획기적인 주장이었다(재경회・예우회: 108-109).

4) 소득불균형의 극복

정부 주도형의 급속한 경제 성장의 그늘 속에서 소득 격차는 정치적 쟁점이 됐다. 특히 선성장 후분배의 논리 속에서 재벌 위주의 경제정책은 정치 민주화, 경제 민주화의 과제를 남기게 됐다.

농촌에서 도시로 이전하면서 산업화 과정에서 노동력을 공급했지만, 점차 이들이 도시의 주변 계층이 되면서 소득불균형이 가시화됐다. 그리고 정부 지원에 의해 대기업 중심으로 발전을 추진한 결과 발생한 중소기업과 대기업의 격차도 사회의 문제가 됐다.

이러한 계층 간의 비대칭 발전의 대립을 극복하는 사회적 문제가 새로운 과제로 등장했다.

5) 사회 구성원의 신뢰 회복

소득 불균형이 정부의 인위적인 개입, 특히 특정 계층에 대한 특혜로 이뤄졌다는 비판이 확산되면서 사회 불신의 골이 깊어지는 것도 문제였다. 일본에 의한 식민지, 6・25 전쟁 등을 경험하면서 역사의 단절, 국토의 단절을 경험했기 때문에 사회의 신뢰 자본이 부족한 상황이었다,

이러한 배경에서 정부에 대한 불신은 사회 전체적인 갈등으로 확산됐고, 장기적인 국가 발전을 위해 사회의 신뢰를 회복하는 것이 매우 중요한 과제가 됐다.

1990년대에 정부 주도형 발전 전략을 주도한 경제기획원이 해체되는 것도 그러한 맥락이다.

참고 문헌

강광화・이영훈・최상훈(2008). 한국 고도성장기의 정책결정 체계: 경제기획원과 정책 추진체계. 서울: 한국개발연구원.

경제기획원(1980). 주요 경제지표.

기획재정부(2010). 2009년 아프리카 국가와의 경제발전 경험 공유사업: 가나, 리비아, 알제리.

김광웅(1991). 한국의 관료제 연구. 서울: 대영문화사.

김일영(2008). 한국에서 기획 개념과 제도의 역사적 기원과 발전. 한국동북아논총, 48: 305-325.

신무섭(2009). 재무행정학. 서울: 대영문화사.

이만희(1993). EPB는 기적을 낳았는가. 서울: 해돋이.

재경회 · 예우회(2011). 한국의 재정 60년. 서울: 매일경제신문사.

차동세 · 김광석(1995). 한국경제 반세기; 역사적 평가와 21세기 비전. 서울: 한국개발연구원.

차세영(2013). 한국 고도성장기의 경제기획원과 경제개발 기획에 관한 소고: 근거이론의 적용. 한국지방정부학회 2013년도 추계학술대회 논문집, 295-325.

최상오(2008). 1950년대 계획기구의 설립과 개편: 조직 및 기능 변화를 중심으로. 경제사학, 45: 179-208.

한국재정40년사 편찬위원회(1991). 한국재정 40년사. 서울: 한국개발연구원. 각 권.

Caiden, Naomi & Aaron Wildavsky(1974). *Planning and Budgeting in Poor Countries*. New Jersey: Transaction, Inc.

한국개발연구원 http://www.kdi.re.kr/general/about/history.jsp

제 2 장

경제성장 정책(Ⅱ): 수출주도정책과 중화학공업정책

김재훈
서울과학기술대

제 1 절 정책의 추진 배경

1. 장면 정부의 유산

미국은 1950년대 말부터 대외원조의 효율성을 강조하면서 그동안 아무 조건 없이 주던 원조를 경제개발계획의 수립 등 스스로 경제 발전을 위해 노력하는 국가에 한해서 제공하겠다는 방향으로 정책을 선회하게 됐다. 이에 따라, 장면 정부도 부랴부랴 경제개발 5개년계획을 수립하게 됐는데, 사실 이 계획의 목적 자체가 미국의 원조를 받기 위한 측면이 강했기 때문에 계획이 구체성을 결여했을 뿐만 아니라, 실효성도 높다고 보기 어려운 측면이 많았다.

박정희 정부도 장면 정부의 계획을 참고해서 자신들의 경제개발계획을 수립하게 됐는데, 1962년부터 1966년까지의 5년을 단위로 하는 장기계획의 형식을 채택했다. 당시 군사 쿠데타 세력이 장면 정부의 경제개발계획을 중요하게 참고했지만, 장면 정부의 경제성장률 목표인 5.6% 대신 7.1%를 제시했고, 장면 정부에 비해 경제 성장, 특히 불균형 성장에 더 초점이 맞춰져 있는 것으로 평가됐다(이장규, 2012: 124).

경제개발계획뿐만 아니라, 장면 정부가 재계 인사들로 구성한 한국경제협의회는 나중에 박정희 정부의 수출 주도형 경제 및 외자 도입 정책의 채택을 권고한 전국경제인연합회의 전신에 해당한다. 그리고 장면 정부의 부흥부 산업개발위원회의 종합경제회의 내 경제행정기구개편 분과위원회에서 민간이 권고한 '경제계획원의 설치'와 '부흥부의 건설부로의 개편' 등은 박정희 정부가 그대로 채택한 중요한 정책에 해당한다(김기승, 1999: 262).

2. 정통성 미흡

합법적인 장면 정부를 군사적 위력에 의해 무너뜨리고 정권을 장악한 5·16 쿠데타 세력은 장면 정부가 보여준 경제적 무능과 사회적 혼란을 비판하면서 자신들의 쿠데타를 정당화하고자 했다. 혁명공약 4항에 "국가 자립경제 재건에 총력을 경주하며, 기아 선상에서 방황하는 민생고를 해결함으로써 국민의 희망을 제고시키고"라는 내용을 포함시킨 것도 이러한 맥락에서 이승만 정부와 장면 정부가 해결하지 못한 경제적 어려움을 극복하겠다는 혁명정부의 의지를 대내외에 천명한 것이었다. 이러한 점은 민주성 측면에서 약점을 갖는 박정희 정부가 집권 기간 내내 경제 성장에 가장 높은 우선순위를 두고 국정을 운영하게 된 계기가 됐다고 볼 수 있다. 사실 경제는 혁명정부가 자신 있는 분야가 절대 아니었음에도 불구하고, 혁명 초기부터 초지일관 경제 성장에 정권의 명운을 걸다시피 총력을 기울여 군사작전하다시피 목표를 달성해 나간 데에는 이러한 절박한 사정이 있었던 것이다.

이러한 배경 속에서 박정희 정부는 기업인들을 강력한 파트너로 삼아 경제정책을 추진해 나갔다. 당초 부정 축재의 죄명으로 유력 기업인들을 체포한 혁명정부는 경제 개발을 위해 이들 기업인을 모두 방면해 주었다. 실제로 군사작전 방식으로 경제 개발이 이뤄지는 것이 아니었고, 정부에는 기업인의 경험과 지혜가 무엇보다도 필요했던 것이다. 마침 장면 정부 하에서 이미 기업인들과 정부의 소통 통로로 경제인협의회가 마련돼 있었고, 박정희 정부는 이를 적극적으로 활용했다. 결국, "이 나라 사회의 모든 부패와 구악을 일소하고 퇴폐한 국민 도의와 민족정기를 바로잡기 위해 청신한 기풍을 진작한다"는 혁명공약은 경제 개발을 위해 크게 후퇴했다. 박정희 정부의 우선순위를 극명하게 보여준 사건이었다.

3. 경제적 성공

박정희 정부는 혁명정부 시절인 1962년부터 1966년까지의 제1차 경제개발 5개년계획 기간 동안 다양한 시행착오를 겪게 됐다.[1] 이러한 경험을 바탕으로 1967년부터 1971년까지의 제2차 경제개발 5개년계획을 합리적으로 수립하고, 성공적으로 완료해 식량의 자급자족, 산림녹화를 달성했고, 화학, 철강, 기계공업 발전을 통한 산업의 고도화에 기반해 7억 달러의 수출 목표를 달성했다. 그러나 당시의 수출상품은 가발이나 농산품 등 노동집약적 상품들이 대부분으로 매우 취약한 경제 체질을 그대로 드러내고 있었다.

이러한 배경 하에 제3차 경제개발 5개년계획에는 산업의 안정적 성장을 위해 1973년 1월 12일 연두기자회견에서 6개의 전략산업(철강, 전자, 석유화학, 조선, 기계, 비철금속)을 육성하겠다는 계획을 발표했다. 이는 그간의 경공업 위주 경제 성장의 한계를 넘어서서 좀 더 안정적인 성장전략으로서 중화학공업을 채택했다는 점을 보여줬고, 베트남전쟁에서 교훈을 얻은 닉슨 대통령이 1970년 2월 아시아에서의 미국의 군사적 보호를 더 이상 제공하지 않겠다는 내용의 선언(닉슨 독트린)을 발표하고, 실제로 그 해 7월에 주한미군의 일부를 철수시키는 등의 군사적 환경과도 밀접한 관계를 맺고 있었다. 즉, 군사장비로 쉽게 전용될 수 있는 중화학공업의 육성을 통해 경제 성장과 자주국방이라는 두 마리의 토끼를 잡고자 하는 전략이었다.

4. 미국의 대외정책 전환

미국은 장면 정권이 추진했던 수입대체산업을 통한 경제성장전략에 대해 그랬던 것처럼 박정희 정권의 경제개혁에 대해서도 그다지 신뢰하지 않았다. 따라서 박정희 정권이 기간산업 위주의 경제개발계획을 세우고, 이의 실현을 위한 미국의 자금 지원을 기대한 것과는 달리 미국은 자금 지원을 거절하게 됐고, 국제 금융기구들도 일제히 자금

1) 물론 1차 경제개발계획 5개년계획은 합리적 계획이라기보다는 혁명정부의 소망을 표현한 것으로, 당시 경제성장률 목표치인 7.1%를 초과 달성했지만, 이는 예기치 않았던 베트남 특수와 일본에서 사용할 수 없는 고물 설비들을 들여온 것이 통계에 잡힌 것에 불과한 것이었다(이장규, 2012: 126).

지원을 거부했다.

그러나 박정희 의장의 미국 방문 당시 케네디 정부는 미국의 대외정책을 적극적인 방향으로 전환하는 단계에 있었다. 당초 미국의 대외정책은 저개발국가의 경제는 현상 유지는 가능하나 경제 성장은 한계가 있는 것으로 인식됐으나, 저개발국의 경제 발전에 더 많은 신경을 써야 한다는 로스토(Walt Whitman Rostow) 교수의 조언에 따라 경제성장 우선정책으로 전환하게 된 것이다. 이와 함께 스칼라피노(Robert A. Scalapino) 교수는 동북아시아 각국의 정치적 특수성을 분석했고, 라이샤워(Edwin O. Reischantr) 교수는 서구의 시각에 기초해 동아시아 사회를 분석해서는 안 된다는 점을 강조했다. 이러한 학계의 흐름은 케네디 정부가 후진국의 비민주적인 군부정권인 박정희 정부의 경제개발계획에 대해서도 지원을 할 수 있는 이론적 근거로 작용하게 됐다(박태균, 2004: 173-188). 실제로 미국은 초기 박정희 정부가 수립한 기간산업 위주의 경제개발계획에 대해서는 부정적인 태도를 보였지만, 경부고속도로와 포항제철 등의 성공을 본 후에는 자본 제공에 적극적으로 나서게 됐고, 국제 금융기구들 역시 전문가 파견은 물론 자금 지원을 아끼지 않게 되어, 한국의 경제 성장에 상당한 역할을 하게 됐다.

제 2 절 정책의 추진체계

박정희 정부가 추진한 주요 경제정책은 대부분 박정희 대통령의 결단에 의해 이뤄졌다. 박정희 정부 초기에 농업 위주의 자립경제와 수출 위주의 개방경제 간의 전략적 의사결정에서 대부분의 경제학자는 전자를 지지했다.[2] 박정희 대통령이 연두기자회견에서 발표한 중화학공업으로의 정책 전환도 야당과 학계는 물론 재무부, 경제기획원 등이 반대했다. 포항제철 및 경부고속도로의 건설도 국내외를 막론하고 거의 모든 관련자가 반대했으나, 대통령의 일관된 의지로 다 이뤄졌다. 그 결과, 많은 경제정책이 청와대 내의 태스크포스팀에 의해 입안되고 대통령에 의해 발표되곤 했다. 부처의 아이디어가 대통령에게 전달돼 결정되는 상향식 정책결정이 아니라 대통령이 아이디어를 내면 부처

2) 쿠데타의 주역들도 유사한 생각을 가지고 있었다는 점은 국가자주경제 재건에 총력을 집중한다는 네 번째 혁명공약에서도 미뤄 짐작할 수 있다.

그림 2-2-1 수출진흥확대회의 사진

자료: 국가기록원 소장 자료: 최상오(2010: 368) 재인용.

공무원들이 대통령의 전폭적인 지원 하에서 이의 실행을 위한 자원 동원에 나서는 하향식 정책결정이 주된 의사결정 방식이었다. 구체적인 정책의 추진체계는 정책에 따라서 그 내용 및 형식을 달리했다. 이하에서는 각각의 주요 경제정책의 추진체계에 관해 순서대로 설명하기로 한다.

1. 수출주도정책

수출주도정책은 정부 전체가 혼연일체가 되어 추진됐다. 수출을 위해 외자 도입이 이뤄졌고, 대한 각종 세제 지원 및 금융 지원이 이뤄졌으며, 민간기업 수출을 지원하기 위해 공공기관인 대한무역투자진흥공사(KOTRA)와 수출입은행을 설립했다. 이러한 정책은 통상적인 청와대, 경제기획원, 재무부 및 상공부를 중심으로 이뤄졌으나, 거의 모든 정부기관이 총동원돼 수출 기업을 돕는 일에 전력을 다했다. 심지어 노동부는 노동자들의 권익 향상보다는 수출기업의 인건비 상승으로 인한 경쟁력 하락을 막기 위해 노동자들의 임금 인상 요구를 억제하는 정책을 추구했고, 현재의 환경부는 박정희 정부 집권기간 동안 보건복지부 내의 하나의 국(局) 조직으로만 존재함으로써 환경정책 강화로 인한 기업 부담 증가를 미연에 방지하고자 했다.

그러나 무엇보다도 박정희 정부의 수출주도정책을 가장 극적으로 나타내는 것은 집권 기간 동안 총 152회 개최된 대통령이 주재하는 월간 수출진흥확대회의이다. 박정희 대통령은 초창기부터 이 회의가 정부의 공식적인 회의임에도 불구하고 민간 기업인을 대거 참여시켰다. 이는 부패의 경험이 많은 후진국에서 찾아보기 어려운 이례적인 일로 받아들여졌으나, 결과적으로는 수출 확대에 결정적인 영향을 미치게 된다. 그것은 이 회의에서 민간 기업인들이 수출에서의 애로를 대통령에게 직접 호소하고, 대통령은 이를 즉석에서 해결해주는 방식으로 진행돼 수출 촉진에 매우 효과적인 기제(mechanism)로 작용하게 됐기 때문이다.

이 회의는 1962년에 내각수반 소속으로 설치됐던 수출진흥위원회가 확대·개편된 것으로 당시 수출진흥위원회는 국무총리를 위원장으로 하고, 관계 부처 장관과 한국무역협회 회장, 대한무역투자진흥공사(KOTRA) 사장 등 12명으로 구성됐었다. 그러던 것이 1965년 10월에 대통령이 주재하는 회의로 개편되면서 수출과 관련해서는 무소불위의 힘을 발휘하게 됐고, 특히 무역확대진흥회의로 개편된 1977년에는 기업들의 참여가 허용돼, 기업인들이 직접 애로문제의 해결을 호소할 수 있는 자리가 될 수 있었다. 각종 행정절차와 규제의 해소, 무역금융 단가의 인하 등 수출에 관련된 거의 모든 이슈가 논의됐고, 그 자리에서 대통령이 바로 바로 해결함으로써 수출에 걸림돌이 되는 제도가 개선되고 필요한 지원 결정이 이뤄지는 데 매우 효과적으로 작용했다.

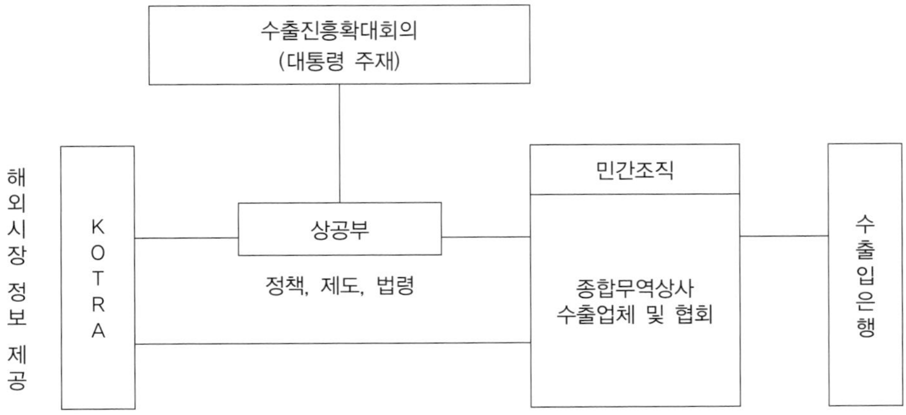

그림 2-2-2 수출진흥 촉진 체계

자료: 최동규(1991: 104).

2. 중화학공업정책

중화학공업정책의 수립 및 집행에는 통상적인 정책 추진체계를 활용하지 않았다. 즉, 국가 전체의 산업정책적 측면에서 상공부가 정책의 구체적인 내용을 디자인하고, 경제기획원이 필요한 재정 지원을 동원하는 방식을 택하는 대신, 청와대에 중화학공업정책의 추진을 위한 별도의 조직인 '제2경제수석실'을 설치하고, 이 조직으로 하여금 중화학공업정책 전반을 책임지도록 했다. 제2경제수석은 당연히 대통령에게 직접 보고하고 대통령의 승인을 받았기 때문에 정책 추진의 효과성은 매우 높을 수밖에 없었다.

박정희 대통령이 이러한 접근을 택한 것은 당시 중화학공업 육성의 의지를 밝히자 격렬하게 반대한 야당과 언론은 물론 재무부나 경제기획원까지 그다지 호의적이지 않았기 때문이다. 당시 경제기획원은 1970년에 중화학공업 육성책을 발표한 바 있고, 제 3차 경제발전 5개년계획에서 중화학공업 육성을 주요 전략 방향으로 채택했으나, 점진적인 접근을 택하는 등 국가안보 차원에서 급속한 중화학공업 육성을 희망했던 박정희 대통령의 기대에 부응하지 못했다. 결국 방위산업 육성을 통해 평시에는 민수용 물품을 생산하다가 전시에는 군수용 물품으로 전환해 생산하도록 하는 전략이 채택돼, 이 아이디어를 낸 오원철 당시 상공부차관보가 제2 경제수석이 되어 중화학공업 육성정책을 추진하게 됐다.

청와대의 관리 하에 정책을 실제로 추진할 전정부적인 추진조직으로 제2경제수석이 단장이 되고 경제기획원, 재무부, 상공부, 건설부, 과학기술부 국과장들로 구성된 중화학공업추진기획단과 그 상위조직으로 국무총리를 위원장으로 하고 경제 장관 및 제2 경제수석을 위원으로 하는 중화학공업추진위원회를 설치했다.[3] 실무를 담당한 중화학공업추진기획단은 구체적인 중화학공업추진 계획안을 만들고, 이 계획을 담당 부처에 위임해 추진하도록 한 후, 필요한 부처 간 정책 조정을 담당하는 형식으로 기능을 수행했다. 이 밖에도 석유화학추진기술협의회, 대덕연구단지 실무위원회, 온산기지건설 실무협의회, 석유화학연료대책실무협의회, 에너지대책기술간담회 등이 있었다(강기원, 2000: 46).

---

3) 이 위원회는 기획단 안의 승인과 같은 형식적인 기능만을 담당하게 되어, 1년 후에는 실질적인 기능을 할 수 있는 중화학공업추진차관보실무회의로 그 기능을 넘기게 됐다(이종찬, 2003: 149).

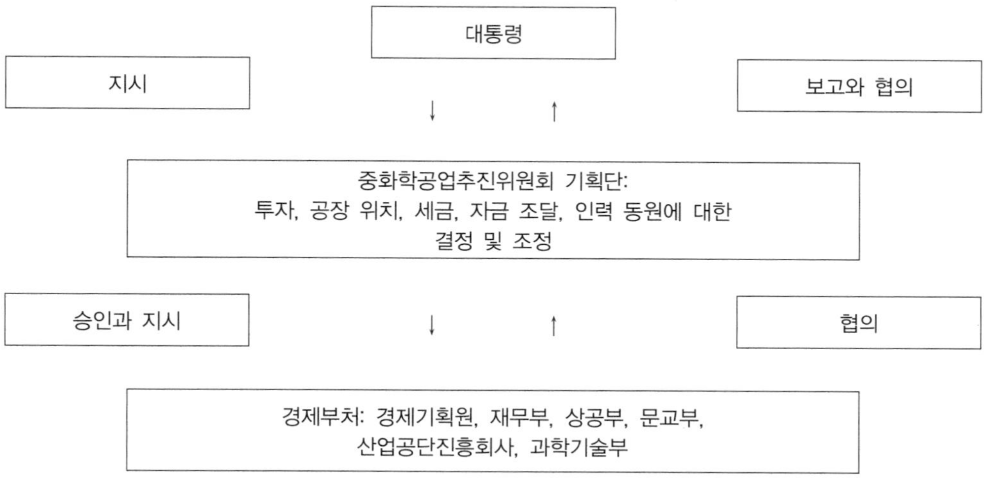

그림 2-2-3 중화학공업 추진을 위한 행정 체제

자료: 현대사회연구소(1985: 60); 이종찬(2003: 150) 재인용.

제3절 정책의 추진 과정 및 내용

1. 수출주도정책

당초 혁명정부는 수입대체산업 육성을 통한 자립경제 구축이 우리나라의 경제 발전 모델로 바람직하다는 인식을 가지고 있었으며, 이러한 맥락에서 농업 투자 확충으로 식량 자립을 추진하려는 생각을 가지고 있었다(이장규, 2012: 113).[4] 그러나, 기업인들의 건의를 받아들여서 우리나라는 일본이나 대만과 마찬가지로 천연자원이 부족했기 때문에 외국으로부터 원료를 사들이고, 이를 저렴한 노동력을 활용해서 가공해 다시 수출하는 방식을 통해서만 경제 발전을 이룰 수 있다는 결론을 내리게 됐다.

박정희 정부의 수출지원정책은 매우 다양했으며, 효과적으로 시행됐다. 1962년에는 KOTRA를 설립해 수출업자들의 해외시장 개척을 돕도록 했다. 국제수지 개선과 자립경

4) "영국의 아서 루이스(Arthur Lewis) 교수 같은 당대의 대가도 후진국 경제 개발에서 조기 공업화 전략이 무모하다고 비판했다. 농촌으로부터 일으켜 세우는 점진적인 개발을 추진해야 한다고 주장했고, USOM도 비슷한 견해였다"(황병태 전 기획원 운영차관보)(김흥기, 1999: 138).

제의 달성을 목적으로 설립된 KOTRA는 해외시장 조사, 해외시장 개척 및 무역거래의 알선, 국내 산업과 상품의 해외 소개·선전, 각종 박람회 참가 및 전시회 개최, 국내 수출업계에 신속·정확한 해외 상품정보의 제보, 품목별 수출 증대 방안 연구 및 신규 수출상품 발굴 등의 업무를 수행했다. 1963년에는 수출업자에게 수출대금 전액을 수입에 사용할 수 있는 권한을 부여하는 수출입 링크제를 시행했다. 수입이 엄격하게 통제되던 당시 상황으로 볼 때 이는 상당한 특혜였으며, 나중에 원화의 평가절하와 같은 근본적인 정책 수단이 활용되면서 이 제도는 폐지됐다.

1964년에는 수출산업공업단지개발조성법 제정을 통해 구로수출산업단지를 조성했고, 한국수출산업공단이 발족됐으며, 환율과 금리의 현실화, 수입자유화 및 관세율 인하 등을 주요 내용으로 한 종합수출진흥정책이 공표됐다. 예컨대, 1964년 9월에 단행된 금리현실화 조치는 수출우대 금융과 일반 금융 간의 금리 차를 대폭 확대시키는 효과를 낳음으로써 금융 측면에서 정부가 수출기업에 대한 파격적인 우대를 할 수 있게 됐다.

또한, 당시 일본은 우리보다 먼저 공업화를 시작해 높은 경쟁력을 가지고 있었고, 대만도 저렴한 임금을 기반으로 일본의 임가공을 통한 경제 발전을 시작해 우리보다 앞서 나가고 있었다. 그런데, 당시 우리나라의 시간당 노동자 임금은 일본의 미화 56센트보다는 낮지만, 대만의 19센트와는 유사한 수준인 16센트로 이미 앞서가고 있던 대만과 경쟁 상대가 되기 어려웠다. 이러한 어려움을 극복하기 위해 박정희 정부는 1964년 전격적으로 환율을 인하해, 당시 달러당 130원 하던 환율을 달러당 255원으로 대폭 인상했다. 그 결과, 우리나라 노동자의 시간당 임금은 미화 10센트가 되어 비로소 대만이나 태국, 필리핀보다 저렴해져서 국제경쟁력을 가지게 됐다(이장규, 2012: 79).

박정희 정부는 이 여세를 몰아서 1965년의 국정목표를 '수출·증산·건설의 해'로 정하고, 수출 목표를 1964년보다 40% 증가한 수준으로 정했다. 당시 수출업계는 이에 대해 매우 회의적이었으나, 박정희 정부는 대통령의 적극적인 지원 하에 이 목표를 달성하기 위한 다양한 노력을 기울였다. 특히, 이 과정에서 수출 진흥을 위한 공식적인 기제로서 '수출진흥확대회의'가 커다란 역할을 했다. 이 회의는 1965년에 기존의 수출진흥회의를 확대 개편한 것으로 "수출계획과 수출지원정책을 결정하고 조정하며 추진시키는 대표적인 제도(강광하·이영훈, 2008: 149)이며, 정부와 민간의 공동협력을 큰 틀로 하는 박정희 정부의 수출진흥정책의 특징을 대표적으로 보여준다.[5] 1967년 회의의 경우

5) 수출진흥확대회의는 대통령, 국무총리, 각 부처 장관 및 민간 기업인들이 참여하는 회의체로서 종래의 '수출진흥위원회'와는 다르다는 점이 강조됐다.

를 보면, 대통령과 중앙정부의 장차관급 및 국과장급 공무원들 외에도 금융기관, 정부투자기관, 경제단체, 교수, 국회의원, 민간기업 등 총 89명의 다양한 사람이 참석했다. 이 회의는 총 152차례 개최됐는데, 그 가운데 147차례의 회의를 박 대통령이 주재함으로써 수출 진흥에 대한 대통령의 정책 의지를 대내외에 천명하는 효과를 가져왔다.[6)]

1966년 수출진흥 종합시책을 중심으로 당시 정부의 수출진흥정책을 보면, 2억 5천만 달러 수출 목표 달성을 위한 분위기 조성과 체제 확립 등 7개 시책 목표 달성을 위해 각 시책 목표마다 2~6개의 시행방침을 수립했다. 수출 목표 달성을 위한 분위기 조성과 체제 확립을 위해 월례 수출진흥확대회의를 계속 개최하고, 부처별 및 품목별, 공관

표 2-2-1 1967년 수출진흥확대회의 참석자

		참석자 명단
중앙 정부	장·차 관급	부총리, 내무부 장관, 재무부 장관, 보사부 장관, 교통부 장관, 건설부 장관, 무임소 장관 2명, 외무부 차관, 상공부 차관, 공보부 차관, 경제과학심의회의 위원 3명, 기획조정실장, 국세청장, 수산청장, 산림청장(18명)
	국·과 장급, 기타	외무부 통상국장, 재무부 이재국장, 재무부 세관국장, 재무부 세제국장, 국세청 징세국장, 상공부 상역국장, 상공부 공업국장, 농림부 농정국장, 수산청 어정국장, 외무부 통상진흥과장, 재무부 국제금융과장, 상공부 진흥과장, 상공부 경공업과장, 상공부 중소기업과장, 상공부 공보관, 국무총리실 비서관 2명(17명)
금융기관		한은 총재, 산은 총재, 외환은행장, 중소기업은행장, 농협중앙회 회장, 수협중앙회 회장(6명)
정부투자기관, 경제단체		무역진흥공사 사장, 무역협회장, 상공회의소 회장, 경제인협회 부회장, 무역협회 상임부회장, 관광공사 총재, 대한통운 사장, 대한조선공사 사장(8명)
학계		박이환 교수, 유진순 교수, 이창렬 교수(3명)
입법, 사법		공화당정책위 부의장, 국회상공위원회장 대리, 양극필 의원, 밀수합동수사본부장(4명)
민간기업 대표		동명목재 사장, 금성사 사장, 제일제당 사장, 경남모직 사장, 태화고무 사장, 조선견직 사장 외 6명(12명)
부산, 경남 지역 대표		부산시장, 경남 도지사 등 지방정부 단체장 및 실무자 11명, 부산세관장, 부산상의회장, 마산 상의회장 등 부산, 경남지역 기관장 10명 은행 지점장, 부산대 교수, 동아대 교수 등 8명

자료: 대한무역진흥공사, 무역진흥, 1967년 4월호 11쪽; 강광하·이영훈(2008: 204) 재인용.

6) 이 밖에도 1967년에는 기존의 「무역법」, 「수출진흥법」 및 「수출진흥장려보조금 지급에 관한 임시조치법」을 통폐합해 「무역거래법」을 제정하고, 무역업 허가제를 실시했다. 또한, 수출입 기별 공고제를 포지티브 시스템에서 네거티브 시스템으로 전환해 무역 기반을 조성했고, 이후 수출지원제도를 점차적으로 확대해 나갔다.

및 무역관별, 수출조합별, 도별 책임제를 계속 실시하며, 무역협회 주관으로 월 1회의 경제단체연합간담회를 개최하도록 했다. 또한, 상역 관련 정부조직의 개편과 수출 진흥을 위한 한국은행의 조직 및 기능 강화 그리고 무역업자의 윤리성 제고 등을 내용으로 했다.

세제상의 지원으로는 수출산업 시설 확충을 위한 사내유보제도의 부활, 수출품 및 수출품 원자재 생산업체에 대한 해당 영업세 100% 면세, 물품세 대치면세제 실시 및 감가상각 연한의 현실화 등이 포함돼 있다. 금융상의 지원으로는 금리의 현행 수준 유지, 수출금융 한도 증액, 수출금융의 무역업자 · 생산업자 복명어음제 실시, 연체자에 대한 제재 강화, 연체액의 일반한도 전환, 수출산업 운영자금의 확대 등이 포함돼 있다. 이 기간 동안 예금 은행의 무역금융 공급 추이를 보면, 예금은행 총 대출금 가운데 예금은행 무역금융의 비중은 1961~1965 기간에는 4.5%였으나, 점차 증가해 1973~1981 기간 동안에는 무려 13.3%를 점유하게 됐다. 또한, 일반대출금리와 무역금융금리 간의 차이가 1961~1965 기간에는 8.9% 포인트였으나, 점차 증가해 1966~1972 기간 동안에는 무려 17.1%로 높아져서, 이 기간 동안에 가장 강력한 금융 지원이 이뤄졌음을 알 수 있다.

표 2-2-2 1966년도 수출진흥 종합시책

시책 목표	시행 방침
① 2억 5천만 달러 수출 목표 달성을 위한 분위기 조성과 체제 확립	월례 수출진흥확대회의 계속 개최 수출책임제의 계속 실시: 각 부처별 및 품목별 수출책임제, 해외공관별 · 무역관별 책임제, 수출조합별 책임제, 도별 책임제 월례경제단체연합간담회 계속 개최: 월 1회 무역협회 주관 상역관계 정부기구 개편: 수출진흥국의 조속 설치와 우선 상역국 내 해외조사과의 설치 한국은행의 해외시장조사 및 신용조사 기능 강화 무역업계의 상도 앙양: 무역협회에 윤리위원회 설치 운용, 무역업자의 체질 개선
② 수출산업 기반의 확립	수출품 생산업체의 육성: 수출특화산업의 육성, 중소기업의 수출산업으로의 전환, 수출산업단지 조성 수출산업 시설 확대 및 근대화: 수출산업 시설재 중기 연불 방식(D/A 1천만 달러)에 의한 도입 허가, AID · 서독 차관 · 일본 차관 등의 자금 우선 배정, 수출특화산업 시설을 위한 산업은행 시설자금 10억 원 확보, 수출산업 합작투자의 적극 유치 수출용 원자재의 원활한 공급 수출용 원자재 생산업체의 신고제 실시

③ 금융·세제상의 지원 강화	세제상의 지원: 수출산업 시설 확충을 위한 사내유보제도의 부활, 수출품 및 수출품 원자재 생산업체에 대한 해당 영업세 100% 면세, 물품세 대치면세제 조속 실시, 감가상각 연한의 현실화 수출지원금융의 효율화: 금리의 현행 수준 유지, 수출금융 한도의 증액, 수출금융에 있어 무역업자·생산업자 복명어음제 실시, 수출금융 연체자에 대한 제재 강화와 연체액의 일반한도로의 전환, 수출산업 운영자금의 확대
④ 수출무역 구조의 개선	국산원자재의 사용 장려 Local Credit제의 적극 활용
⑤ 해외시장 개척과 통상외교의 강화	통상외교의 확대 강화: 무역협정 체결, 무역회담 개최 대한무역진흥공사의 효율적 운영: KOTRA의 활동 목표를 국내 사업으로부터 수출 촉진의 직접 분야에 치중, 무역관 증설, 무역전문도서관 운영, 수출학교 운영 강화, 통신시설 확장 및 해외정보 월간 발행 수출조합, 무역협회 및 대(大)무역업자의 해외출장소 설치 장려 기타: 통신사절단 계속 파견, 견본시 및 박람회 참가, 대외선전의 강화(경제 관계 외국 신문기자 초청), 외국 바이어의 초청, 외국 백화점 전담직원 임명
⑥ 무역행정의 근대화	무역의 자유화: 과도한 보호무역의 지양, 관세율의 조정 수출입 업무의 근대화: 무역 업무 절차의 간소화, 수송·통관·하역·통신 등 무역부대 업무의 개선, 무역 법령의 통합 정비
⑦ 대외신용도의 향상	수출검사제도의 강화 과당경쟁의 방지: 등록 무역업자의 자격 강화, 수출조합의 정비 강화, Check Price제 강화 포장 및 디자인의 개선 및 등록제도 확립

자료: 상공부(1988: 45-54); 강광하·이영훈(2008: 190) 재인용.

표 2-2-3 예금은행의 무역금융 공급 추이 (단위: %)

	1961~1965	1966~1972	1973~1981
예금은행 무역금융/예금은행 총대출금	4.5	7.6	13.3
무역금융금리(A)	9.3	6.1	9.7
일반대출금리(B)	18.2	23.2	17.3
(B-A)	8.9	17.1	7.6

주: 매년 각각의 수출 관련 자금(단기수출금융, 수출산업자금)에 각 자금 적용금리와 시장 평균금리(제조업의 차입금 평균금리) 간의 차이를 곱해 구한 금융보조금액을 원화 표시 수출액으로 나눠 추정된 수치임(산업연구원 (손상호) 분석자료).

자료: 한국은행, 경제통계연보 각 연도; 김준경(1993: 125) 재인용.

2. 중화학공업정책

1960년대 후반 당시 우리나라에서는 경공업 위주의 경제 체제 하에서도 이미 포항제철, 울산 석유화학단지 등과 같이 일부 중화학공업 분야의 공장들이 가동되거나 건설되고 있었다. 철강공업, 조선공업, 기계공업, 전자공업, 석유화학공업, 자동차공업 등은 1969년과 1970년에 걸쳐서 철강공업육성법, 조선공업진흥법, 기계공업진흥법, 전자공업진흥법 등의 법률을 제정하고, 이들 법률에 입각해 개별적인 육성계획을 수립해 추진했다.

표 2-2-4 중화학공업 시대 선언까지의 과정

1964.08	〈자동차공업 종합육성계획〉 발표
1966.12	〈석유화학공업 개발계획〉 확정
1969.01	「전자공업진흥법」 제정(법률 제2098호)
1969.	〈전자공업진흥 8개년(1969년~1976년) 계획〉 수립
1969.02	〈자동차공업 육성 기본계획(자동차 및 주요 부품의 국산화계획)〉 발표
1969.03	「조선공업진흥법」 제정(법률 제1937호)
1969.11	국무회의 의결(의안번호 1443호)로 철강공업 육성방안 확정
1970.01	「철강공업육성법」 공포(법률 제2181)
1970.01	「석유화학공업육성법」 제정(법률 제2182호)
1970.01	한국의 기계공업 육성방안 기본 방향 제시
1970.02	〈조선공업진흥계획〉 발표
1971.02	〈제3차 경제개발 5개년계획〉 마련
1973.01	연두기자회견에서 중화학공업시대 선언

자료: 이영선(1986: 810).

당시의 중화학공업육성정책은 이러한 기반 위에서 방위산업 육성정책 및 수출 100억 달러 달성 정책과 하나의 패키지로 추진됐다. 이는 "병기를 생산하는 중화학공업, 수출을 하는 중화학공업을 건설하는 것"(오원철, 2006: 148)으로 중화학공업정책은 당시 박정희 정부가 당면한 2개의 가장 중요한 국가의제의 성공 여부를 결정하게 되는 위치를 갖는다.[7)]

1972년 5월부터 청와대 내에서 산업구조 고도화전략에 관한 논의가 중화학공업 육성

7) 정치적으로도 박 대통령이 1972년에 선언한 북한과의 선의의 체제 경쟁에서 승리하고, 몇 달 후 발표되는 10월 유신의 정당성을 확보할 수 있는 거의 유일한 정책이 된다.

정책의 신호탄이 됐다. 이는 기존의 전시용 무기 독자 생산을 위한 방위산업 육성이 진행되는 과정에서 이미 중화학공업의 필요성이 확인됐지만, 박 대통령이 제시한 100억 달러 수출 목표의 달성을 위한 불가피한 선택이라는 점이 확인됐기 때문이었다.[8] 100억 달러 달성의 방법을 묻는 박 대통령에게 오원철 경제 2수석비서관은 경공업에서 중화학공업으로 산업구조를 개편할 필요성이 있음을 역설했고, 이것이 받아들여지게 되어 즉시 중화학공업건설계획의 작성이 추진됐다.

이렇게 작성된 중화학공업건설계획에 따르면, 중화학공업 가운데 가장 파급 효과가 크고 성공가능성이 높은 몇 개만을 선정해서 집중적으로 육성하게 됐다. 성공가능성의 경우, 특히 당시 이미 사업이 추진되고 있고 경제개발 5개년계획에 포함돼 있는 업종을 염두에 뒀다. 여기에는 철강, 석유화학, 조선, 전자 및 기계(자동차 포함)가 포함됐고, 방위산업에 반드시 필요한 비철금속이 추가됐다.

이러한 밑그림이 그려진 후에 몇 달 후인 1973년 연두기자회견에서 박 대통령은 중화학공업화 선언을 하기에 이르렀다.

표 2-2-5 중화학공업화 선언

우리나라 공업은 이제 바야흐로 '중화학공업 시대'에 들어갔습니다. 따라서, 정부는 이제부터 '중화학공업 육성정책'을 선언하는 바입니다. … 80년대 초에 우리가 100억 달러의 수출 목표를 달성하려면, 전체 수출상품 중에서 중화학제품이 50%를 훨씬 더 넘게 차지해야 되는 것입니다. 그러기 위해서 정부는 지금부터 철강, 조선, 기계, 석유화학 등 중화학고업 육성에 박차를 가해서, 이 분야의 제품 수출을 강화하려고 추진하고 있습니다.

자료: 김동호(2012: 134).

연두기자회견 직후에 국무총리 및 장관들을 비롯한 정부요인들에게 방위산업 육성과 공업구조 개편에 관한 브리핑이 주어졌고, 박 대통령은 이 회의에서 국무총리를 위원장으로 하는 중화학공업추진위원회를 설치하도록 지시함으로써 본격적인 중화학공업의 추진이 시작됐다. 이 위원회는 국무총리 산하기관이었지만, 실무를 담당하는 기획단의 단장을 대통령 수석비서관이 겸임하도록 되어 있었다는 점에서 실질적으로는 대통령 직속기관이라고 볼 수 있다. 또한, 이 위원회는 여타 위원회와는 달리 실제 행정 권한을

8) 당시 경제 2수석비서관이었던 오원철의 증언에 따르면, 수출 100억 달러 달성 목표의 설정은 북한과의 체제경쟁에서 확고한 승리를 거두는 길이라는 박 대통령의 판단에서 기인했다는 추측을 했다고 한다(오원철, 2006: 139).

갖는 행정위원회로서 설치됐다는 점에서 특징적이다.

대통령의 지대한 관심 속에 1973년부터 1981년까지를 대상으로 한 중화학공업육성계획이 수립됐다. 이 계획에는 연간 목표와 최종 연도 목표를 구체적인 수치로 제시돼 있었고, 대통령의 전폭적인 지원 하에 이 계획을 구체화하기 위한 재원조달계획도 수립됐다. 그 결과, 중화학공업육성계획은 그저 계획으로만 끝나지 않고, 실제로 상당한 실적을 거둬, 계획 기간 동안 매우 효과적인 계획으로 작용했다.

표 2-2-6 중화학공업화 6개 주요 업종 개발계획 내용

<table>
<tr><th colspan="2" rowspan="2"></th><th colspan="2" rowspan="2">목표 연도</th><th rowspan="2">규모</th><th colspan="4">자본 조달(1973~1981, 백만 달러)</th><th rowspan="2">장소</th></tr>
<tr><th>외수</th><th>내수</th><th>합계</th><th>구성비(%)</th></tr>
<tr><td colspan="2" rowspan="2">철강
(생산 능력)</td><td colspan="2">1976</td><td>409.2만 M/T</td><td rowspan="2">1,502</td><td rowspan="2">674</td><td rowspan="2">21,769</td><td rowspan="2">24.6</td><td rowspan="2">포항</td></tr>
<tr><td colspan="2">1981</td><td>1,470만 M/T</td></tr>
<tr><td colspan="2" rowspan="4">비철금속
(생산 능력)</td><td colspan="2">은</td><td>연 10만 M/T</td><td rowspan="4">222</td><td rowspan="4">123</td><td rowspan="4">345</td><td rowspan="4">3.9</td><td rowspan="4">온산</td></tr>
<tr><td colspan="2">아연</td><td>연 8만 M/T</td></tr>
<tr><td colspan="2">연</td><td>연 5만 M/T</td></tr>
<tr><td colspan="2">알미늄</td><td>연 10만 M/T</td></tr>
<tr><td colspan="2">기계공업
(생산 능력)</td><td colspan="2">1981</td><td>48억 달러
(GNP 13.6%)</td><td>1,049</td><td>1137</td><td>2,186</td><td>24.7</td><td>창원</td></tr>
<tr><td colspan="2" rowspan="4">조선
(생산 능력, 수출)</td><td rowspan="2">생산</td><td>1980</td><td>545</td><td rowspan="4">416</td><td rowspan="4">352</td><td rowspan="4">768</td><td rowspan="4">8.7</td><td rowspan="4">옥포
죽도</td></tr>
<tr><td>1985</td><td>920</td></tr>
<tr><td rowspan="2">수출</td><td>1980</td><td>10억 달러</td></tr>
<tr><td>1985</td><td>29억 달러</td></tr>
<tr><td colspan="2">전자
(생산 능력, 수출)</td><td>수출</td><td>1981</td><td>25억 달러</td><td>593</td><td>599</td><td>1,192</td><td>13.5</td><td>구미</td></tr>
<tr><td rowspan="4">화학</td><td>석유정제</td><td colspan="2">1981</td><td>1,225만 배럴/일</td><td rowspan="4">1,523</td><td rowspan="4">662</td><td rowspan="4">2,185</td><td rowspan="4">24.7</td><td rowspan="4">여천
울산</td></tr>
<tr><td>석유화학</td><td colspan="2">1981</td><td>60만 M/T</td></tr>
<tr><td>(에틸렌 기준)</td><td colspan="2">1986</td><td>150만 M/T</td></tr>
<tr><td>비료공장</td><td colspan="2">1975</td><td>국제 규모</td></tr>
<tr><td colspan="2">합계</td><td colspan="2">1981</td><td>-</td><td>5,305</td><td>3,547</td><td>8,852</td><td>100</td><td></td></tr>
</table>

자료: 중화학공업추진위원회 기획단(1973); 중화학공업추진위원회 기획단(1979); http://blog.daum.net/yeodonhual/17448037에서 재인용.

중화학공업의 추진을 위해서는 막대한 자금의 원활한 조달이 필수적이었는데, 이를 위해 정부는 재정투융자계정을 통한 재정 지원, 각종 공업육성법에 따라 업종과 기업에 대한 개별 기금의 지원, 낮은 이자율을 적용한 정책금융 대출 및 산업지원자금 등을 제공했다. 특히, 여기에 상당히 중요한 역할을 한 것은 국민투자기금법에 의해 설치된 국민투자기금으로서 이 기금재원을 중화학공업에 저리로 융자하도록 했다. 1974년에 국민투자기금의 54.9%를 중화학공업에 투입한 것을 시작으로 1977년부터 1981년까지 70% 내외를 투입해, 1974년부터 1981년까지 8년간 중화학공업에 대한 투자는 국민투자기금의 평균 67.9%의 비중을 차지했다.

표 2-2-7 국민투자기금의 중화학공업 지원 추이

(단위: 억 원)

	1974	1975	1976	1977	1978	1979	1980	1981	합계
국민투자기금	626	1,066	4,607	2,013	3,626	4,397	4,384	5,430	23,149
중화학 공업 지원	343	477	938	1,485	2,513	3,152	2,967	3,830	15,715
비율 (B/A)	54.8%	44.7%	20.4%	73.8%	69.3%	71.7%	67.7%	70.5%	67.9%

주1) 중화학공업 지원은 연불 수출을 포함한 것임.
주2) 나머지는 식량증산사업, 새마을공장, 전기업 등에 대한 지원임.
자료: 재무부(1982) http://blog.daum.net/yeodonhual/17448037에서 재인용.

또한, 같은 기간 동안 국민투자기금이 전 금융기관의 중화학공업에 대한 대출금에서 점하는 비중은 연평균 18.4%였고, 전 금융기관의 시설자금에 대한 점유율이 연평균 56.8%에 달한 것을 고려할 때 국민투자기금이 우리나라 중화학공업의 금융 지원에 절대적인 역할을 했다고 볼 수 있다.

표 2-2-8 중화학공업에 대한 국민투자기금 대출금의 비중

(단위: %)

기간	국민투자기금 대출금 / 대출금(중화학공업)	국민투자기금설비자금/ 금융기관설비자금	국민투자기금 대출금/금융기관대출금 (전체)
1974~1981	18.44	56.8	7.8

자료: 이기영(1994: 44) 재인용.

이러한 재정 및 금융 지원 이외에도 조세, 인력 양성 등 각종 정책상의 지원도 중화학공업에 대해 집중적으로 이뤄졌다. 각 산업별 진흥법 및 공업육성법을 중심으로 중화학공업과 경공업에 대한 정부의 정책적인 지원을 비교하면 중화학공업에 대한 정부 지원이 압도적으로 많다. 즉, 중화학공업은 진입 규제, 시설 투자 및 생산 규제, 연구개발 보조, 재정(조세) 지원, 공공요금 할인, 금융 지원, 산업단지 조성 등 지원 등에 대해 대부분 지원이 이뤄졌다. 반면에, 경공업에 대해서는 진입 규제, 시설 투자 및 생산 규제, 금융 지원 및 산업단지 조성 등 지원에 대해서는 지원이 이뤄졌으나, 연구개발 보조와 재정(조세) 지원이나 공공요금 할인과 같이 직접적인 지원은 이뤄지지 않았다. 중화학공업에 대해서는 처음 3년간 100%, 다음 2년간에는 50%를 감면하는 내국세 감면과 70~100%의 관세 감면의 지원이 이뤄졌다.

표 2-2-9 산업육성법에 나타난 정책보호 비교

	중화학공업	경공업
진입 규제	있음	있음
시설 투자 및 생산 규제	일부 있음	일부 있음
연구개발 보조	있음	없음
재정(조세) 지원, 공공요금 할인	있음	없음
금융 지원	있음	있음
산업단지 조성 등 지원	일부 있음	있음

주: 중화학공업은 기계, 조선, 전자, 철강, 비철금속, 석유화학 등 중화학공업 관련 육성법에서 50% 이상 공통으로 나타난 것이고 경공업은 섬유공업임.

자료: 각 산업별 진흥법, 공업육성법: 박영구(2003: 132) 재인용.

중화학공업에 대한 조세 지원도 조세감면규제법과 관세법에 의해 활발하게 이뤄졌다. 조세감면규제법에 다르면, 6개 산업의 일부 업종/품목에 대해 3년간 100%, 2년간 50% 직접 감면, 8~10%의 투자액 공제, 100% 특별상각 가운데 하나를 선택하도록 허용하는 방식으로 지원했다. 관세법에서도 6개 산업의 일부 업종/품목에 대해 70~100%의 관세를 감면하도록 했다.

표 2-2-10 중화학공업에 대한 조세 지원 내용

	산업	조세감면규제법	관세법
지원 대상	철강	연 10만 톤 이상 제철, 제강 일관제철	연 20만 톤 제철, 제강, 압연 일관제철 등
	비철	연 3만 톤 동광(銅鑛), 연 1만 톤 연광(鉛鑛)	모든 제련, 정련
	기계	22개 품목	일반기계 14개 품목 등
	조선	3,000톤 급 이상 도크조선대	1,000톤 이상 철(鐵), 동(銅), 연(鉛) 등
	전자	11개 품목, 30개 부품	20개 품목, 14개 재료
	화학	나프타 분해공업, 석유화학 유틸리티사업	7개 업종
지원 내용	① 직접 감면: 3년간 100%, 2년간 50% ② 투자액 공제: 8~10% ③ 특별상각: 100% 위의 ①, ②, ③ 3개 중 택일		관세 감면 70~100%

자료: 경제기획원(1981); 박영구(2003: 135) 재인용.

제4절 성과 및 평가

박정희 정부의 수출주도정책은 수출 증대를 통한 국민소득 증대를 달성해 우리나라가 최빈국으로부터 벗어나게 하는 데 결정적인 기여를 했고, 중화학공업정책은 경공업 위주의 공업구조를 한 단계 업그레이드해 우리 경제가 후진국에서 중진국으로 올라서는 데 결정적인 기여를 했다. 그러나 모든 정책이 그러하듯이, 박정희 정부의 이 두 가지 경제정책에도 공과가 분명히 존재한다. 이하에서는 이들 정책이 어떠한 성과를 가져왔는가와 함께 평가를 시도하기로 한다.

1. 수출주도정책

박정희 정부의 수출주도정책의 결과, 우리나라의 수출은 매우 빠르게 증가해 1964년 말 1억 1,900만 달러 수출을 달성하게 됐고, 이 날(11월 30일)을 기념해서 만든 '수출의 날'은 박정희 정부의 가장 중요한 기념일이 됐다(상공부, 1988: 281). 1964년부터 1979년까지의 전 기간 동안 수출 실적이 목표에 미달된 경우는 단 한 해도 없었다. 가장 낮은 목표달성도는 1972년의 1.10이었고, 가장 높은 목표달성도는 1971년의 2.45였다. 또한, 1964년부터 1971년까지 8년 동안의 수출증가율을 살펴보면, 40% 내외에서 안정적으로 유지됐음을 알 수 있다. 대통령의 강력한 의지에 따라, 관료, 정부투자기관 및 기업들이 수단과 방법을 가리지 않고 전년 대비 40% 내외의 증가율 달성을 달성하기 위해 총력을 기울인 결과 동 기간 동안 무려 41.1%의 연평균 수출증가율을 보인 것으로 추정된다.

표 2-2-11 박정희 정부 하의 수출 목표와 실적 비교

(단위: 백만 달러)

	1962	1963	1964	1965	1966	연평균 성장률(%)
연차 목표(b)	-	-	120	170	250	42.2
실적	57	79	121	181	266	
b/a(배)			1.43	1.60	2.12	
	1967	1968	1969	1970	1971	
연차 목표(b)	350	470	700	1,000	1,350	38.4
실적	359	504	703	1,003	1,352	
b/a(배)	1.17	1.31	1.67	2.08	2.45	
	1972	1973	1974	1975	1976	
연차 목표(b)	1,750	2,350	4,500	6,000	6,500	36.9
실적	1,806	3,257	4,713	5,409	8,115	
b/a(배)	1.10	1.16	1.81	2.02	1.85	
	1977	1978	1979	1980	1981	
연차 목표(b)	10,000	12,500	15,500	-	-	24.1
실적	10,047	12,710	15,056	17,506	20,993	
b/a(배)	1.21	1.29	1.38			

자료: ① 5개년계획 목표: 경제기획원(1962; 1966; 1971; 1976), ② 연차 목표: 상공부 (1988b); 중앙일보, ③ 실적: 상공부(1988a: 114). 최상오(2010: 373) 재인용.

대통령의 관심과 국가의 행·재정적 자원이 온통 수출 진흥에 투입됨으로써 수출 이외의 분야는 거의 정부의 혜택을 입지 못하고, 심지어 심각한 피해를 입는 경우도 있었다. 수출산업에 비해 내수산업은 당연히 별다른 혜택을 입지 못했고, 수출 주력산업에 포함된 공업 부문과는 달리 농수산 부문은 정책적인 지원에서 제외됐다. 특히, 수출기업의 경쟁력 확보를 위해 쌀의 가격을 통제해 농민들의 소득 증대를 정책적으로 제한했다. 이는 식비의 증가는 필연적으로 임금 상승 압력으로 작용함으로써 수출기업의 경쟁력을 약화시킬 것으로 예상됐기 때문이다. 동일한 맥락에서 노동자들의 임금 인상 요구는 철저하게 억제됐고, 노동자의 권익 보호 · 증진을 위한 노동운동은 일절 허용되지 않았다.

수출기업들이 주로 양질의 인력이 많고 교통 인프라가 잘 갖춰진 도시에 집중되자, 정부는 수출기업에 대한 사회기반시설의 효율적인 공급을 위해 도시에 집중적으로 투자했다. 이는 당시 부족한 투자자금의 제약에 따라 가장 효율적으로 자금을 배분하기 위한 것으로 이해될 수 있으나, 결과적으로 농촌지역은 도시지역에 비해 상대적으로 낙후될 수밖에 없었다. 이는 나중에 도농 간의 심각한 개발 격차를 초래해 두고두고 풀기 어려운 정치적인 문제로 등장하게 됐다. 읍을 시로 승격시키고, 일반시를 광역시로 승격시키는 도농 분리 방식의 행정구역 개편도 같은 맥락에서 도시의 경쟁력 확보를 위해 농촌에 대한 투자를 약화시키는 결과를 가져왔다.[9]

또한, 수출기업을 우대하는 방향의 인위적인 자원 배분은 심각한 부패를 초래하게 됐다. 정부가 권위적인 자원배분 권한을 갖게 되면, 기업들이 이러한 권한을 갖는 정치가 혹은 관료들에게 집중적인 로비활동을 통해 렌트를 추구하는 것이 자연스러운 일이다. 이는 당시 박정희 정부의 민주성 미흡과 우리나라 공무원들의 낮은 임금 수준 및 우리나라의 낮은 정치문화로 인해 더욱 악화됐다. 수출기업들은 정부로부터 특혜를 받아서 사업을 확장하고, 정치인이나 관료들은 이들이 벌어들인 소득의 일부를 정치자금 혹은 뇌물로 수령하는 공생관계가 형성되는 문제를 야기했다.

2. 중화학공업정책

이처럼 1970년대 중반 이후 1980년대 초반까지의 중화학공업에 대한 집중적인 투자에 힘입어 우리나라의 공업구조와 그에 따른 수출상품 구조는 크게 변화됐다. 공업구조의 경우, 중화학공업과 경공업의 비중이 1970년에는 각각 37.8%와 62.2%로 경공업의

9) 읍을 시로 승격시키거나, 일반시를 광역시로 승격시키는 경우, 읍이나 일반시와 같이 군 혹은 도의 가장 개발된 지역이 빠져나감으로써 도넛 모양의 공동화 현상이 발생할 뿐만 아니라 기존 군이나 도의 세수도 대폭 감소하게 되고, 그 재원이 일반시나 광역시의 재원으로 귀속되기 때문이다.

비중이 압도적이었으나, 1980년에는 52.6%와 47.4%로 중화학공업의 비중이 절반 이상을 차지하게 됐다. 수출상품 구조도 중화학공업의 비중이 1970년에는 12.8%에 불과하고 경공업의 비중이 69.7%였으나, 1980년에는 각각 41.5%와 49.4%로 중화학공업의 비중이 크게 높아졌다.

표 2-2-12 중화학공업화의 진전 추이

(단위: %)

연도	공업화		수출상품 구조		
	중화학공업	경공업	중화학공업	경공업	1차산품
1970	37.8	62.2	12.8	69.7	17.5
1973	40.5	59.5	23.7	63.4	12.9
1975	46.4	53.6	25	57.4	17.6
1976	46.8	53.2	29.1	58.8	11.8
1977	48.5	51.5	32.2	53.6	14.2
1978	48.8	51.2	34.6	45.5	10.9
1979	51.2	48.8	38.4	51.4	10.1
1980	52.6	47.4	41.5	49.4	9.1

주: 1) 1975년 불변가격, 부가가치 기준, 경상가격, 통관 기준.
2) 경상가격, 통관 기준.

자료: 1) 한국은행(1982), 한국의 국민소득.
2) 한국무역협회, 무역동향, 각 연도.
3) http://blog.daum.net/yeodonhual/17448037 재인용.

1970년대 초반에 시작된 중화학공업 육성정책은 곧바로 뒤이어 찾아온 오일쇼크로 인해 과잉 투자 논란에 빠지게 됐다. 즉, 세계적인 인플레이션과 경기 불황에 따라 기계, 석유화학 등의 수요가 급격히 감소하자, 세계시장을 바라보고 시작한 중화학공업은 낮은 가동률로 상당히 어려움을 겪게 된 것이다. 1970년대 후반부의 기계·전기기기·운송장비 등 업종의 가동률은 50%에 머물러 전 제조업 평균 가동률이 70%를 상회한 것에 비해 상당히 낮았다(이영선, 1986: 807-815).[10] 이러한 가동률 저하는 1980년대 초 전두환의 집권 이후에 정부의 강력한 중화학공업 조정을 초래했다는 점에서 중화학공업 육성정책이 실패한 정책으로 평가하기도 했다. 반면에 중화학공업 육성에 정부의 직접적인 개입이 이뤄지지 않고 대부분 조세, 금융 등 간접 지원 방식을 활용해 추진됐고, 정부는

10) 또한, 중화학공업군의 자본효율성이 1970년대 말까지 경공업의 자본효율성보다 낮았다는 점에서 중화학공업정책이 제조업의 성장을 지체시키는 효과가 있었던 것으로 해석되기도 했다(유정호, 1991: 83-89).

연차별 계획을 수립해 중복 과잉 투자를 방지하고자 했다는 점에서 정부정책의 실패라기보다는 기업 간의 과도한 선점 경쟁에 기인한 것이었다는 평가도 있다(박영구, 2002; 최연식, 2012).

중화학공업정책은 대규모 투자를 전제로 하고 있었다는 점에서 주로 대기업이 사업에 참여했지만, 대기업들의 초기 반응은 매우 소극적이었다. 이러한 대기업의 참여를 유도하기 위해 정부는 다양한 조세 지원과 금융 지원을 병행했다.[11] 그 결과, 대기업들은 정부의 지원 하에서 규모를 키울 수 있었고, 이는 대기업에 대한 특혜 시비와 중소기업 간의 격차 확대를 초래했다. 그뿐만 아니라, 이 과정에서 정부의 정책금융이 결정적인 역할을 했기 때문에 민간기업의 정부 의존이 심화돼 기업의 자생력과 국제경쟁력 약화를 초래했다(최연식, 2012: 53).

이러한 부정적인 평가에도 불구하고, 중화학공업정책을 통한 산업구조 고도화는 1980년대 중반의 세계적인 호황기에 우리나라의 경제 성장을 가능하게 했고, 오늘날까지 우리 경제를 이끌어가고 있는 삼성, 현대 등의 대기업을 탄생시키는 등의 결정적인 기여를 했다. 그러나 이 과정에서 박정희 대통령의 권위주의적인 정치 리더십은 경제관료들에 대한 통제는 물론 금융기관 및 기업들을 조직화하는 데 상당히 효과적이었지만, 그 과정에서 여타 산업 부문이 자원 배분에서 상당한 불이익을 받는 등 두 가지 얼굴을 보여주었다.

참고 문헌

강광하·이영훈(2008). 한국 고도성장기의 정책결정 체계: 경제기획원과 정책추진기구. 한국개발연구원 연구보고서.

강기원(2000). 한국의 중화학공업화와 박정희의 제2혁명. 경영연구, 9(1): 31-56.

경제기획원(1994). 개발년대의 경제정책. 서울: 미래사.

김기승(1999). 민주당 정권의 경제정책과 장면. 한국사학보, 7: 251-278.

김대환(1987). 국제환경 변화와 중화학공업화. 박현채 외, 한국경제론. 서울: 까치출판사.

김동호(2012). 대통령 경제사: 1945-2012. 서울: 책밭.

김정렴(1990). 한국경제정책 30년사: 김정렴회고록. 서울: 중앙일보사.

11) 정부의 강제적인 금융자원 배분은 한편으로는 대기업의 투자 리스크를 감소시켰고 다른 한편으로는 정부정책에 불응하는 대기업에 대한 위협 수단으로도 활용됐다(이종찬, 2003: 153-160).

김준경 (1993). 정책금융의 재원조달 개선방안. 송대희 · 문형표 편, 국가예산과 정책목표, 연구보고서 93-03. 한국개발연구원. 114-176.

김흥기 (1999). 비사 경제기획원 33년: 영욕의 한국경제. 매일경제신문사.

박영구 (2002). 산업과 보호: 1970년대 중화학공업화 재정정책. 한국경제연구, 9: 117-144.

박진근 (2002). 한국의 수출지원정책. 서울: 누리미디어. 경제학대사전.

박태균 (2004). 1960년대 초 미국의 후진국 정책 변화: 후진국 사회 변화의 필요성, 미국사연구, 20: 167-192.

상공부 (1988). 무역진흥 40년: 그 과정과 정책.

오원철 (1996). 한국형 경제 건설: 엔지니어링 어프로치. 서울: 기아경제연구소.

유정호 (1991). 1970년대 중화학공업정책이 자본효율성과 수출경쟁력에 미친 영향. 한국개발연구, 13(1): 65-113.

이기영 (1994). 정책금융제도의 현황, 효과분석 및 개선 방향. 한국조세연구원 연구보고서.

이영선 (1986). 중화학공업 육성과 공업구조의 고도화(1975~79년). 한국경제정책 40년사. 전국경제인연합회. 807-815.

이장규 (2012). 대통령의 경제학. 서울: 기파랑.

이종찬 (2003). 국가 능력과 자본가 집단행위: 박정희 정권 하에서 중화학공업 투자를 위한 제도 변화. 한국정치외교사논총, 25(1): 141-167.

조수현 (2009). 발전국가의 제도와 국가능력, 9(2): 161-188.

최동규 (1991). 성장시대의 정부. 서울: 한국경제신문.

최상오 (2010). 한국의 수출지향 공업화와 정부의 역할, 1965~1979: 수출진흥확대회의를 사례로. 경영사학, 25(4): 355-383.

최연식 (2012). 1970년대 박정희 정권의 산업합리화와 중화학공업화 정책의 역기능. 동서연구, 24(2): 39-62.

한국개발연구원 (2005). 한국경제60년사. 서울: 한국개발연구원.

현대사회연구소 (1985). 한국사회 변화와 국가 역할에 대한 연구. 연구보고서, 85-12. 서울: 현대사회연구소.

중화학공업추진위원회 기획단 (1973). http://blog.daum.net/yeodonhual/17448037(검색일: 2014.10.27).

제 3 장

베트남 참전

강 욱
경찰대학교

제 1 절 정책의 추진 배경

1. 베트남전쟁의 개요

1) 베트남전쟁의 명칭

베트남전쟁은 여러 가지 명칭으로 불리고 있는데 이것은 그만큼 전쟁의 성격이 다양하다는 것을 의미한다고 할 수 있다. 우선 베트남전쟁(Vietnam war)은 가장 많이 사용되는 용어이나, 베트남 국민들은 이를 미국 전쟁(American war)이라고 하고 있다. 미국에서는 미국 의회가 전쟁을 선언하지 않았기 때문에 공식적으로는 베트남전쟁이 아닌 베트남 갈등(Vietnam conflicts)이라고 하며, 1945년부터 1967년까지 미국 정부가 정치·군사적으로 베트남 전쟁에 개입한 역사를 담은 1급 기밀문서인 펜타곤 문서[1]에서도 베트남

1) http://www.archives.gov/research/pentagon-papers/(검색일: 2014. 8. 19).

전쟁으로 언급하고 있지는 않다.

반면 베트남 정부는 베트남전쟁의 공식 명칭을 "나라를 구하기 위한 미제국에 맞선 저항전쟁"으로 하고 있다. 한편, 동남아시아 국가들 간의 지속적인 갈등의 연장선상에 있기 때문에 이를 '2차 인도차이나 전쟁(Second Indochina War)'이라고 부르기도 한다(Westing, 2011: 11). 또한 1차 베트남 전쟁과 구분하기 위해 2차 베트남 전쟁이라고 하기도 한다.

2) 제1차 베트남전쟁

베트남은 기원전부터 외국의 침략이나 지배를 많이 받아왔으며, 주로 중국의 지배하에 있었다. 그러나 1847년 프랑스 군대가 자국민 보호를 이유로 베트남에 주둔했으며, 이를 기화로 1868년에 베트남과 프랑스는 평화조약을 체결했다. 이것은 그동안 베트남을 지배하고 있던 중국과의 갈등을 야기했고, 결국 1884년부터 1885년까지 청불(淸佛)전쟁이 발발하여 프랑스가 이 전쟁에서 승리함으로써 베트남 전체를 지배하게 됐다(Makino & Tsang, 2011: 546).

20세기에 들어서면서 프랑스 정부는 베트남에 대한 지배력이 약화되기 시작했으며, 일본은 무기력한 프랑스 정부를 압박해 1940년에 베트남에 대한 실질적인 지배권을 획득했다. 그러나 1945년 일본이 연합군에 항복하면서 북위 16도선을 기준으로 북쪽은 중국군이, 남쪽은 영국군이 진주하게 됐다(최용호, 2004: 46). 이후 영국은 프랑스의 베트남 지배를 지지했으며, 중국도 프랑스와의 협상을 통해 지배권을 프랑스에 넘겨주기로 합의함에 따라 베트남은 다시 프랑스의 지배를 받게 됐다(최용호, 2004: 47).

베트민[2]의 대표인 호치민은 프랑스로부터 독립을 하기 위해 1946년 12월 19일 하노이 발전소를 습격하면서 제1차 베트남전쟁을 시작했으며, 베트남은 이를 '항불인민해방전쟁(抗佛人民解放戰爭)'이라고 부른다(국가공훈사편찬회, 2005: 899). 8년간의 전쟁 끝에 1954년 프랑스는 호치민 정부와의 휴전협정을 체결했다. 북위 17도를 기준으로 이북은 호치민정부가 점령하고 이남은 프랑스군이 점령하며 2년 후인 1956년 7월 중에 남북 총선거를 실시해 통일정부를 구성하는 것이 휴전협정의 주요 내용이다. 휴전협정에 따라서 북베트남은 호치민 정부가 통치하게 됐으며, 남베트남은 미국의 지원을 받는 응오

2) 1941년 호치민(Ho Chi Minh)은 공산당 중앙위원회를 주재하면서 '베트남 독립동맹'을 탄생시켰는데, 일반적으로 베트민(Viet Minh: 越盟)으로 알려져 있으며, 프랑스와 일본 세력을 타도하기 위해 공산주의자를 포함은 각계각층의 혁명세력으로 구성돼 있었다.

딘 디엠(Ngo Dinh Diem)이 대통령에 당선돼 미국이 남베트남의 후견국이 됐다(국가공훈사편찬회, 2005: 899). 응오 딘 디엠 대통령은 1957년 9월 같은 분단국가인 대한민국을 방문했고, 1958년 11월 이승만 대통령이 답방했으며, 양국 정상은 공산 세력에 공동 대응하기로 합의하는 등 긴밀한 관계를 유지했다(정상천, 2003: 91).

3) 제2차 베트남전쟁

응오 딘 디엠 대통령은 1956년부터 반공정책을 강력하게 시행했는데, 이에 반발해 1960년에 남베트남 민족해방전선(National Front for the Liberation of South Vietnam: NLF)이 결성됐으며, 이것은 남베트남 공산주의자들의 임시정부 역할을 했다(Zasloff, 1968). 이로 인해 남베트남에서의 혼란이 가열되자 1962년 2월 미국은 기존의 군사고문단(Military Assistance Advisory Group)을 확대해 군사원조 사령부를 설치했으며, 하킨스(Paul D. Harkins) 장군[3]을 사령관으로 임명했다(Kaiser, 2000). 하킨스 장군의 임명으로 인해 미군 전투병력의 증강과 본격적인 개입은 기정사실화됐으며, 이에 반발한 베트공은 미군에 대한 공격을 본격적으로 전개했다.

미국은 1963년 12월 군사고문단 수를 대폭 증가시키면서 베트남 문제를 직접 해결하기로 결정했으며, 1964년 1월부터는 북베트남에 대한 정찰 비행과 기습 공격을 시작했다. 1964년 4월에는 하킨스 장군의 후임으로 웨스트모랜드(William Westmoreland) 장군이 임명되면서 미국은 베트남에서의 공격적인 역할을 더욱 확대했다(최용호, 2004: 97).

한편, 존슨(Lyndon B. Johnson) 대통령은 1963년 11월 24일 공산주의에 대항해 전쟁을 확대할 것을 명령했으며, 11월 26일에는 이와 관련된 국가안보 조치 메모(National Security Action Memoranda 273)를 승인했다.[4] 존슨 대통령은 1964년 4월 23일 More Flags 정책으로 알려진 '자유세계원조 프로그램(Free World Assistance Program)'을 제창했으나, 영국・프랑스 등은 이에 대해 소극적인 태도를 보였다. 존슨 대통령은 1964년 5월 9일, 한국을 포함한 자유우방 25개국에 대해 남베트남을 적극 지원해주도록 요청했으며, 이 중 한국, 태국, 필리핀, 오스트레일리아, 뉴질랜드, 대만, 스페인 등이 요청을 수락했다(최용호, 2004: 102).

---

3) 하킨스 장군은 태평양 사령부의 사령관뿐만 아니라 전쟁 경험이 있는 지휘관이었기 때문에, 이는 베트남에 주둔하는 미군 사령부가 전쟁을 준비하는 것으로 인식됐다. 즉, 파병된 미군의 역할은 베트남군을 지원하는 것이 아니라 주도적으로 작전을 수행하는 작전사령부로의 역할로 전환됐다.

4) http://www.jfklancer.com/NSAM273.html(검색일 2014. 8. 19).

표 2-3-1 국가별 연도별 참전 병력

(단위: 명)

연도	1964	1965	1966	1967	1968	1969	1970	1971	1972
계	17,607	183,425	441,194	557,958	614,051	545,453	412,088	210,898	67,392
미국	17,200	161,100	338,568	497,498	548,383	475,678	344,674	156,975	29,655
한국	140	20,541	45,605	48,839	49,869	49,755	48,512	45,694	37,438
태국	0	16	244	2,205	6,005	11,568	11,586	6,265	38
필리핀	17	72	2,061	2,020	1,576	189	74	57	49
오스트레일리아	200	1,557	4,525	6,818	7,661	7,672	6,763	1,816	128
뉴질랜드	30	119	155	534	516	552	441	60	53
타이완	20	20	23	31	29	29	31	31	31
스페인	0	0	13	13	12	10	7	0	0

자료: 최용호(2007: 15).

국가별로 보면 미국이 가장 많아 1968년에는 약 55만 명을 파병했고, 그 다음으로 한국이 많았다. 태국의 경우에도 1969년과 1970년에는 1만 명이 넘는 군인을 파병했다.

한국을 비롯한 여러 나라가 1964년부터 파병을 한 시점과 더불어 1964년 8월 북베트남의 어뢰정이 공해상을 순찰 중이던 미국의 구축함을 공격했다는 소위 '통 킹(Ton Kin)만 사건'이 발생하자 미국은 지상군을 투입해 베트남전쟁에 본격적으로 개입했다. 1965년 3월부터는 롤링선더(rolling thunder)[5]라고 불리는 공중 폭격작전을 수행했는데 그리 효과적이지 못했으며, 북베트남에 강력한 메시지를 보내는데도 실패했다(Berger, 1977; McNamara et al., 2007).

1968년도에는 북베트남의 '뗏(Tet, 음력설)' 대공세로 '베트남전쟁은 미국이 승리할 수 있다'는 환상이 무너지고 미국 내에서도 반전 여론이 확산되자 1969년 1월에 대통령에 취임한 닉슨(Richard Nixon) 대통령은 기존의 '베트남전쟁의 미국화(Americanization)'에서 베트남전쟁은 베트남이 수행한다는 '베트남전쟁의 베트남화(Vietnamization)'로 선회했다(McNamara et al., 2007; Thompson, 2003). 이와 같은 정책의 변화에 따라 미군 병력은 단계적으로 감축됐다(최용호, 2004: 103).

베트남에서의 전쟁을 종식시키기 위해 1973년 1월 23일 미국과 남베트남, 북베트남

5) 이 작전을 통해 무려 864,000톤의 포탄을 북베트남에 투하했는데, 이것은 한국전쟁에 투하한 653,000톤에 비해 훨씬 많은 양이 사용된 것으로 그만큼 공격이 많이 수행됐다는 것을 의미한다.

은 1월 27일부터 전쟁을 중지하는 파리 평화협정(Paris Peace Accords)을 체결했다(Dallek, 2007). 그러나 이것은 전쟁의 종결이 아니라 일시적 중지인 정전협정이었기 때문에 1974년 10월 북베트남은 남베트남을 공격하기 시작했으며, 1975년 3월부터는 본격적인 공세를 실시했다. 미국 해병대는 1975년 4월 30일에 헬기를 이용해 최종 철수했으며, 같은 날 남베트남 민 대통령은 무조건 항복을 선언함으로써 베트남 전쟁은 종료됐다(최용호, 2004: 119).

2. 베트남 파병에 대한 역사적 배경

베트남에 대한 파병의 시도는 이승만 정부부터 시작됐다. 이승만 정부는 1954년 1월 헐(John Hull) 극동사령관에게 한국군 1개 사단을 파병할 것을 제안했으나, 당시의 전황이 심각하지 않았고, 미국 정부와 프랑스 정부가 확전을 우려했기 때문에 이승만 정부의 제안을 거절했다(배관표, 2013: 441). 또한 1개 사단의 파병이 가져다줄 실익이 크지 않았으며, 미군이 한국에 주둔하고 있는 상황에서 한국군을 다른 나라에 파병하는 것은 바람직하지 않다고 판단한 측면도 있었다고 할 수 있다(최용호, 2004: 136).

이승만 정부는 미국의 거절에도 불구하고 1954년 5월 외신과 기자회견을 갖고 한국군의 파병을 재차 제안했으며, 7월 12일에는 브릭스(Ellis O. Briggs) 주한 미대사에게 한국군 3개 사단을 파병할 것을 제시했다. 미국 정부는 이번에는 이 제안을 긍정적으로 검토했으나, 전쟁의 실질적인 당사자인 프랑스가 이 제안을 거부해 파병으로 이어지지는 않았다(배관표, 2013: 453; 최용호, 2004: 135). 1차 베트남전쟁이 종료되고 이후 라오스에서 내전이 일어나자 이승만 정부는 다시 한 번 파병을 검토하기도 했다(배관표, 2013: 442).

이승만 정부가 해외 파병에 적극적이었던 이유는 정식 발효를 앞둔 한미상호방위조약을 견고히 하고, 한국군의 전력 증강과 경제에 대한 미국의 전폭적인 지원을 얻기 위한 것이었다(배관표, 2013: 454; 최용호, 2004: 137).

박정희 정부도 이승만 정부에 이어서 베트남 파병에 적극적이었다. 1961년 6월 30일 정일권 대사는 케네디 대통령을 면담하는 자리에서 양국의 공통된 목표를 위해 한국인의 목숨을 희생할 용의가 있다고 했으며, 1961년 7월 26일 박정희 의장이 케네디 대통령에게 보낸 서신에서 한국은 공산주의 침략 전쟁에 참여할 미국의 첫 번째 동맹국들 중 하나가 될 것이라고 했다(최용호, 2004: 138). 박정희 의장은 1961년 11월 14일 케네디 대

통령과의 만남에서 한국군의 베트남 파병 의사를 다음과 같이 피력했다.[6)]

> 동남아시아, 특히 베트남과 관련하여 강력한 반공국가인 한국은 극동 지역의 안전 확보를 위해 최선의 노력을 다할 것이다. 북베트남은 잘 훈련된 게릴라 군이다. 한국은 이런 유형의 전쟁에 잘 훈련된 백만 명의 병력이 있다. 이들은 정규부대에서 제대로 훈련을 받았으며, 현재는 전역해 있다. 미국의 승인과 지원 아래 한국은 베트남에 군대를 파병할 수 있으며, 만일 정규군이 바람직하지 않다면 지원병을 모집하여 보낼 수도 있다. 이러한 조치들은 자유세계의 국가들이 통일된 행동을 할 수 있다는 것을 보여줄 것이다. 한국에서 출발하기 전에 장성들과 이 문제에 대해 논의를 했다. 모두들 열정적이었다. 케네디 대통령께서 귀하의 참모들과 나의 제안에 대해 논의를 하여 그 결과를 알려주기 바란다.

박정희 의장은 케네디 대통령과 만나기 전에 국무장관과 회담을 가지면서 공산 침략의 가능성 때문에 한국은 60만 명의 군대를 유지하면서 동시에 경제를 발전시켜야 하는데, 미국의 도움이 절실한 실정임을 설명했다. 한국이 미국이 자유세계를 지키기 위해 부담하고 있는 역할의 일부를 분담하는 대신에 경제적인 지원을 해줄 것을 제안했다.[7)] 그러나 케네디 정부는 한국군을 한반도 이외에 다른 지역에 파병하는 것에 대해 부정적으로 판단하고 있었기 때문에 박정희 의장의 제안은 거절됐다(최용호, 2004: 140).

한편 응오 딘 디엠(Ngo Dinh Diem) 남베트남 대통령은 1962년 4월 박정희 정부에 공산 세력의 위협을 호소하는 서한을 보냈으며, 이에 대해 박정희 정부는 자유 베트남을 지원하겠다는 의사를 피력하고, 같은 해 5월 11일에는 남베트남에 군사시찰단을 파견했다(박홍영, 2000: 186). 이에 대해 미국은 버거(Samuel Berger) 주한 미국대사를 통해 "한국과 남베트남 사이의 모든 군사적 교류는 미국 정부와 주월 미군 고문단의 허락 하에 이뤄져야 한다"고 경고하는 등 한국의 파병에 대해 부정적인 입장을 보였다(최동주, 1996: 274).

6) http://history.state.gov/historicaldocuments/frus1961-63v22/d247(검색일 2014. 8. 19). 회의록에는 박정희를 국가재건최고회의 의장(Chairman, Supreme Council for National Reconstruction)으로 기록하고 있다.

7) http://history.state.gov/historicaldocuments/frus1961-63v22/d246(검색일 2014. 8. 19).

제 2 절 정책의 추진체계

1. 대통령 및 비서실

박정희 대통령은 군사적 · 경제적 이유 등으로 인해 베트남 파병에 적극적이었으며, 파병 의사를 공식적으로 표명하는 한편, 1962년 2월 김종필을 베트남에 파견해 전황을 파악하도록 했다(최동주, 1996). 김종필은 베트남 상황이 미국이 한국에 제공하고 있는 보고 내용보다 심각한 상황임을 보고했으며, 이를 토대로 당시 국무총리였던 송요찬은 미국에 반복적으로 파병 의사를 전달했다(최용호, 2004: 145).

박정희 대통령을 비롯한 최고정책 결정권자들은 베트남 파병이 당면한 경제문제를 해결할 수 있는 방안이며, 파병의 추진에서 경제 이익의 극대화를 최우선 목표로 추진했다(최동주, 1996: 272). 1963년부터 1964년까지 대통령 비서실장을 역임하고, 1967년까지 외무장관으로 재직한 이동원에 의하면, 베트남전쟁에의 참여가 국가의 경제를 살릴 수 있는 유일한 상품수출 시장이고, 실업률을 줄일 수 있는 노동수출 시장이며, 미국의 달러를 직접 조달할 수 있는 유일한 방법으로 인식했기 때문에 파병을 적극적으로 추진했다고 진술하고 있다(최동주, 1996: 272).

이를 종합해 본다면 베트남전쟁의 참여에 대한 결정은 박정희 대통령이 했고, 이를 주도적으로 추진했으나, 비서진 및 관료 등도 베트남전쟁에의 참여가 필요하다는 데에는 공감하고 있음을 알 수 있다.

한편, 대통령의 파병과 관련된 권한을 살펴보면 우선 제3공화국 헌법(시행 1963.12.17., 1962.12.26., 전부 개정) 제71조는 "대통령은 조약을 체결 · 비준하고 외교사절을 신임 접수 또는 파견하며 선전포고와 강화를 한다"고 규정하고 있으며, 제86조에서는 국무회의는 국정의 기본적 계획과 정부의 일반정책, 선전 · 강화 기타 중요한 대외정책, 조약안 등을 심의한다고 되어 있는데, 국무회의의 의장은 대통령이 맡도록 하고 있다. 따라서 파병과 관련된 정책결정의 최종 권한은 대통령이 가지게 되나, 그것은 단독 결정이 아니라 여러 정책참여자의 합의에 의한 것이다.

즉, 대통령은 국무회의, 대통령 비서실, 민주공화당과의 당정연석회의, 국방위원회, 외무위원회를 비롯한 국회, 국방부, 재무부, 국가안전보장회의, 미국 대사, 중앙정보부를 비롯한 정보기구, 재계와 학계의 전문가 등 많은 사람이 참전의 결정에 참여했던 것이다(장재혁, 1997: 109).

2. 정부

미국이 공식적으로 파병 요청을 하면서 정일권 국무총리의 지시에 따라 외무부, 국방부, 합참본부 관계자로 구성된 실무자 회의가 개최되고, 미국, 베트남 정부와의 교섭은 외무부가 담당을 하고, 파병의 실무 준비는 국방부와 합참본부에서 담당을 하기로 했다(장재혁, 1997: 111).

외무부는 주한 미국대사로부터 남베트남에 대한 지원을 공식적으로 요청을 받고, 이를 토대로 남베트남 정부와 한국군의 지위, 관할권의 문제 등에 대해 협의를 했다. 국방부는 국내에서의 제반 조치 등을 관장했다(박홍영, 2000: 189).

중앙정보부의 경우 베트남 파병과 관련된 구체적인 역할이 명시돼 있지 않았으나 중앙정보부장이었던 김종필이 베트남을 방문해 전황을 파악하고, 미국에 한국군의 파병 의지를 통보한 점, 해외활동을 활발하게 전개하고 각종 정보를 수집하고 있었기 때문에 높은 수준의 전문정보를 보유하고 있던 점 등으로 미뤄볼 때 중앙정보부는 파병 과정에서 정부 내의 주요 정책 추진의 한 축을 담당한 것으로 보인다(최동주, 1996: 279).

3. 의회

한국군의 베트남 파병은 박정희 대통령과 정부에 의해 주도됐으나 정부의 파병 결정은 국회의 동의를 받아야 했다. 헌법 제56조 제2항은 "선전포고, 국군의 외국에의 파견 또는 외국군대의 대한민국 영역 안에서의 주류에 대하여도 국회는 동의권을 가진다."고 규정하고 있다.

1964년 9월의 제1차 파병은 7월 31일 본회의에서 정부안대로 통과됐으나 2차 파병부터는 국회에서 찬성과 반대의 의견이 엇갈리기 시작했다. 그러나 여당인 공화당이 과반수 이상을 차지하고 있었으며, 야당 일부도 파병에 찬성하여 2차 파병안도 국회를 통과했다(마상윤, 2013: 71). 3차 파병부터는 야당은 적극적으로 반대를 표시했으며, 여당인 공화당 내에서도 차지철 의원 등 반대 의사를 표시하는 의원들이 있었다(장재혁, 1997: 171).

야당과 여당의 일부 의원은 각기 다른 이유로 파병에 반대 의사를 표명했으나 결과적으로 박정희 정부가 미국과의 협상에서 좀 더 유리한 위치에 있을 수 있었다. 즉, 한국군의 파병이 시급한 입장인 미국은 전투병의 조속한 파병을 요청했으나, 박정희 정부는 국회의 반대를 이유로 협상에 소극적이었으며, 국회 및 여론의 설득을 위해 파병 시에 미국이 한국에 더 많은 이익을 제공할 것을 요구할 수 있었던 것이다.

제 3 절 정책의 추진 과정 및 내용

1. 제1차 파병(이동외과병원, 태권도교관단)

존슨(L. B. Johnson) 대통령은 케네디 대통령의 '유연한 대응(flexible response)' 전략과는 차별되는 전면적 개입을 고려했으며, 동남아시아 조약기구(Southeast Asia Treaty Organization: SEATO)를 동원하기 위해 유럽의 우방국들에게 지지를 호소했으나, 별다른 반응이 없게 되자, 1964년 4월 23일 미국이 공산주의와 싸우고 있으며, 다른 동맹국가도 참가해줄 것을 희망한다는 이른바 'More Flags' 전략을 제시했다(배관표, 2013: 445). 미국무부는 5월 8일 "한국을 포함한 세계 25개국에 대해 남베트남 정부에 실질적인 물질적 기여를 함으로써 공산주의와 싸우고 있는 남베트남을 지원하고자 요청했다"고 확인했으며, 한국 정부는 다음날 베트남 정부가 정식으로 지원을 요청하면 한국 정부는 전투병을 파병할 수 있다는 성명을 발표했다(박홍영, 2000: 191).

그러나 미국 정부는 한국의 전투병 파병에는 여전히 부정적이었기 때문에 결국 1개의 이동외과병원과 10명의 태권도 지도요원 등이 파병되는 것으로 합의가 됐다. 정부의 해외 파병에 대한 동의안은 "헌법 제4조의 정신에 입각해 한국은 국제 평화의 유지와 침략적 전쟁의 부인을 위해 월남공화국을 지원할 필요가 있음"을 명시했으며, 7월 31일 본회의에 상정돼 만장일치로 통과됐다(최용호, 2004: 149).

이동외과병원과 태권도 교관의 본대는 9월 11일 부산항을 출발해 9월 22일 베트남에 도착했다. 이동외과병원은 진료를 담당하는 외과부, 내과부 등과 병원본부, 행정 및 등록과, 군수과 병리실험소로 구성됐다. 9월 28일 남베트남의 붕따우에서 시무식을 가지고 의료 업무를 시작했다.

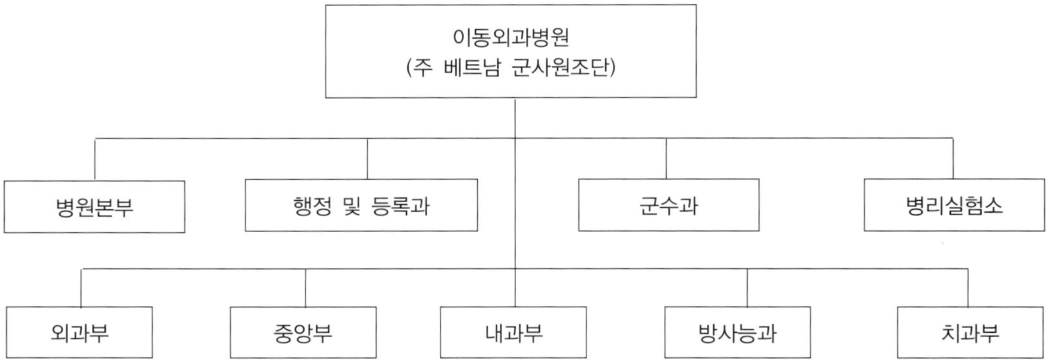

그림 2-3-1 이동외과병원 최초 편성

자료: 최용호(2007: 26)에서 재인용.

태권도교관단은 3개 조로 구성됐는데, 제1조는 투덕에 있는 육군보병학교와 사이공에 있는 경찰학교에서 태권도를 가르쳤으며, 제2조는 나뜨랑에 있는 해군사관학교, 제3조는 달라뜨에 있는 육군사관학교와 붕따우에 위치한 유년학교에서 9월 23일부터 임무를 수행했다(최용호, 2004: 153).

그림 2-3-2 태권도교관단 최초 편성

자료: 최용호(2007: 27)에서 재인용.

비록 비전투병이기는 하나 한국군이 남베트남에게 주둔하게 되면서 1964년 10월 31일 한국 대사와 남베트남 외상 간에 한국군 군사원조단의 지위에 관한 협정을 체결하고, 미군과 동일한 특권을 받도록 했다(양창식, 2002: 116).

2. 제2차 파병(건설지원단)

1964년 8월 2일 '통 킹(Ton Kin)만 사건'이 발생하면서 미국은 베트남전쟁에 본격적으로 개입하게 됐으며, 전쟁의 명분을 확보하기 위해 많은 나라의 참여가 필요했다. 또한 후방지역에서 전쟁 복구사업을 하던 남베트남 군까지 전선에 투입하게 됨으로써 후방 지원병력의 추가 지원도 필요하게 됐다(최용호, 2004: 154).

박정희 대통령은 1964년 10월 2일 미 국무부 극동담당 차관보를 만난 자리에서 비전투부대뿐만 아니라 전투부대까지도 파병할 용의가 있음을 표명했고, 같은 해 12월 18일 브라운(Winthrop Brown) 주한 미국대사는 한국군의 증파를 요청했다(박홍영, 2000: 192). 미국의 요청에 대해 박정희 대통령은 국방 장관, 합참의장에게 베트남 지원을 위한 군대 증파 문제에 대해 연구할 것을 지시했으며, 같은 해 12월 22일 김종호 합참의장은 주한 미군 사령관 하우즈(Hamilton Howze) 장군과 협의를 했다.

미국은 베트남전쟁의 악화로 인해 한국군의 증파에 대해 서두르는 입장인 반면, 한국은 여유를 가지고 이에 대응했으며, 국내의 비판적인 여론에도 신경을 쓸 수밖에 없었다.

한편, 미국은 12월 25일 합참의장 김종오 대장에게 약 1,000명 수준의 공병부대의 파병을 요청하고 파병장병에게 수당을 지급하고 운영비용도 미국이 부담한다는 내용의 실무각서를 보냈다(최용호, 2004: 157). 미국의 공식적인 요청을 접수한 국방부는 이에 대해 본격적인 검토를 했고, 미국이 제시한 1,000명 규모의 부대는 순수 비전투부대로 미군에 배속돼 운용될 수밖에 없으며, 이동외과병원과 달리 건설지원단은 적의 공격 가능성이 많은 지역에서 작전을 수행해 자체경계가 필요하기 때문에 2,000명 수준의 파병이 적정함을 통보했다.

이와 더불어 주한 미군의 감축에 대한 논의가 등장했는데, 한국 정부는 미국의 베트남전 개입부터 주한 미군의 베트남으로의 이동에 매우 큰 관심을 두고 있었으며, 초기에는 미국도 주한 미군의 계속 유지에 대한 보장을 할 수 없다는 입장이었으나, 2차 파병을 위한 논의의 과정에서 미국은 '한국 정부와 사전 협의 없이는 결코 철수하지 않을 것'을 수차례 공표했다(양창식, 2002: 118). 아울러 박정희 대통령과는 특별한 관계에 있는 차지철 의원이 정부가 어떠한 형태의 군비 삭감 또는 이관을 중단·시정할 것을 미국에 요청할 것을 촉구하는 '군원 이관 반대 및 대미교섭 촉진에 관한 건의안'을 발표했으며 주한 미군의 감축에 대해 공론화시켰다. 또한 한미 양국의 협의 없이는 주한 미군의 일방적인 철수를 실행할 수 없도록 하는 한미상호방위조약의 개정이 수반되지 않을 경우 2차 파병에 대해 반대한다는 입장을 표명했다(배관표, 2013: 457). 즉, 박정희 대통령을 비롯한 국방부는 파병에 적극적인 의사를 표명하면서, 입법부에서는 이에 대해 반대 또는 소극적인 지지를 표출함으로써 한국군의 도움이 시급한 미군을 압박하는 체계를 갖췄으며, 결과적으로 이러한 정책의 추진체계는 효과적이었던 것으로 보인다.

1965년 1월 11일 정부는 '추가파병 동의안'을 국회에 제출했으며, 공화당은 찬성, 윤보선이 이끄는 민정당은 반대, 민주당은 소극적 반대의 입장을 표명했으며, 1월 26일 표결을 통해 표결 참가 인원 125명 중 찬성 106, 반대 11, 기권 8표로 가결됐다(최용호, 2004: 157). 정부는 파병동의안의 요청 사유 중 하나로 6·25 전쟁 시 미국을 비롯한 16개국의 도움으로 공산주의의 침략으로부터 벗어날 수 있었기 때문에 공산주의의 침략으로부터 동남아시아를 보호하고 아시아의 항구적인 평화와 자유를 유지할 의무가 있다는 것을 명시했다. 이것은 파병의 명분으로서 단순히 미국의 요청에 의한 비자발적인 베트남전쟁의 참여가 아니라 6·25 전쟁 시 받은 도움을 국제사회의 일원으로서 환원하고 국제사회의 가치를 지키는 주권국가임을 표명한 것이라고 할 수 있다.

국회에서 파병동의안이 가결되자, 1월 29일 경기도 현리에 위치한 국군 제6사단 사령부에서 '주월 한국군 군사원조단'을 창설하고 평화를 상징하는 뜻의 '비둘기부대'로 명명했다(국가공훈사편찬회, 2005: 902). 비둘기부대는 육군, 해군, 공병으로 구성된 공병대대, 자체 방어를 위한 경비대대, 수송중대 등으로 편성됐으며, 1차로 파병된 이동외과병원과 태권도교관단을 통합해 지휘하도록 했다. 비둘기부대는 3월 10일 한국을 출발해 3월 16일 베트남에 도착했으며, 사이공에서 멀지 않은 디안에 주둔했다(최용호, 2004: 161).

비둘기부대가 파견될 당시의 상황은 미국이 북베트남 폭격을 본격적으로 감행하는 롤링선더 작전과 3,500명의 미 해병대를 투입해 본격적인 지상전을 전개하던 시점이었다. 아울러 뉴질랜드는 3월 27일 전투병을 파병하기로 결정했음을 발표했으며, 호주도 4월 1일에 전투병을 파병할 것을 결정했다.

3. 제3차 파병(수도사단·제2해병여단)

제3차 파병은 전투부대의 파병으로 기존의 1, 2차 파병과는 전혀 다른 의미를 가지고 있으며, 국군의 손실을 가져올 수 있는 결정이었다. 초대 주월 사령관을 지낸 채명신 장군은 초기에는 전투부대의 파병에 반대 의사를 표시했으며, 비둘기부대와 같이 비전투부대를 파견해 미국과 베트남을 돕는 것이 최선이라고 생각했다. 이는 1965년 3월 박정희 대통령과 채명신 장군의 베트남 전쟁과 관련된 대화에 명확하게 나타나 있다(채명신, 2006: 42).

> 나(채명신)는 1965년 3월 작전참모부장으로 부임한 후 육군 참모총장과 함께 청와대를 방문하였다. 박정희 대통령은 참모총장을 먼저 가게 한 후 나에게 베트남전쟁에 대해 물어보았다. 박 대통령은 한국군이 베트남전쟁에서도 많은 활약을 펼칠 것이라고 기대를 하였으나, 나는 베트콩은 기존의 게릴라들과는 다르게 전국에 많은 지지 세력이 있으며, 무장투쟁을 위한 전투기지도 전국에 골고루 퍼져 있으며, 기존의 1차 베트남전쟁에서 승리하여 사기가 충만해 있고, 베트콩의 지도자 호치민은 남베트남에서도 지지를 받고 있는 반면, 남베트남의 지도자에 대해서는 국민들의 불만이 있기 때문에 한국군이 베트남전에 참여할 경우 많은 희생이 불가피함을 역설하였다. 박 대통령도 나의 설명에 동의를 하였다. 다만 박대통령은 만일 미국이 주한 미군을 철수시키면 안보에 결정적인 치명타가 발생하고 이는 제2의 6・25로 이어질 수 있음을 우려하였으며, 김일성이 수시로 "우리가 밀고 내려가면 잃는 것은 휴전선이요, 얻는 것은 조국통일"이라고 선전하고 다닌다는 것을 상기시켰다.

채명신 장군의 회고록에서 보는 것처럼 박정희 대통령은 전투병 파병을 기정사실화하고 있었으나, 이에 따른 손실에 대해서도 여러 의견을 듣고 있었음을 알 수 있다. 한편 미국 정부는 1965년 4월 20일 로지(Henry G. Lodge, Jr.) 특사를 보내 한국에 4,000여명 규모의 연대전투단 파병을 요청할 수 있음을 전했으며, 박정희 대통령은 이에 대해 추가적인 지원은 매우 심도 있게 검토가 될 것이며, 한국이 도울 수 있는 것은 무엇이든 도울 의사가 있음을 전달했다(최용호, 2004: 163).

1965년 5월 17일과 18일 두 차례에 걸쳐 박정희 대통령과 존슨 대통령은 한・미 정상회담을 가졌다. 이 자리에서 존슨 대통령은 1개 사단의 전투병력을 파병해줄 것을 요청하면서 한국의 안보를 위해 충분한 병력과 자금이 지원될 것임을 약속했다. 이에 대해 박정희 대통령은 전투병 파병의 즉각적인 동의에 대해서는 소극적인 태도로 일관하면서 주한 미군의 철수에 대해 분명한 반대 의사를 표시했으며, 경제개발계획에 대한 미국의 지속적인 지원을 요구했다(양창식, 2002: 128).

정상회담을 통해 한국은 미국의 요구보다는 순수한 자유 우방을 돕는다는 의미에서 자발적으로 베트남전쟁에 전투병력을 보낸다는 것을 공식적으로 밝혔다. 미국은 한국과 사전 협의를 하지 않고는 주한 미군을 철수하지 않을 것이며, 한국에 대한 군사 및 경제

원조를 확대하겠다는 입장을 표명했다.

1965년 6월 14일 베트남 정부는 정일권 국무총리에게 1개 사단 규모의 전투부대 파견을 공식적으로 요청했으며, 국방부는 주한 미군사령부에 1개 전투사단(해병대 1개 전투단 포함)을 파병하기로 결정했음을 통보했다(최용호, 2004: 164).

전투병 파병은 기존의 파병과는 본질적으로 성격이 다르기 때문에 국방부는 6월 23일, 합동참모본부에 '월남공화국 지원을 위한 기획단'을 설치해 전투병 파병과 관련된 제반 사항을 검토하는 한편, 7월 1일에는 국가안전보장회의를 소집해 파병과 관련된 의제를 토론하고 이를 바탕으로 7월 2일 각료회의에서 파병을 공식적으로 결정했다(박홍영, 2000: 196).

베트남 전투부대 파병 동의안은 7월 12일 국회에 제출됐으며, 김형욱 정보부장은 국회 외무위원회에서 베트남 파병은 6·25 전쟁 이후 전투 경험이 없는 국군에게 전투력 강화 및 정신 무장의 계기가 될 것이며, 국군의 장비 현대화를 도모할 수 있고, 경제적으로도 베트남전쟁의 참여에 따른 외화 수입의 효과가 있는 등 베트남 파병의 중요성을 역설했다(양창식, 2002: 131). 8월 11일 국회 본회의에서 한일 비준안이 통과돼 야당 의원들이 의원직 사퇴서를 내고 등원을 거부하면서, 파병동의안은 8월 13일 여당 및 무소속 의원만이 참여한 가운데 찬성 101, 반대 1, 기권 2로 통과됐다(최용호, 2004: 168).

파병부대는 홍천에 주둔하고 있는 육군 수도사단과 포항에 주둔하고 있는 제2해병연대로 결정됐으며, 주월 한국군 사령관으로는 북한군 후방지역에서 게릴라전을 지휘했던 경험이 있는 채명신 소장이 임명됐다. 채명신 장군은 처음에는 고사하면서 다른 장군을 추천했으나 재차 제의를 하자 이를 수락했다(채명신, 2006: 50).

해병대는 부대 특성상 특수 게릴라전의 훈련을 받고 단기간에 국내외 지역에 출동할 수 있는 역량을 갖추고 있기 때문에 가장 먼저 파병을 하게 됐다. 제2해병여단은 1965년 9월 20일 박정희 대통령이 참석한 결단식을 통해 명칭을 '청룡부대'로 바꿨으며, 10월 3일 부산항을 출발해 10월 9일 베트남에 도착해 대게릴라전 임무를 수행했다(최용호, 2004: 174). 1965년 10월 12일 수도사단인 '맹호부대' 결단식을 거행했으며, 10월 15일부터 11월 3일까지 모든 부대가 순차적으로 베트남으로 이동했다.

〈표 2-3-2〉에서 보는 것처럼 파병 병력의 주력은 육군이었으나 해병대도 1971년과 1972년을 제외하고는 4,000명 이상의 병력을 유지했다. 공군의 경우에는 100명 미만이 참전했으며, 해군도 1,000명을 넘지는 않았다.

표 2-3-2 군별 연도별 병력 수준

(단위: 명)

구분	총계	정규군					기타
		계	육군	해군	공군	해병대	
1964	140	140	140				
1965	20,541	20,541	15,973	261	21	4,286	
1966	45,605	45,605	40,534	722	54	4,295	
1967	48,839	48,839	41,877	735	83	6,144	
1968	49,869	49,838	42,745	785	93	6,215	31
1969	49,755	49,720	42,772	767	85	6,096	35
1970	48,512	48,478	41,503	772	107	6,096	34
1971	45,694	45,663	42,345	662	98	2,558	31
1972	37,438	37,405	36,871	411	95	28	33

자료: 최용호(2007: 36).

수도사단(맹호부대)은 사령부, 보병연대, 포사령부, 군수지원사령부 등으로 구성됐으며, 지원 및 배속부대 등도 수도사단에 배치됐다. [그림 2-3-3]에서 보는 것처럼 수도

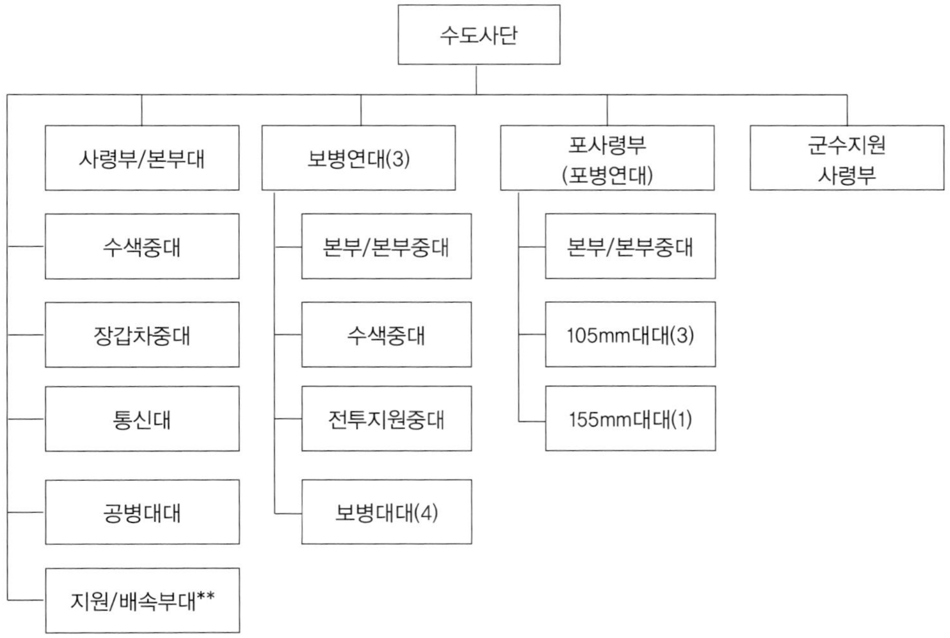

그림 2-3-3 수도사단(맹호부대) 편성

자료: 최용호(2007: 29).

사단의 주력은 보병으로 총 3개 연대가 배치됐으며, 보병 연대를 지원하기 위해 포병연대도 함께 배치됐다. 아울러 장갑차 중대, 공병대대 등도 배치됐다.

작전통제권과 관련해 주월 사령관이었던 채명신 장군은 적극적으로 지휘권을 행사하겠다는 입장인 반면, 박정희 대통령은 효율성을 이유로 미군의 통제를 받는 것이 낫다는 입장을 보였으나, 채명신 장군의 설득으로 어느 정도 채명신 장군의 입장을 지지했다(채명신, 2006: 55). 채명신 장군은 당시 베트남 사령관이던 웨스트모랜드 장군과의 협의를 통해 일정 부분 양보를 얻어냈다. 즉, 오스트레일리아군과 뉴질랜드군, 태국군에 대해서는 작전 및 전술 등에 대해 각 군으로부터 권한을 위임받아 웨스트모랜드 장군이 이를 행사한 반면, 한국에는 어느 정도의 독립성을 인정해 주었다. 다음은 웨스트모랜드 장군의 회고록 중 일부분이다(최종기, 1976: 157).

> 한국의 박정희 대통령은 나(웨스트모랜드)에게 한국군의 지휘권을 넘겨준다고 말했지만 나는 위신을 보유하려는 신생 공화국 한국인의 열망을 존중했고 한국 지휘관들과는 협조적인 기반 위에서 일했다. 나는 유능한 지휘관 채명신 장군과 사이가 좋았으며, 하급부대에서 문제나 갈등이 발생할 때 손쉽게 해결했고, 광범위한 지침 안에서 자치적으로 작전을 할 수 있는 위치를 부여했다.

베트남전 참전 당시 한국과 베트남 간에 상호 방위조약도 없고 UN의 결의도 없는 상태에서 국군을 파병하는 것은 미국의 용병으로서의 역할밖에 하지 못한다는 비판이 있었으나, 실질적으로 한국군이 독자적인 작전권을 행사함으로써 이러한 우려를 가라앉힐 수 있었다.

4. 제4차 파병(제9보병사단)

미국은 베트남전쟁의 확대로 많은 사상자가 발생하면서 반전 여론이 형성되고 병력 감축 및 철군의 요구가 일어나기 시작했다. 반면에 한국군 전투부대는 작전지역에서 매우 훌륭한 성과를 거두고 있었으며, 베트남전쟁이 미국과 베트남 간의 전쟁이 아니라 국제전이라는 성격을 강조하기 위해 미국은 한국의 전투부대 증파를 요청하게 됐다.

한국 정부도 5만 명까지는 무리가 없다고 판단하고 있었기 때문에 추가 파병에 대해서는 큰 문제가 없었으나, 파병을 통해 미국의 안보 보장과 경제적 실익을 얻기 위해 미국의 파병 요구에 대해 소극적으로 대응했다(최용호, 2004: 199). 또한 전사자가 증가하면서 국내의 여론도 호의적이지만은 않은 실정이었다.

한국 정부는 기존의 합의 사항에 대한 철저한 이행 이후에 추가 파병을 할 수 있다는 입장인 반면, 미국 정부는 추가 파병 후 약속을 이행할 것을 제시했다. 한국 정부는 여러 차례의 협상을 통해 축적된 경험을 바탕으로 좀 더 효율적인 협상 체계를 구축했다. 우선 대미 교섭 창구는 외무부로 일원화하고, 부총리는 경제원조 문제에 집중하며, 국방장관은 군사적인 실무협의에 집중하도록 했다(양창식, 2002: 140).

존슨 미 대통령은 1966년 1월 1일과 2월 22일 두 차례에 걸쳐 험프리 부통령을 특사로 보내 박정희 대통령에게 전투부대의 증파를 요청했으며, 지속적인 협상을 통해 3월 7일 한국군 현대화, 베트남 파병에 소요되는 장비와 일체의 경비 부담, 주베트남 한국군의 전투수당 인상 등의 군사 협조와 약속한 차관 외에 추가 차관의 제공, 한국의 베트남 수출을 위한 지원, 한국군 소요 물자의 한국에서의 구매 등 경제 협조를 담은 '브라운 각서'를 작성했다.

기존의 1,2,3차 파병이 실질적인 이익보다는 선언적인 명분을 획득했다면 4차 파병에서는 기존에 약속됐던 사항들의 이행과 더불어 추가적인 지원을 받는 등 세밀하고 정치된 정책의 추진체계가 효과를 발휘했다고 할 수 있다. 베트남 정부는 2월 22일 1개 전투사단의 추가 파병을 요청하는 공한을 발송했으며, 3월 20일 추가 파병 동의안이 야당 의원들이 불참한 가운데, 찬성 95, 반대 27, 기권 3표로 가결됐다(최용호, 2004: 189).

정부는 파병부대로 기존에 파병됐던 수도사단의 일부인 제26연대와 야전군 예비인 제9사단[8]을 선정했다. 제9사단은 8월 30일부터 이동을 시작해 10월 10일에 이동이 완료됐다. 미군 사령관 웨스트모어랜드 장군은 제9사단을 연대별로 분리해 기동부대로 활용한다는 입장인 반면 주월 사령관인 채명신 장군은 주월 한국군을 증강하는 차원에서 파병되는 것이기 때문에 기존의 부대와 함께 운영돼야 하며 작전지역도 주월 사령부에서 정할 것을 주장했으며, 결국 채명신 장군의 주장이 관철됐다(채명신, 2006: 48).

5. 추가 파병 논의 및 파병계획의 취소

4차 파병이 합의되자 웨스트모랜드 미군 사령관은 한국군의 추가 파병을 건의했으며, 1966년 10월 31일에는 존슨 대통령이 한국을 직접 방문해 추가 파병을 요청했으나,

8) 1950년 10월에 창설됐으며, 6·25 전쟁 중 철원 북방 백마고지 전투에서 큰 전공을 세워 백마부대로 불리게 됐다(채명신, 2006: 340).

박정희 대통령은 11월 11일 기자회견을 통해 추가 파병은 없으나 제대 장병 등으로 구성되는 후방 요원의 파월, 즉 전투 병력과 관계가 없는 민간인 기술자의 해외 취업은 구상 중임을 밝혔다(최용호, 200: 1974). 이와 별개로 기존에 파견돼 있는 제2해병여단의 제한 사항을 해소하기 위해 4개 대대로 증편하면서 2,936명을 추가로 파병했는데, 이것은 교대 병력의 성격이기 때문에 국회의 동의가 필요하지 않다는 정부의 주장에 따라 국회의 동의 없이 결정됐다(양창식, 2002: 142).

한편 북한은 호치민(胡志明)에게 한국군과 같은 규모의 북한군 파병을 제안했으나 외세의 도움 없이 전쟁을 수행하겠다는 호치민의 의사에 따라 북한의 제안은 실현되지 못했으며, 1968년 1월 21일 청와대 기습 미수사건이 발생하고, 같은 달 23일에는 미국 정보수집함 푸에블로호가 북한 함정에 의해 나포되는 사건이 발생했는데, 일련의 사건들은 한국군의 베트남 파병과 밀접한 관련이 있는 것으로 인식됐다(최용호, 2004: 200). 박정희 대통령은 이에 대해 미국과 공동으로 북한에 대해 강력한 응징을 하기를 원했으나 북한으로의 전선 확대를 원하지 않는 미국에 의해 좌절됐으며, 이를 계기로 박정희 대통령은 미국의 안보 공약 등에 대해 회의를 품게 됐다(양창식, 2002: 142). 박정희 대통령은 베트남에 파견된 한국군을 철수시키지는 않았으나 더 이상의 추가 파병은 진행하지 않았으며, 미국 정부 역시 1968년 1월 북베트남의 '뗏(Tet, 음력설)' 대공세로 베트남 정책을 근본적으로 재검토하면서 추가 파병을 요구하지 않았다(최용호, 2004: 201).

6. 한국군의 철군

1969년 새로 취임한 닉슨 대통령은 베트남에서의 단계적 철군을 발표하고 같은 해 7월부터 미군 병력을 철수시키기 시작했으나, 한국 정부는 주한미군 철수문제와 베트남 파병 한국군의 철수문제가 연계돼 있어서 철수에 대한 공식적인 입장 표명을 유보하고 있었다. 그러나 미국은 1970년 7월 주한 미군 1개 사단의 철수를 일방적으로 통보했으며 "한국과의 사전 협의 없이 주한 미군을 감축하거나 철수하지 않겠다"는 약속이 더 이상 유효하지 않게 되면서 1971년 11월 6일 제1단계 철수계획을 발표하고, 1971년 12월 1일부터 1972년 4월 13일까지 약 10,000명의 1단계 철수를 완료했다(양창식, 2002: 142).

제2차 철군계획은 1972년 말까지 나머지 한국군을 모두 철수시키려는 것이었으나 미국 및 베트남 정부의 요청으로 이를 연기했으며, 1973년 1월 23일 베트남 평화협정이 체결됨에 따라 한국군은 1973년 1월 30일부터 철수를 시작했으며, 3월 23일 철수를 완료했다(최용호, 2004: 205).

제4절 성과 및 평가

1. 성과

1) 군사적 측면

한국이 베트남전에 파병함으로써 미국의 지원을 확보해 한국군의 전력이 증강된 것으로 여러 연구에서 확인하고 있다(장재혁, 1997; 정수용, 2003; 최용호, 2004). 한국은 베트남에 파병되는 군대의 현대화뿐만 아니라 파병되는 부대의 공백을 메울 수 있도록 한국에 남아 있는 군대의 전력 증강에 대한 요구도 함께 했으며, 상당 부분 요구 사항을 관철했다. 또한 기존의 군사동맹 관계는 일방적인 미국의 지원, 한국의 피지원 관계였으나 베트남전의 파병으로 인해 상호 의존의 동맹 체계로 전환시키는 계기가 됐다(정수용, 2003: 10).

또한 베트남 파병을 통해 한국전쟁 이후 실전 경험이 없는 장교와 병사의 전투 능력을 향상시킬 수 있었다(장재혁, 1997: 115). 이것은 3차 파병에서 주요 논거 중의 하나였다. 반면에 전투 능력 향상을 위해 젊은이들을 사지로 내몬다는 비판도 있었으며, 결과적으로 5,009명의 전사·순직·사망이 발생했다(최용호, 2007: 16). 〈표 2-3-3〉에 의하면 파병 초기인 1965년에는 총 69명이 전사·순직·사망했으나, 점차 증가해 1967년에는 1,079명까지 증가했으며, 철군하기 전까지 500명 이상의 젊은이들이 매년 희생됐다.

베트남전쟁에 파병한 국가 중 우리나라는 미군 다음으로 두 번째로 많은 병사가 희생됐다. 미군은 58,193명이 희생됐고, 태국은 350명, 오스트레일리아는 520명, 뉴질랜드는 39명이 희생됐으며, 필리핀·타이완·스페인은 희생자가 발생하지 않았다(최용호, 2007: 16).

표 2-3-3 전사 · 사망 연도별 총괄 (단위: 명)

구분	계	전사	순직	사망
계	5,099	4,663	275	161
1965	69	57	6	6
1966	588	563	15	10
1967	1,079	1,017	43	19
1968	907	850	41	16
1969	746	682	28	36
1970	650	590	35	25
1971	504	424	56	24
1972	513	448	46	19
1973	43	32	5	6

자료: 최용호(2007: 40).

2) 경제적 측면

한국의 베트남전 파병은 경제적인 사항만을 고려한다면 이것은 선택이 아니라 필수였다고 할 수 있다(이선호, 2002: 365). 미국의 원조는 지속적으로 감소하고, 실업률은 치솟고 있는 상태에서 경제 개발을 추진하는 박정희 정부에서는 미국의 지원 확대와 재원 마련을 위해 파병이 절실했던 것이다.

우선 군원 (Military Assistance Program) 이관[9]과 관련해 한국 정부는 군원 이관의 중단을 요구했으며, 1966년부터 70년까지 군원 이관으로 절약된 국방비가 약 9,300만 달러에 달했다(최용호, 2007). 한국군의 해외근무수당과 관련해 장성의 경우 매월 200달러 이상으로 받았으며, 이병의 경우에도 약 40달러를 받았는데, 당시 준장의 월급이 125달러, 이병은 1달러인 것을 감안하면 파격적으로 수당이 지급됐던 것이다. 그리고 한국군 전 · 사상자에게 지급된 재해보상금은 약 66억 원에 달했다(최용호, 2007: 155).

수출과 관련해 1960년대 한국의 고도 성장을 유도한 가장 큰 요인은 '지역 내 수출시장의 시기적절한 등장'이라고 할 수 있는데, 1962년부터 1966년까지 대(對)동남아 수출 현황을 보면 파병이 얼마나 큰 영향을 미쳤는지를 알 수 있다. 〈표 2-3-4〉에 의하면 1962년에는 베트남 수출액이 전혀 없었으나 파병을 시작한 1965년부터 급증했으며,

9) 군원 이관이란 미국이 한국에 제공하는 군사원조 중에서 상용소비성 물자는 한국 정부가 구매를 해야 한다는 것으로 1961년에 한국 정부가 약 1천만 달러의 피복비를 부담했으며, 박정희 의장 방미시 이의 중단을 요청해 1962년과 1963년에는 일시적으로 중단됐다가 1964년에 재개됐다(이선호, 2002: 390).

1966년에는 총 수출액의 10% 상당인 2,380만 달러에 이르렀다.

표 2-3-4 한국의 대(對)동남아 수출 현황(1962~1966)

(단위: 백만 달러)

	1962	1963	1964	1965	1966
총 수출액	54.9	86.6	119.5	175.1	249.7
대만	1.4	0.7	2.0	1.9	2.2
필리핀	0.3	2.6	1.2	1.4	0.8
태국	0.4	1.6	2.6	4.3	4.8
말레이시아	0	0	0	0	0.6
베트남	0	1.2	6.3	17.7	23.8

자료: 최동주(2001: 213).

또한 한국의 주요 수출품목은 주로 섬유, 가발 등 노동집약적인 경공업 생산품들이었으나, 베트남에 대한 수출품목은 철강, 기계류, 수송장비 등 중공업 생산품[10]이었다(최동주, 2001: 215). 이것은 박정희 정부가 이미 1960년대에 중공업과 기간산업 발전에 관심을 두고 있다는 증거라고 할 수 있다.

수출과 더불어 민간인들도 베트남에 진출했는데, 1964년도에는 100명이 채 되지 않았으나, 1972년에는 약 2만 명이 넘는 인력이 베트남에 진출했다. 이것은 전체 해외 취업인력의 40%를 점했던 것이다. 베트남에 진출한 민간인 및 군인의 송금, 건설, 군납 등으로 인해 외화 수입의 75%에 달하는 64억 달러가 전쟁 기간 중에 국내로 들어오게 됨으로써 경제 발전의 발판이 됐다(이선호, 2002: 381).

아울러, 미국으로부터 5억 2천만 달러 상당의 파병 관련 공공차관을 확보하는데, 이것은 국내 사회간접자본에 집중적으로 투자됐으며, 2억 4천만 달러 상당의 파병 관련 상업차관은 중화학공업의 설비 투자에 집중적으로 활용돼 결과적으로 1970년대 수출산업의 중심으로 발돋움하게 됐다(최동주, 2001: 239).

이러한 경제적인 성과는 미국의 처지를 십분 활용한 협상전략에 기인한 것으로 볼 수 있는데, 브라운 각서 이외에서 파병 과정에서의 지속적인 협상으로 한국은 상당한 경제적 이득[11]을 얻게 됐다(최동주, 2001: 240).

---

10) 철강제품, 수송장비, 화학제품 등의 경우 각각 총 생산량의 94.3%, 51.8%, 40.9%가 베트남으로 수출됐다.

11) 1970년 미국의 풀브라이트(James Fullbright) 상원의원은 한국은 베트남전쟁에 자유민주주의의 수호보다는 경제적 이익 때문에 참여했다고 강력하게 비판을 했는데, 이는 어느 정도의 설득력이 있는 주장이었다(최동주, 2001: 240).

베트남에 대한 수출, 군인들의 수당 송금, 사상 보상금 등 베트남 파병으로 인해 총 경제적 이득은 10억 3천 6백만 달러에 달하는데, 이것은 같은 기간 외환보유고의 29.83%에 이르며 총 GNP의 2.07%에 이른다(최동주, 2001: 217). 〈표 2-3-5〉에 의하면 참전을 시작한 1965년에는 1,950만 달러였으나, 파병이 본격화되기 시작한 1966년에는 6,220만 달러로 급증했으며, 1970년에는 2억 700만 달러에 도달했다. 파병 이후 급증한 미국의 무상원조까지 포함한다면 베트남 파병으로 인한 경제적 효과는 매우 크다고 할 수 있다. 그리고 외환보유고 증가 외에도 대외 신용도의 향상, 해외 투자의 유치, 수출입 능력의 향상 등에도 크게 기여했다.

표 2-3-5 베트남 파병으로 인한 경제적 이득 (단위: 백만 달러)

	1965	1966	1967	1968	1969	1970	1971	1972	1965~1972	%
상업 수출	14.8	13.9	7.3	5.6	12.9	12.8	14.5	12.5	94.3	9.1
군납	2.8	9.9	15.9	32.4	34.2	57.3	21.2	15.0	188.8	18.2
무역 부문	17.7	23.8	23.2	38.0	47.1	70.1	35.7	27.5	283.1	27.3
군인급여	1.8	15.5	31.4	31.4	33.9	30.6	32.3	26.8	201.5	19.4
근로자송금	-	9.1	34.3	33.6	43.1	26.9	15.3	3.9	166.2	16.0
사상보상금	0	1.1	4.6	4.6	10.8	15.2	13.9	12.0	65.3	6.3
서비스업	0	8.3	35.5	35.5	55.3	52.4	32.0	9.2	238.8	23.1
건설업	0	3.3	14.2	14.2	11.5	10.7	8.5	3.1	61.7	5.9
지급보험금	0	1.1	4.6	4.6	3.8	2.1	1.3	0.7	19.4	1.9
비무역 부문	1.8	38.4	123.6	130.7	158.4	137.9	103.3	55.7	752.9	72.7
계	19.5	62.2	146.8	168.7	205.5	207.8	139.0	83.2	1036.0	100

자료: 최동주(2001: 241).

2. 평가

2012년 10월 13일부터 15일까지 전국의 남녀 1,046명을 대상으로 아산정책연구원이 실시한 여론조사에 따르면 응답자의 57%가 베트남전쟁의 참여는 옳은 결정이었다고 했으며, 40%의 응답자는 베트남전 참전이 박정희 대통령의 치적 중 하나라고 생각했다. 또한 68%의 응답자는 베트남전 참전으로 한미 관계가 강화됐으며, 절반이 넘는 응답자가 참전의 주요 이유는 경제적인 요인이었다고 인식하고 있었다(Baek, 2013: 2).

베트남전쟁의 평가와 관련해 우선 논의되는 것이 어느 쪽에서 파병의 주도권을 행사했는지에 관한 것이다. 볼드윈(Baldwin, 1975)에 의하면 미국은 베트남전쟁이 미국과 베트남과의 전쟁이 아닌 국제사회가 참여하는 국제적인 전쟁이 되는 것을 원했으며, 다른 나라의 군사적인 참여를 위해 재정적 지원을 했는데, 한국이 여기에서 가장 중요한 역할을 했다는 것이다. 즉, 그에 의하면 한국군은 미국의 용병이며, 미국의 전쟁에 한국이 경제적인 목적 때문에 참여했다는 것이다. 그러나 이러한 평가는 베트남전쟁 참여 국가의 정책결정 과정을 제대로 파악을 하지 못하고 베트남전쟁의 본질을 이해하지 못한 데에서 비롯된 것이라고 할 수 있다. 예를 들면 베트남전쟁에 최초로 참여한 호주의 경우 반공정책, 베트남전쟁이 호주에 미칠 영향 등을 고려해 독자적인 판단에 따라 참전을 결정한 것이다(Kuhn, 1997: Pemberton, 1987).

한국은 1950년대부터 베트남 정부와 경제적・군사적 교류를 했으며, 분단국가라는 공통점을 가지고 있어서 밀접한 관계를 유지하고 있었다. 양국의 우호적인 관계는 박정희 정부에서도 이어졌으며, 이러한 우호적인 관계가 베트남전쟁 참여의 결정적인 원인으로 작용했던 것이다(최동주, 1996: 268). 그리고 미국이 요청하기 전에 한국이 베트남전쟁에의 참여 의사를 전달했으며, 파병을 위한 미국과의 협상에서도 한국의 이익을 최대한 반영하도록 노력했다는 점에서 한국은 다른 국가들과 마찬가지로 자발적으로 파병했다고 볼 수 있다.

정치안보적 측면에서 본다면 한국의 베트남전 참전은 미국과의 관계를 공고히 하는 데 기여했다. 물론 베트남전의 악화 및 중국의 핵실험 성공 등으로 한반도의 전략적 중요성이 증대돼 한국과 미국이 밀접한 관계를 유지했던 측면이 있었던 것도 사실이다(최동주, 1996: 275). 한반도의 전략적 중요성에도 불구하고, 미국은 한국에 대한 군사원조를 경제원조로 전환하고 예산의 절감을 위해 미군과 한국군의 감축을 추진했다. 이러한 시기에 한국군의 베트남에의 파병은 미군과 한국군의 감축 논의를 원점으로 되돌리는 계기가 됐다. 즉, 미국은 한국군의 첫 번째 보병사단의 파병과 연계해 한국 정부와의 사전협의 없이는 미군을 철수하지 않을 것이라는 데 대해 동의했으며, 1966년 존슨 대통령의 한국 방문 공동성명서에서도 미국은 주한 미군을 감축할 계획이 없다는 점을 분명히 했다(정수용, 2003: 45).

박정희 정부의 가장 중요한 과제 중의 하나는 경제의 발전이었으나 미국의 원조에 기반한 경제구조는 산업생산 기반을 취약하게 만드는 결과를 초래했으며, 높은 실업률을 보이고 있었다(최동주, 1996: 281). 전쟁 특수는 전쟁 당사국의 요청에 의해 특정 국가가 전쟁에 관련되는 제반 물자를 공급하는 것인데, 일본의 경우 한국전쟁을 통해 전후의 경제부흥을 이뤄낼 수 있었다. 한국도 베트남전쟁에의 참여를 통해 일본만큼의 특수는 아니지만 당시의 경제 규모에 비춰본다면 경제 발전의 토대를 마련하는 계기가 됐던 것은 사실이다(이선호, 2002: 365). 이와 더불어 미국으로부터 도입한 차관은 사회간접자본의 정비와 기간산업의 육성에 사용돼 향후 경제 성장의 발판이 됐던 것이다.

한국의 베트남전쟁의 참여와 관련해 상반되는 시각이 존재하고 있으나, 정치안보적 측면이나 경제적인 측면에서 많은 성과를 거둔 것은 부인할 수 없는 사실이라고 할 것이다. 다만, 베트남전쟁에 참여해 목숨을 잃거나 부상을 당한 군인, 민간인들에 대한 고마움은 영원히 간직돼야 할 것이다.

참고 문헌

국가공훈사편찬회 (2005). 한국전쟁의 실상과 월남전: 하. 서울: 국가공훈사편찬회.

마상윤 (2013). 한국군 베트남 파병 결정과 국회의 역할. 국제・지역연구, 22(2): 59-86.

박홍영 (2000). 한국군 베트남 파병(1961~1966)의 재검토: 릿세의 '행위의 논리' 적용 가능성. 국제정치논총, 40(4): 181-203.

배관표 (2013). 1950・60년대 한국 안보정책의 변화와 연속성: 베트남전쟁 파병 선제안과 파병 결정의 분석을 통해. 서울행정학회 춘계학술대회 발표논문집, 437-464.

양창식 (2002). 베트남 파병정책 결정 배경 및 과정. 베트남전쟁 연구총서 1권, 서울: 국방부 군사편찬연구소, 103-158.

이선호 (2002). 베트남 참전이 한국경제에 미친 영향. 베트남전쟁 연구총서 1권, 서울: 국방부 군사편찬연구소, 359-422.

장재혁 (1997). 제3공화국의 베트남 파병 결정 과정에 관한 연구. 서울: 동국대학교 박사학위 논문.

정상천 (2003). 한국의 베트남전 참전이 한・베트남 교역관계에 미친 영향. 베트남전쟁 연구총서 2권, 서울: 국방부 군사편찬연구소, 75-151.

정수용 (2003). 한국군의 베트남 파병이 한국의 국방력 증강에 미친 영향. 베트남전쟁 연구총서 2권, 서울: 국방부 군사편찬연구소, 1-66.

채명신 (2006). 베트남전쟁과 나. 서울: 팔복원.

최동주 (1996). 한국의 베트남전 참전 동기에 관한 재고찰. 한국정치학회보, 30(2): 267-287.

______(2001). 베트남 파병이 한국 경제의 성장 과정에 미친 영향. 동남아시아연구, 11: 210-242.

최용호(2004). 베트남전쟁과 한국군. 서울: 국방부 군사편찬연구소.

______(2007). 통계로 본 베트남 전쟁과 한국군. 서울: 국방부 군사편찬연구소.

최종기 譯, Westmoreland, W. (1976). 왜 월남은 패망했는가: 야전군 사령관의 보고서. 서울: 광명출판사.

Baek, G. (2013). A Perspective on Korea's Participation in the Vietnam War. *Asan Institute for Policy Studies*, 53: 1-9.

Baldwin, F. (1975). America's Rented Troops: South Koreans in Vietnam. *Bulletin of Concerned Asian Scholars*, 33-40.

Berger, C. (1977). *The United States Air Force in Southeast Asia*. Washington DC: Office of Air Force History.

Dallek, Robert (2007). *Partners in Power: Nixon and Kissinger*. New York: Harper Collins.

Kaiser, D. (2000). *American tragedy: Kennedy, Johnson, and the origins of the Vietnam War*. Boston: Harvard University Press.

Kuhn, R. (1997). The Australian left, nationalism and the Vietnam War. *Labour history*, 72: 163-184.

Makino, S. & E. Tsang (2011). Historical ties and foreign direct investment: An exploratory study. *Journal of International Business Studies*, 42 (4): 545-557.

McNamara, R., J. Blight, R. K. Brigham, T. J Biersteker, T. J. Biersteker, & C. Hobert S. Schandler (2007). *Argument without end: In search of answers to the Vietnam tragedy*. New York: Public Affairs.

Pemberton, G. (1987). *All the Way: Australia's Road to Vietnam*. Sydney: Allen & Unwin.

Thompson, W. (2003). *To Hanoi and Back: The United States Air Force and North Vietnam 1966~1973*. Washington. DC.: Government Printing Office.

Westing, A H. (2011). Environmental consequences of the second Indochina war: a case study. *Warfare Ecology*, 11-17.

Zasloff, J. (1968). *Origins of the Insurgency in South Vietnam, 1954~1960: The Role of the Southern Vietminh Cadres*. California: Rand Corporation.

http://www.archives.gov/research/pentagon-papers/(검색일: 2014. 8. 19).

http://www.archives.gov/research/pentagon-papers/(검색일: 2014. 8. 19).

http://www.jfklancer.com/NSAM273.html(검색일 2014. 8. 19).

http://history.state.gov/historicaldocuments/frus1961-63v22/d247(검색일 2014. 8. 19).

http://history.state.gov/historicaldocuments/frus1961-63v22/d246(검색일 2014. 8. 19).

제 4 장

새마을운동*

소진광
가천대학교

제 1 절 정책의 추진 배경

제2차 세계대전 이후 전쟁으로 피폐해진 지역사회를 재건하기 위한 노력이 세계 곳곳에서 전개되기 시작했다. 전쟁은 주로 도시를 파괴했지만 그 여파는 농촌을 더욱 어렵게 만들었다. 국가가 주도적으로 추진했던 산업화정책이 도시의 경제 기반을 회복하는 데 긍정적인 효과를 거두기 시작하면서 농촌의 상대적 박탈감은 더욱 커져갔다. 이러한 배경에서 1950년대 선진국을 중심으로 지역사회 개발이 주요 정책과제로 떠올랐다. 즉, 지역사회 개발은 산업화와 경제 회복의 대칭적 보완장치로 도입되기 시작했다.

우리나라도 마찬가지였다. 한국은 과거 식민 지배로 인한 구조적 결함과 또 1950년부터 3년간의 한국전쟁을 통해 생산기반 시설이 붕괴되어 세계 최빈국에 속해 있었다. 특히 남과 북이 이질적인 정치 체제로 갈라지면서 남쪽의 대한민국은 지하자원까지 부

* 이 글의 상당 부분은 새마을운동을 통한 한국지방행정의 혁신(지방행정연구, 제128권 제4호, 2014)을 인용하고 있다.

족해 근대화에 취약할 수밖에 없었다. 당시 국가의 존재 이유와 관련해 시급히 해결해야 하는 과제는 산업화의 지속적인 추진, 농촌 빈곤 해결, 국가 작동 체계 구축 등이었다. 1960년대까지 한국 정부는 이러한 정책과제를 수행하기 위해 다각적인 노력을 시도했다. 두 차례에 걸친 농지개혁(1948년 3월과 1950년 4월), 2중 곡가제도 도입 등 농산물 시장에 대한 정부 개입, 농업협동조합의 설립(1958년) 등이 구체적인 사례다.

한국 정부가 새마을운동을 주요 국정과제로 추진하기 시작한 때는 산업화를 통해 급격한 도시화를 겪고, 상대적으로 농촌의 경제가 도시에 비해 하향 길로 접어들고 있던 1970년이었다. 따라서 새마을운동은 저간에 산발적으로 추진돼 오던 다양한 내용의 지역사회 개발정책을 종합하고 그러한 내용을 주로 주민들의 역량 강화를 통해 실천하려 했던 당시로서는 종합적인 시도였다. 즉, 한국 정부는 다양한 방법으로 농촌빈곤 문제를 해결하고, 농업생산성을 향상시키기 위해 분야별로 노력했지만 전통산업과 근대산업의 연동, 농촌과 도시의 상호작용 관계를 조절해 당초 정책 단위별 목표를 달성하는 데 한계를 극복하지는 못했다. 또한 '새마을운동'이라는 용어도 이미 1962년 3월부터 경상남도 일대에서 벌인 농촌개발정책에서 사용되고 있었다(정주진, 2014: 132). 이러한 맥락에서 새마을운동은 '창조적 관점'에서가 아니라 '진화론적 관점'에서 접근할 필요가 있다.

산업화는 상대적으로 기반시설이 갖춰져 있는 도시를 중심으로 생산시설의 집적을 초래했고, 인구의 도시집중을 부추겼다. 이로 인해 도시문제도 심각해졌지만 무엇보다도 농촌의 상대적 박탈감은 효율적인 국토 운영을 어렵게 하고, 국가 통합을 저해하는 요인으로 작용하고 있었다. 즉, 산업화가 국가 전체적인 경제 성장을 도모했으나 도시와 농촌, 공업과 농업의 부조화를 초래해 도시문제와 농촌문제를 동시에 유발하고 있었고, 이는 곧바로 국가 운영의 부담으로 귀결되고 있었다. 한국 정부가 산업화를 적극적으로 추진하면서 농촌문제에 관심을 갖게 된 것도 그 때문이다.

이와 같이 어떠한 정책이나 사업이 추진되는 배경에는 국가 운영 체계 형성 및 유지, 국가 발전, 그리고 국민들의 삶의 질 향상이라는 다소 복잡한 함수가 깔려 있다. 산업기반이 약하고, 국가재정이 부족한 상태에서는 공공부문을 관리할 수 있는 체계 구축이 긴요하다. 공공부문과 민간부문의 연계, 중앙정부와 지방정부의 역할 분담, 지방정부와 지역사회의 상호작용은 국가 형성의 기본에 속한다. 따라서 모든 국민이 국가의 필요성을 인식하고, 국가 발전이 결국 국민들의 삶의 질 향상과 연계돼 있음을 확인시켜줄 정책개발이 필요하다. 5・16 군사정변을 통해 정권을 잡은 박정희 정부 입장에서 보면 정권의 정통성 확보가 매우 중요했을 것이다.

다른 한편, 국가 운영을 책임지고 있는 지도자의 입장에서 국민들의 삶의 질 향상은 의무이자, 나라 경영의 목표이다. 물론 새마을운동이 국민들의 삶의 수준을 높이기 위해 시작됐지만, 종종 국민들을 경제 발전에 헌신하도록 몰아붙이고, 노동분쟁과 반정부 활동을 억제하기 위한 유효한 수단으로 활용됐다는 주장도 있다(Soon-Yang Kim, 2007: 127). 그러나 새마을운동에 관한 대다수 연구(권태준, 1977; 기우걸 외, 1987; 김승호 · 부만근, 1984; 남치호, 1984; Hoybin Lee, 2003; Seong-Kyu Ha, 2005; Chang Soo Choe, 2005; 소진광, 2007a; 엄석진, 2011)는 새마을운동의 긍정적인 측면에 초점을 두고 있다. 1970년대 새마을운동이 국정운영의 중요 과제로 다뤄지다 보니 관료들의 과잉 추진으로 인한 문제점이 없지는 않았지만, 국민들에게 사회 변화 과정에 대한 자신감을 심어줬고, 농촌 빈곤을 어느 정도 해소했으며, 도시와 공장, 직장으로 전파돼 한국의 사회 작동 체계를 효율화하는 데 기여했다.

초기 새마을운동을 통해 추진됐던 물리적 환경 개선과 같은 가시적 성과는 당시 농어촌 주민들의 태도와 행태를 변화시켜 자신감을 고취했고, 지역사회 발전에 새로운 활력을 불어넣기 시작했다. 또한 농어촌 빈곤문제 해결과 농어촌 생활환경 개선을 목표로 추진된 새마을운동이 도시와 공장, 직장으로 확산되면서 한국 사회 전체적인 생산성 향상에 기여했다. 따라서 새마을운동의 성과는 농촌의 소득 증대, 생산기반 시설 확충, 생활환경 개선 등 구체적이고 경성적(hardware) 지표보다는 한국 사회 전반적인 작동 체계의 효율화와 공공부문(public sector)과 민간부문(private sector)의 역할 분담을 통한 상호작용 활성화 등 연성적(software) 지표로 접근해야 할 것이다.

이러한 맥락에서 마을이라는 가장 기초적인 주민생활 공간 단위에서 추진됐던 새마을운동은 주민 참여 확대, 주민 책임 인식 고취, 주민조직화와 역량 강화, 주민들의 공동체 인식 제고를 통해 한국 사회의 경제, 사회, 문화 등 모든 분야에 걸쳐 지속 가능한 발전의 추동력을 제공했다. 이러한 사회 전반에 걸친 발전의 추동력은 '뿌리'에 해당하는 가장 기본적인 주민 일상생활 무대로부터 배양돼야 할 기초적인 투입 요소에 해당한다. 만약 새마을운동이 마을이 아닌 도(道, province)나 군(郡, district)을 단위로 추진됐다면 국가사회의 지속적인 발전을 추진하는 데 기본적으로 필요한 주민조직화, 주민 역량 강화, 주민책임 인식 제고에는 한계가 있었을 것이다. 또한 새마을운동을 일반 주민이 아닌 공무원을 통해 추진했다면 일본의 강제적 식민 지배와 한국전쟁을 거치면서 한국 사회 저변에 축적된 폐쇄적이고 비효율적인 사회 작동 체계를 바꾸는 데에도 한계가 있었을 것이다. 즉, 새마을운동은 공공부문과 민간부문의 상호작용을 촉진하기 위해 주민

지도자들을 발굴하고, 교육, 훈련시킴으로써 새로운 사회 작동 체계를 구축하는 데 성공한 셈이다. 한국 정부는 새마을교육을 강화해 변화의 역군(change agent)을 지속적으로 충원했다.

또한 남북한이 대치하고 있는 당시 상황에서, 북한의 군사력 우위는 산업화를 추진하던 한국 정부에 큰 부담이 됐을 것이다. 특히 1962년부터 추진됐던 '제1차 경제개발 5개년계획(1962~1966)'과 '제2차 경제개발 5개년계획(1967~1971)'은 경제 성장과 함께 도시와 농촌, 전통적인 농업과 제조업의 부문 간 격차를 증대시켜오고 있었다. 이러한 공간 격차, 부문 격차가 커질 경우 농어촌과 농민, 어민 등 소외 지역, 계층은 국가 형성의 주류에서 일탈할 가능성이 높다. 이러한 우려는 국가 작동 체계의 관점에서 말초신경계에 해당하는 지역사회, 특히 마을 단위의 결속력을 필요로 한다. 이와 같이 새마을운동이 국가 주요 정책과제로 채택된 시대적 상황은 지역사회 개발과 관련한 다양한 추진 배경과 복잡하게 연계돼 있다. 즉, 새마을운동을 통한 마을 단위의 결속과 개발 추진체계 작동은 당시 한국 정부의 지속적인 산업화 추진, 농어촌으로부터의 정치적 지원 기반 확보, 국가의 안보 기능과도 연계돼 있었다.

그럼에도 불구하고 한국의 새마을운동은 서양 지향적 지역사회 발전모형에서 탈피하고 내부적인 잠재력을 최대한 동원해 성공한 독창적인 지역사회 발전모형으로 평가된다(소진광, 2007a: 93). 새마을운동이 성공할 수 있었던 요인은 학자마다 다르게 지적하고 있으나 대체로 국민적 자각, 주민 참여 동기 부여, 주민들의 주인 의식과 주도권 신장, 상황에 맞는 새로운 교육·훈련제도 도입, 신념과 야망을 지닌 지도력 등으로 요약된다. 이러한 성공 요인은 새마을운동이 단순한 일회적 사업이 아니라 어떠한 상황에도 적용 가능한 변화 대응 능력임을 시사한다. 따라서 새마을운동의 성과는 사업의 결과라기보다는 변화를 관리할 수 있는 주민 역량의 배양이었다. 즉, 성공 요인을 사업 성과와 연계할 수 있는 과정이 눈에 보이는 구체적인 사업의 결과보다 더 중요하다.

이러한 맥락에서 새마을운동의 성과는 다소 시간은 걸렸지만 주민들이 좀 더 잘살기 위해 자신의 일을 찾아내고, 주민들이 무엇을, 어떻게 할 것인가를 결정하며, 자신들의 결정을 실천하기 위해 스스로 자원을 동원할 수 있는 사회 작동 체계를 구축했다는 점이다. 이러한 실천 논리는 농어촌 지역사회에 국한하지 않고, 도시와 공장, 학교로까지 확대, 전파돼 이후 한국 사회 모든 영역에 영향을 미치기 시작했다. 즉, 새마을운동을 통해 구축된 이러한 작동 체계에 기초해 한국 사회는 도시와 농어촌, 전통산업과 근대산업을 연계하고, 부문 간 혹은 공간 특성끼리의 상호작용을 활성화해 스스로 확대 재생산 과정을 실천할 수 있게 되었다. 한국의 발전은 특정 정책의 성과라기보다는 새마을운동과 같은 국민운동이 배양한 전반적인 사회 작동 체계의 효율화에 근거하고 있다.

이후 한국의 경제 발전도 이러한 맥락에서 설명될 수 있다. 1970년부터 1979년까지 추진됐던 새마을운동 관련 기록물은 2013년 6월 국제연합 교육・과학・문화기구(United Nations Educational, Scientific and Cultural Organization: UNESCO)의 세계기록유산으로 등재됐다.

제 2 절 정책의 추진체계

1. 정부의 추진체계

1970년대 새마을운동의 추진조직은 처음부터 정부와 주민의 역할 분담에 근거해 구성되고, 작동했다. 정부조직은 지역사회 발전의 여건을 형성하고, 주민들의 주도권(initiative)과 주인의식(ownership)을 촉발하는 데 목표를 두었다. 한편 주민들은 정부로부터 제공받은 시멘트와 철근 등 건자재(construction materials)를 통해 자신들의 숙원사업을 추진할 수 있게 됐고, 마을 단위의 공동체 삶을 재건함으로써 삶의 질을 향상시킬 수 있었다. 이와 같이 새마을운동은 공공부문과 민간부문의 상호작용을 통해 국가 전체의 이익을 확대재생산하는 과정 논리를 창출하는 데 기여했다.

당시 한국 정부는 새마을운동이라는 새로운 기제(apparatus)를 도입해 공공조직을 재정비했고, 산업화를 추진하는 과정에서 드러난 다양한 사회・경제적 문제점을 민간부문과 공동으로 해결할 수 있는 정책 수단을 개발하는 데 성공한 셈이다. 특히 새마을운동은 중앙정부가 결정하고 생산하는 공공재를 단순히 전달하던 지방행정기관(local public agencies such as provinces and special city or metropolitan cities, cities and districts etc.)에 새로운 임무를 부여했고, 지역사회에서 공공부문과 민간부문이 협력할 수 있는 공통기반을 마련해주었다. 이 과정에서 새마을운동은 지역사회에 사장되어 있던 한계자원(marginal resources)과 유휴노동력을 동원해 국가 경영의 효율성을 증대시켰다.

이와 같이 새마을운동은 정부가 주도하던 공공부문과 주민이 주도하던 민간부문의 역할 분담이 조화를 이뤄 추진됐다. 즉, 새마을운동 추진조직은 공공부문과 민간부문을 결합한 관・민(官・民) 협력적 제3섹터(the 3rd sector) 특성을 지니고 있다. 이러한 새로운 방식은 중앙정부, 지방행정기관, 지역사회를 연계해 '수직적 거버넌스(vertical governance)'를 구축했고, 다양한 정부 부처끼리의 역할 분담, 지방행정기관 혹은 마을끼리의 열린 경쟁(open competitiveness among local administrative agencies and villages)을 통해 '수평적 거버넌스(horizontal governance)'를 형성했다. 이와 같이 수직적 거버넌스와 수평적 거버넌스가 서로 맞물리면서 한국 사회는 '격자형 거버넌스(grid type governance)'를 구축해 국가 작동 체계를 효율화했고, 이를 통해 새로운 발전 추진력을 얻게 됐다.

1) 중앙정부의 추진체계 구축

1948년 11월 4일 내무부 창설 당시 1실 3국 24과 체제의 조직이 1961년 3국 16과 체제로 간소화됐지만 1971년 8월 19일(대통령령 제5755호) 내무부직제를 개정하면서 지방국의 개발과를 폐지하고, 새마을 업무를 지원하기 위해 지역개발담당관을 신설했다. 새마을운동의 출발과 더불어 내무부를 중심으로 중앙정부 및 지방정부의 행정기구 개편이 이뤄졌다. 또한 1972년 내무부 장관이 새로 구성된 새마을운동중앙협의회의 위원장을 맡아 새마을운동을 총괄하게 됐다. 1973년 직제 개편에 따라 중앙부처에 '새마을' 명칭을 가지는 부서가 처음으로 등장하고 새마을운동을 효율적으로 추진하기 위한 행정체제가 갖춰졌다.

1973년 1월 15일 내무부는 직제 개편을 통해 1973년 1월 16일부로 지방국(Bureau for Local Affairs)에 새마을지도과, 새마을담당관, 새마을계획분석관 등을 설치했다. 또한 내무부는 1974년 12월 다시 지방국에 새마을기획과와 새마을지도과를 비롯해 도시지도과, 새마을교육과, 새마을담당관을 설치함으로써 새마을운동을 추진하기 위한 조직을 확대했고, 이 시기에 새마을운동이 가장 활발하게 전개됐다. 또한 내무부는 1978년 2월 대대적인 직제 개편을 실시해 새로이 신설된 지방행정국에 새마을기획과와 새마을지도과 및 새마을담당관을 두었으며, 1979년 9월에는 지방행정국 내에 있던 농촌주택개량과를 새마을주택과로 이름을 바꿨다.

새로운 정부 출범 이후부터 새마을운동이 본격적으로 추진되던 시기의 내무부 조직 개편은 〈표 2-4-1〉과 같다. 이러한 내무부의 조직개편에 따라 지방의 시・도 및 시・군・구에도 유사한 명칭의 조직이 신설되거나 개편되는 지방행정조직 개편이 있었다. 이러한 지방행정조직의 개편은 새마을운동을 범국민운동으로 추진하기 위한 공공부문의 노력으로 구체화되곤 했다. [그림 2-4-1]은 1974년 12월 내무부 직제 개편을 통해 강화된 새마을운동 추진체계를 보여준다.

표 2-4-1 새마을운동 출범 전후의 내무부 조직개편 비교

1948. 11. 4.(창설) (대통령령 제18호)	1961. 7. 22. (각령 제59호)	1973. 1. 16. (대통령령 제6458호)	1974. 12. 31. (대통령령 제7505호)
1실 3국 24과	3국 16과	1실 2국 21과 14담당관 (2급7, 3급7)	1실 4국 23과 10담당관 (2급6, 3급4)
비서실(4과) 총무과/인사과/ 경리과/차량과 지방국(4과) 행정과/재정과/ 진흥과/선거과 건설국(7과) 서무과/자재과/도시계획과/건축과/도로과/이수과/항만과 치안국(9과) 경무과/보안과 등 9개 과	총무과 지방국(3과) 행정과/재정과/ 지도과 토목국(6과) 관리과/토목행정과/도시과/도로과/이수과/증기과 치안국(6과) 경무과/보안과 등 6개 과	민원담당관/공보담당관/비상계획담당관/총무과 기획관리실(3담당관) 기획예산담당관/행정관리담당관/법무담당관 지방국(8과 5담당관) 행정과/관리과/주민과/재정과/세정과/새마을지도과/도시지도과/주택지도과/지방행정담당관/지방재정담당관/새마을담당관/새마을계획분석관/지방감사담당관 치안국 (이하 생략)	민원담당관/공보관/비상계획관/총무과 기획관리실(3 담당관) 기획예산담당관/행정관리담당관/법무담당관 지방국(9과 4 담당관) 행정과/관리과/주민과/재정과/세정과/새마을기획과/새마을지도과/도시지도과/새마을교육과/지방행정담당관/지방재정담당관/새마을담당관/지방감사담당관 [치안본부] (이하 생략)

자료: 행정자치부 조직변천사(1948~1977)에서 일부 발췌.

새마을운동을 추진하기 위한 중앙부처의 조직개편으로 공무원 수도 크게 변화했다. 국가공무원 수 증가율은 1972년, 1973년, 1975년, 1979년을 제외하고는 전체 인구증가율을 훨씬 상회하고 있다. 지방공무원 수도 1972년과 1979년을 제외하고는 역시 전체 인구증가율을 크게 상회하고 있다. 또한 중앙공무원 수와 지방공무원 수의 상대적 비중은 1965년 5.3:1에서 1970년 5.0:1, 1975년 3.4:1, 1980년 2.9:1, 다시 1985년에는 2.3:1로 낮아졌다. 이는 정부조직 개편으로 중앙정부와 지방정부의 업무 비중이 변화했음을 보여준다. 특히 1973년 새마을운동이 전국적으로 확산되던 시점에서 지방공무원 수가 전년에 비해 25.5% 이상 증가했음에 주목할 필요가 있다. 이와 같은 자료는 새마을운동 추진으로 지역사회에 가까운 지방정부의 역할이 그만큼 증대되고 있음을 보여준다.

한국 정부는 중앙정부 부처 업무를 조정하면서 1973년 농수산부, 상공부, 문교부 등

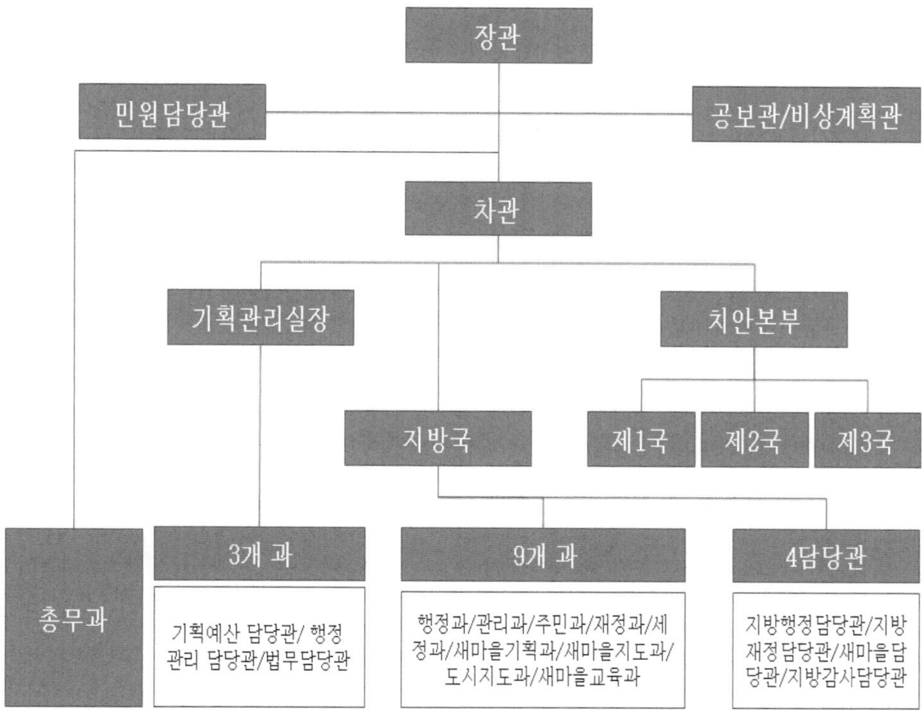

그림 2-4-1 직제 개편에 따른 내무부 조직도(1974년 12월 31일)

자료: 행정자치부 조직변천사(1948~1977)에 근거하여 직접 작성.

중앙부처에 새마을운동 전담부서를 신설했다. 이러한 직제 개편은 새마을운동 추진 업무를 뒷받침하고, 지역사회에 대한 공공부문 역량을 증대시키기 위한 중앙정부의 노력으로 이해된다. 이러한 중앙부처의 업무 조정과 새로운 부서 신설로 부처끼리의 업무 연계가 활성화돼 중앙정부 차원에서의 수평적 거버넌스(horizontal governance)가 강화됐다.

1974년 12월 31일에도 내무부는 직제 개편을 통해 새마을조직을 더욱 강화했다. 즉, 내무부는 새마을운동의 종합계획 및 교육홍보 기능 강화를 위해 새마을계획분석관을 새마을기획과로, 주택지도과를 새마을교육과로 개편했다. 〈표 2-4-2〉에서와 같이 내무부 지방국 새마을운동 관련 부서별 업무 분장을 보면 중앙정부가 지역사회 개발행정을 다루고 있고, 공무원들의 지역사회 개발에 대한 창의력이 반영될 수 있었음을 알 수 있다. 당시 박정희 대통령은 월간 경제동향보고 끝에 전국의 새마을운동 성공 사례를 직접 해당 마을지도자로부터 들었는데, 이러한 성공 사례 발굴을 위해 내무부 새마을담당관이 현장에 가서 직접 확인하는 등 새마을운동의 추진으로 소관 업무 담당 공무원들의 책임감이 높아졌다(고건 당시 새마을담당관의 증언, 2012).

표 2-4-2 내무부 지방국 새마을운동 관련 부서별 업무분장(1973. 1. 16)

부서명	업무	
새마을지도과	• 마을운동의 단기계획 수립 • 마을사업의 지도 • 새마을지도자의 교육, 훈련	• 새마을운동 자재 공급 • 새마을운동에 관한 홍보 및 기록 보존
도시지도과	• 도시개발의 지도 • 시 · 도 종합개발의 지도	• 주거표시제의 실시제도
주택지도과	• 주택 및 지붕 개량의 지도 • 취락 개발의 지도	• 특수지역 개발의 지도
새마을담당관	• 새마을운동에 관한 계획의 종합 조정 • 전국개발계획과 지방자치단체 개발계획의 연계 조정	• 시 · 도 종합개발계획의 종합 조정
새마을계획분석관	• 새마을운동의 장기계획 수립 • 새마을운동중앙협의회 운영 • 새마을운동의 각 부처 업무의 종합	• 새마을운동의 평가분석 • 지역경제분석

자료: 저자가 행정자치부 조직변천사(1948~1977)에서 일부를 발췌해 정리.

새마을운동은 거의 모든 중앙부처 업무와 연계돼 있어서 이들 각 부처의 사업을 논의, 조정하는 협의조직을 필요로 했다. 이러한 맥락에서 관계기관 간의 새마을운동 지원 업무의 협의 · 조정을 위해 중앙과 지방 단위에 새마을운동 종합계획협의체를 구성했다(국가기록원, http://theme.archives.go.kr/next/semaul/time01.do). 즉, 새마을운동의 협의조직은 중앙정부 차원, 시 · 도 차원, 시 · 군 차원, 읍 · 면 차원 및 마을 수준 모두에서 결성됐다. 우선 새마을운동중앙협의회는 중앙정부 부처 간 협의조정기구로 경제기획원, 내무부, 재무부, 문교부, 농수산부, 상공부, 건설부, 보사부, 체신부, 문공부, 과기처, 제2무임소 장관실 등 부처(ministries)와 그리고 산림청, 조달청, 농진청, 농협중앙회, 수협중앙회, 서울특별시가 참여했다.

2) 지방행정기관의 추진체계 구축

지방행정기관 단위에서도 새마을운동을 추진하기 위한 조직개편이 있었다. 물론 지방행정기관 단위에서 '새마을' 이름을 딴 부서가 신설되기 이전에도 새마을운동 업무가 중요하게 다뤄지고 있었다. 1973년 2월에 시 · 도에 새마을지도과가 신설됐다. 시 · 군 단위 지방행정기관에서 새마을운동 전담부서가 설치된 것은 1974년 8월 1일이었다. 당시 농촌지역 군 단위의 공공조직은 시 · 도의 시 · 도지사가 임명하는 군수(Gunsu, Head of District)를 책임자로 하여 2실(1 문화공보실, Director for culture and public relations 그리고 민원실, 1 Director of service center), 6과(즉, 5개 계로 구성된 내무과, 2개 계로 구성된 새마을과, 3개 계로 구성된 재정과, 6개 계로 이뤄진 산업과, 2개 계로 구성된 수산과, 그리고 3개 계로 구성된 건설과)로 조직돼 있었다. 특히 신설된 새마을과에는 새마을계와 개발계가 포함돼 있어서 마을 단위의 새마을운동을 지원했다.

그러나 불과 4개월 만인 1975년 1월 1일 농촌의 군 단위에 새마을운동을 전담하는 부군수제(Vice-Gunsu in charge of Saemaul Undong)가 도입돼 종래 새마을과는 폐지되고 대신 그 안에 소속했던 2개 계, 즉 새마을계 및 개발계(Division of Saemaul and Division of Development)와 기획예산계(Division of Planning and Budgeting)가 부군수의 직접 통제 안으로 들어왔다. 이와 같은 농촌지역 군청의 지방행정 조직도는 [그림 2-4-2]와 같다.

그러나 1979년 7월에는 부군수가 새마을운동만을 담당하지 않고 군(郡)의 업무 전반에 대해 군수를 보좌하는 직책으로 바뀌고 다시 새마을과를 부활했다. 1970년대는 인사(人事)에서 시 · 도 및 시 · 군의 새마을과에 우수한 공무원을 선발 · 배치하고 근무평정 가산점제, 2년 근무 제한, 우선 승진제 등을 실시해 새마을 행정조직의 활성화를 도모했다(국가기록원 자료). 이와 같이 새마을운동 관련 공무원들의 업무환경 개선 및 특권 부여, 그리고 새마을운동 우수 성과 관련 공무원 및 민간 지도자들에 대한 훈장(national medal) 수여로 새마을운동의 추진체계는 한국의 전체 사회를 선도하는 역할을 수행하게 됐다.

또한 새마을운동 추진 과정에서 지방공무원들의 태도 변화는 경상북도 영일군의 두 지방공무원 역할을 분석한 엄석진의 연구(2011)에서 분명하게 나타나고 있다. 엄석진(2011)은 1970년대 두 지방공무원 면담을 근거로 당시 지방공무원을 새마을운동의 '숨겨진' 지도자로 평가한다. 즉, 당시 지방공무원들은 새마을운동 과정에서 설득, 의사소통과 같은 연성 권력(soft power)과 경제적인 유인, 강압 등과 같은 경성 권력(hard power)을 적절히 활용해 주민들을 설득하고 내부 자원을 동원하는 데 기여했다. 지방공무원의 이러한 역할은 새마을운동이 종합적 지역사회 개발 방식으로 접근했던 것과 무관하지 않다. 당시 지방공무원은 주민들의 선망의 대상이라서 주민들을 설득하고 새마을운동을 정당화하는 데 비교 우위를 확보하고 있었다. 특히 담당 마을의 성과가 자신의 인사에 반영됐기 때문에 지방공무원들은 새마을운동 추진에 적극적이었다.

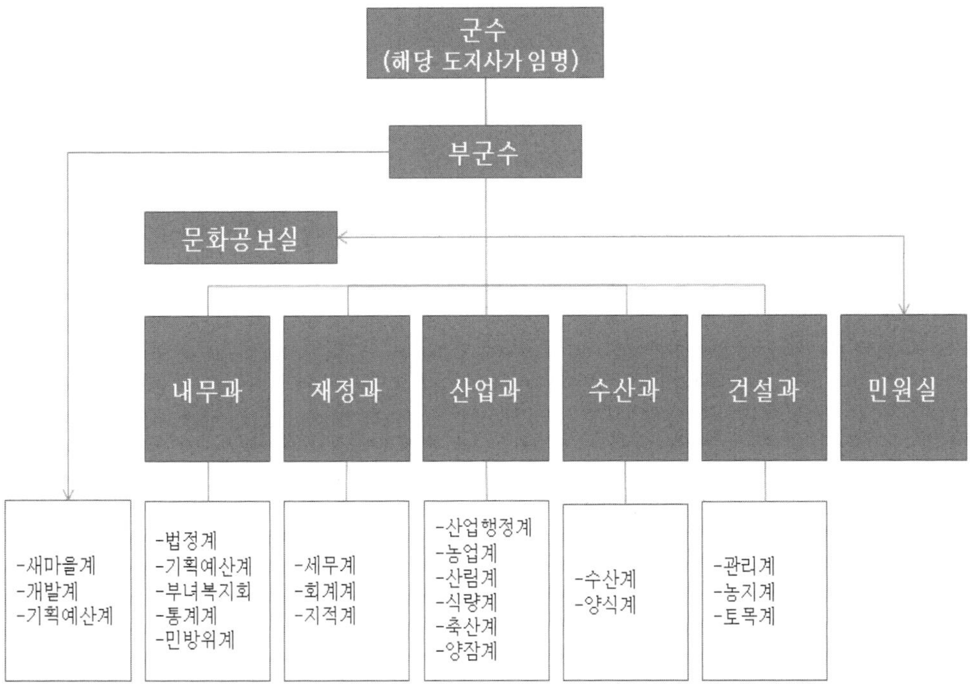

그림 2-4-2 **1975년 조직개편에 따른 군의 지방행정 조직도(1975년 1월 1일 기준)**

자료: 행정자치부 조직변천사(1948~1977)를 참조해 직접 작성.

이와 같이 당시 일선 지방행정기관의 개편은 새마을운동을 추진하기 위한 정부혁신의 요건을 충족시키고 있었다. 이들 일선 지방행정기관이 지역사회 개발이라는 새로운 업무를 도입하고, 종래와는 달리 현장 중심의 업무 수행 방식을 채택했다. 특히 일선 행정기관인 읍·면에도 지역의 기관장과 새마을지도자로 구성된 추진위원회를 설치해 새마을운동을 지원했다. 또한 마을 단위에서도 새마을지도자를 대표로 하는 마을총회와 리·통 개발위원회가 주도권을 잡고 새마을운동을 추진했다. 지방행정기관의 새마을운동 지원은 공공재산의 공여, 중앙정부 지원물자의 전달, 마을마다 책임 공무원 담당제를 실시해 각종 행정적 지원, 기술지도, 우수사례 발굴 및 전파 등으로 요약된다.

당초 중앙정부의 정책과제로 출발한 새마을운동은 가장 기초적인 주민들의 생활 무대인 마을 현장에서 추진되면서 한국 국민들의 생활 방식으로 자리 잡게 되었다. 매달 개최됐던 국무회의에는 새마을운동 추진과 관련한 안건이 거의 전부였다(고건 당시 내무부 새마을담당관의 증언, 2012). 따라서 대통령은 새마을운동 추진 과정에서 간혹 발생할 수 있는 부처 간 이견을 직접 조정할 수 있었다. 특히 매월 대통령이 주재하는 월간 경제동향보고에는 새마을운동 성공 사례가 발표되어 현장 업무가 직접 국정 최고책임자에게 전달됐다.

이와 같이 새마을운동은 대통령, 각 중앙부처, 시・도 및 시・군, 읍・면과 각 마을 현장이 직접 연결돼 추진됐다. 이 과정에서 종래 일방적으로 중앙정부의 정책 의지나 지시가 지방행정기관으로 전달되던 방식이 쌍방향 상호 조정 과정을 거치게 됐다. 이와 같이 동일한 장소와 동일한 시점에서 동일한 현장 사업을 놓고 쌍방향 의사소통을 함으로써 한국의 행정 체계는 투명하고 체계적으로 정비됐다. 이러한 새마을운동 추진 방식은 소위 수직적 거버넌스(vertical governance)로 평가된다. 특히 시멘트 등 건자재가 중앙 단위에서의 의사결정을 통해 마을까지 투명하게 전달됐던 것은 한국 행정의 일대 혁신이었다. 이러한 전달 체계는 공공부문의 노력뿐만 아니라 이미 산업화를 통해 축적된 민간기업의 운송 체계를 통해 구축됐다. 즉, 새마을운동을 추진하는 과정에서 공공부문과 민간부문이 상호작용하고, 모든 이해 당사자가 참여하는 '거버넌스'가 구축된 셈이다.

수평적 거버넌스(horizontal governance) 관점에서 새마을운동 시・도 협의회는 기능별 책임 분담을 다뤘고, 도지사, 부지사, 교육감, 농촌진흥원장, 지방건설국장, 지방체신청장, 지방방송국장, 대학교수, 농고 교사, 농협지부장, 농진지소장, 산림청지부장, 향군지부장, 한전지점장 등이 참여했다. 새마을운동 시・군 협의회는 마을의 새마을운동 합동 지도를 위해 설립됐고, 시장, 군수, 교육장, 경찰서장, 농촌지도소장, 농고교장, 농협장, 우체국장, 기타 필요 인사가 참여했다. 새마을운동 읍・면 추진위원회의 주요 기능은 새마을운동의 종합 추진을 지원하는 것으로 읍・면장, 지서장, 향토학교장, 우체국장, 농촌지도소 지소장, 농협지소장, 읍면 단위 조합장, 새마을 지도자 기타 필요 인사 등이 참여했다. 마지막으로 마을 단위의 마을개발위원회(village development committee)는 향토보전부, 마을 개발부, 부녀복지부, 감사부 등 15명 내외로 구성했다.

이와 같이 새마을운동은 민・관의 공동, 현장 중심, 주민 의견을 청취하고 향후 계획에 반영하는 '거버넌스' 방식으로 추진됐다. 또한 새마을운동 실적은 다른 마을과 비교・평가되고, 성공 사례가 전국적으로 전파됐다. 새마을운동을 추진하는 과정에서 일선 지방행정기관에 근무하는 공무원들의 업무 방식도 바뀌었다. 시·군·구에도 새마을운동을 전담하는 부서가 신설되면서 지방공무원 1명이 1마을을 담당하는 전담제('one public officer to one village' charge system)가 시행됐다. 그러나 새마을운동의 마을별 공무원 담당제는 주민과 공공기관이 협력할 수 있는 기제(apparatus)이기도 하고, 갈등을 유발하는 원인이 되기도 했다. 즉, 담당 마을의 새마을운동 성과가 자신의 승진과 연계됐기 때문에 정부의 성과지표를 충족시키기 위한 담당 공무원의 과욕이 주민들의 자발적 새마을운동 추진과 충돌을 빚기도 했다.

2. 민간부문의 추진체계

새마을운동은 마을, 지역사회 단위에서 공공부문과 민간부문의 상호작용을 통해 확대재생산 과정을 창출했다. 이러한 상승작용은 공공부문에서의 강력한 추진체계 못지않게 민간부문의 추진조직 활성화에 힘입은 바 크다. 이러한 상승작용은 새마을운동 우수마을에 대한 보상제도(rewarding system such as more incentives for the better achieved)를 통해 더욱 확대될 수 있었다. 즉, 우수마을에 대한 인센티브 부여로 모든 마을 주민들은 경쟁적으로 새마을운동에 참여했고, 내부자원을 자체 조달했다. 〈표 2-4-3〉은 연도별 새마을운동 참여 마을 수와 주민 참여 수 변화를 보여준다.

〈표 2-4-3〉에서와 같이 1971년 33,267개 마을이 새마을운동에 참여했고, 참여 마을

표 2-4-3 연도별 새마을운동 참여 마을 수와 참여 연인원

연도	참여 마을(개소)	참여 연인원(천 인)	마을당 연평균 참여 연인원(인)
1971	33,267	7,200	216
1972	34,665	32,000	923
1973	34,665	69,280	1,999
1974	35,031	106,852	3,050
1975	36,547	116,880	3,198
1976	36,557	117,528	3,215
1977	36,557	137,193	3,753
1978	36,257	270,928	7,472
1979	36,271	242,078	6,674
합계(9년간)	319,817	1,099,939	3,439(9년간 평균)

자료: 소진광(2007a: 100).

수가 계속 증가해 1975년에는 거의 모든 마을이 참여하게 됐다. 새마을운동 초기였던 1971년 마을당 새마을운동 참여 주민 수는 216명이었으나, 1974년에는 3,050명, 1978년에는 7,472명으로 늘어났다. 한 마을에 가용 노동력이 평균 200명이라고 가정하면 1971년에는 주민 1명이 새마을운동에 연간 하루 참여한 꼴이지만 1974년에는 거의 15일, 1978년에는 연간 37일이나 새마을운동에 참여한 셈이다.

또한 새마을운동은 마을 단위에서 공공부문의 성격을 띤 민간 주도의 지역사회 발전 프로그램으로 추진됐다. 이 과정에서 주민들은 공공성을 띤 자원의 관리방식과 절차, 즉 행정 경험이 부족했다. 이러한 주민들의 행정 경험 부족은 자칫 마을 차원에서의 공공사업이 특정인 혹은 특정 집단의 이익만을 도모하는 결과를 낳을 수 있다. 이와 같이 정부의 지원으로 추진되는 지역사회 발전 프로그램이 편파적 수혜를 초래할 경우 지역사회는 더욱 빠르게 파괴됐을 것이다. 하지만 지역주민들의 이러한 행정 경험 부족은 지방행정기관이 적극 지원해 새마을운동과 관련한 지역사회 신뢰를 구축하는 데 기여했다. 특히 주민들의 행정 경험 부족을 공무원들이 대행한 것이 아니라 주민들의 이 분야 역량을 강화하기 위해 지원하는 방식으로 접근한 것은 향후 새마을운동의 지속적인 추진에 기여하고, 지역사회 거버넌스를 구축하게 된 배경이 됐다.

특히 새마을운동의 전국적 확산에는 공공부문에서의 홍보 지원이 크게 기여했다. 새마을운동의 성공 사례는 당시 각종 홍보매체를 통해 전국적으로 확산됐고, 성공 사례에 대한 비교, 시찰을 통해 시행착오를 줄이면서 좀 더 정교한 실천 논리로 자리 잡아갔다. 마을 지도자들은 성공한 인접 다른 마을을 시찰하고 자기네 마을과 비교하게 됐으며, 이 과정에서 더 나은 방법을 모색하게 됐다. 따라서 새마을운동의 마을별 성과는 객관적이고 공정하게 평가돼 사회 정의를 실천할 수 있는 제도 역량을 강화하는 데 기여했다.

또한 새마을운동은 마을 단위에서 전통적인 농업 이외의 새로운 사업을 시행하는 프로그램이었다. 하지만 주민들은 마을 공동시설 및 생활환경 개선사업, 생산기반시설과 같이 전문성을 요구하는 분야의 경험이 부족한 실정이었다. 이러한 상황에서 마을주민들은 마을 현황을 조사하고, 공동의 문제점을 도출하며, 사업계획을 작성하고 사업을 수행하는 데 한계를 지니고 있었다. 특히 마을 주민들은 전통적으로 민간부문의 영역에서 활동해 왔기 때문에 지역사회 공공부문 활동과 관련해 많은 기술적 어려움을 겪었다. 이러한 마을 주민들의 어려움은 전문성을 갖춘 지방공무원들의 지원을 통해 해결될 수 있었다. 또한 도로와 수로 건설과 같이 특수한 장비를 필요로 하는 새마을운동 사업에는 지방행정기관과 군(軍, military forces)의 장비가 지원됐다.

다른 한편 새마을운동에 투입된 자원은 정부가 지원한 시멘트 등 건자재와 각종 포상금에 국한하지 않고, 출향 인사들과 각계각층의 후원금이 포함돼 있었다. 외지로 나가 성공한 출향 인사들은 고향의 발전을 위해 돈을 모아 보냈고, 새마을운동을 성공적으로 추진하는 마을에 대해서는 외부의 지원이 있었다. 이 과정에서 외부 지원금에 대한 투명한 관리가 중요해졌다. 이와 같이 새마을운동을 추진하는 과정에서 한국은 중앙정부로부터 지방행정기관 및 지역사회에 이르기까지 투명한 공공재 생산 및 전달 체계를 구축하는 데 기여했다.

새마을운동이 중앙정부의 지속적 관심과 시멘트 등 건축자재 지원으로 촉발됐다고 하여 관 주도형, 하향식 지역사회 개발로 분류되는 경우가 많았다. 그러나 하향식 접근(top down approach)과 상향식 접근(bottom up approach)은 의사결정 과정에서 주민들의 자발성과 사업 시행 과정에서 주민들의 참여 행태에 기초해 구분돼야지 외부 지원의 흐름 방향으로 구분할 일이 아니다. 따라서 새마을운동의 주민조직을 검토하는 일은 새마을운동의 성격을 정립하는 데 매우 중요하다. 이러한 사례는 충청북도 충주시 주덕읍 제내리의 풍덕마을 기록에서 확인할 수 있다(이세영, 2003).

풍덕마을의 주민조직은 전통적인 마을 이장(village chief)과 마을의 공동작업을 관장하는 개발계(resident association for village development)로 구성돼 있었다. 풍덕마을은 1970년 가을 정부로부터 지원받은 시멘트 335부대와 철근 약간을 이용해 기존 개발계를 중심으로 여러 차례의 주민총회를 개최해 마을회관을 건립하기로 하고, 규모와 위치 및 시설을 결정했다.[1] 주민대표들은 출향 인사를 중심으로 외부 기부금을 모으고, 1971년 1월 30일 주민총회를 개최해 이제까지의 마을회관 건립 구상을 논의했다. 여기서 결정된 마을회관 건립계획은 1971년 2월 25일 마을 주민들이 참여해 자갈을 채취하고 운반하는 작업으로부터 시행되기 시작했다. 풍덕마을 주민들은 1971년 3월 15일 마을회관 건립에 착수해 같은 해 6월 9일 건평 33평의 마을회관을 완공했다. 건물 부지와 연인원 637명의 노동력은 모두 풍덕마을 주민들이 마련했고, 주민들이 별도로 마련한 목재 2,245 단위 외에 공사에 투입된 현금 1,233,929원은 출향 인사의 기부금 62만 원, 충청북도의 새마을운동 실적 평가에 의한 포상금 15만 원, 그리고 주민들이 거둔 463,929원으로

---

1) 풍덕마을은 '새마을 가꾸기 사업'이 시작되기 전인 1960년대 말부터 마을회관 신축을 추진했으나 재원 조달문제로 어려움을 겪고 있었다. 그러나 1970년 '새마을 가꾸기 사업'이 시작돼 정부로부터 시멘트 등 건자재를 지원받음으로써 풍덕마을 마을회관 신축사업은 다시 추진될 수 있었다.

충당됐다.

풍덕마을 주민들은 1971년 마을회관과 작은 교량 2개소를 건립한 것 외에 더 이상의 새마을사업을 추진하지 않았다. 그러나 일부 마을 주민들이 인근 마을의 새마을사업 성과를 보고 이에 자극받아 1972년 11월 7일 주민총회를 개최해 다시 새마을운동을 추진하기로 의결하고 새마을 지도자를 선출했다. 특히 풍덕마을은 마을회관의 성공적 건립을 계기로 기초마을(basic village)로 선정돼 정부로부터 시멘트 700부대와 철근 1톤을 배정받아 새로운 새마을사업을 추진할 수 있는 자원을 확보했다. 마을 주민들은 1972년 11월 16일 주민 57명이 참석한 가운데 새마을총회를 개최해 '새마을사업 추진위원회'를 조직했다. 여기서 주민들이 직접 선출한 '풍덕 새마을사업 추진위원회'는 회장 1인, 부회장 2인, 동원반장(staff in charge of labour & fund mobilization) 4인, 섭외담당(staff in charge of public relations) 6인, 감사(auditors) 2인, 기술담당(staff in charge of technique and skill) 2인으로 구성됐다.

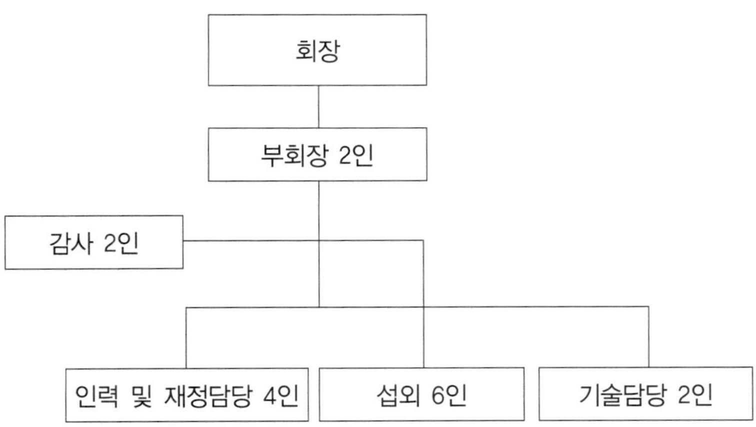

그림 2-4-3 마을 단위의 새마을운동 추진위원회 조직도

(충청북도 충주시 주덕읍 제내리 풍덕마을 사례: 1972년 11월 16일 마을주민총회를 통해 결성)
자료: 이세영(2003) 자료에 근거해 직접 작성.

1972년 12월 6일 '풍덕 새마을사업 추진위원회'는 임원회의를 개최해 마을진입로와 마을 안길, 작은 다리 놓기 등 사업계획을 토의했다. 1972년 12월 22일에는 남자 49명, 여자 42명 등 모두 91명이 참석한 가운데 마을총회를 개최해 새마을 성금 부과금액 승인, 사업 기간, 사업 불참자에 대한 벌금 부과액 기준, 건자재 공급계획 등을 논의했다.

[그림 2-4-3]은 충청북도 충주시 주덕읍 제내리의 풍덕마을에서 1972년 11월 16일 열린 마을주민총회를 통해 선출한 '풍덕마을 새마을사업 추진위원회' 조직도다. 특히 마을주민들은 다른 마을에서의 새마을운동 성공 사례를 접하면서 경쟁하게 됐고, 이 과정에서 내부자원을 동원하는 데 성공했다.

제3절 정책의 추진 과정 및 내용

새마을운동의 성공 요인에 관한 많은 평가에서 공통적으로 지적되고 있는 것은 지도자의 역량과 지지, 정부의 지속적인 관심, 적정한 자원 투입과 기술 지도, 주민들의 자발적인 참여와 주인의식 등이다. 결국 새마을운동이 성공할 수 있었던 것은 개별 요소들을 조직화하고 이를 공동의 목표를 실현하기 위해 활용할 수 있었기 때문이었다. 새마을운동은 그 성격이 종합적이고 복합적이라서 지역사회의 다양한 자원을 동원하고 구성원들의 다양한 활동을 결집하는 과정 논리를 띠고 있다.

새마을운동은 특정한 상황에서 특정의 목표를 추구하는 단편적인 사업이 아니고, 어느 경우에도 적용될 수 있는 원리(principle)인 셈이다. 따라서 1970년대와 1980년대 한국의 다양한 개발사업 추진은 대부분 새마을운동 방식에 기초해 추진됐다고 볼 수 있다. 특히 당시 상황에서 새마을운동의 추진 방식, 즉 권한 행사 방식, 의사결정 방식, 정보생산, 공공재 생산과 관련한 시민의 역할, 그리고 자원조달 체계는 지역사회 거버넌스 측면에서 다음과 같이 평가된다.

1. 권한 행사 방식

새마을운동 추진 방식의 특징은 무엇보다도 향약이나 두레와 같은 기존 한국의 마을 단위 공동체의식을 정부가 촉발하고 이를 계기로 주민들의 자발적 참여를 촉진하는 과정으로 이뤄졌다는 점이다. 새마을운동은 바람직한 변화를 도모하기 위한 과정 지향적 성격을 띠고 있기 때문에 이의 성공적인 작동에는 투입과 산출을 연계하는 변환장치가 필요했는데, 정부의 촉발과 주민들의 자발적 참여가 그러한 변환장치의 효율성을 제고했던 것이다. 결국 초기 정부의 적극적인 관여 즉, 동기부여와 주민들의 자발적 참여를 연계하는 추진체계의 작동이 새마을운동 성공의 관건인 셈이다. 동일한 자원을 투입했다고 하여 반드시 동일한 결과(산출)를 얻어낼 수 없고, 정부의 동일한 촉발 노력이 주민들의 동일한 참여로 연계되지 않음은 자명하기 때문이다.

새마을운동은 미래 바람직한 변화를 도모하기 위한 변환장치의 작동 원리이기 때문에 한국에서는 새마을운동이 시작되기 전에 착수됐던 많은 사업이 새마을운동 원리를 도입해 새로운 추진력을 얻게 됐다. 즉, 학생봉사활동, 농어촌전화사업(農漁村電化事業), 이동진료 및 가족계획사업 등은 새마을운동이 공식 선포된 1970년 4월 22일 이전에 시작된 사업이지만 모두 새마을운동의 일환으로 새로운 추진력을 얻게 됐다(내무부, 1980: 151). 이러한 사실들은 새마을운동이 주민들의 '삶의 질'을 향상시키기 위한 모든 사업을 포괄할 수 있는 종합적 접근 원리였음을 보여주는 것이다.

초기 새마을운동은 내무부와 농수산부가 주축이 되어 추진했지만 정부 주도의 많은 사업이 새마을운동의 작동 원리와 통합되면서 거의 모든 정부부처가 새마을운동과 관련을 맺게 됐다. 즉, 1973년 새마을운동으로 추진됐던 사업은 내무부와 농수산부 외에 상공부, 건설부, 보사부, 체신부, 문교부, 문공부, 과학기술처, 농진청, 산림청 등과 관련돼 있었고, 이후 새마을운동이 확대되면서 정부의 모든 부처가 새마을운동 관련 사업을 기획하고 수행하게 됐다. 이와 같이 복잡하게 얽혀 있는 새마을운동의 추진체계는 조정, 협의기관을 필요로 했고, 중앙정부 측에서는 내무부가, 이러한 역할을 수행했고, 별도의 새마을운동 중앙협의회가 조직돼 이러한 업무를 담당하게 됐다. 그러나 제한된 자원을 활용해야 하는 사업 우선순위 결정 과정은 주민들의 몫이었다. 결국 제한적이나마 주민들은 공동 자산을 형성하고 관리하기 위해 주민 자치기구인 새마을지도자협의회, 새마을부녀회를 결성하고 관련 권한을 행사하게 된 것이다.

2. 주민들의 의사결정

새마을운동의 성공 요인으로 빼놓을 수 없는 것은 자발적인 주민 참여다. 주민들의 자발적 참여는 한정된 자원의 효율적 배분을 가능케 한다. 주민들의 자발적 참여를 유도하기 위해서는 일종의 공동가치 창출과 주민들의 자발적 참여를 지원할 수 있는 정부의 재정 지원이 필수적이다. 마을 단위의 공동가치 창출은 혈연 중심의 전통적인 한국 지역사회 속성을 지연(地緣) 중심의 공간 인식으로 전환함으로써 가능했다. 혈연 중심의 씨족사회는 변화에 대해 큰 저항감을 가지고 있고 새로운 방식을 경멸하는 풍조를 지니고 있었다. 자연재해의 피해 복구를 위한 마을 공동의 노력을 촉발해 농촌마을을 발전시키고자 출발한 새마을운동은 주민들의 물리적 생활환경 개선사업을 통해 지연적(地緣的) 공동체 인식을 심어주게 됐고 그 과정에서 주민들은 개인으로서는 어려운 공동의 가치를 실현할 수 있는 논리를 터득하게 됐다.

주민들의 새마을운동 참여율이 급속히 증대된 이유는 초기 새마을운동이 지연적 공동체 형성을 위한 생활환경 개선사업을 중심으로 추진됐고, 이를 바탕으로 더 나은 성과에 대한 정부 지원을 신뢰했으며, 주민들 스스로 자신들의 공동 노력에 대한 긍정적 효과에 만족하기 시작했기 때문으로 해석된다. 결국 새마을운동 초기 정부의 지원은 최선을 다한 공동의 노력에 대한 보상으로 작용했고 이를 통해 주민들의 근면정신을 촉발할 수 있었다. 새마을운동 추진 과정에서 주민들은 자신들의 성과에 긍지를 느끼기 시작해 자조정신을 함양하게 됐다. 또한 새마을운동과 같은 지역사회 공동의 노력이 개인의 역량만으로는 달성할 수 없는 공동의 선(public good)을 실현하는 데 최선의 방법임을 깨닫게 해주어 마을 단위 공동체의 협동 기반을 구축했다.

새마을운동이 상향적 지역사회 발전모형이었던 점은 새마을운동의 추진 과정에서 의사결정 방식을 통해 확인할 수 있다. 아무리 많은 자원을 투입하더라도 주민들의 자발적 참여를 이끌어내지 못한다면 소기의 성과를 거둘 수 없다. 모든 혁신 추진 방식이 그러하듯이 새마을운동도 초기 변화의 역군(change agent)을 지도자로 내세워 동조자를 만들어야 했다. 새마을 지도자는 마을 주민들에 의해 직접 선출돼 주민을 대표하게 됐다. 따라서 새마을운동 사업 우선순위, 주민 부담, 수혜자 결정 등 모든 의사결정이 상향적 과정을 띠게 됐다. 이와 같이 당시 강력한 중앙정부 집권적 한국의 권력구조하에서 새마을운동 관련 의사결정만큼은 철저하게 풀뿌리 민주주의(grass root democracy) 방식을 추구하고 있었다. 이러한 경험이 한국에서 지역사회 거버넌스(local governance)를 잉태하게 된 배경이 됐다.

3. 주민들의 정보 생산

새마을운동이 모든 정부 차원에서 종합적으로 추진됐음은 구체적인 사업의 성격에서 확인될 수 있다. 1980년도까지의 주요 새마을운동 개별 사업별 추진 실적은 〈표 2-4-4〉와 같다. 즉, 내무부는 생산기반 부문에서 새마을 가꾸기 사업 등 4개 사업, 소득 증대 부문에서 우수 새마을 특별지원 사업, 복지환경 부문에서 농촌주택 개량사업 등 12개 사업, 정신계발 부문에서 새마을금고 육성사업 등 5개 사업, 그리고 도시새마을운동 등 모두 23개 사업을 관장하고 있었고, 농수산부는 농업기계화 사업 등 17개 사업을, 보건사회부는 이동진료사업 등 7개 사업, 문교부는 상설 새마을학교 운영 등 5개 사업, 상공부는 새마을공장 건설사업 등 2개 사업, 동력자원부는 농어촌 전화사업(農漁村電化事業), 건설부는 새마을회관 건립 등 2개 사업, 교통부는 새마을로선 개설사업 등 4개 사업, 체신부는 자석식 전화시설사업 등 2개 사업, 문화공보부는 새마을 홍보방송 등 6개 사업, 재무부는 금융인 새마을교육사업, 등등 정부의 거의 모든 부처가 새마을운동 관련 업무를 수행하고 있었다.

새마을운동은 미래 변화를 관리하는 방식이라는 점에서 여타 다른 지역사회 개발과 마찬가지로 변화 방향을 정하고 변화 속도를 조정하는 논리를 포함하고 있다. 변화 방향을 결정하는 일은 이후 실천 논리 확보와 연계돼 있다. 즉, 새마을운동을 통해 지향하고자 하는 미래의 방향은 지역사회 구성원 모두에게 영향을 미친다. 따라서 지역사회 공동의 미래 변화 방향은 그 안에서 살아가야 할 지역사회 주민들에 의해 결정돼야 한다. 의사결정 과정에서의 주민 참여는 새마을운동을 추진하는 데 책임과 혜택을 동시에 부여해 자원의 최적 활용을 가능하게 했다. 이러한 과정에서 주민들의 정보 생산 능력은 고양됐던 것이다.

이러한 주민 참여 동기를 촉발하기 위해 새마을운동의 초기 사업은 주로 공동의 가치와 가까운 생활환경 개선을 중심으로 추진됐다. 이러한 공동의 선(善)을 추구하는 가운데 개인의 복리와 관련돼 있는 소득 증대 사업을 전개할 수 있는 새마을운동의 지속적인 추진력을 확보할 수 있게 됐다. 새마을운동은 지역사회 주민들의 삶과 관련돼 있는 모든 영역에 걸쳐 진행됐다. 따라서 주민들은 자신들의 삶의 질을 스스로 정의하고 이를 개선하기 위해 관련 정보를 생산, 가공하게 됐다. 이러한 정보생산 능력은 종래 관 주도적인 행정 관행에서 볼 때 혁신적인 것으로 평가된다. 주민들의 자발적인 정보 생산 능력은 새마을운동의 주요 사업 실적을 통해 검증될 수 있다. 〈표 2-4-4〉는 1970년도부터 1980년도까지 새마을운동의 사업별 추진 실적을 보여주고 있다.

다만 새마을운동으로 추진됐던 사업의 성격은 초기와 성숙기에 따라 약간의 차이를 보여준다. 〈표 2-4-4〉에서와 같이 1980년 말을 기준으로 1971년 설정한 10년 목표치를 초과 달성한 사업은 마을안길 확장, 농로 개발, 하수구 시설 정비, 소규모 저수지 건설, 제방 건설, 수로 건설, 마을회관 건립, 소규모 다리 건설 등 주로 생활환경 개선사업

표 2-4-4 새마을운동 주요 사업별 추진 실적(1970~1980)

사업명	단위	목표 (1971년 설정)	실적 (1980년까지)	목표 대 실적비 (%)
마을 안길 확장	km	26,266	43,558	166
농로 개발	km	49,167	61,797	126
소규모 다리 건설	개소	76,749	79,516	104
마을회관 건립	채	35,608	37,012	104
창고 건립	채	34,665	22,143	64
작업장 건립	개소	34,665	6,263	18
축사 건립	개소	32,729	4,476	14
소규모 저수지	개소	10,122	13,327	132
둑(제방) 건설	개소	22,787	31,625	139
수로 건설	km	4,043	5,161	128
소하천 정비	km	17,239	9,677	56
주택개량	천 채	544	225	42
취락구조 개선사업	마을	-(당초 계획 없음)	2,747	-
소도읍 가꾸기	개소	1,529	843	55
간이급수시설	개소	32,624	28,130	86
하수구시설	km	8,654	15,559	179
농어촌 전화사업(電化事業)	천 호	2,834	2,777	98
마을통신사업	마을	18,633	18,633	100
새마을공장 건설	개소	950	717	75
마을 조림사업	ha	967,362	642,804	66

자료: 내무부(1980)자료를 통해 필자가 재구성.

이었다. 한편 축사, 창고, 작업장, 새마을공장 등 직접적인 생산활동과 관련한 사업의 추진 실적은 상대적으로 미흡했다. 이와 같이 전개 시점에 따라 새마을운동 사업의 성격이 변화하고 있음은 새마을운동이 마을 공동의 가치를 우선하면서 추진됐음을 보여준다. 이는 새마을운동 초기 정부의 주도적 역할과도 관련돼 있다.

그러나 〈표 2-4-4〉에서와 같은 물리적이고 가시적인 사업 성과는 주민 역량을 강화하기 위한 촉진제로 작동했을 뿐 새마을운동의 모든 성과를 나타내지는 않는다. 새마을운동의 성과는 가장 기초적인 마을 단위에서 주민 역량을 강화해 스스로 발전을 정의하고 이를 실현하기 위해 변화를 직접 관리할 수 있다는 주인의식(people's ownership)과

주민주도권(people's initiatives)을 촉발, 배양했다는 점에서 접근해야 할 것이다. 새마을운동이 한국의 경제 발전에 가장 크게 기여했다는 세간의 평가는 이러한 주민들의 변화관리 능력 제고에 근거해 설득력을 지닌다.

4. 주민들의 공공재 생산 참여

새마을운동은 초기 기반 조성 단계를 거쳐 자조 발전 단계와 자립 완성 단계로 발전과정을 설정하여 추진됐기 때문에 주민들의 자발적 참여를 유도하기 위한 계획 논리를 포함하고 있었다. 1971년부터 1973년까지는 34,665개 마을의 생활환경 시설 및 생산 여건 조성을 중심으로 새마을운동이 추진됐고, 1974년부터는 정부에서 촉발하고 지원하던 방식에서 탈피해 점차 주민들의 참여에 의해 자조적(自助的) 새마을운동이 추진됐다. 이러한 자조적 새마을운동은 1976년까지 이어진 것으로 평가된다. 1977년 이후 농촌새마을운동은 주민들의 참여율이 급격히 증가해 자립 완성 단계로 진입하게 됐다. 이와 같이 새마을운동이 지속적으로 추진될 수 있었던 것은 새마을운동의 발전 단계를 기초, 자조 및 자립 단계로 설정해 그에 상응한 추진체계를 접목시켰기 때문이다.

이러한 새마을운동의 발전 단계는 마을의 새마을운동 성취도에 따라 구분됐는데, 이들 마을 수준별로 정부 지원 내용을 달리했다. 마을 수준을 구분하는 기준은 모두 다섯 개 분야에 걸쳐 설정됐다. 우선 기초 새마을에서 자조적 새마을로의 승급 기준은 첫째 농촌도로 분야에서 마을 중심 도로가 완성되고, 마을 진입로가 정비돼야 하며, 둘째 주거환경 분야에서 70% 이상의 지붕 개량이 이뤄지고 마을 주요 하수구가 정비돼야 하며, 셋째 영농 기반 분야에서 관개시설을 갖춘 농경지가 70% 이상이어야 하고 마을의 소하천이 정비돼야 하며, 넷째 협동생활 분야에서 마을회관, 창고 및 마을 공동작업장 중 하나 이상의 시설이 구비되고 마을 공동기금이 50만 원 이상 적립돼야 하며, 다섯째 소득사업 분야에서 1건 이상의 마을공동 소득사업이 실시되고 있고 가구당 소득이 80만 원 이상일 것 등이다.

자립적 새마을 기준은 일반 농촌마을과 읍/면(邑/面) 이상의 소도읍 소재 마을별로 달리 설정됐다. 우선 일반 농촌마을이 자립적 새마을로 분류되기 위해서는 첫째 농촌도로 분야에서 마을 중심 도로가 완성돼야 하고 길이 20미터 미만의 교량이 완성돼야 하며, 둘째 주거환경 분야에서 80% 이상의 지붕 개량이 이뤄지고 역시 80% 이상의 담장이 개량돼야 하며, 셋째 영농 기반 분야에서 수리시설을 갖춘 농경지가 85% 이상이어야 하고 마을 주변 소하천이 정비돼 있어야 하며, 넷째 협동생활 분야에서 마을회관, 창고 및 마을 공동작업장 중에서 2건 이상이 구비돼야 하고 마을 공동기금이 100만 원 이상 적립돼야 하며, 다섯째 소득사업 분야에서 농외소득사업이 추진돼야 하고 마을 가구당 평균소득이 140만 원 이상이어야 한다.

한편 소도읍 소재 마을이 자립적 새마을로 분류되기 위해서는 첫째 가로 정비 분야에서 간선도로 80% 이상이 정비돼야 하고 지선도로 80% 이상이 정비돼야 하며, 둘째 시설 정비 분야에서 상점과 간판이 모두 정비돼야 하고 시장과 정류장이 정비돼야 하며, 셋째 마을 정비 분야에서 간선도로변 지선도로가 모두 정비돼야 하고 지붕 개량이 90% 이상 완료돼야 하며, 넷째 협동생활 분야에서 마을회관, 창고 및 마을 공동작업장 중에서 2건 이상이 구비돼야 하고 마을 공동기금이 200만 원 이상 적립돼야 하며, 다섯째 소득사업 분야에서 농외소득사업이 추진돼야 하고 마을 가구당 평균소득이 140만 원 이상이어야 한다.

그러나 1979년 말부터 자립마을 중에서도 우수한 2개 마을이 자영마을로 지정되기 시작했고, 이어서 새마을운동을 성공적으로 수행해 큰 마을 발전을 이룬 복지마을이 탄생하게 됐다. 이러한 새마을운동의 마을 수준별 발전 단계 설정은 곧 지연적 지역사회의 공동체 인식과 공동책임을 촉발하고 이를 바탕으로 점차 상향적 새마을운동을 촉진하는 계기를 마련했다. 〈표 2-4-5〉는 1970년대 연도별 기초마을, 자조마을 및 자립마을 변천 과정을 보여주고 있다. 이는 새마을운동의 발전 과정이기도 하다.

1972년까지 절대적 우세를 보였던 기초마을 수가 1973년 31%로 줄어들었고, 대신 1973년 말부터 1976년 말까지 자조마을이 절대 우위를 차지했으며 1977년 말부터는 자립마을이 절대 우위를 차지했다. 특히 1977년 말 이후에는 기초 수준에 해당하는 마을이 한국에서 완전히 사라지게 됐다. 1980년 말에는 전국 35,530개 마을의 98.3%인 34,922개 마을이 자립마을이었고, 자영마을은 1.6%인 583개 마을, 그리고 복지마을은 0.1%인 25개 마을이었다. 그러나 1986년 말에는 전국 35,217개 마을 중에서 기초마을과 자조마을은 없고, 자립마을이 41.3%인 14,545개 마을, 자영마을이 54.3%인 19,132개 마을, 그리고 복지마을이 4.4%인 1,540개 마을로 늘어났다(기우걸 외, 1987).

이러한 성과는 첫째 새마을운동이 혈연 중심의 씨족마을 단위를 지연 중심의 공동체로 전환했고, 둘째 새마을운동 발전 단계를 설정하고 주민들의 자발적 참여를 촉진해 상향적 실천 논리를 구축했으며, 셋째 새마을운동이 주민들의 수혜와 책임을 연계하는 철저한 성과주의 방식을 따랐기 때문에 가능했다.

표 2-4-5 연도별 기초마을, 자조마을 및 자립마을 변천 과정

구분	전체 마을 수 (개소)	자립마을		자조마을		기초마을	
		마을 수 (개소)	구성비 (%)	마을 수 (개소)	구성비 (%)	마을 수 (개소)	구성비 (%)
1972	34,665	2,307	7	13,943	40	18,415	53
1973	34,665	4,246	12	19,763	57	10,656	31
1974	34,665	7,000	20	21,500	62	6,165	18
1975	35,031	10,049	29	20,936	60	4,046	11
1976	35,031	15,680	45	19,049	54	302	1
1977	35,031	23,322	67	11,709	33	-	-
1978	34,815	28,701	82	6,114	18	-	-
1979	34,871	33,893	97	976	3	-	-

자료: 내무부(1980)자료를 통해 필자가 재구성.

한국의 전통적인 마을은 대체로 1960년대 초반까지도 같은 성씨끼리 모여 사는 혈연적 공동체로 운영돼 오고 있었다. 소위 산업화의 영향으로 다양한 성씨(姓氏)들이 모여 사는 마을이 늘어나고는 있었지만 농촌마을의 대부분에서는 종가를 중심으로 하는 혈연 공동체가 보편적이었다. 한 마을에 여러 성씨가 모여 사는 경우에도 성씨별로 주거지가 분할돼 있었다. 이러한 상황에서 마을 단위의 공동가치 창출은 어려웠고, 씨족별로 조상 숭배 방식, 삶의 가치가 서로 달랐다. 혈족 중심의 마을 운영 체계로 인해 마을 공간 구조가 복잡하고 중심도로가 정비되기 어려웠으며, 새로운 변화를 수용하기도 쉽지 않았다.

이러한 상황에서 산업화정책의 추진은 도시와 농촌 간 삶의 방식 이질화, 소득 격차의 심화로 이어지고 결국 국가사회의 통합을 어렵게 했다. 마을에서 씨족 간의 갈등도 증폭돼 농촌사회의 붕괴 조짐이 나타나기도 했다. 정부가 주민들의 자발적 자연재해 복구 노력을 지원하기 시작하며 태동한 새마을운동은 혈연 중심의 농촌마을을 지연적 공동체로 전환했고 이 과정에서 자연스럽게 혈연을 초월한 구성원 간 협동 분위기를 창출했다. 따라서 새마을운동은 당시 한국의 전통적인 농촌마을에서 혁신을 수용할 수 있는 분위기를 창출하는 데 성공한 셈이다. 이러한 과정 논리는 혁신을 필요로 하는 공동체에서 적용될 수 있는 보편적 패러다임으로 자리 잡게 됐다. 따라서 새마을운동은 마을 단위에서의 이질적 요소를 통합해 공동가치를 창출하고 이를 실현하기 위해 지역사회 자원을 동원하기 위한 과정 논리 위주로 실천됐다.

5. 자원조달 체계

초기 정부의 지원을 계기로 촉발된 새마을운동은 주민들의 '삶의 질' 향상으로 이어졌고, 이에 기초해 주민들은 공동 노력의 실익을 체감하게 됐다. 결국 주민들은 근면, 자조, 협동을 통해 발전을 도모할 수 있다는 확신을 얻게 됐고, 이 과정에서 새마을운동은 상향적 지역사회 발전모형으로 자리 잡게 됐다. 이러한 상향적 지역사회 발전모형은 산업화로 인해 감소되는 것으로 알려진 사회적 자본(social capital)을 보충해 지속적인 산업화를 가능케 했다.[2] 따라서 한국의 지속적인 경제 성장은 새마을운동을 통해 사회적 자본을 축적하고 그러한 사회적 자본이 산업화의 폐해를 완화해 가능하게 됐다.

새마을운동이 내부 자원 동원을 통해 상향적 지역사회 발전모형으로 전환하게 된 경위는 새마을운동 추진 과정에서 주민 부담, 즉 주민들의 내부자원 동원을 통해 확인할 수 있다. 즉, 〈표 2-4-6〉은 새마을운동에 참여한 전국 마을의 연도별 평균 자체 자원조달 비율을 보여준다. 1971년부터 1979년까지의 연도별·재원별 새마을운동 투자 현황을 보면 〈표 2-4-6〉에서와 같이 주민 부담 비중이 컸음을 알 수 있다. 1971년 새마을운동에 투자된 총액은 122억 원이었는데 이 중에서 66.4%에 해당하는 81억 원이 주민 부담이었다. 새마을운동에 대한 총 투자액 중에서 주민 부담은 1972년 89.5%, 1973년 78.2%, 1974년 76.8%, 1975년 44.1%, 1976년 48.8%, 1977년 47.3%, 1978년 46.6%, 그리

2) 사회적 자본(social capital)은 분야에 따라 달리 정의되고 있지만 대체로 신뢰, 참여, 연계(network), 사회적 규범 혹은 제도 역량, 그리고 이타주의를 개념 요소로 포함하고 있다(소진광, 2004). 사회적 자본은 금융자본, 물리적 자본(주택, 도로, 공원 등), 인간자본 등 소유의 관점에서 접근하는 전통 자본과는 달리 활용의 관점에서 접근되고 있다. 인간은 소유의 노예가 아니라 다른 사람과의 관계를 중시하는 '사회적' 동물이기도 하다. 이러한 맥락에서 사회적 자본은 전통적인 자본의 관점에서 설명할 수 없는 인류문명의 발전 형상을 좀 더 쉽게 설명할 수 있는 개념이다. 후쿠야마(Fukuyama, 1999: 60-68)는 산업혁명을 전환점으로 기술 진전이 개인주의 성향을 가져왔다고 전제하고, 개인의 선택 자유를 신장시킨다는 미명 아래 규범과 규칙을 끊임없이 혼란시켜오고 있는 사회는 점차 조직이 와해될 것이며, 원자화되고, 고립되어 결국 공통의 목표와 일을 추진할 수 없게 된다고 보았다. 기술혁신을 무한정 추구하는 사회는 또한 개인의 다양한 행태에도 한계를 두기 어려워서 결과적으로 범죄 증가, 가족 와해, 자식 양육 의무에 대한 부모의 무관심, 이웃 간에 책임 떠넘기기, 공중도덕에 대한 시민들의 외면 등 사회질서의 붕괴를 가져온다. 후쿠야마(Fukuyama, 1999)는 이러한 사회질서의 붕괴를 사회적 자본 감소로 보고 그 원인을 세 가지로 요약하고 있다. 즉, 첫째는 (상대적) 빈곤의 심화와 소득불균형 증대이고, 둘째는 근대 복지국가의 산물로서 정부정책이 실패했기 때문이며, 셋째는 좀 더 광범위한 문화 변동의 결과로서, 예를 들어 종교의 몰락과 지역사회에 대한 의무를 다하지 않은 채 개인적 자아만족을 추구하려는 개인주의 성향을 들고 있다.

고 1979년 43.9%로 나타났다.

1975년부터 주민 부담률이 급격히 감소하게 된 이유는 새마을운동 투자재원을 마련하기 위해 제도권 금융기관으로부터의 융자 방식을 도입했기 때문이다. 이러한 융자액은 주민들의 노력으로 다시 상환됐기 때문에 결국 주민 부담에 귀속됨이 당연하다. 이러한 주민들의 상환을 모두 고려할 경우 1979년 주민 부담은 전체 투자액의 70.1%에 달한다. 마찬가지 방식으로 계산할 경우 1978년의 새마을운동 전체 투자액 중에서 주민 부담이 차지하는 비중은 77.5%, 1977년 71.6%, 1976년 72.7%, 1975년 57.9%로 수정될 수 있다.

따라서 1971년과 1975년을 제외하고 1970년대 새마을운동 총 투자액 중 주민 부담이 차지하는 비중은 모두 70%를 상회했다. 초창기 새마을운동이 정부 주도 하에 촉발됐음에도 불구하고 상향적 지역사회 발전모형으로 이해해야 하는 이유가 여기에 있다. 즉, 새마을운동은 초기부터 주민들의 자발적 자원 동원을 통해 추진되고 있었다(소진광, 2007a: 105).

표 2-4-6 연도별·재원별 새마을운동 투자 상황

연도	총계 (억 원)	지원액(억 원)				주민 부담		수정 주민부담률 (%)*
		소계	국비	지방비	융자기타	부담액 (억 원)	구성비 (%)	
1971	122	41	27	14	-	81	66.4	66.4
1972	313	33	20	13	-	280	89.5	89.5
1973	984	215	125	90	-	769	78.2	78.2
1974	1,328	308	121	173	14	1,020	76.8	77.9
1975	2,959	1,653	666	579	408	1,306	44.1	57.9
1976	3,226	1,651	484	396	771	1,575	48.8	72.7
1977	4,665	2,460	599	723	1,138	2,205	47.3	71.6
1978	6,342	3,384	654	773	1,957	2,958	46.6	77.5
1979	7,582	4,252	1,258	1,010	1,984	3,330	43.9	70.1

* 융자 등 기타 지원액을 주민 부담으로 전환할 경우의 주민부담률.

자료: 소진광(2007a: 106).

제4절 성과 및 평가

새마을운동에 관한 기존 연구들은 대체로 주민들의 생활환경 개선, 소득 증대 등 성과를 분석하고, 성공 요인을 도출하는 데 초점을 두고 있어서 1970년대 한국 사회의 단면을 고증하듯 정태적 논의에 함몰돼 있다. 다른 한편 새마을운동에 관한 연구가 당시 새마을운동을 촉발하고 이를 중요 국정운영 과제로 추진했던 특정 정치 체제에 대한 평가와 희석되면서 본래의 지역사회 개발 관점이 소홀히 다뤄지고 있는 측면도 있다. 그러나 한국의 새마을운동은 한정된 자원을 효율적으로 활용하는 과정 논리를 포함하고 있고, 지역사회 주민들의 역량 강화를 통해 변화를 관리할 수 있는 실천력을 제고할 수 있어서 개발도상국의 농촌빈곤 문제를 해결할 수 있는 우수 사례(best practice)로 지목받고 있다(www.unescap.org).

이러한 상황에서 한국의 새마을운동에 관한 연구는 두 가지 측면에서 새로운 도전을 받고 있다. 즉, 한국의 새마을운동에 관한 긍정적 평가는 당시 한국적 상황에서만 가능했던가에 대한 물음과 새마을운동이 특정의 경제 발달 수준을 벗어나 발전에 관한 미래 소망을 충족시켜줄 수 있는가에 대한 의구심이 그것이다. 전자와 관련한 물음은 다른 개발도상국에서 실시되기 시작한 새마을운동을 분석해 답을 얻을 수 있을 것이고, 후자와 관련한 물음은 사회 변화 과정에서 새롭게 대두되고 있는 패러다임의 틀 속에서 한국의 새마을운동을 재평가함으로써 그 해답을 찾아야 할 것이다.

1. 성과

한국에서의 새마을운동은 산업화를 통해 급격한 도시화를 겪고, 상대적으로 농촌의 경제가 도시에 비해 내리막길로 접어들고 있던 1970년 중요 국정과제로 채택됐다. 산업화는 상대적으로 기반시설이 갖춰져 있는 도시를 중심으로 생산시설의 집적을 초래했고, 농촌 인구의 도시집중을 부추겼다. 이로 인해 도시문제도 심각해졌지만 무엇보다도 농촌의 황폐화는 효율적인 국토 운영을 어렵게 하고, 국가 통합을 저해하는 요인으로 작용하고 있었다. 즉, 산업화가 국가 전체적인 경제 성장을 도모하는 데는 효율적이었지만 도시와 농촌, 공업과 농업의 부조화를 초래해 도시문제와 농촌문제를 동시에 유발하고 있었고, 이는 곧바로 국가 운영의 부담으로 귀결되고 있었다. 한국 정부가 산업화를 적극적으로 추진하면서 농촌문제에 관심을 갖게 된 것도 그 때문이다.

새마을운동의 성과에 대한 관점은 정치, 국가안보, 경제, 사회적 관점에서 각기 다를 수 있다. 정치적 관점에서 새마을운동은 당시 산업화로 인해 도시와 농촌의 상대적 격차가 심화되면서 추락하기 시작한 농촌지역의 정치적 지원을 만회하기 위해 추진됐다는 평가도 있을 수 있다. 국가안보 측면에서 보면 당시 북한의 군사적 위협으로부터 가장 말초적인 마을 단위의 안보 강화를 위한 주민조직화 수단으로 새마을운동을 시작했다는 평가도 가능하다. 경제적 관점에서 새마을운동은 도시 중심의 산업화로 인해 상대적으로 뒤처지기 시작한 농촌의 박탈감을 완화하고, 전통산업(농업)과 근대산업(제조업)을 연계해 국가 경제를 성장시키기 위해 추진됐다고 볼 수 있다. 또한 사회적 관점에서 산업화가 가져온 이농향도(離農向都), 즉 농촌을 떠나 도시로 향하는 인구가 급증하면서 도시에서의 과밀문제와 농촌에서의 낙후문제가 동시에 발생했다는 점에 주목해 이러한 도시와 농촌의 상호작용을 연계해 접근하려는 시도로 새마을운동을 시작했다고 평가할 수도 있다.

그러나 분명한 것은 새마을운동이 초기 목적이나 명분에만 국한하지 않고 한국 사회 전반에 걸쳐 긍정적인 파급 효과를 가져왔다는 사실이다. 당시 정치지도자들은 오늘날 새마을운동 성과에 대한 다양한 평가와는 달리 어느 특정 목적을 실현하기 위해 혹은 부분적인 정책 수단으로 새마을운동을 추진했을 가능성도 배제하지 못한다. 하지만 새마을운동은 당시의 시대적 상황과 맞물려 주민들의 자발성과 책임성을 촉발하고, 역량을 강화하는 데 성공했고, 이에 고무된 당시 정치 지도자들도 이러한 주민 역량을 통해 국가 발전을 실현할 수 있다는 확신을 가지기 시작했다고 평가될 수도 있다.

한국 정부가 새마을운동을 국정과제로 채택했던 처음부터 오늘날 인정되고 있는 다양한 새마을운동 성과를 의도했던 것은 아닐 가능성이 높다. 이러한 맥락에서 한국의 새마을운동은 정부와 주민조직의 상호 학습 과정으로 추진됐다고 평가될 수 있다. 즉, 1970년대 새마을운동이 국정운영의 중요 과제로 다뤄지다 보니 관료들의 과잉 추진으로 인한 문제점이 없지는 않았지만(이재창 당시 평택군수의 증언, 2013년 1월 21일), 국민들에게 사회 변화 과정에 대한 자신감을 심어주었고, 농촌 빈곤을 어느 정도 해소했으며, 지방행정 체제의 구축을 통해 국가 작동 체계를 완성했다(소진광, 2011: 93). 새마을운동을 추진하는 과정에서 지방공무원들은 설득과 의사소통 같은 연성 권력(soft power)을 활용하여 주민들의 참여를 이끌어냈고, 지역 외부와의 관계 측면에서 다양한 기관들 및 이해관계자들과 연결망을 구축해 사업 수행을 위한 자원 및 정당성 확보 기제를 구축했다(엄석진, 2011: 97-123).

새마을운동에 관한 기존 연구들은 대체로 한국 농촌의 생산기반시설 조성사업, 소득증대사업, 생활환경 개선사업, 물리적인 마을공동시설 개설 등을 분석하고, 성공 요인을 도출하는 데 초점을 두고 있다. 이러한 연구는 1970년대 한국 사회의 정태적 척도의 시차 변화에 주목하고 있어서 이러한 변화의 작동 체계를 간과하기 쉽다. 또한 새마을운동에 관한 연구가 당시 새마을운동을 촉발하고 이를 중요 국정운영 과제로 추진했던 특정 정치 체제에 대한 평가와 희석되면서 본래의 지역사회 개발 관점이 소홀히 다뤄지고 있는 측면도 있다. 그러나 한국의 새마을운동은 시대적 상황에 대처해 근대화에 성공한 지역사회 발전모형으로 이를 가능하게 한 성공 요인은 주민들의 자발성과 책임성, 개인적 성취욕과 공동사업에 대한 참여, 높은 교육열, 마을 공동사업을 통해 축적된 정부에 대한 신뢰, 정부개혁 등을 들 수 있다.

무엇보다도 한국의 새마을운동은 한정된 자원을 효율적으로 활용하는 과정 논리를 포함하고 있고, 지역사회 주민들의 역량 강화를 통해 지역사회 내부자원을 동원할 수 있는 체제를 구축했으며, 공공부문과 민간부문의 상호작용을 원활하게 하여 공익의 범위를 확대했다. 이러한 과정 논리를 띠고 있는 한국의 새마을운동은 결과적으로 변화를 관리할 수 있는 실천력을 제고할 수 있어서 국제기구로부터 개발도상국의 농촌 빈곤문제를 해결할 수 있는 우수 사례로 지목받고 있다. 특히 새마을운동은 지역사회에서 필요한 공공재를 정부의 지원과 주민들의 자발적 노력으로 공동 생산한 사례를 보여주었다.

한국의 새마을운동에 관한 성과는 오늘날 사회 변화 과정에서 새롭게 대두되고 있는 패러다임의 틀 속에서 재평가돼야 할 것이다. 이러한 맥락에서 이 글은 새마을운동에 관한 기존 연구에서 밝혀진 사실 관계를 '거버넌스(governance)' 관점에서 접근하고 있다. 특히 이 연구는 '거버넌스'의 구성 요소로서 우선 공공부문과 민간부문을 구분하고, 공공부문의 주체로서 중앙정부와 지방정부의 추진체계를, 그리고 민간분야의 주체로서의 주민들의 역할에 주목했다. 또한 이 연구는 지역사회(community)를 새마을운동의 기본 공간 단위인 마을(village)로 인지하고 종래 이분법적으로 접근하던 공공부문과 민간부문이 마을 단위에서 결합하면서 지방행정 혁신에 기여한 과정을 설명하고 있다.

이 글의 설명 대상은 주로 새마을운동이 중요 국가 정책과제로 채택되고 본격적으로 실시됐던 한국의 1970년대 경험에 두고 있다. 새마을운동이 시작된 1970년대엔 지역사회 발전 분야에서 20세기 후반 논의되기 시작한 새로운 패러다임의 핵심 용어인 '사회적 자본(social capital)', '거버넌스(governance)', '지속 가능한 발전(sustainable development)'은 거의 논의되지 않았다. 그러나 1970년대 한국의 새마을운동 경험을 다양한 각도에서 재해석하면 이미 이들 지역사회 발전 분야의 새로운 패러다임을 충족시키고 있음이 증명된다.

한국의 새마을운동은 1960년대부터 중요 국정과제였던 각종 공간 격차(도시와 농촌) 및 분야 격차(농업과 근대산업)와 계층 격차 문제를 해결하는 데 효과적이었고, 한정된 자원을 효율적으로 동원하여 국가 작동 체계를 구축한 성과를 거뒀다. 이러한 1970년대 새마을운동의 성과는 21세기 인류가 공통적으로 대응하고자 하는 각종 문제를 해결하기 위해 필요한 '사회적 자본 축적', '거버넌스 구축', 그리고 '지속 가능한 발전'을 실현할 수 있는 모범적 사례로 인정받고 있다. 이러한 새마을운동의 성과는 20세기 후반 한국 사회를 효율화하고 주민들의 기초생활권인 마을 단위부터 새로운 환경 변화를 수용하고, 이를 미래 발전으로 전환할 수 있는 사회 작동 체계를 구축하는 데 기여했다.

2. 평가

새마을운동에 대한 평가는 다양하게 접근될 수 있다. 그러나 국제사회의 시각은 새마을운동에 대한 객관적 평가를 일반화하는 데 기여한다. 21세기 국제연합(UN)은 '더불어 잘사는 지구촌 건설'을 실천하기 위한 인류 공동의 목표를 새천년 개발목표(MDGs) 형식으로 구체화했다. 이들 새천년 개발목표의 대부분은 1970년대 한국의 새마을운동 성과와 연계돼 있어서 이를 실현하기 위한 국제기구 및 각국의 관심이 한국의 새마을운동 경험에 쏠리고 있다. 한국의 새마을운동은 산업화로 인해 붕괴되기 시작한 지역사회를 재건하고, 주민들의 주도권을 회생시켰으며, 공공부문과 민간부문의 상호작용을 활성화하는 데 기여했다. 이러한 과정 논리는 세계화 맥락과도 연계돼 있다. 즉, 세계화로 인해 공간 활용 능력과 범위가 증대되고 있음에도 불구하고 지역사회에 대한 관심이 오히려 커지고 있기 때문이다. 가장 기초적인 공동체 인식의 회복은 다양한 세계를 수용하기 위한 전제조건에 해당된다.

지역사회는 공공부문의 가장 말초적인 단위이고 동시에 민간부문이 공공성을 띠게 되는 출발점이기도 하다. 즉, 주민들은 지역사회에서 공공부문과 민간부문의 접점(meeting point)을 쉽게 확인할 수 있다. 또한 '발전(development)'이란 "인간의 정주공간과 관련해 삶의 질이 향상하는 변화 과정"으로 정의될 수 있다. 여기서 변화는 방향과

속도라는 성분으로 이뤄져 있다. 이 경우 방향은 실현하고자 하는 목표를 지향하고 있어서 다른 주체가 경험한 것을 모방하거나 수정하여 설정되기도 하고, 직면한 문제를 해결, 극복 혹은 완화하기 위해 설정되기도 한다. 변화 방향의 설정은 바람직한 상태를 판별할 수 있는 가치와 연계되어 있다. 변화 주체의 규모가 커질수록 그리고 수준이 높아질수록 인류 문명의 발전에 내재돼 있는 가치의 보편성은 증대되고, 반대의 경우 지향하는 가치는 구체화된다.

발전 현상과 관련해 흔히 변화의 방향은 구조적 성분으로, 변화의 속도는 기능적 성분으로 인지되고 있다. 그러나 변화의 속도 역시 사회구조에 의해 가속도가 붙을 수 있기 때문에 구조적 속성으로부터 완전히 자유롭지 않다. 따라서 변화의 관리는 구조적 한계를 벗어나기가 어렵다. 구조적 한계를 뛰어넘는 변화의 관리는 새로운 제도 형성 및 체제의 구축과 관련되어 있다. 또한 지역사회의 발전과 국가의 발전 혹은 좀 더 광범위한 문명권의 발전 현상은 각각 다른 차원의 가치 척도로 접근되고 있다.

다른 한편 변화의 속도는 실현하고자 하는 목표와 관련돼 있는 변수의 조작 능력과 함수관계에 있다. 목표 관련 변수를 정치하게 정의하고 이와 관련돼 있는 자원과 정책 수단이 효율적으로 사용될 경우 그렇지 못한 경우에 비해 목표는 쉽게 실현될 수 있다. 목표를 실현하기 위한 수단은 사실관계에 근거해 작동돼야 원래 의도한대로 변화를 이끌어낼 수 있다. 이러한 사실관계는 실증 지향적 학문에서 추구되고 있는 이론 체계의 근거를 제공한다. 가치판단과 사실관계는 원래 다른 인식 논리에 근거하고 있어서 흔히 추구하는 방향과 정책 현실과의 괴리는 항상 논란의 대상이 되고 있다. 따라서 가치 공유의 폭이 크거나 자원 투입이 늘어나면 변화의 속도는 빨라질 수 있다.

특정한 국가에서 성공한 지역사회 개발 경험이 다른 환경의 국가에도 적용되기 위해서는 가치의 보편성과 수단의 범용성을 확인할 수 있어야 한다. 시간 좌표에서 사회 현상과 관련돼 있는 변수와 상호작용하는 주변 환경은 실증적 범위를 초월할 수도 있기 때문이다. 또한 사회 현상은 자연 현상과는 달리 인과율(因果律)을 밝혀내기가 매우 어렵다. 따라서 공간 변화를 도모하기 위한 도구적 합리성(instrumental rationality)은 다른 환경에서의 경험에 근거해 의제(擬製)되는 경우가 많다(소진광, 2007b). 한국에서 성공한 새마을운동 경험이 21세기 지역사회 개발 패러다임 관점에서 재평가되고, 이를 도입하고자 하는 개발도상국가의 상황에 적합하도록 조정돼야 하는 이유가 여기에 있다.

새마을운동이 21세기 지역사회 발전 모델로 각광받는 이유는 시·공간을 초월해 인류 보편적 가치를 실현할 수 있었다는 한국의 경험에서 비롯된다. 즉, 비록 새마을운동이 1970년 한국에서 본격적으로 시작해 한국의 농촌사회를 발전시키는 데 성공했지만 그러한 지역사회 발전 현상을 이끌어낸 새마을운동의 접근 논리는 시간과 공간에 구애받지 않고 다른 나라, 다른 시대에도 여전히 유효하다는 것이다. 즉, 새마을운동의 접근 논리는 나라와 마을마다 다른 시간적 범위를 모두 포괄할 수 있고, 나라와 마을마다 다른 현실을 반영할 수 있다. 특히 21세기 지역사회 발전을 위한 실천 수단은 나라와 마을마다 다른 '현재적'이고, '현지적'인 특수성을 반영할 수 있어야 한다. 한국의 새마을운동 경험이 단순히 1970년대 한국의 농촌을 발전시키고 당시 한국이 안고 있던 구조적 결함을 치유했다는 평가만으로 다른 개발도상국에 그대로 적용될 수는 없다. 다른 개발도상국에 새마을운동 방식을 접목하기 위해서는 새마을운동이 각 나라와 마을의 '현재' 및 '현지의 특수성'을 개선할 수 있다는 검증 과정을 거쳐야 한다. 새마을운동의 해외 시범사업이 필요한 이유가 여기에 있다.

근대화이론(modernization theory) 및 종속이론(dependency theory)과의 차별화 관점에서 새마을운동의 성격은 다음과 같이 요약될 수 있다. 우선 새마을운동은 지역사회 개발모형(community development model)이라는 점이다. 인류사회가 산업화의 역기능으로 '지속가능성(sustainability)'을 위협받고 있는 시점에서 지역사회 재건(reconstruction of the community)이 하나의 해법으로 등장하고 있다. 새마을운동은 한국 사회가 산업화의 와류에 휩쓸리던 1970년대와 1980년대 마을 단위의 공통 기반을 구축하고, 지역사회 공동 가치를 추구할 수 있는 계기를 마련해주었다. 즉, 새마을운동은 1차적인 개혁 대상이 국가가 아니고 지역사회였고, 지역사회 변혁을 통해 국가 전체적인 발전을 이끌어냈다.

둘째, 새마을운동은 처음 단계에서는 농촌을 발전시키고 다음에는 도시사회를 포괄하는 혼합적 실천이론(mixed practical theory)이었다. 근대화이론이 한 방향으로의 구조개혁을 추구했다면 새마을운동은 인간 사회에 필요한 모든 분야에 걸쳐 개선점을 제시하고 실천했다는 장점을 지니고 있다. 즉, 새마을운동은 농업으로부터 제조업으로의 일방적 구조 변화를 추구했던 근대화이론과는 달리 농업과 제조업의 상호작용을 강조함으로써 한국의 모든 분야(all sectors or fields)에 영향을 미쳤다. 또한 새마을운동은 도시와 농촌의 상호작용을 촉진해 도시문제와 농촌문제를 같은 차원에서 접근할 수 있는 실천 논리를 구축하는 데 기여했다.

셋째, 새마을운동은 외부 자원(정부에서 지원한 시멘트 등 건자재)과 내부자원(주민들의 사업비 부담)을 조화시켜 지역사회를 발전시킨 종합적 전략(comprehensive strategy)이었다. 근대국가의 공통적인 문제는 공공부문과 민간부문의 적정한 분배구조 및 배분구조와 관련돼 있다. 특히 근대국가는 국민을 통치 대상으로 하는 데서 관료화의 병폐를 낳았고, 공공재의 외부 효과에 의존하려는 수동적 국민을 양산했다. 그러나 새마을운동은 정부의 작은 지원으로 마을의 내부자원을 동원하는 효과를 가져왔다. 이와 같이 새마을운동은 공공부문과 민간부문을 통합해 제3섹터(the third sector)를 구축하는 데 성공했다.

넷째, 새마을운동은 정부의 하향식 물자 지원(top down flow of construction materials such as packs of cement or iron bar from Korean government to the community)과 주민들의 자발적 의사결정 과정을 결합한 상향식 접근(bottom up approach)으로 추진됐다. 새마을운동을 촉발하는 초기 단계에서 정부가 지원한 시멘트와 철근 약간은 주민들의 주도권과 소유 인식을 촉발하기 위한 것이었지, 사업의 주도권을 확보하기 위한 것이 아니었다. 정부는 주민들의 새마을운동 의사결정에 개입하지 않았기 때문에 상향적 지역사회 개발 과정을 유도할 수 있었다. 근대화이론과 종속이론은 이 점을 간과하고 있다.

다섯째, 새마을운동은 다양한 조직과 절차에 따라 추진됐고, 역시 마을 상황에 적합하도록 다양한 사업과 프로그램을 포함한 방법론(methodology)이었다. 즉, 새마을운동은 특정 사업이 아니라 주민들이 다양한 의사결정 방식을 통해 다양한 사업을 선택할 수 있는 방법론이었다. 새마을운동을 이끌고 책임질 지도자 선발 과정도 다양했고, 새마을운동과 관련한 각종 주민조직도 다양했다. 이와 같이 다양한 새마을운동 사업 추진 양태는 새마을운동이 방법론 위주로 추진됐다는 증거다.

여섯째, 새마을운동은 더 나은 상태를 추구하는 인류 보편적 사회에서 누구에게나, 어떤 상황에서나 적용 가능한 패러다임(paradigm)이었던 점이다. 새마을운동은 종래의 획일적이고 관료주의적인 국가 작동 체계로부터 벗어나 다양하고, 차별화된 지역사회에 주목했다. 새마을운동은 국가 전체적인 통합적 목표를 추구한 것이 아니라 지역사회의 차별화 맥락에서 비교 우위를 찾아내고 이를 확산하는 방식으로 추진됐다. 이러한 맥락에서 새마을운동은 인류 사회의 다양성을 포함할 수 있는 패러다임으로 평가될 수 있다.

새마을운동은 이러한 성격으로 인해 21세기 인류 사회가 공통적으로 추구하고 있는 사회적 자본(social capital)을 축적했고, 거버넌스 체제(governance system)를 구축했으며, 지속 가능한 발전(sustainable development)을 실현하는 데 기여했다. 이와 같이 새마을운동은 특정 결과에 함몰되지 않고, 관련 변수에 유연하게 대처할 수 있는 과정 논리를 띠고 있다. 따라서 새마을운동은 21세기 인류가 지향하고 있는 공동 가치를 실현하는 데 적절하고, 효과적이며, 효율적이고, 파급 효과가 크며, 지속 가능한 사업 추진 방식이다. 하지만 나라마다 혹은 마을마다 '현재'와 '현지 상황'이 다르기 때문에 새마을운동의 세계화는 근대화이론이 추구했던 획일적이고 일방적인 발전 현상으로부터 자유로워야 한다.

모든 국가와 지역사회는 다양한 문제를 포함하고 있어서 이들 문제를 해결, 극복, 완화하고 싶어한다. 국가와 지역사회의 발전은 문제를 인식하고 문제와 관련된 변수를 찾아내며, 이들 변수를 조작 혹은 관리함으로써 성취된다. 그러나 국가나 지역사회가 인식하는 문제는 세 가지 유형으로 구분될 수 있다. 즉, 과거의 추세나 원인으로 인해 현재 나타나고 있는 문제, 현재의 추세나 원인으로 인해 미래 나타남직한 문제, 그리고 미래 특정 시점에서 기대치(욕구)와 예상되는 현상과의 괴리로 인한 문제가 그것이다. 이러한 문제는 해결, 극복, 완화되면서 발전으로 이어지는데, 이 과정에서 인지된 문제를 해결할 것인지, 극복할 것인지, 아니면 완화할 것인지를 결정하는 과정이 매우 중요하다. 새마을운동 추진 방식은 이러한 의사결정 과정에 주목하고 있었기 때문에 40여 년이 지난 오늘날에도 활용 가능하다. 따라서 새마을운동의 세계화는 과정 논리에 기초를 두고 접근돼야 한다.

발전은 바람직한 바를 추구하는 과정이고, 방식이지 특정 상태에 머무는 것이 아니다. 이러한 발전은 '개발'을 통해 가능하다. 즉, 개발은 바람직한 바를 실현하기 위한 노력, 즉 변화의 관리 방식이다. 질병으로부터의 자유, 빈곤 퇴치 등은 인류가 추구해온 가장 보편적이고 궁극적인 가치이다. 이러한 가치는 '개발(development)'을 통해 실현된다. 하크(Haq, 1995)는 개발의 기본적인 목적을 "주민 선택의 폭을 확대하는 것"으로 정의하고 있다. 또한 센(Sen, 1999: 3)은 발전을 사람들이 즐기는 "진정한 자유의 확장 과정"으로 보고 있다. 이러한 관점에서 21세기 지역사회 발전은 사회적 자본을 축적하고, 거버넌스 체제를 구축하며, 지속 가능한 여건을 조성하는 과정으로 접근해야 한다. 즉, 변화는 새로운 요소의 도입과 기존 요소의 소멸로 이뤄져 있다. 따라서 변화를 도모하는 개발행위는 취할 것과 버릴 것을 선택하고 이를 실천하는 과정으로 이뤄져 있다. 새마을운동의 주요 성과는 바로 주민들에게 선택의 자유를 돌려주고, 자유를 향유하기 위한 책임의식을 강화함으로써 가능했다.

목표가 분명한 기업, 혹은 군대와 같은 조직에서의 계획은 수단의 선택에 집중돼 있다. 그러나 다양한 삶을 추구하는 주민들의 공동체인 지역사회 발전을 도모하기 위한 계획은 지향하고자 하는 가치의 동질성을 확보하고 그러한 가치 추구의 실천 수단을 마련하는 등 매우 복잡한 연산 과정을 통해 접근돼야 한다. 결국 지역사회 개발은 지역사회 단위에서 변화를 관리하기 위한 종합적 노력을 의미한다. 이러한 맥락에서 지역사회 발전은 공동체를 형성하는 것 자체일 수 있다. 발전을 추구하는 현상은 집단과 개인을 구분하지 않는다. 그러나 공동체 인식을 바탕으로 형성된 지역사회는 개인보다는 사람과 사람 사이의 관계가 더 중요하다. 이와 같이 센(Sen, 1999)의 관점에서라면 새마을운동은 발전에 접근하는 성공적 사례의 본보기에 해당한다. 특히 거버넌스 구조나 주민 참여와 관련해 새마을운동은 성과나 과정에서 매우 큰 '자유'를 보여주고 있다. 새마을운동은 마을의 잠재력을 통해 주민들의 삶의 방식에서 선택의 폭을 넓혔고, 주민들의 진정한 자유를 신장시켰다. 따라서 새마을운동의 성과나 추진 과정에서 보면 하크(Haq, 1995)의 '주민 선택'과 센(Sen, 1999)의 '진정한 자유'는 동일 선상에 있다.

특정 집단이 공유할 수 있는 가치란 종종 공간구조와 공동체 활동을 통해 표현된다. 공간구조는 인간 활동과 상호작용하며 변화하고 또한 인간 활동을 제약하는 속성을 지니고 있다. 이러한 관점에서 공간구조의 변화가 종종 인간 활동 혹은 공동체 활동의 성과로 인식되는 경우가 많았다. 그러나 이들 공간구조의 변화는 발전을 지칭하는 '선택'과 '자유'를 확장해줄 수 있는 여건이지 그 자체가 발전은 아니다. 한국의 새마을운동도 초기엔 농촌 지역사회의 공간구조 개선 즉 생산기반시설 확충과 생활 여건 개선에 일차적인 초점을 두고 있었다. 공간구조 개선은 가시적이라서 변화를 쉽게 확인할 수 있을 뿐만 아니라 이로 인해 새로운 인간 활동을 가능케 하는 촉진제로 여겨졌기 때문이다.

한국의 새마을운동은 우선 가시적인 공간구조의 변화를 통해 마을 주민들의 태도 변화를 유도했다는 점에서 지역사회 개발에서 요구되는 종합적 접근 방식을 충족시키고 있다. 특히 한국의 새마을운동은 지역사회 내부의 공동체 인식을 강화하고 이를 활용해 내・외생 변수를 결합했다는 점에서 기존 서양의 다른 지역사회 개발이론과 다르다. 서양의 지역사회 개발이론은 성공한 사례를 정리하거나 바람직한 상태를 의제(擬制)한 것이어서 환경이 다른 지역사회에 적용할 경우 부작용이 나타나거나 혹은 예상치 못한 다른 문제를 초래하곤 했다.

이러한 맥락에서 새마을운동의 세계화는 사회적 자본을 축적하고, 거버넌스 체제를 구축하며, 인류사회의 지속가능성을 확보하는 과정에서 성공할 수 있다. 새마을운동의 세계화가 특정 지표의 결과물이 아니라 해당 국가 및 마을의 긍정적 변화 방향 혹은 변화 과정으로 평가돼야 하는 이유가 여기에 있다. 이러한 변화 과정은 다양한 인류 집단의 협력을 필요로 하고 있기 때문에 인류 문명의 지속 가능성을 실현하기 위해서도 필요하다.

사회적 자본 관점에서 새마을운동의 세계화 수요는 지역사회(마을)의 공통 기반 구축, 공동 목표 수립, 좋은 이웃 관계 형성 및 유지, 사회안전망 확보 및 미래 공동 이익 창출로 정의된다. 거버넌스 관점에서 새마을운동의 세계화 수요는 상향식 집단 의사결정, 내부자원 동원 과정, 공공재 생산과 관련해 구성원의 공동생산(co-production), 구성원의 주도권(initiative)과 소유 인식(ownership)으로 정의된다. 또한 인류 문명의 지속 가능성 관점에서 새마을운동의 세계화 수요는 자원 절약, 자연 보호, 환경 정화로 정의된다. 새마을운동은 이와 같이 21세기 세계가 필요로 하는 핵심 사항을 이미 1970년대에 실천했다.

특히 새마을운동 전개 과정은 마을 단위에서부터 지방행정기관과 중앙정부, 그리고 최고 통치자에 이르기까지 많은 기록으로 남아 있다. 새마을운동에 관한 기록물들은 인류 문명의 발전 과정을 압축적으로 보여주고 있다. 새마을운동중앙회는 특히 1970년부터 1979년까지의 새마을운동에 관한 기록물을 유네스코(UNESCO) 세계기록유산으로 등재를 신청했다. 2013년 6월 광주광역시에서 열린 제11차 유네스코 세계기록유산 국제자문위원회(IAC)는 새마을운동중앙회가 신청한 새마을운동 관련 기록물들을 유네스코 세계기록유산으로 등재를 권고했고, 유네스코는 이를 받아들여 새마을운동은 인류 문명의 진화 과정을 보여주는 기록으로 모든 인류가 공유할 수 있게 됐다.

참고 문헌

권태준(1977). 사회개발 과정으로서의 새마을운동. 미래를 묻는다, 5: 50-59.

기우걸 외(1987). 마을 단위 새마을사업의 모형과 그 전개 방안에 관한 실증적 연구. 새마을운동 학술논문집, 12(1): 347-388.

김승호 · 부만근(1984). 새마을지도자의 자질 향상과 관리방안 연구. 새마을운동 학술논문집.

김영모(2003). 새마을운동연구. 서울: 고헌출판부.

김영미(2011). 그들의 새마을운동. 서울: 도서출판 푸른역사.

남치호(1984). 새마을운동 민간조직의 활성화 방안. 새마을운동 학술논문집.

내무부(1980). 새마을운동 10년사.

새마을운동중앙회중앙연수원(2004). 사회적 자본 측정지표에 관한 연구. 한국지역개발학회지, 16(1): 89-118.

______(2005). 지방자치와 지역발전. 서울: 박영사.

______(2007a). 지역사회 거버넌스와 한국의 새마을운동. 한국지방자치학회보, 19(3): 93-112.

______(2007b). 아시아 개발도상국에서의 새마을운동 시범사업 성과평가: 라오스와 캄보디아를 중심으로. 한국지역개발학회지, 19(4): 179-202.

______(2008). 아프리카 지역개발에서 새마을운동의 적용 방안 연구. Seoul: UNPOG.

______(2010). 새마을운동을 통한 지역사회 공동가치 창출. 새마을운동과 지역사회개발연구, 6.

______(2011). 새마을운동 경험을 활용한 한국 공적개발원조의 방향. 사회과학연구, 17: 65-95.

______(2011). 2011 새마을운동 세계화 사업 백서. 새마을운동중앙회중앙연수원.

______(2012). 새마을교육40년사. 새마을운동중앙회중앙연수원.

______(2012). 고건 전 총리 면담자료(2012. 11. 11부터 15일까지, 미얀마 출장 중).

______(2013). 이재창 새마을운동중앙회장 면담자료(2013. 1. 21일, 새마을운동중앙회 회장실).

______(2014). 새마을운동을 통한 한국 지방행정의 혁신. 지방행정연구, 28(4).

소진광(1999). 사회적 자본 형성을 위한 지역사회 개발논리. 지역사회개발연구, 24(1): 29-47.

소진광 · 김선희(2011). 공적개발원조(ODA) 사업으로서 새마을운동 활용방안. 국토연구원.

소진광 · 임경수 · 이한성 · 임형백(2011). 농촌 정신문화운동 추진 방안 마련을 위한 연구(농어촌 활력창출 방안). 농림수산식품부.

소진광 · 임경수 · 임형백(2012). 새마을운동 ODA 초청연수 효과성 제고 방안 연구. 행정안전부.

소진광 · 임형백 · 김철우(2013). 새마을운동 세계화 사업 성과평가 모듈 개발에 관한 연구. 새마을운동중앙회.

소진광 · 정갑진 · 임형백(2011). 새마을운동 ODA 시범사업의 추진 방안 연구. 행정안전부.

안두순(2009). 혁신의 경제학: 진화하는 경제, 제한적 합리성과 국가혁신시스템. 서울: 아카넷.

양길현(2009). 버마 그리고 미얀마: 네윈과 아웅산 수지. 서울: 도서출판 오름.

엄석진(2011). 동원과 참여 사이에서: 1970년대 농촌 새마을운동 과정에서 지방공무원의 역할. 한국행정학보, 45(3): 97-123.

유병용 · 최봉대 · 오유석(2001). 근대화전략과 새마을운동. 서울: 백산서당.

유종일(2011). 박정희의 맨얼굴. 서울: (주)참언론 시사IN북.

이경준 · 김의철(2011). 박정희가 이룬 기적: 민둥산을 금수강산으로. 서울: 기파랑.

이세영(2003). 풍덕마을의 새마을운동. 서울문화인쇄(주).

임경수(2011). How to Cultivate and Develop Global Saemaul Undong Model Village. 한국지역개발학회지, 23(4): 89-106.

임형백(2011a). 새마을운동의 아프리카 공적개발원조(ODA) 적용 방향. 한국지역개발학회지, 23(2): 47-70.

______(2011b). 새마을운동을 이용한 아시아 국제개발협력. 아시아연구, 14(2): 111-139.

______(2012). 공적개발원조 적용을 위한 새마을운동의 상황적 특수성의 동태적 분석. 아시아연구, 15(3): 79-108.

장지순 (2012). 새마을운동 ODA의 활성화를 위한 인적자원 개발 연구: 아시아 국가를 중심으로. 아시아연구, 15(3): 57-77.

정갑진 (2008). 한국의 새마을운동. 서울: 도서출판 케이빌더.

정주진 (2014). 국가안보와 사회경제적 관점에서 본 새마을운동 태동 과정에 관한 연구. 가천대학교 대학원 박사학위 논문.

짐 아이프 (Jim Ife) (2005). 지역사회개발. 류혜정 역, 서울: 인간과 복지.

한도현 (2010). 1970년대 새마을운동에서 마을지도자들의 경험세계: 남성 지도자들을 중심으로. 사회와 역사, 88: 267-305.

행정안전부 국제행정발전지원센터 (2012). 새마을협력관 워크숍 특강 자료. 2012년 6월 13일.

행정자치부 (2001). 조직변천사(1948~1977).

Amsden, A. (1989). *Asia's Next Giant: South Korea and Late Industrialization*, London: Oxford University.

______(2003). *The Rise of "The Rest": Challenges to the West from Late-Industrializing Economies*, Oxford: Oxford University Press.

Arndt, H. W. (1987). *Economic Development: The History of an Idea*, The University of Chicago Press.

Ban, S. W., P. Y. Moon, & D. H. Perkins (1980). *Rural Development: Studies in the Modernization of the Republic of Korea, 1945-1975*, Harvard University Press.

Byung-Kook Kim & Ezra F. Vogel(eds). (2011). *The Park Chung Hee Era: The Transformation of South Korea*, Harvard University Press.

Campfens, H. (ed.) (1997). *Community Development Around the World: Practice, Theory, Research, Training*, Toronto: University of Toronto Press.

Chang Soo Choe (2005). Key Factors to Successful Community Development: The Korean Experience, Discussion Paper No. 39, Institute of Developing Economies.

Chung Kap Jin (2010). *Experiences and Lessons from Korea's Saemaul Undong in the 1970s*. KDI.

Cohen, J. (1987). *Integrated Rural Development: The Ethiopian Experience and the Debate*, Uppsala: The Scandinavian Institute of African Studies.

Coleman, J. (1988). Social Capital in the Creation of Human Capital, *American Journal of Sociology*, 94: 94-121.

Dasgupta, P. & K. G. Mäler (1995). Poverty, Institutions and the Environmental Resource Base, in J. Behrman & T. N. Srinivasan (eds.), *Handbook of Development Economics*, vol.3, Amsterdam: Elsevier.

Haq, Mahbubul (1995). *Reflections on Human Development*, Oxford University Press.

Hoybin, Lee (2003). *The New Community Movement: An Integrated Approach to Rural Development in case of South Korea*, Global Affairs Institute.

Kelly, Eric Damian & B. B. Becher (2000). *Community Planning: An Introduction to the Comprehensive Plan*, Island Press.

Mayntz, Renate (2003). From government to governance: Political steering in modern societies, A paper presented at Summer Academy on IPP(September 7-11, 2003).

Meehan, Island Elizabeth (2003). From Government to Governance, Civic Participation and 'New Politics' the Context of Potential Opportunities for the Better Representation of Women, Occasional Paper No. 5, Centre for Advancement of Women in Politics, School of Politics and International Studies, Queen's University Belfast.

Ministry of Home Affairs (1981). *History of Saemaul Undong*, Seoul: MHA.

Moseley, M. J. (2003). *Rural Development: Principles and Practice*, London: SAGE Publications.

Sen, A. (1999). *Development As Freedom*, Oxford University Press.

Seong-Kyu Ha (2005). *The role of NGOs for low-income groups in Korean society*, *Environment and Urbanization*, SAGE Publications.

Soon-Yang Kim (2007). Consolidating the Authoritarian Developmental State in the 1970s Korea: Chosen Strategies, *International Review of Public Administration*, 12(1): 119-132.

Woolcock, M. (1998). Social Capital and Economic Development: Toward a Theoretical Synthesis and Policy Framework, *Theory and Society*, 27: 151-208.

World Commission on Environment and Development (1987). *Our Common Future*, Oxford University Press.

ESCAP www.unescap.org(검색일: 2014.10.27).

국가기록원 http://theme.archives.go.kr/next/semaul/time01.do(검색일: 2014.10.27).

제5장
경부고속도로 건설

배용수
공주대학교

제1절 정책의 추진 배경

1. 여건

1) 경제 여건

경부고속도로 건설 계획의 태동과 직접적으로 연관된 시기는 제1차 경제개발 5개년 계획(1962~1966)을 성공적으로 마치고 제2차 계획을 다시 시작한 1967년이라고 할 수 있다. 이때는 제1차 경제개발계획 기간 중 연평균 8.3%라는 고도 성장을 이뤄 경제적 여건이 어느 정도 개선됐다. 특히 경제개발계획의 성공으로 국민들 사이에 하면 된다는 자신감이 생기고 도시화와 공업화가 서서히 진전되던 시기였다.

그러나 1967년의 경제지표를 보면 인구 3,013만 명, 실업률 6.2%, 물가상승률 12%, 1인당 GNP 142달러, 수출액 3억 2,000만 달러, 수입액 9억 9,600만 달러로서 경제적 여건은 전형적인 후진국의 틀을 벗어나지 못하고 있었다. 특히 교통 관련 시설을 포함한 사회간접자본이 크게 부족한 실정이었다.

2) 교통 여건

경제 규모의 확대에 따라 수송량이 늘어나는데 비해 교통시설은 부족해 1965년부터는 극심한 수송난을 겪게 됐다. 제1차 경제개발 5개년계획 기간 중 고도 경제 성장에 따라 수송률 증가는 연평균 13.5%의 높은 증가율을 기록했다. 도로 운송량의 급격한 증가와 자동차 성능의 개선에 비춰볼 때 한국의 도로사정은 크게 뒤떨어져 있었다. 이에 도로의 확충은 수송의 고도화, 수송비의 저렴화를 기해 산업 발전과 국민생활의 풍요화를 위해 크게 기여할 수 있다는 인식이 생겨났다.

수송 부문에서 가장 심각한 문제는 불균형적인 수송 분담 구조였다. 특히 자동차 이용의 증가에 따라 세계적으로도 철도 중심에서 도로 중심으로 수송구조가 바뀌어가고 있는 추세였으나, 우리나라는 주로 일제 시대에 형성된 철도망에 의존함으로써 철도 위주의 구조에서 벗어나지 못했다. 게다가 수송분담률은 그동안 철도가 도로보다 우위에 있었으나 1964년부터 역전되어 도로가 우위에 서게 돼 도로 수송에서의 애로가 극심한 실정이었다(박무익, 1995: 19).

1966년의 수송분담률을 살펴보면 철도와 도로가 비슷하게 나타나고 있지만 도로 투자 비율은 철도 투자 비율의 1/9에 지나지 않을 정도로 도로 부문의 상황은 열악했다. 정부는 이와 같은 수송구조의 불균형을 해결하기 위해 제2차 경제개발계획 기간 동안 도로 수송에 더 큰 비중을 두는 전략을 구상하고 있었다(〈표 2-5-1〉, 〈표 2-5-2〉).

표 2-5-1 경부고속도로 건설 이전 교통 수단별 수송분담률

(단위: %)

연도	철도	자동차	해운
1962	48.6	45.9	5.5
1963	52.3	42.3	5.4
1964	43.1	49.8	7.1
1965	45.5	48.9	5.6
1966	47.3	47.4	5.3

자료: 한국도로공사(1980: 113).

표 2-5-2 경부고속도로 건설 이전 교통 부문별 투자 비율

(단위: %)

연도	철도	도로	항만	해운 · 항공	기타
1962	16.0	9.3	6.9	4.5	63.3
1963	39.5	5.2	3.9	3.0	48.4
1964	22.1	4.6	5.1	5.3	62.9
1965	16.7	4.4	6.3	2.0	70.6
1966	22.5	2.6	5.0	1.8	68.1

자료: 한국도로공사(1980: 112).

2. 필요성 인식

제1차 경제개발 5개년계획의 성공으로 예상보다 운송난이 심각해져 고속도로 건설을 검토하게 됐다. 급속히 진행되는 경제 성장에 비해 뒤떨어지는 수송 능력을 최단 기간 내에 극복하기 위해 제2차 경제개발 5개년계획 기간 중에 고속도로를 건설해 경제개발을 뒷받침할 수 있는 기반시설을 확립하는 것이 시급한 과제로 됐다. 나아가 장기적인 국토개발 전략과 경제개발정책을 추진하기 위해서는 고속화된 간선교통망을 구축하는 것이 필요하다는 인식이 생겨났다.

우선 해상무역의 40%를 점유하는 부산항과 20%를 점유하는 인천항까지 고속도로로 연결함으로써 수출 증대를 위한 국제경쟁력을 확보하고 시장의 확대에 큰 효과를 발휘할 것을 기대하게 됐다. 특히 한국의 경제 및 산업구조에서 중요한 역할을 담당하는 서울-대전-대구-부산을 연결하고 한강, 금강, 낙동강 유역을 지나가는 지역에 고속도로를 건설하는 것은 경제력을 집적화하고 물류를 위한 유통망을 형성함으로써 커다란 경제적 효과를 창출하기 위해 중요할 것으로 예상했다.

이와 같이 자동차의 급격한 증가, 경제 성장에 따른 수송 수요의 급증이라는 현실적 여건과 중공업 입국을 위한 기반 마련이라는 국가적 요청 이외에 필요성 인식에 큰 자극이 된 것은 선진국들이 고속도로 건설에 심혈을 기울이는 세계적 추세였다. 특히 일본에서 1958년 최초로 나고야- 오사카 고속도로를 착공한데 이어 2개 노선의 고속도로가 건설되고 있었는데, 이러한 일본의 고속도로 건설이 국내에도 커다란 영향을 미쳤다고 할 수 있다.

1962년에 독립된 행정부처로 출범한 건설부는 경제적인 목적을 염두에 두고 고속도로 건설을 구상하기 시작했다. 1964년부터 국토에 대한 전반적인 개발계획을 세우면서 서울-부산 구간을 포함한 여러 구간의 고속도로 건설계획을 구상했다. 특히 서울과 인천을 산업적으로 연결하는 고속도로와 인구 분산을 목적으로 서울과 수원을 잇는 고속도로 건설 필요성이 부각됐다. 그 첫 번째 결실이 경인고속도로로서 1967년 3월부터 건설이 추진됐다.

3. 조사 및 타당성 검토

정부는 교통시설 공급과 수요의 불균형에 대한 대책을 강구하기 위해 1965년부터 본격적으로 조사활동을 시작했다.

1) 건설부 및 IBRD

건설부는 1965년 IBRD에 「한국교통의 조사」 용역을 의뢰했다. 한국 정부의 조사의뢰에 의해 IBRD는 그러스트(Grust)를 단장으로 한 합동조사단을 파견해 1965년 11월부터 1966년 6월까지 한국 내의 교통 실태 조사활동을 벌였고, 1966년 6월 최종보고서를 제출했다. IBRD보고서는 당시 한국의 교통 수단은 철도가 거의 한계점에 도달할 것으로 예측했다. 또한 기존 도로의 수송 분담도 과도해 고속도로의 개발 없이는 경제 성장이 곤란하다고 보았다. IBRD보고서의 주요 분석 내용은 다음과 같이 요약된다.

> 한국의 도로망은 극히 불량하다.
>
> 한국 육상 운송에서 가장 큰 특징은 철도와 도로 수송 역할의 불균형이다. 현재까지 이러한 실정은 정상적인 것으로 판단됐으나 이 경향을 역전시킬 필요가 있다.
>
> 철도 중심에서 도로 중심으로 수송 체계를 전환하지 않으면 경제 발전이 저해될 우려가 있다.
>
> 복잡한 난맥상을 보이고 있는 교통행정기구를 합리적·능률적으로 개편하고 건설부 국토보전국의 일개 과인 도로과를 승격시켜 도로국을 신설해야 한다.[1)]

한편 1965년부터 1967년 경부고속도로 건설이 구체화되기까지 약 2년간 고속도로 건설에 관련된 건설부의 주요 동향은 〈표 2-5-3〉과 같다.

---

1) 당시 우리나라 도로행정의 주무부서는 건설부 도로과였으며, 도로과는 1968년 8월에 도로국으로 승격됐다.

표 2-5-3 건설부의 주요 동향(1965~1967)

1965년	서울-부산, 서울-인천, 서울-강릉, 대전-광주-여수 간 1,133km 고속도로 건설 장기계획 수립
1966년 10월	서울-수원 간 고속도로 계획 조사·설계 용역 발주
1967년 2월	도로정비촉진법 제정
1967년 5월	서울-인천 간 고속도로 기공식 거행

자료: 한국도로공사(2009: 19).

2) 무임소장관실

1966년 7월부터 12월까지 김원태 무임소장관실에서는 '장래교통망 구성에 대한 종합검토'에 관한 연구를 하여 도로사업 특별회계의 설치, 도로국 승격, 도로공사의 설립, 서울-수원 간 고속도로 건설(제2차 경제개발 5개년계획 기간 중), 서울-부산 간 고속도로 건설(제4차 경제개발 5개년계획 기간 중) 등을 건의했다.

3) 행정개혁위원회

1967년 6월 「공로 및 공로 운수행정의 개선을 위한 조사보고서」에서 공로(公路)의 확장과 정비의 중요성을 언급했다. 특히 늘어나는 교통량의 포화에 대처하기 위해 고속도로의 건설을 시급히 촉진할 것과 도로 공단을 설치할 것을 건의했다. 다만 건설부에서 구상 중이던 서울-부산 간 고속도로를 외국 차관으로 건설하려는 계획에 대해 서울-수원 구간 이외는 경제성이 희박하다는 견해를 보였다.

제2절 정책의 추진체계

1. 청와대

1) 대통령

경부고속도로 건설이 공식화된 1967년은 대통령 선거와 국회의원 선거가 있는 해였다. 공화당의 제6대 대통령 선거 후보로 나왔던 박정희 대통령은 어느 때보다 새로운 국정 청사진을 제시해야 할 필요가 있었다.

박정희 대통령은 4월 29일 선거공약의 일환으로서 고속도로 건설을 제2차 경제개발 5개년계획(1967~1971) 기간 중에 착수하겠다고 발표했다. 이어서 동년 5월 2일 기자회견을 통해 '서울을 중심으로 인천 · 강릉 · 부산 · 목포를 잇는 기간 고속도로의 건설'을 명확히 했다. 이로써 교통 체계가 이전의 철도 중심에서 도로 중심으로 전환하는 개혁이 시작됐다.

이와 같이 경부고속도로 건설은 사실상 박정희 대통령의 독단적 결정과 일방적 지시 하에서 추진됐다고 보는 것이 적절하다. 건설 추진의 중추조직으로서 고속도로건설추진위원회가 있었으나 유명무실했다. 실무적으로 뒷받침한 역할 수행은 국가기간고속도로 건설계획조사단과 현대건설 정도에 불과했다.

어쨌든 관계 부처, 민간전문가, 관련 업계 대표 등이 망라된 국가기간고속도로 건설추진위원회도 유명무실했고, 일선기관도 계획의 실행을 위해 부지 확보 등에 동원된 정도에 불과한 역할을 담당했다. 특히 박정희 대통령은 공병 장교 출신으로서 토목공사에 관해 상당한 수준의 전문지식을 가지고 있었고 치밀한 성격으로 인해 대통령 자신이 진두 지휘자로서 구체적 노선 결정에까지 관여했다.

2) 청와대 파견단

박정희 대통령은 경부고속도로 건설의 구체화를 위한 초기 단계에서 유관기관과 건설업체 등 6개 기관에게 추정 공사비를 산출해 제출하게 했다. 요청을 받은 각 기관은 독자적인 판단에 의해 추정 공사비를 산출해 1967년 11월 20까지 청와대에 제출했다. 박정희 대통령은 추정 공사비가 180억 원에서 650억 원까지 산출된 것을 보고 이들 각 안을 비교 · 검토시킬 임시 작업반을 청와대에 설치할 필요성을 느꼈다.

1967년 11월 23일 청와대는 육군 조달감실 및 공병감실의 장교와 건설부 국토보전국 소속의 공무원을 추천받아 임시작업반을 꾸려 동월 24일부터 청와대 경제수석실 근처에서 작업을 시작했다. 작업반은 규모가 작고 설치 기간이 1968년 1월 31일까지 약 10주 정도에 불과했지만 계획 총괄기구의 시발이었으며, 이후 건설계획조사단 구성 및 업무의 토대가 됐다. 이 작업반은 당시 공식적인 명칭이 있었던 것은 아니었고 편의상 '청와대 파견단'으로 불렸다.

청와대 파견단은 계통상 대통령 비서실장, 경제수석 비서관, 건설담당 비서관의 지휘를 받게 되어 있었지만 실질적으로는 박 대통령의 지시를 직접 받아 고속도로 구상을 위한 자료 정리를 하는 별개 기구로 활동했다. 파견단의 주요 업무는 추정 공사비 각안의 비교·분석과 계획 노선을 그려 넣을 지도를 작성하는 것이었고, 그 밖에 용지 매수에 따르는 자료 정리, 표준 단면도 작성, 예정노선 답사 등도 수행했다.

파견단 구성원은 이후 고속도로 건설계획조사단이 편성되면서 그 단원으로 흡수되어 활동하다가, 건설공사사무소가 설치되자 다시 그쪽으로 배치돼 건설공사에도 직접 참여했다.

2. 정부

박정희 대통령이 청와대 파견단을 설치하는 등 고속도로 건설계획을 짜고 있을 때 건설부에서도 독자적으로 계획 수립 작업을 진행했다. 건설부는 주무부서로서 계획 수립 작업을 위해 장관 자문기구로서 고속도로건설자문위원회를 구성했고, 서울－부산 간 고속도로 기본계획조사 용역을 발주해 1967년 12월 완료했다. 그러나 경부고속도로 건설사업은 그 규모나 성격상 초대형 국가적 사업으로서 한 부처의 사업으로 추진되기 어려웠으므로 범정부적 조정이 필요했다. 따라서 여러 부처 간의 정책 조정과 협조 체제를 유지하면서 강력한 추진력을 발휘할 수 있는 정책기구가 설치됐다.

1) 국가기간고속도로 건설추진위원회

1967년 12월 13일 국무총리를 위원장으로, 경제기획원 장관과 건설부 장관을 부위원장으로, 그리고 관계부처 장관, 관련 시·도지사, 민간전문가 등을 위원으로 하는 국가기간고속도로 건설추진위원회가 구성됐다. 위원회는 고속도로 건설에 관한 정책, 기본계획 및 시행계획, 재원 확보, 기술 및 행정 지원, 부처 간 협조 및 계획 조정, 대통령이 지시하는 사항 협의 등의 기능을 수행하도록 되어 있었다.

위원회는 약 1년간 존속하면서 2회에 걸쳐 회의를 개최했다. 1967년 12월 19일 청와대에서 열린 제1차 회의에서는 대통령을 포함해 위원장 및 전 위원, 건설계획조사단(위원회 산하기구)의 전 단원, 대통령 비서실장이 참석해 건설계획조사단 운영의 기본 방향이 결정됐다. 1968년 1월 24일 주원 간사장(당시 건설부 장관) 주재로 열린 제2차 회의는 건설계획조사단장으로부터 추진 상황을 보고받았으며, 2월 1일 기공식을 앞두고 수립된 경부고속도로 건설 기본계획 초안을 심의했다.

당초 막중한 역할을 부여받고 구성된 추진위원회는 제2차 회의를 마지막으로 1968년

11월 23일 해체됐다. 그것은 산하에 설치된 건설계획조사단과 공사사무소를 박 대통령이 사실상 직접 지휘하면서 존재 의의를 상실했기 때문이다.

2) 국가기간고속도로 건설계획조사단

국가기간고속도로 건설추진위원회는 권위를 가진 거국적 기관이었으나 비전문가로 구성된 관련 기관의 집합체와 같은 성격을 가지고 있었다. 오히려 산하기구인 국가기간고속도로 건설계획조사단이 실질적인 기능을 수행했다. 건설계획조사단은 1967년 12월 15일 임명식 및 현판식 거행과 더불어 업무를 시작했다.

건설계획조사단은 경부고속도로 건설에 대한 '추진위원회의 심의 자료에 관한 계획·조사 업무를 분담'하는 기구였으나, 실질적으로는 사업 추진의 근간이었다. 건설계획조사단은 전직 장관을 단장으로 하고 건설부 등 각 부처의 실무자, 육군공병감, 학계 그리고 민간에서 분야별 전문가로 구성됐으며, 박 대통령의 강한 뒷받침이 있어 중요한 기능을 수행했다. 특히 군과 건설부가 주축을 이룸으로써 관련 업무를 일사불란하게 추진할 수 있었다.

건설계획조사단은 기획조사·노선 선정·용지 보상을 담당하는 기획반, 측량·감독·설계를 담당하는 기술반, 재원 조달을 담당하는 재경반 3개 부서로 구성됐다. 조사단은 약 한 달 반 동안 존치하면서 고속도로 건설의 타당성 연구와 각종 계획 및 조사활동을 벌였다. 그 밖에 노선 선정, 용지 보상, 측량, 감독, 설계, 재원 등 광범위한 업무를 담당했다.

조사단은 방대한 업무를 경부고속도로 기공식(1968년 2월 1일) 전에 마쳐야 했다. 조사단의 기술반을 확대 재편성한 형태로 구성된 공사사무소가 1968년 2월 1일에 업무를 시작하자 건설계획조사단은 해체됐다.

3) 서울-부산 간 고속도로 공사사무소

서울-부산 간 고속도로 건설공사의 공사 집행 기구인 공사사무소는 건설부 및 지방건설국 공사사무소 설치령인 건설부령 제48호(1968년 1월 29일 개정)에 의거해 1968년 1월 29일 설치됐다. 이는 서울-부산 간 노선 중 제1차로 착공될 서울-수원 간 공구의 기공에 앞서 발족된 것인데 실제 업무는 동년 2월 1일에 시작됐다. 공사사무소는 2월 12일 현판식을 갖고 건설계획조사단에서 추진해 오던 업무를 이어받아 시공관리 업무를 전담했다.

4) 군 지원

한국군은 한국전쟁 이후 미군의 기술과 장비를 이전받았기 때문에 공병이 민간기업보다 여러모로 앞서 있었다. 그리고 공사 수행에서 군 조직의 특수성으로 인해 작업 능률이 월등했고 비용을 크게 절감할 수 있었다.

서울-부산 간 고속도로 건설공사에서 군의 지원은 그 규모가 방대하고 지원 범위도 다양했다. 계획 초기부터 공병 출신의 현역 및 예비역 장교를 기용해 계획 업무에 종사하게 했다. 그 후 기술, 시험, 감독 부문에 상당한 인원이 동원됐다.

시공에서도 노선 중 난공사 구간(수원공구, 대전공구, 언양공구)을 군 지원 공구로 설정해 상당한 규모의 단위 부대를 투입했다. 경부고속도로 기공식은 1968년 2월 1일에 있었으나, 육군 공병단은 그 3개월 전에 이미 공사를 시작했다.

5) 외국 기술용역단

경부고속도로 건설공사는 우리나라에서는 최초로 시공하는 대규모 국가기간사업이었다. 우리의 부족한 기술력을 보충하기 위해 고속도로 건설 전문기술을 보유하고 있는 미국의 딜루 캐더 인터내셔널(Delewe Cather International)사와 기술 지도에 관한 용역계약을 체결했다. 1968년 1월 15일부터 1969년 11월 30일까지 각각 해당 분야의 전문기술자가 파견돼 공사 현장 및 본부에 주재하면서 고속도로 공사 기술 지도에 종사하도록 했다.

제 3 절 정책의 추진 과정 및 내용

1. 추진 과정

경부고속도로 건설이 확정되고 범정부적 추진체계가 구성됐지만 대통령이 직접 전구간을 헬기로 답사하면서 노선을 검토하고 구체적인 사업비 산정과 재원조달계획 지침을 제시하는 등 사실상 대통령이 독자적으로 정책대안을 강구하고 검토했다. 실무적으로 대통령의 의지를 뒷받침한 계획조사단의 지원과 더불어 대통령이 구상, 계획 수립,

집행 등 전 추진 과정을 주도했다고 할 수 있다.

1) 구상

우리나라에서 고속도로 건설에 관한 논의가 시작되기 직전 일본에서는 1958년 名神(나고야-오사카) 고속도로가 착공됐고 2개 노선의 고속도로 건설이 추진 중이었다. 1960년대 들어 건설 공무원 사이에서 고속도로 건설에 대한 구상이 시작됐다. 흔히 박정희 대통령의 고속도로 건설 구상은 경제 개발에 필요한 차관을 얻기 위해 1964년 서독을 방문한 것에서 시작됐다고 본다. 박 대통령은 일정 중 아우토반을 달리게 되었고 이때부터 고속도로에 대해 관심을 갖게 됐다. 귀국한 뒤에는 개인적으로 세계 각국의 관련 자료를 수집하는 등 고속도로에 관한 조사와 연구를 지속했다.

2) 계획 수립

박정희 대통령의 선거공약 표명으로 경부고속도로 건설 방침이 공식화되자 건설부는 1967년 7월부터 12월까지 한국종합기술공사에 서울-부산 간 고속도로기본계획 조사 용역을 의뢰하는 등 계획 수립을 위한 기초조사에 착수했다. 이 용역보고서에서는 수송 수요, 후보 노선 세력권의 산업 분포, 고속도로 건설안과 기존도로 확장안의 비교 등 경부고속도로 건설의 타당성을 분석했다. 다만 철도나 일반도로 건설 등 교통시설 대안의 장단점을 고속도로 건설안과 비교 분석하기보다는 고속도로 건설의 필요성을 강조하는 논리 구성에 치중했다. 따라서 결론으로서 제시된 것은 몇 가지 노선안과 사업비 추산 및 재원 조달 방안 등이었다.

원래 제2차 경제개발 5개년계획에 서울-수원 간 고속도로 계획은 포함돼 있었으나 경부고속도로 건설계획은 없었다. 건설부에서는 1967년 11월 7일 청와대에서 개최된 당정연석회의에서 서울-대전 간의 경부고속도로 건설계획이 포함된 '고속도로건설 10개년계획'을 보고하고 대통령의 재가를 받았다. 이때 박정희 대통령은 제2차 경제개발 5개년계획 기간 중에 서울-부산 간 고속도로를 완공할 것과 경부고속도로건설추진위원회를 구성하고 전문가를 총망라해 권위 있는 계획을 수립할 것을 지시했다.

건설부는 기본계획 수립에 앞서 서울-부산 간 고속도로 건설의 계획 기준을 세웠다. 그 기준은 대통령의 지침을 바탕으로 하여 1967년 11월 22일 시행한 것으로 그 내용은 다음과 같다.

- 본 고속도로는 유료도로로 건설한다.
- 본 고속도로의 위치는 서울 · 대전 · 대구 · 마산 및 부산 사이를 연결하는 최단 거리의 경제적인 노선을 선정한다.
- 지역 및 도시개발계획, 교통망, 지형, 하천, 토지이용계획 등과의 연관성을 종합 판단하여 선정한다.
- 설계 속도는 시속 80~120㎞를 기준으로 한다.
- 차선 수는 교통 수요에 따라 결정하되 4차선을 기준으로 한다.
- 고속도로와 통과 도시, 국도 및 간선 지방도와의 연결 지점에는 입체 교차시설을 한다.
- 고속도로를 횡단하는 각종 구조물은 최소한의 지장이 없도록 한다.
- 고속도로 건설 부지는 사전 확보한다.

3) 노선 결정

고속도로 건설에서 서울-부산 간으로 노선이 확정되자 이견이 노출됐다. 우선 고속도로 건설을 국토 종단선을 우선할 것인가, 횡단선을 우선할 것인가에 대해 많은 논쟁이 일어났다. 그럼에도 불구하고 정부는 계획조사단의 연구 결과에 따라 건설계획의 기본 방향을 굳혀 나갔다. 정부는 기본적으로 공사비 · 통행비 · 유지비를 최소화할 수 있고 미래 종합교통망 구축과 전국 지역 개발의 대동맥으로서의 역할을 하는 노선이어야 함을 전제했다.

도상 노선 선정에 따라 종단도를 작성하고 계획선을 넣고 용지 폭을 넣어서 수량을 산출했다. 이때 대응되는 비교 노선에 대해서는 노선 연장, 공사비, 교량 연장, 터널 길이, 공기, 선형, 유지 보수, 공사용 재료 획득 및 운반의 용이성, 부지 이용도, 시공의 난이도, 용지 확보의 난이도 등 기술적 분석을 실시했다. 또한 교통 연료의 경제성, 산업지구의 직결, 다른 교통 체계와의 접속, 자원과의 관련성, 국방상의 관련성, 지역 개발과의 관련성 등 경제적 분석도 병행했다.

노선에 관해서는 서울-대전 간 노선이 1968년 1월 확정돼 시범구간으로서 동년 2월에 먼저 착공됐다. 대통령 선거공약에서 경부고속도로 건설 방침을 천명한 1967년 4월부터 정책이 결정되고 집행에 옮겨지기까지의 기간은 9개월에 불과했다. 다시 말해 방대한 사업의 타당성조사 및 기본계획 수립이 최단 기간 내에 이뤄졌는데 정밀하지 못한 분석이 될 수밖에 없었고 이는 후에 보수유지 비용의 지속적인 발생으로 나타난다.[2] 대전-김천 간 노선은 1968년 10월, 김천-대구 간 노선은 1968년 10월, 대구-부산 간 노선은 1968년 4월에 각각 확정됐다.

4) 여론 및 홍보대책

박정희 대통령은 경부고속도로 건설은 국력을 최대한 동원해야 하며, 이를 위해서는 최고의 전문가가 필요하다고 생각했다. 1967년 10월 4일 대통령은 소위 '경제개각'을 단행했는데 건설부 장관에 주원 경제과학심의회 상임위원을 임명했다. 주원 장관은 이후 경부고속도로 건설에 반대하는 야당을 설득하는 데 큰 역할을 했다.[3)]

1967년 11월 7일 정부-여당 연석회의 자리에서 경부고속도로 건설이 확정됐을 때 정부와 공화당은 반대에 나섰다. 공화당은 시기상조와 재정에 무리가 가는 점 때문에 비판을 했고, 경제기획원과 재무부도 재정 파탄을 우려해 반대했다.

경부고속도로 건설에 대해 가장 반대가 극심했던 것은 야당이었다. 야당은 처음에는 고속도로 건설 자체를 반대했고, 나중에는 경부 간 노선 반대로 주장을 바꾸면서 지속적으로 반대 입장을 고수했다. 야당은 크게 세 가지 이유를 들어 반대했다.

첫째, 이미 서울-부산 간 복선철도가 있음에도 불구하고 다시 고속도로를 건설함은 수도권과 영남권에 특혜를 부여하는 것이라는 지역편중론이었다. 이에 대해 주원 장관은 고속도로가 인구와 산업의 대도시 집중 방지와 지방 중소도시의 균형 성장 및 국토의 균형 발전을 선도할 것이라 답변했다. 그리고 남부 이탈리아의 경우를 예로 들면서 우선 서울-부산 간 척추도로를 건설한 후 다른 도로를 연결할 것이며, 호남에도 고속도로를 건설할 것을 약속했다.

둘째, 수송 수요가 늘어남에 따라 도로의 건설은 필요하지만 일반도로가 아닌 고속도로에 많은 예산을 투입하는가라는 비판이었다. 이에 주원 장관은 제2차 경제개발계획 5개년계획 수정을 통해 일반도로를 포함한 수송에 관한 예산을 크게 늘렸음을 강조했다.

셋째, 야당은 IBRD가 철도 중심에서 공로 중심으로 수송 체계를 전환함을 권고했으나 그것은 서울-강릉, 포항-부산-순천-여수-광주, 삼척-속초, 대전-목포 노선이었음을 주장했다. 주원 장관은 척추도로를 거점으로 하여 다시 해안으로 도로를 내어 연결하는 방법이 필요하다고 답변했다(최광승, 2010: 187-188).

---

2) 고속도로 개통 1년 만에 총 건설비의 10%에 해당하는 보수비용이 지출됐고, 개통 10년 후에는 전체 보수유지비가 공사비를 초과하게 됐다.

3) 주원은 1967년 일본에서 '국토 및 도시계획을 위한 고속도로 투자 기준'이라는 논문으로 박사학위를 받은 유일한 고속도로 전문가였으나, 행정 경험은 전혀 없는 인물이었다.

야당에 비해 조심스러운 태도를 취하고 있던 언론은 경부고속도로 건설이 경제 발전을 위해 필요하다는 점을 인정하되 중소도시의 퇴보, 서울 및 부산에 자본 집중, 농어촌의 도시화, 철도의 사양화, 지역 간 불균형 성장, 향토성 희박화 등의 문제점을 우려하고 이에 대한 대책 마련을 촉구했다.

한편 박 대통령은 고속도로 건설에 대한 우려의 목소리가 나오게 된 것이 건설의 타당성에 대한 홍보 부족이라 생각했다. 더욱 논리적으로 설득할 필요성을 인식하고 건설의 타당성을 객관적으로 보여주기 위해 고속도로 건설계획조사단이 작성한 「국가기간 고속도로 건설계획 개요」라는 타당성 조사보고서를 공개했다(최광승, 2006: 44-46). 이 보고서에는 경제 성장과 고속도로 건설, 서울-부산 간 우선 착공의 필요성, 국민이 받는 생활상의 직접 이익, 농어촌 개발과 지역 격차의 해소, 사업 자체에서 오는 이익, 국방상의 이익 등이 담겨 있었다. 다만 보고서는 경제적 타당성을 면밀히 조사하지 못한 상태에서 그때그때 제기되는 문제에 대해 대응 논리를 개발하는 데에 그치는 한계에서 벗어나지 못했다(박찬구, 1984: 86).

5) 건설 관련 주요 연표

표 2-5-4 건설 관련 주요 연표

1967. 4.29	박 대통령, 서울-부산 간 고속도로 건설 구상 발표
1967. 5. 2	박 대통령, 기자회견에서 기간고속도로 건설계획 발표
1967. 11. 7	주원 건설부 장관, 당정 연석회의에서 고속도로건설 10개년계획 보고 박 대통령, 서울-부산 간 고속도로 건설 지시
1967. 11. 10	국가기간고속도로 건설추진위원회 및 동 계획조사단 구성안 보고
1967. 11. 24	청와대 파견단 편성
1967. 11. 27	건설부, 서울-부산 간 고속도로건설기본계획 제1차 시안 보고
1967. 12. 1	건설부, 서울-부산 간 고속도로 제2차 시안 보고 국가기간고속도로 건설계획조사단 구성안 보고
1967. 12. 13	국가기간고속도로 건설추진위원회 규정 공포
1967. 12. 15	국가기간고속도로 건설계획조사단 설치
1967. 12. 30	서울-부산 간 고속도로 예정 노선 좌우 4㎞ 이내 투기억제지역 확정
1968. 1. 15	고속도로 표준설계 확정(도로폭 22.4m, 4차선)
1968. 1. 24	건설부-국방부, 고속도로 합동공사에 관한 합의각서 교환
1968. 1. 29	서울-부산 간 고속도로건설 공사사무소 설치
1968. 2. 1	서울 영등포구 원지동(현재 서초구)에서 서울-수원 간 착공
1970. 7. 7	서울-부산 간 고속도로 완공

2. 내용

1) 개요

1967년 12월부터 1968년 2월까지 존속한 국가기간고속도로 건설계획조사단은 「계획업무종합보고서」를 작성했다. 이 보고서에서는 전국의 수송구조, 후보지 내 경제 상황, 교통량 추정, 효과분석 등을 검토해 서울-부산 간 고속도로 노선을 크게 두 가지 안으로 제시했다. 제1안은 서울－대전－대구－경주－부산 구간이었고, 제2안은 서울－대전－대구－마산－부산이었다.

건설계획조사단은 1968년 1월 서울－대전 및 대전-김천 간의 노선을 확정했다. 그 후에 대구와 부산 노선은 1968년 4월에, 김천과 대구는 가장 늦은 10월에 각각 확정됐다. 그리하여 제3한강교(현재의 한남대교) 남단을 기점으로 수원－오산－천안－대전－영동－황간－김천－구미－왜관－대구－영천－경주－언양－양산－부산 동래 구서동에 이르는 428km의 노선이 결정됐다.

표 2-5-5 경부고속도로 구간별 최종 노선

구간	확정 시기	최종 노선
서울-대전	1968. 1. 12	서울(양재동)-수원(신갈리)-오산(원리)-안성(용두리)-천안(신부동)-청주(석죽리)-대전(송촌리)
대전-김천		대전(송촌리)-옥천(삼양리)-영동(상용리)-황간(소계리)-김천(교동)
김천-대구	1968. 10. 17	김천(교동)-구미(신평동)-왜관(삼청동)-대구(신평동)
대구-부산	1968. 4. 25	대구(신평동)-영천(본촌동)-경주(염불리)-언양(동부리)-양산(신기리)-부산(동래구 구서동)

자료: 건설부·한국도로공사(1974: 46-47).

공사는 전 노선을 서울－오산, 오산－대전, 대전－대구, 대구-부산 간의 4개 구간으로 크게 나눠 공정계획을 세웠다. 1차로 1968년 2월 1일 서울－수원－오산 구간이 착공됐고, 2차로 1968년 4월 3일 오산-천안-대전 구간이 착공됐다. 3차로 대구-경주-부산 간 기공식이 1968년 9월 11일에 열렸고, 가장 어려운 구간이었던 대전-대구 구간은 1969년 1월 4일에 기공식이 열렸다. 고속도로 건설은 1970년 7월 7일 대구공설운동장에서 거행된 준공식과 함께 마무리됐다.

표 2-5-6 경부고속도로 착공 및 준공 현황

구간명	연장(km)	착공	준공
오산-천안	37.4	1968. 4. 3	1969. 6. 29
천안-대전	1,969.2	1968. 4. 3	1969. 12. 10
대구-부산	123	1968. 9. 11	1969. 12. 29
대전-대구	152	1969. 1. 13	1970. 7. 7

자료: 위영(2009: 95).

당시 설정된 고속도로 건설계획의 일반 원칙은 다음과 같다.

- 서울-부산 간을 최단 거리로 압축해 5시간 내외에 도달할 수 있는 일일 생활권을 구성한다.
- 서울-부산 간 대·중 도시(수원·대전·김천·대구 등)를 경유해 그 지역의 종합적 장래 발전을 감안한다.
- 도로 규모는 폭원 22.4m의 4차선으로 한다.
- 공사비, 통행비 및 유지비를 절감할 수 있게 한다.
- 공사를 4년 이내에 완공할 수 있도록 한다.
- 현존 도로 및 철도, 항만, 항공 등 종합 교통망 구성을 감안하고 농업과 공업을 서로 발전하여 장래의 균형 있는 전국 지역사회 개발을 위해 척추종관기간선을 구성하도록 한다.

도로의 선형은 1, 2, 3급지로 나눠 설계 속도를 120km/h, 100km/h, 80km/h로 설정했다. 총 309개의 교량이 공사에 포함되어 평균 1.4km마다 교량 하나씩 가설된 셈이었고 총 연장은 17km에 달했다. 터널은 당초 8개로 계획돼 있었으나 공사기간 및 공사비의 절감을 위해 상·하행 6개(총연장 4,051m)로 시공했다. 터널은 2차로 1방향으로 상·하행 차로를 분리해 두 개의 터널을 병행 건설했다(박상일, 2010: 12).

정부는 매주 고속도로 건설 현황을 점검했다. 국무회의에서 경부고속도로의 건설 과정과 문제점, 대안 등이 다각적으로 검토됐다. 이와 같은 점검은 빠른 시일 내에 경부고속도로가 완공될 수 있었던 중요한 요인으로 작용했다.

2) 재원 조달

박정희 대통령은 서울-부산 간 428km 구간만 밝힌 채 도로의 규모, 구조 등에 대한 언급 없이 경제기획원, 건설부, 재무부, 서울시청, 현대건설, 육군 공병감실에 도로 건설 비용을 계산해 보고하도록 했다. 이에 경제기획원은 산출을 포기했고, 서울시청 180억 원, 현대건설 280억 원, 재무부 330억 원, 육군공병감실 490억 원, 건설부 650억 원(나중에 450억 원으로 조정)을 보고했다. 건설비 책정에 현격한 차이를 보였던 것은 설계 기준, 노선, 물량, 공법 등의 차이 때문이었다. 서울시는 당시 서울시내의 도로포장 공사를 기준으로 했던 반면 건설부는 세계적으로 통용되고 있는 기준에 맞춰 비용을 산출했다.

고속도로의 공사 규모와 소요 공사비 추정은 당시 국내외의 정치적 및 시간적 제약으로 인해 치밀한 사전조사와 설계를 시행할 여유가 없었다. 박 대통령은 1967년 12월 19일에 국가기간고속도로 건설계획조사단으로 하여금 도상계획노선과 고속도로 건설계획 일반 원칙에 의해 개산공사비를 추정 산출케 했다. 이 산출 근거에 따라 우선 300억 원 내외의 재원을 기준으로 하여 최초 사업계획을 수립하기에 이르렀다.

한편 1966년 한국의 도로망을 확충해야 한다는 IBRD보고서가 나온 이후 재무부는 3,030만 달러의 자재 및 장비 도입을 위한 차관을 IBRD 총재에게 요청했으나 사실상 거절당했다.[4] 외자 도입을 포기하고 석유류세 인상, 통행료 수입, 도로공채 발행 등 내자 동원을 통해 건설비를 마련하기로 결정했다. 결국 경부고속도로 건설재원 확보계획이 1968년 2월 5일 8차 경제장관회의에서 휘발유세와 통행세 등의 내자와 대일청구권 자금 27억 원을 포함한 총 331억 원으로 최종 확정됐다.

표 2-5-7 경부고속도로 건설 재원별 자금조달계획

재원	금액(억 원)
휘발유세	139
통행세	60
차관판매대금	84
대일양곡청구권자금	27
통행료	15
기존 예산	6
합계	331

자료: 한국도로공사(1980: 207).

4) 당시 IBRD 총재였던 블랙(Eugene Black)은 IBRD 전문가들이 권고한 서울-강릉, 포항-부산-순천-여수-광주, 삼척-속초, 대전-목포 구간을 건설할 경우 국제개발협회(IDA)를 통해 건설자금으로 150만 달러를 제공할 용의가 있음을 밝혔다.

재원별 자금조달계획이 확정된 후 건설재원을 충당하기 위해 도로 관련 세금의 도로 사업비로의 전입 확대를 꾀했다. 이를 위해 휘발유세 세율을 100%에서 200%로 상향하기 위한 석유류세법과 도로정비사업에 석유류 세수의 사용 한도를 50%에서 75%까지 늘리기 위한 도로정비촉진법을 각각 개정했다.

그 당시 일본에서 완공된 名神(나고야-오사카) 및 東名(도쿄-나고야) 고속도로의 경우 건설비가 km당 평균 8억 원이 소요됐다. 이 단위 원가를 서울-부산 간 430km에 적용해 보면 약 3,500억 원이 산출되는데, 이 금액은 1967년 한국 정부예산의 두 배나 되는 막대한 액수였다. 경부고속도로 건설을 위해 실제 집행된 총공사비는 약 429억 원이었다.

표 2-5-8 경부고속도로와 일본 東名고속도로의 비교

	경부고속도로	東名고속도로
총 사업비	429억 원	3,425억 원
건설 기간	2년 5개월	8년
규모	428km	346.4km

자료: 유일근(1999: 511).

당시 서울-부산 간 고속도로 건설에 소요되는 비용은 정부의 안정적 재정 기조 및 재원 조달 능력 안에 있으며, 고속도로 운영수익으로써 다른 고속도로를 건설할 수 있는 선순환적 재원 창출이 지속적으로 이뤄질 것으로 보았다. 또한 박 대통령은 건설 예산이 크게 부족한 점을 감안해 저예산으로 빠른 시일 내에 완공할 수 있는 '선시공 후보완' 방식으로 건설하기로 마음먹었다. 즉 우선 재정 형편에 맞게 고속도로를 완공한 후에 차츰 보완하면서 경제 규모가 더 커지고 수요가 증가하면 기존 도로를 확장할 수 있다고 생각했다.

3) 토공을 위한 사전조사

토질조사는 노선 선정, 설계, 시공 등을 위한 예비 단계에서 가장 중요한 사항이며 이를 통해 암도 및 지하수의 상태가 명확해지므로, 합리적으로 토공계획을 시행할 수 있고 기초 지반의 안정과 침하를 예측할 수 있다.

서울-부산 간 고속도로의 전 노선에서 안개 발생 일수가 가장 빈번한 곳은 서울-수원 간 연도지역과 대구지역이었다. 기상대 등으로부터 지역별 평균 안개 일수, 발생

시기, 발생 시각 및 계속 시각, 짙은 안개 발생 빈도가 높은 지역 등의 자료를 수집해 안개로 인한 사고 방지대책을 수립했다.

강우량 조사는 고속도로 건설 착공에 앞서 설계, 시공에 필요한 기상 및 유수 등에 관한 자료 정비로서 연도 지역의 강우량도를 작성하기 위한 것이었다. 지역별 호우강도 조사는 집중호우로 인한 사태에 대비하기 위한 사전조사로서 노선에서 가까운 대표적인 지역을 조사 대상지역으로 선정했다.

골재원 조사는 공사에 필요한 양질의 재료를 가장 가까운 곳에서 적기에 손쉽게 소요량을 저가로 확보하기 위한 조사다. 6개 시·도(서울특별시·경기도·충청남도·충청북도·경상북도·경상남도)에 의뢰해 노선 연변의 사용 가능한 모래, 자갈, 자갈 섞인 모래, 석재 등의 골재원 위치, 매장량, 본선까지의 이동거리 등을 상세히 조사·보고하도록 했고 이를 설계 골재원 선정 시 반영했다. 특히 하천법에 의거 국유하천은 국가가 필요로 할 때 그 사용료를 지방자치단체에 지불하지 않도록 하여 공사비를 절감했다.

4) 용지 매수 및 보상

건설용지 매수 가격과 용지 매수의 속도는 공기를 줄일 수 있는 관건이다. 즉, 건설용지 매수 문제는 경부고속도로 추진의 성공 여부와 직접 연결되어 있는 사안이었다. 고속도로에 편입되는 용지 매수 및 각종 지장물의 철거 및 이전 보상은 서울–부산 간 고속도로가 428km에 달하는 장거리에 걸쳐 있으므로 이 구간을 관할하는 행정구역도 광범위했다.

용지 매수의 절차와 경과 사항도 다양하고 복잡하므로 정부는 신속한 처리를 위해 특별 행정 체제를 편성했다. 즉, 건설부 장관 감독 하에 지방행정 관할구역별로 도지사에게 업무 처리 권한을 거의 전적으로 위임했다. 용지 확보를 위한 제반 대책의 협의, 토지 매매 절차의 이행, 공정한 대가 지불 또는 보상 등의 업무를 추진하기 위해 도, 시·군, 읍·면 등 해당 관서 단위로 고속도로사업추진위원회를 구성했다. 이 위원회에 대해 가격사정의 최고 심의 의결권을 부여했다.

박정희 대통령은 처음부터 협의 매수를 원칙으로 정하고 지시 조치를 내렸다. 정부와 이해당사자 간에 원활히 협의가 이뤄진 것은 주로 다음과 같은 배경에서 기인했다.

첫째, 고속도로 건설은 국가경제 발전을 위해 필수적이지만 지역사회 발전에도 지대한 영향을 미칠 것이라는 것을 대다수 국민이 충분히 이해했다.

둘째, 정부가 용지를 매수할 때 재산권 소유자에게 정당한 대가 지불 또는 책임 보상을 한다는 원칙을 천명했고 이를 신뢰한 주민들의 자진 참여 의식이 고조됐다.

셋째, 토지수용법을 적용하면 용지 매입 기간이 크게 늘어나므로 협의 매수 방식을 채택함으로써 사유재산권을 최대한 보장했다.

용지매수 업무 중 가장 핵심적인 작업이 가격사정이었다. 정부는 기본조사를 통해 매매 실제 가격에 의한 거래 실태를 파악하는 한편 2개소 이상의 금융기관으로 하여금 감정가격을 산정하게 했다. 이 사항을 토대로 하여 정밀하고 공정한 평가 기준을 수립했으며, 이 평가 기준을 적용할 때도 다시 도 추진위원회의 심의 결정을 거쳐 시행하도록 했다.

해당 지역별로 소요예산과 자금을 배정했고 업무의 시급성을 감안하여 해당 관서의 집중력을 집중해 주민들의 이해와 참여를 적극적으로 유도했다. 또한 용지 확보를 법에 의한 수용에 의하지 않고 최대한 토지 소유자의 자발적 의사에 의한 협의 매수를 원칙으로 했으며 시가에 상응한 보상을 했다. 건설부와 공사사무소는 해당 구간의 용지 취득 및 지장물 보상이 완료된 후에 공사에 착공했다.

경상북도 월성군 서면 소재의 신라 고분 69기가 노선에 저촉된 바 있어 문화재관리국과의 협의 하에 건설부가 발굴 비용을 부담해 그곳에서 출토된 역사적 유물을 다수 보호 조치했다. 발굴작업은 문화재 보존위원 등 전문가들에 의해 학술조사를 실시하도록 하여 영구 보존가치에 대해 고증했고 보고서가 발간됐다.

서울–부산 간 고속도로 소요 용지 총면적은 620만 평에 달했다. 이 중에서 약 6%에 해당하는 37만 평은 국유재산이었기 때문에 관계 부처에 조치해 확보했고, 나머지 약 583만 평은 개인 소유로서 1건을 제외하고는 모두 협의 매수로 확보했다. 용지 매수에 소요된 예산은 19억 6,300만 원에 달했다.

5) 시공

서울–부산 간 428km 연장의 노선은 9개 구간으로 나누어 실시설계가 진행됐고, 시공은 7개의 공사사무소를 설치하여 각 구간에 분할된 소공구별로 나눠 진행됐다. 1968년 2월 1일 공식적으로 착공한 후 민・관・군이 총동원돼 2년 5개월 후인 1970년 7월 7일 완공식을 거행했다.

공사에는 14개 국내 민간 용역업체가 조사・측량과 실시설계를 담당했고, 시공에는 16개 건설업체와 3개 군 공병단이 투입됐다. 총 편입 토지는 629만 평에 달했고, 주요 사업량은 토공 약 6천만 m^3였다. 동원된 연인원은 약 9백만 명에 달했으며, 77명의 희생이 있었다.

터널과 교량 공사는 당시 우리의 기술력으로는 매우 고난도의 작업이었으며, 인력의 희생이 주로 이러한 난공사에서 발생했다. 대전-대구 간 공사가 가장 어려운 작업이었는데, 특히 옥천터널(당시 당재터널)은 금강교량과 연결하는 최대의 난공사였다.

1968년 2월 1일 대장정의 건설 역사가 시작됐으나 장비, 기술, 자재가 모두 턱없이 부족한 상황이었다. 중장비도 대부분 한국전쟁 전후에 도입돼 거의 사용이 불가능한 노후 장비였다. 정부는 미국, 영국, 프랑스, 스웨덴 등의 중장비 업체에 요청해 1969년 2월에야 외상으로 필요한 장비를 겨우 갖출 수 있었다. 동원된 연 투입 장비의 수는 도우저 16만 대를 포함해 총 165만 대에 이르렀다.

건설에 소요되는 막대한 공사용 자재는 국내 생산품으로 조달함을 원칙으로 하되 국내에서 생산할 수 없는 것만 외자로 도입했다. 건설자재는 시공 적기에 수급해 공사 진행에 원활을 기함과 동시에 가급적 시중 비수요기에 발주해 소요량을 확보하도록 함으로써 국내 건설자재 가격 상승을 방지하도록 배려했다. 철도 수송의 절대 부족 실정을 고려해 비수기를 택해 수송했다.

제 4 절 성과 및 평가

1. 성과

새로운 교통로의 확충은 자원에의 접근과 원료 및 상품 수송을 원활히 할 수 있게 하고, 국토를 좀 더 효율적으로 관리할 수 있게 하며, 군사적 기동성을 강화시킨다. 또한 국민생활 전반에 걸쳐 커다란 변화를 초래한다. 경부고속도로 건설도 여러 측면에서 뚜렷한 성과를 거뒀다.

1) 교통 인프라 부문

많은 연구에 의하면 고속도로 건설은 산업 발달, 지역 개발 촉진, 생활권 확대 등 국민경제의 발전을 위해 필수적이다. 즉, 고속도로는 시·공간적 압축을 유도해 운송비의 절감과 제품 가격경쟁력 향상을 가져온다. 또한 인력과 상품의 이동뿐만 아니라 자본 및 정보의 이동을 촉진해 지역경제 및 국가 경제의 발전을 촉진시키는 효과를 가진다. 특히 고속도로는 철도나 항만 건설에 비해 투자 효율이 높고, 비교적 한정된 재원으로도 수송 애로를 타개할 수 있는 효과적인 교통 기반시설이다.

경부고속도로 개통 이후 우리나라의 수송구조는 종래의 철도 위주에서 도로 위주로 바뀌었다. 철도의 수송분담률은 점차 하락한 반면 도로의 수송분담률은 계속 상승해 수송구조의 커다란 변혁을 초래했다. 특히 고속도로가 건설된 후 화물차의 통행 대수가 급격히 증가해 1972년부터 승용차 대수를 앞지르기 시작했다.

즉, 경부고속도로는 경제 성장의 도약기에 주로 산업도로의 역할을 담당하게 됐고, 이로 인해 수송 차량의 대형화, 물류비용 절감, 상품파손율 감소, 재고율 감소 등의 경제적 효과를 가능케 했다. 한 연구에 의하면 경부고속도로의 건설로 인해 연간 기준으로 운행비용 절감 1조 1860억 원, 시간 절감 1조 1,119억 원, 사고 절감 5,755억 원의 비용 절감 효과가 발생한 것으로 추정된다.

표 2-5-9 경부고속도로 건설에 따른 사회공간적 안정 효과

구간	운행비용 절감 (백만 원/연)	시간 절감 (백만 원/연)	사고 절감 (백만 원/연)	주행거리 단축 (천대,km/연)	주행시간 단축 (천 대,hr/연)
경부고속도로	1,185,998	1,118,664	575,549	1,299,247	18,640

자료: 최태희(2000: 14).

따라서 경제 개발이 활발하게 진행되던 1970년대 기간 동안 경부고속도로가 갖는 의미는 경제개발계획을 뒷받침하는 산업화 도로였다고 규정할 수 있다. 또한 운송비용을 절감하고, 지역 간 상호의존성을 증대시키며, 경제활동의 공간적 분업을 촉진함으로써 궁극적으로 가격경쟁력에서 국제적 우위를 점할 수 있도록 했다.

다만 경부고속도로는 건설 당시의 재정 부족과 기술 수준의 저조로 인해 개통 후 유지 관리 단계에서 계속적인 보수를 필요로 했다. 교통량 증가, 차량의 대형화에 의해 포장의 파손과 교량 노후화가 가속됐고, 구간별로 상습적인 지·정체가 심화됐다.

2) 유통 부문

경부고속도로는 수송 체계를 개선함으로써 물적 유통 기능에 획기적 변화를 초래했으며, 유통 부문 전반에 걸쳐 유통구조의 전근대성과 비능률성을 제거할 수 있는 기반을 조성케 했다.

우선 운행 시간 단축을 통해 물류비용의 획기적 절감이 이뤄졌다. 경부고속도로가 건설됨으로써 종래의 시속 60~70km 속도에서 시속 100km 속도로 이동성이 제고됐고, 이로 인해 경부고속도로에 연계된 도시들은 2/3 정도로 시간 거리가 단축되는 혜택을 얻게 됐다.

한편 수송 수단을 대형화할 수 있게 되어 수송의 신속·대형화가 이뤄짐에 따라 상품의 적기 공급이 가능하게 되어 가격 안정 및 지역 간 가격평준화에 기여했다. 또한 화물 운송을 위해 철도나 해상에 비해 상대적으로 고속도로를 더 활발히 이용하게 됐는데, 이로 인해 중간 하역 과정 없이 목적지에 직접 운송이 가능해져서 운송 중의 상품 파손율이 저하됐다.

3) 지역 및 국토 개발 부문

경부고속도로 건설은 당시 수출입 물동량의 약 40%를 점유하는 부산 지역과 20%를 점유하는 인천 지역을 연결함으로써 시장권을 확대하고 수송 능력을 극대화했다는 점에서 합리적이고도 효과적인 결정이었던 것으로 평가되고 있다. 경부고속도로가 완공된 1970년대부터 국토 공간의 산업입지는 경부고속도로 선을 중심으로 수도권과 동남권을 중심으로 급속히 재편됐고, 서울－대전－대구－부산의 지역 간 연계가 이뤄져 경제 발전의 바탕이 됐다.

이들 도시는 접근성이 향상되면서 인적 그리고 물적 상호 교류도 활발히 이뤄졌다. 이렇게 집결된 경제력은 일일 생활권으로 연결돼 경제적 승수 효과와 지역 개발의 파급효과를 유발할 수 있었다. 나아가 1972년부터 시행된 국토종합개발계획에서 입안된 대규모 국가공단 개발은 물론 공단 간의 연계성을 강화하는 데 기여했다.

국토종합개발계획의 가장 큰 과제는 산업입지의 합리적 재편이었는데, 이를 위해서는 대도시 중심 공업권의 지방 분산과 대단위 공업단지의 조성이 중요했다. 경부고속도로는 고속도로와 국도 및 지방도의 유기적 연결을 가능하게 하여 공업 입지 조건에도 변화를 초래했다. 그리고 생산지와 소비지의 지리적 분화를 가능하게 하여 공업권의 지방 분산을 용이하게 했다. 그 결과 큰 면적을 필요로 하는 대규모 생산 공장들은 점차 지방으로 이전하고 대도시 공업단지는 정보산업 위주 지역으로 전환됐다.

4) 건설기술 부문

고속도로의 건설은 투입된 자본의 회전 기간을 단축함으로써 공간 경제적으로 초과 이윤의 창출을 가능하게 한다. 경부고속도로의 건설은 건설자본의 성장을 촉진하는 결정적인 계기가 됐다. 건설기술의 숙련화와 대규모 공사 수행 능력의 배양을 통해 건설업 경영의 부문화와 전문화가 가속화됐다. 그리고 전문기술 인력의 양성, 계열화 및 경영합리화가 이뤄졌다. 특히 건설기술에 관해 국제적 지위가 크게 향상되어 해외 진출의 전기가 됐다(최태희, 2000: 14-15).

정부는 고속도로 건설 과정에서 토건업자로 하여금 외국으로부터 건설장비를 도입하도록 적극 장려하기 위해 관세 면제 등의 특혜를 부여했다. 오늘날 건설자재의 규격화, 건설장비의 근대화 및 국산화는 고속도로 건설에서 기인한 바 크다. 또한 품질관리 시험 기준의 향상, 유지관리의 개선, 장비 조작 기술의 향상도 고속도로 건설을 통해 얻은 중요한 수확이었다.

5) 정치 · 사회적 부문

교통시설의 발달은 상호교류와 의사소통을 원활하게 함으로써 사회 통합을 강화하고 이에 따라 영토의 지배, 즉 정치적 영향력의 집중화를 가능케 한다. 국가의 주변 지역에서 나타날 수 있는 분열성을 해소하고 중심으로의 통합성을 강화하는 역할을 한다.

경부고속도로도 국가적 사회간접자본으로서 물류의 유기적 이동과 생활권의 변화를 가져오고 인구의 급격한 재편을 초래했다. 특히 경부고속도로 주변 개발은 토지 이용과 주택 개량 등 농촌 개발 효과를 가져왔고, 도시와 농촌 간 접근성이 용이해지고 관광지가 개발되는 등 사회적 가치의 분배가 이뤄졌다. 따라서 경부고속도로는 지역 간 교류를 확대시키는 사회기간망 도로라고 규정할 수 있다.

그렇지만 경부고속도로 축에서 배제된 도시들은 상대적으로 시간거리가 더 멀어지게 되고 지역 간 상호 교류도 저하돼 상대적으로 낙후되는 곳이 나타나기도 했다. 경부고속도로 선상에 포함되지 않은 지역들은 상호접근성이 상대적으로 저조하여 지역 발전이 지체될 수밖에 없었고, 이로 인해 인구가 유출되고 경제 분야뿐만 아니라 비경제적 분야에서도 낙후된 지역으로 남게 됐다. 나아가 서울과 수도권 지역으로 정치사회적 · 문화적 등 다양한 측면의 기능이 집중되는 결과를 낳았다.

6) 군사 부문

교통시설은 군사작전의 수행 시에 기동력과 결합 능력을 향상시키는 군사적 효과를 갖는다. 경부고속도로의 건설의 논리로서 사회간접자본의 확충 못지않게 강조됐던 것도 군사정권 통치자로서의 대통령의 이념과 전략이었다.

당시 정권의 목표는 경제 성장과 더불어 적대적 관계에 있던 북한에 대한 우위를 전제로 한 부국강병이었다. 즉, 경제 발전과 정치 안정과 더불어 추구했던 것은 북한에 대한 우위를 점할 수 있는 전략적 토대의 구축이었다.[5] 박정희 대통령은 경부고속도로 건설을 반공산주의의 기념비적 사업으로 간주했다.

2. 평가

1) 정책결정 과정의 특징과 시사점

(1) 동원모형에 의한 의제설정

정책 의제설정(agenda-building)에 관한 모형 중 동원모형(mobilization model)은 어떤 논제가 정부 내부에서 제기됐을 때 거의 자동적으로 공식의제(formal agenda)로 채택되어 정책으로 입안되고 난 후, 그 성공적인 집행을 위해 공중의 지지와 협조를 위해 공식의제를 역으로 공중의제(public agenda)화하는 과정을 보여준다.[6] 경부고속도로 건설정책은 고속도로 건설의 표면화가 대통령에 의해 이뤄졌다는 점(제기), 고속도로 건설이란 공식의제 설정 후 그 구체적 세부계획을 수립했다는 점(구체화), 사업의 성공적 집행을 위해 정부에 의한 대국민 설득작업이 전개된 점(확산), 설득작업을 통해 공중의제로 전환했다는 점(진입)으로 미뤄볼 때 전형적인 동원모형에 해당한다고 할 수 있다(심재권, 1995: 45).

대부분의 동원모형에 의한 정책과 마찬가지로 경부고속도로 건설사업도 사업 자체의 타당성 여부에 대한 반대와 의혹에 대해 행정부는 나름대로의 논리와 근거로써 설득

---

5) 2005년까지 경부고속도로 상에는 비상사태에 대비하기 위해 항공기 이착륙이 가능한 비상활주로와 헬기장이 배치돼 있었다.

6) 외부주도모형(outside initiative model)은 공식적인 정부구조의 외부로부터 논제가 제기되어 공중에게 확산됨으로써 일차적으로는 공중의제가 되고 최종적으로는 공식의제가 되는 과정을 나타내는 모형이며, 내부접근모형(inside access model)은 정책이 정부 영역 내부에서 제기돼 공식의제로 채택되지만 동원모형과는 달리 정책제안자들이 그 논제를 정부 영역 밖의 일반대중에게 확산시키지 않기 때문에 공중의제화 단계를 거치지 않고 곧바로 공식의제로 채택되는 경우를 나타내는 모형이다(Cobb, Ross, & Ross, 1976: 126).

을 시도했으나 전반적인 동의의 확보에 이르지 못한 상태로 고속도로 건설정책을 결정했다. 그리고 사업 초기에는 일반 국민뿐만 아니라 국회, 언론, 전문가집단 등에 대한 홍보를 매우 중요시했는데, 이들은 정책결정 과정의 참여자라기보다는 정부가 이미 결정한 정책의 홍보 대상자로 간주됐다.

권위주의적 행정문화 속에서 대통령의 공약 사항은 그 타당성에 관한 진지한 검토는 기대하기 어려웠고 오로지 충실한 집행만 있었다고 보는 것이 더 적확할 것이다. 고속도로 건설의 타당성조사도 건설정책이 확정된 후에 이뤄지는 등 국민 설득을 위한 성격이 농후했다. 이와 같이 권위주의적인 동원모형에 의해 결정된 정책은 집행 과정에서도 반대론이 제기됐고 원활한 집행을 방해했다.

사회가 발전하고 이해관계가 복잡해질수록 정책결정 과정을 공개하고 민주화할 필요성은 더욱 커진다. 정책은 국민과 함께 결정하고 집행해 나가야 할 것이므로 참여의 기회를 광범위하게 부여해야 한다. 특히 대규모 공공정책은 국민들의 적극적인 참여와 협조가 있어야 원활한 집행이 가능해지므로 정책결정 과정은 공개적이고 민주적이어야 한다는 시사점을 주고 있다.

(2) 대통령의 권위에 기초한 정책결정

경부고속도로 건설사업은 대통령 선거공약으로 처음 제시됐고 대통령의 강력한 의지에 의해 정책이 결정됐다. 정부의 공무원들은 대통령의 선거공약이자 강력한 지시 사항이라는 절대적 명제를 현실화하는 불가침의 의무를 이행하는 역할에서 벗어나지 못했다. 다행히 군을 포함한 정부에는 각 분야에서 장기간에 걸친 행정 경험을 가진 실무자와 전문가가 다수 포진해 있었다.

그렇지만 국회의 경우 여당의 총재직을 대통령이 보유하고, 국회의원 공천권을 대통령이 행사하며, 대통령에 의해 언제든지 행정부 고위직으로 기용되는 등 여당 의원은 대통령에 의해 거의 완전한 통제가 이뤄지고 있었다. 나아가 인해 여당이 국회의 다수 의석을 차지하고 야당의 견제 기능이 제약됨으로 인해 국회는 대통령과 행정부를 제어하는 것이 어려운 구조였다(박무익, 1995: 56-58).

언론도 언론 자유 보장의 미흡, 기자들의 전문성 부족, 부처 출입기자의 부처 동조화 경향 등으로 인해 행정부 및 대통령에 대한 견제에는 한계가 있었다.

이와 같은 상황에서는 경부고속도로 건설사업과 같은 대규모 투자 사업이 결정되는 과정에서 대통령의 권위와 행정관료의 의지가 가장 중요한 요인이 될 수밖에 없다. 그리고 추진 과정에서 관계 부처 및 기관 간의 협조 체계를 구축함은 물론이고 전문가집단을 계획 초기부터 포용해 적극적인 반대를 사전에 방지하고 여론을 우호적으로 조성하는 등 행정부 주도의 정책결정이 일상적으로 이뤄지게 되는 것이다.

예컨대 경부고속도로 건설은 재원 조달 측면에서 당시의 재정 상황과 박 대통령의 인식에 맞춰 '선시공 후보완' 방식을 채택했다. 이 방식은 적은 건설비로 대규모 공사를 추진하기 위한 불가피한 방식이었으나, 단기간의 완공으로 인해 이후 막대한 보수비용이 소모됐다는 부정적 평가가 나오는 원인이 되기도 했다.

따라서 공공 정책은 다양한 집단의 참여와 국회, 언론, 전문가집단 등이 정책결정 과정에 더욱 적극적으로 참여할 수 있게 보장하고 그를 통해 합리적인 대안을 제시하고 행정부를 견제케 함으로써 정책결정이 더욱 합리적이고 민주적이며 모든 계층이 납득할 수 있게 이뤄져야 함을 시사하고 있다.

2) 과제

경부고속도로 건설은 국토공간의 역사를 다시 쓰게 하는 중요한 사건이었다. 공간적으로 볼 때 교통혁신은 주요 도시 간에 접근성을 개선하고 관련된 입지의 이점을 강화함으로써 도시경제의 성장과 상호의존성을 증대시킨다. 경부고속도로는 거대한 척추 고속고도로서 화물과 여객의 이동을 증대시켜 인적·물적 교류의 확대를 가져옴으로써 지역 간 기능적 연계성을 강화하고 공간적 분업을 촉진했다.

그리고 고속도로 건설은 한국 산업구조의 변화에 커다란 영향을 미쳤는데, 예컨대 사회기반시설의 확충에 투입되는 건설산업과 자동차와 같은 이동기계의 생산을 위한 기계조립산업의 급속한 성장을 가능케 했다. 고속도로의 건설과 유지관리로부터 쌓은 기술력과 관리 능력은 모든 도로교통 인프라의 기술적 바탕이 됐다. 나아가 도로교통의 발달에 따른 시공간적 압축(time-space compression)은 상품과 자본의 순환을 촉진시켰고 자본의 회전 기간을 단축함으로써 자본 일반의 이윤율을 제고하는 데 기여했다(최병두, 2010: 325-326).

그렇지만 고속도로의 발달은 경부축을 중심으로 교통망 체계에 포함된 지역과 그렇지 못한 지역 간의 불균형을 심화시키는 공간적 구획화의 폐해를 초래했다. 교통망 체계의 중심지로 자본과 정보가 집중되고 집적되는 현상이 가속화됨으로써 고속도로로 연계된 도시와 그렇지 못한 도시 간에 불균형이 심화되는 현상이 나타났다. 교통로에서 제외된 지역의 도시들은 상대적으로 접근성과 상호의존성에서 배제될 수밖에 없으므로 공간적 단축 효과를 누리지 못하고 고립되는 경향이 나타났다.

이와 같이 고속도로 건설은 불균형 발전 전략의 토대로 작용해 지역 간에 사회공간적 통합 효과를 가져오는 동시에 국토 공간을 구획하고 이로 인해 정치적 갈등이 발생하는 분열 효과도 가져왔다. 이러한 결과는 경부고속도로를 건설할 당시에 의도한 것은 아니었겠지만, 이후 역대 정권에게 정치적 부담으로 작용했다.

또한 경부고속도로의 접근성 내에 위치한 지역을 중심으로 자원 이용의 급증 및 자동차 통행량의 증가 등에 따른 환경오염 심화를 겪게 되었고, 대기오염, 진동 및 소음 등은 심각한 환경문제로 대두했다. 그리고 고속도로 건설 자체로써 자연환경이 파괴됐고, 고속도로가 가로지르는 생활권 내의 주민생활이 분리됐으며, 생태계의 분리 현상도 나타났다(최병두, 2010: 330).

다만, 경부고속도로에 대한 논의는 기본적으로 평가 시점이 아닌 건설 당시의 상황을 기준으로 살펴보는 것이 타당할 것이다. 요컨대 경부고속도로 건설은 당시의 정치경제적 상황과 박정희 대통령의 기업가형 리더십이 결합한 결과로서 인식돼야 한다(Lewis, 1986: 250-264). 따라서 경부고속도로는 기간 고속도로로서 한국의 도로망의 패러다임을 근본적으로 변화시킨 기업가 정신의 대표적 성공 사례로서 평가하는 한편, 고속도로 건설의 부작용은 향후 삶의 질 향상에 필요한 인간 공간을 확충해 나가는 정책, 국토의 균형 있는 발전을 추구해 나가는 정책의 시행으로 극복해 나가야 할 것이다.

참고 문헌

건설부・한국도로공사 (1974). 서울-부산 간 고속도로 건설지.

국가기간고속도로 계획조사단 (1968). 서울-부산 간 후보노선별 경제성평가자료(제1차 정리), 국토연구원 EB34649.

박무익 (1995). 한국의 대규모 공공투자정책 결정 과정에 관한 연구. 서울대학교행정대학원 석사학위논문.

박상일 (2010). 경부고속도로 개통 40주년에 즈음하여. 토목, 58(5): 11-14.

박찬구 (1984). 경부 간 고속도로 건설계획의 결정 과정에 관한 연구. 성균관대학교대학원 석사학위논문.

심재권 (1995). 경부고속도로 건설 결정 과정에 관한 고찰. 한국도로공사. 고속도로, 50: 25-45.

유일근 (1999). 건설전략에 의거한 경부고속도로의 경제적 타당성 분석. 과학기술연구논문집, 1(2):

503-512.
위영 (2009). 경부고속도로 건설, 기록과 기억으로 만나다. 기록인, 7: 88-97.
최광승 (2006). 박정희 대통령의 경부고속도로 건설 과정 연구: 그의 상황 인식과 비전, 그리고 추진 방법을 중심으로. 한국학중앙연구원 한국학대학원 석사학위 논문.
______(2010). 박정희는 어떻게 경부고속도로를 건설하였는가. 정신문화연구, 33(4): 175-202.
최병두 (2010). 경부고속도로: 이동성과 구획화의 정치경제지리. 한국경제지리학회지, 13(3): 312-334.
최태희 (2000). 경부고속도로의 30년 역사. 토목, 48(7): 11-17.
한국도로공사 (1980). 한국고속도로 십년사.
______(2009). 조국 근대화의 길을 열다: 1968~2009 경부고속도로 변천사.

Cobb, Roger W., Jennie-Keith Ross, & M. H. Ross (1976). Agenda Building as a Comparative Political Process. *American Political Science Review*, 70: 126-138.
Lewis, Eugene (1986). The Political Leader as Entrepreneur. Barbara Kellerman (ed). *Political Leadership*. Pittsburgh: University of Pittsberg Press.

제 6 장

국토개발 10개년정책 (1961~1979년)

소순창
건국대학교

제 1 절 정책의 추진 배경

1. 경제개발 5개년계획

우리나라의 경제 발전은 지속적인 사회간접자본의 확충과 국토개발 정책의 계획적인 추진에 있다고 할 수 있다(한국경제60년사편집위원회, 2010: 7). 국토개발정책은 국가발전이라는 차원에서 경제 발전과 밀접한 상관관계를 지니고 있다. 1962년부터 제1차 경제개발 5개년계획이 시작되면서 국토개발 정책은 사회간접자본의 확충이라는 점에서 국가의 경제 성장을 위한 기반 조성으로 중요하게 추진됐다.

먼저, 경제개발 5개년계획은 1962년부터 시작됐고, 이러한 국가계획 과정에서 국토개발계획은 국토건설사업, 대국토건설계획, 국토계획 기본구상, 그리고 국토종합개발계획을 세우면서 오늘에 이르게 됐다.

이러한 과정은 짧은 민주당의 장면 정부에서 계획된 내용들이 박정희 정부에서 수용

표 2-6-1 경제개발계획과 국토종합개발계획

경제개발계획	연도	국토종합개발계획	연도
제1차경제개발 5개년계획	1962~1966년	내각수반지시각서 제53호	
제2차경제개발 5개년계획	1967~1971년	대국토건설계획(1967년) 국토계획기본 구상(1968년)	1967~1976년
제3차경제개발 5개년계획	1972~1976년	제1차 국토종합개발계획	1972~1981년
제4차경제개발 5개년계획	1977~1981년		
제5차경제사회발전 5개년계획	1982~1986년	제2차 국토종합개발계획	1982~1991년
제6차경제사회발전 5개년계획	1987~1991년		

자료: 저자가 작성.

하면서 시작됐다는 점이다. 4·19학생운동의 결과로 집권한 장면 정부는 '경제개발 5개년계획 수립 요강'을 발표했고, 균형적인 산업구조를 건설하고 자립경제 기반을 조성하기 위한 계획을 구체화했다(신용옥, 2000: 300).

그러나 이러한 계획은 5·16군사정변에 의해 중단됐고, 새롭게 시작된 박정희 정부는 군사정권이라는 오명을 불식시키기 위해 국민들로부터의 정통성을 확보할 필요가 있었다. 그러한 과정에서 경제 개발을 서둘러야 했으며, 이러한 과정에서 제1차 경제개발 5개년계획(1962~1966년)을 구체화하기 시작한 것이다(신용옥, 2013: 70).

1960년대 초반에는 산업화가 본격적으로 추진되면서 경제개발계획을 구체적으로 실시했으며 이와 함께 국토개발사업의 병행했다. 제1차 경제개발 5개년계획에서는 기존의 경제 악순환을 시정해 공업입지 기반을 구축해 경제 성장을 도모하고자 하는 목표를 설정했다. 이를 위한 기본 정책으로 공업화를 터전을 준비하고, 자본주의 시스템을 확립함과 동시에 경제 발전을 위한 사회간접자본을 확충하도록 했다. 그래서 경제 성장은 7.1%를 계획하고 7.8%까지 달성했으며, 경제 성장의 지표인 국민총생산을 국토 1㎢당 1975년 기준으로 48.4%(1965년) 달성하게 됐다.

이러한 제1차 경제개발 5개년계획을 통해 양적인 측면에서 상당한 성장을 하게 됐으나 한편으로는 기초공업이 빈약하고, 투자재원을 마련하기 위한 체제가 미비했으며, 식량 자급 및 소득분배의 불균형이 여전히 해결해야 할 문제로 나타났다.

제2차 경제개발 5개년계획에서는 산업구조를 근대화하고 자립경제를 점차적으로 추진해 나가는 것을 목표로, 농업과 공업의 분야를 동시에 추진하며, 부족한 식량을 자급자족할 수 있는 정책을 추진하고, 화학, 철강 및 기계고업을 건설해 공업 분야를 고도

표 2-6-2 1960년대의 제1, 2차 경제개발 5개년계획의 개요

		제1차(1962~1966년)	제2차(1967–1971년)
기본 목표		-경제 악순환 시정 -입지기반 구축	-산업구조의 근대화 -자립경제 촉진
기본 정책		-공업화 준비 -자본주의 체제 확립 -사회간접자본 확충	-농공병진 -식량 자급 -공업 고도화
경제성장률(%)	계획	7.1	7.0
	실적	7.8	9.7
국토의 생산성(1975년 기준) (km^2당 국민총생산)		48.4(1965년)	100.0(1971년)
성과 및 문제점		-양적인 성장 달성 -기초공업 빈약, 투자재원 체제 미비, 식량자급 및 소득분배 불균형	-통계자료를 이용해 계략, 모형화 -국내의 경제 여건과 시장기구 등을 다각적으로 반영 -성장을 해외에 의존해 외채가 증대, 국제수지 악화 -기업의 부실화 및 농업 정체, 인플레이션 발생

자료: 문정호 외(2013: 20).

화시키는 정책을 추진했다. 이러한 기본 정책을 통해 경제성장률은 7.0%를 계획했으나 9.7%까지 초과 달성했다. 앞서 기술한 국민총생산이 1975년을 기준으로 100.0%(1971년)를 이미 달성하게 됐다.

제2차 경제개발 5개년계획에서는 통계자료를 이용해 계량화 및 모형화해 경제 발전을 체계적으로 도모할 수 있었으며, 국내의 경제적 여건과 시장기구 등을 다각적으로 반영한 성과를 도출했다. 한편 경제 성장을 해외에 의존하여 외채가 증가했으며 국제수지가 악화되는 문제점을 낳게 됐다. 또한 기업 부실화 및 농업 부문 정체화가 초래됐으며, 국내 경기에 인플레이션이 발생하는 문제점을 낳게 됐다.

이러한 제1, 2차 경제개발 5개년계획은 국토 개발 분야에도 변화가 필요했다. 경제 발전을 도모하기 위해 국토를 어떻게 활용해 공업입지를 구축하고 특정 지역을 개발하며, 사회간접자본을 확충할 것인가에 대한 논의가 필요했다.

박정희 정부의 경제개발계획과 국토개발사업은 밀접한 관계를 형성하면서 발전해

표 2-6-3 경제개발계획과 국토개발사업

	목표	정책과제	주요 국토개발사업
제1차 경제 개발계획 (1962~66)	사회경제적 악순환 시정 자립경제 기반 구축	- 농업생산력 증대 - 에너지 공급원 확보 - 기간산업 육성 - 사회간접자본 확충 - 국제수지 개선	울산개발사업
제2차 경제 개발계획 (1967~71)	성장, 안정, 균형	- 식량 자급 당성 - 수자원 개발 - 공업고도화 기반 조성 - 국제수지 개선 - 가족계획 추진, 인구 팽창 억제	고속도로사업
제3차 경제 개발계획 (1972~76)	성장, 능률, 형평	- 주곡 자급화 - 중화학공업 건설 - 사회간접자본 확대 - 국토자원의 효율적 개발과 산업/인구의 적정 분산	새마을사업
제4차 경제 개발계획 (1977~81)	안정, 능률, 균형	- 투자재원 자립 조달 - 산업구조 고도화 - 새마을사업 확대 - 과학기술 투자 확대	중화학공업단지 조성

자료: 김용웅 외(2009)과 국토개발연구원(1996)을 수정.

왔다. 이 당시의 국토 개발은 자원 개발과 기간산업의 육성을 이용한 경제 성장과 지역 발전에 초점을 두고 있었다(한국경제 60년사 편찬위원회, 2010: 10). 박정희 정부의 경제개발 5개년계획 중에 국토 개발의 주요 사업을 보면 울산 개발사업, 고속도로건설사업, 새마을사업, 그리고 중화학공업단지 조성 사업이 집행됐다.

2. 국토종합개발계획

1) 전후 복구와 국토 개발(1945년~1950년대)

1945년 일제 식민지로부터 해방되고 나서 남한은 지하자원, 산림자원, 에너지 자원이 부족하여 산업구조가 왜곡되고 산업 기반이 붕괴됐다. 설상가상으로 한국전쟁으로 전국의 산업시설, 공공시설, 그리고 많은 주택들이 파괴되는 심각한 수준에 처해 있었다. 당시 이승만 정부(1948~1960년)는 전쟁의 피해 복구와 함께 외국의 원조로 철도, 도로, 항만 등의 공공시설 복구사업을 진행했다. 당시의 국토 개발은 전쟁에 의한 국토 분단으로 경제 체제가 붕괴됐다.

전후 복구 기간 동안 우리나라의 국토 개발은 국토자원 개발과 실업해소 대책으로 시행됐다. 정부는 이러한 사회적 문제를 해결하기 위해 경제개발3개년계획(1960~1962년)을 수립했다. 이승만 정부의 말기인 1960년에 완성된 계획은 4·19혁명으로 실행되지는 못했으나 국토건설사업과 박정희 정부에 의해 1962년부터 시작된 제1차 경제개발 5개년계획의 모델이 됐다.

표 2-6-4 제1차 국토종합개발계획(1972년~1981년)

경제개발계획	내용
기본 목표	-국토이용관리 효율화 -국토개발 기반 확충 -국토자원 개발과 자연보전 -국민생활환경의 개선
1인당 GNP	- 319억 달러(1972년)
수도권 인구 집중도	- 28.3%(1970년)
개발전략 및 정책	-대규모 공업 기반의 구축 -교통통신, 수자원 및 에너지 공급망 정비 -부진 지역 개발을 위한 지역 기능 강화
공간 개발 전략 및 이론 배경	-성장거점 개발 방식 -서울/인천/부산/대구 -권역별 개발 방식 (4대권, 8중권, 17소권)
특징 및 문제점	-거점 개발 방식의 채택 -경부축 중심의 양극화 초래

자료: 건설교통부국토균형발전본부(2007)와 김용웅 외(2009)를 수정 작성.

2) 경제 성장과 국토 개발의 태동(1960년대)

1960년대에는 자원 개발과 기간산업 육성을 통한 경제 성장과 지역 발전에 초점을 두었으며, 식량의 자급과 공업 성장을 위한 기반을 조성하고, 농업 기반 조성을 위한 수자원 개발과 사회간접자본시설에 집중 투자했다.

이 당시의 국토 개발은 저성장, 고실업 등 총체적인 경제적 난국을 해결하기 위한 종합적인 정책을 추진했다. 또한 1960년대의 국토 개발은 제1, 2차 경제개발 5개년계획에 통합해 계획적으로 추진했다.

박정희 국가재건최고회의 의장의 지시에 따라 1962년 11월 '내각수반 지시각서' 제53호는 국토계획의 제도적 틀을 갖추는 계기가 됐다. 또한 1963년 7월까지 국토종합개발계획을 수립 공포하고, 계획 수립을 위한 근거법으로 「국토건설종합계획법」을 1962년 말까지 제정하도록 했다. 그래서 1963년 10월 「국토건설종합계획법」을 제정했고, 1964년 3월 '국토건설종합계획심의회'를 구성했다.

공식적 확정은 되지 못했지만, 1967년 최초의 국토계획인 '대국토건설계획(안)'을 수립했다는 점에서 의미있는 일을 했다. 1968년에는 장기적인 국토 개발의 기본 방향과 지침으로 '국토계획 기본 구상'이 20년을 계획 기간으로 국무회의에서 확정됐다. 국토의 미래상을 설정, 공단 조성, 고속도로 건설, 다목적댐 건설, 항만 개발, 수리 간척, 공업용수 및 생활용수 개발 등의 사업을 계획했다.

1971년 10월에는 드디어 '국토건설종합계획'이 완성됐다. 1962년 11월 8일 '내각수반 지시각서'가 시달된 지 9년 만에 국토 개발의 초석이 만들어진 것이다.

3) 국토 개발의 계획적 추진 기반 구축(1970년대)

우리나라의 국토 개발이 본격적으로 시작된 것은 제1차 국토종합개발계획이 수립되고부터다. 전국을 대상으로 종합적이고 장기적인 국토계획을 수립한 것이다. 1060년대 이후 논의돼 왔던 국토개발전략을 종합한 계획으로 공업화와 도시화를 통해 나타나는 여러가지 문제에 대응하기 위한 정책이었다.

제1, 2차 경제개발 5개년계획의 추진 과정에서 나타난 부작용을 해결하기 위한 대응책으로 서울과 부산을 중심으로 한 도시지역에만 대규모 공업단지를 건설하고, 경제 개발을 위한 수송, 전력, 통신 등 주요 사회간접자본을 확대하며, 대도시 특히 서울의 인구 집중 현상을 해결하기 위한 대책을 수립했다. 이들 정책은 대부분 국민소득의 증대와 수출 확대로 사회경제적 여건에 대응하기 위한 정책들이다.

제1차 국토종합개발계획은 경제의 능률적인 성장을 위한 국토의 효율적 활용, 경제성장을 뒷받침하기 위한 국토 개발 기반의 확립, 국토가 보유하고 있는 자원의 개발과 대규모 공업단지 개발에 따라 발생하는 환경보전, 그리고 도시문제의 개선과 문화적인 생활을 위한 생활환경 개선을 목표로 했다.

이러한 목표를 달성하기 위해 국민경제 발전을 선도할 대규모 공업단지를 개발하고, 대도시와 각 지역 및 산업 중심을 연결하는 교통통신 및 에너지 공급망의 확충과 생산의 능률화하며, 개발의 편중으로 발생하는 농어촌 등 부진 지역의 기능 강화를 추진하는 전략을 설정했다.

더불어 이러한 추진전략과 함께 개발 방식으로 특정 지역을 거점으로 설정해 개발하는 '거점개발 방식'을 택했다. 그래서 거점별 개발을 추진하기 위해 전국을 권역별로 4대권 8중권 17소권으로 분류했다. 4대권으로는 한강, 금강, 영산강, 낙동강, 8중권으로는 각 도 단위 행정구역, 그리고 17소권으로는 경제적 결절성, 가치성, 면적 등을 기준으로 구분해 권역 설정을 했다.

제2절 정책의 추진체계

1. 전반기의 추진체계

1960~70년대의 경우 한국의 산업화가 본격적으로 추진됨에 따라 공업화와 경제 발전을 위해 경제개발계획과 특정 지역계획에 의존하는 국토개발사업이 본격적으로 추진됐다.

1960년대의 국토개발사업은 경제개발계획에 통합돼 추진됐다고 할 만큼 저성장과 고실업 등의 경제적 난국을 타개하기 위한 종합대책으로서 1~2차 5개년계획 기간 중 경제계획에서 정해진 투자 규모 범위 내에서 이뤄졌다. 1960년 대 초 경제 발전을 지원하기 위해 효율적 국토 공간구조의 형성과 도로, 철도, 산업단지, 댐 등 기축 인프라 공급을 추진했다. 또한 경제기반 시설 배치 전략이라 할 만큼 공간적으로 입지 조건이 우수하고 성장 잠재력이 큰 경인지역과 동남 해안지역을 중심으로 경공업 위주의 공업화 정책을 추진했고, 공업단지의 조성과 함께 경인고속도로와 경부고속도로를 건설했다.

1963년에는 국토종합개발계획 수립의 근거법이라 할 수 있는 국토건설종합계획법을 제정하여 국토건설종합계획 심의회를 조직하는 등 제도의 추진체계가 마련되기도 했다. 당시 국토 개발과 관련된 정부 정책 및 계획에 국토건설사업, 대국토건설계획, 국토계획 기본구상 등을 시행해 경제 성장 추진 과정에서 국토 및 지역정책에 관해 체계적인 계획을 수립하기 위해 노력했다. 이에 대해 구체적으로 살펴보면 우선 국토건설사업은 1960년대 국민경제와 민생고 해결의 문제가 시급하자 실업자를 구제하기 위한 노임 살포를 목적으로 시작됐으며 군인, 학생, 일반 노무자, 실업자로 구성된 국토건설단을 조직해 관개사업, 조림사업, 사방사업, 치수사업, 도로건설사업 등을 진행했다. 다음 대국토건설계획은 한국 최초의 전국 계획으로서 1967년부터 1976년까지 10년의 중・장기적 계획을 통해 자연자원의 종합적 개발, 산업지 조성, 교통시설 확대를 통한 국토환경 개선, 국민생활 복지 향상 등을 주요 목적으로 삼았다. 특히 제2차 경제개발 5개년계획 기간 중 주택 100만 호 건설과 4대강 종합개발 추진, 주요 10개 항 건설, 서울과 각 거점 도시를 연결하는 고속도로와 철도 건설을 주된 내용으로 했다. 마지막으로 국토계획 기본구상은 단기간에 계획된 대국토건설계획의 문제점을 인식해 국토건설종합계획 수립에 필요한 기본 방향과 지침을 제공하고 국토의 미래상을 반영하는 새로운 계획이 필요하다는 목표 하에 국토 공간질서 확립과 국토 이용관리 효율화, 자원 개발과 보전, 산업입지 적정 배치, 도시 개발, 교통・통신망 개발, 생활환경 개선 등을 주요 내용으로 하고 있다.

이처럼 1960년대 국토개발계획의 특징으로는 하향식 개발과 불균형 성장의 논리 아래 농어촌을 도시로 만들고 기존의 도시를 거대화해 대도시권으로 전환시키려는 도시개발사업의 일환으로 볼 수 있다.

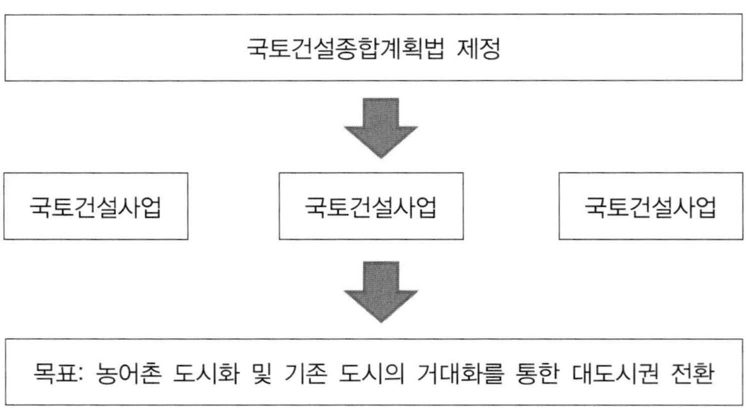

그림 2-6-1 1960년대 국토종합계획 추진체계

자료: 저자가 작성.

2. 후반기의 추진체계

한편, 1970년대에는 절대적 빈곤에서 벗어나 자립적 경제 기반을 구축하는 데 정책 역량이 결집된 시기로서 수출 주도형 공업화가 국가경제정책의 핵심이라 할 수 있다. 이에 경제정책의 효과적 전개를 지원하기 위한 전국 단위의 국토계획이 요구됐고 산업화를 효율적으로 추진하기 위한 전국의 대형 산업단지를 조성하는 과정에서 이를 지원하기 위한 교통시설에 대한 체계적이고 종합적인 입지 및 공급 전략이 필요했다. 이러한 논리에 따라 제1차 국토종합개발계획(1972~1981년)이 수립됐다. 제1차 국토종합개발계획의 주요 목표라 하면 사회간접자본을 확충하는 것으로 경제의 능률적인 성장을 위해 국토를 효율적으로 활용하고 경제 성장을 뒷받침하기 위한 국토개발의 기반을 확립하는 것이라 할 수 있다. 또한 국토가 보유한 자원의 개발과 대규모 공업단지 개발에 따른 환경문제를 해결하고 나아가 도시문제와 문화적인 생활을 위한 생활환경을 개선하는 것이다.

이를 위해 제1차 국토종합개발계획에서는 권역 개발과 성장거점 개발 방식을 채택했다. 여기서 권역별 개발과 성장거점 개발 방식이라 하면 지역 특성에 맞는 공업을 적정 배치하고 기간산업을 중심으로 한 공업의 계열화를 추진했다. 또한 동남해안 지역에 중화학 공업벨트를 조성하는 한편 경기만 임해공업지대에 집중적으로 투자했다. 또한 식량의 자급자족을 달성하고 도시와 농촌 간의 소득격차를 완화하기 위해 농업 생산의 기반을 근대화·고도화했다. 도시와 공업단지의 연결을 위해 교통과 통신망을 확충했고, 도시와 농촌 간의 정보 격차를 해소하기 위해 통신망을 정비했다.

제1차 국토종합개발계획의 전략은 대규모 공업단지의 개발 및 국민총생산의 극대화, 대도시와 각 지역 및 산업중심지를 연결하는 교통·통신, 에너지 공급망의 확충, 편중된 개발로 발생하는 부진 지역의 기능을 강화하는 것이다. 따라서 국토자원의 종합적 이용·개발 및 각급 지역계획의 기본으로서 투자의 효율성을 높이고 민간자본의 투자활동을 유도하며, 고도의 경제 성장 뒷받침을 위한 생산 기반의 구축을 위해 경부축을 중심으로 한 거점개발전략을 추진했다. 또한, 사회간접 자본시설의 확충을 통한 집적이익의 도모와 투자효율의 극대화에 치중했다. 제1차 국토종합개발계획에서 지역의 특성을 고려해 공업을 적정 배치하고, 대도시의 공업 분산 촉진 및 중소도시 공업을 개발해 산업입지의 균형 개발을 강조하여 울산, 포항 등 대규모 산업단지를 집중 조성했다.

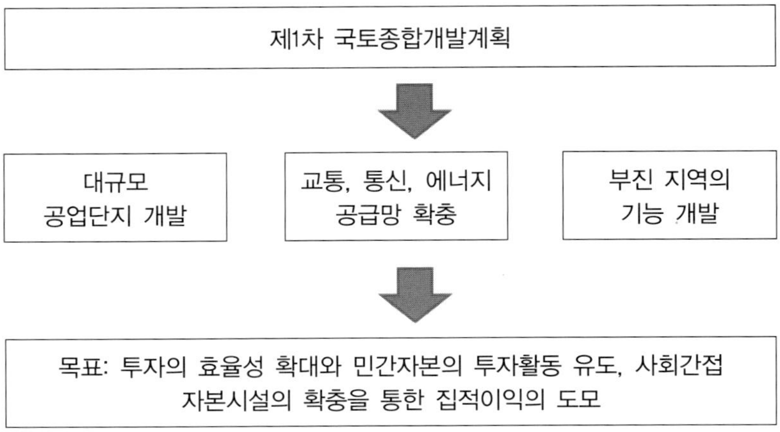

그림 2-6-2 1970년대 국토종합계획 추진체계

자료: 저자가 작성.

제3절 정책의 추진 과정 및 내용

1. 추진 과정

1960년대 국토건설사업은 경제구조 개혁과 사회간접자본 조성이라는 국정과제에 부합하기 위해 국토 개발의 기본계획 완성, 제한된 국토보전사업, 수해복구사업 완료, 특정지역의 자원 및 기술조사, 유휴실업자의 최대한 활용이라는 단기사업의 목표와 국토장기종합개발의 완성, 국토보전사업의 확대, 유휴실업자의 취업 확대 등을 장기사업의 목표로 삼고 추진했다.

1961년 5월 말 박정희 대통령은 민주당 정부에서 입안됐던 5개년계획안을 토대로 제1차 경제개발계획(시안)을 발표했다. 이후 7월 22일 경제기획원을 신설하여 종합경제재건계획을 확정·발표했다. 경제기획원은 각 부문계획을 통합해 경제정책과 논리를 만들고 계량화해 경제개발 5개년계획 시안을 같은 해 9월 15일에 완료했다. 그리고 이를 새로 조직된 중앙경제위원회에 부의해 심의를 마치고 각의 조정과 최고회의 심의를 거쳐 마침내 1961년 12월 말에 완성했다. 경제개발계획안을 작성하는 과정에서 박정희 정부는 국민경제, 농어촌과 주요 기간산업 등에 치중하는 종합적인 장기개발계획을 밝히고 국토건설사업을 경제개발 연차계획과 연결시켜 시행하겠다고 밝혔다.

1962년 태백산·섬진강·영산강·남강·금강·낙동강 지역의 종합적인 자원개발사업을 대규모로 추진하기 위해 국토건설군을 창설했다. 국토건설군은 중요한 개발지에 집단적으로 장기 주둔하면서 간척사업, 철도 건설, 도로 신설 및 개수, 기타 각종 산업의 대토목공사를 시행했다. 특히 다목적 수자원 개발을 위해 춘천 및 섬진강 개발과 남강 및 소양강 개발을 신규로 착수했고 태백산지구를 종합 개발하는 등 도로, 치수, 도시토목 등의 국토보전 건설사업을 추진했다.

한편, 1962년 11월 초 '국토종합건설계획 편성'을 각 부처에 지시하면서 국토계획 구상은 더욱 본격화되기 시작했다. 국토종합건설계획은 건설부 장관의 주관 하에 추진되며, 각 부처장은 세부계획을 수립해 1962년 12월 15일까지 건설부 장관에게 제출하고, 건설부 장관은 이 계획들을 조정해 국토종합개발계획을 수립해 1963년 7월 30일까지 공포할 수 있게 조치하도록 했다. 이에 1963년 4월 1일 국토건설종합계획자문위원회를 설치해 건설부 장관의 자문에 응해 국토건설종합계획에 관한 사항을 심의하도록 했다.

1963년 10월 14일 「국토건설종합계획법」을 제정해 토지·물 기타 자연자원의 이용·개발 및 조전에 관한 사항과 수해·풍해 기타 재해의 방제에 관한 사항, 도시와 농촌의 배치 및 규모와 그 구조의 대강에 관한 사항, 산업입지의 선정과 그 조성에 관한 사항, 산업 발전의 기반이 되는 중요 공공시설의 배치 및 규모에 관한 사항, 문화후생 및 관광에 관한 자원과 기타 자원의 보호·시설의 배치 및 규모에 관한 사항 등에 관한 종합적이며 기본적인 장기계획의 제도적 기반을 마련했다.

1967년 5월 3일 제6대 대통령 선거 투표를 앞둔 4월 29일 박정희 공화당 대통령 후보는 대국토건설계획이라는 새로운 공약을 제시했다. 박정희 후보자는 "이제껏 부분적으로 실현해 오던 국토건설계획을 근본적으로 다시 수정해 조국 근대화의 기본 설계가 되도록 하겠다"면서 "이 계획은 하천·도로·철도·항만을 종합적이고 효과적으로 개발하는 것으로 조사가 완전히 끝나는 대로 국제금융채권을 발행해 재원을 마련할 것이며 착수 시가는 2, 3차 5개년계획과는 별도로 2차 5개년계획 기간 중으로 할 것"이라고 했다. 구체적 사업 내용을 살펴보면, ① 4대강의 종합 개발을 통해 용수·전력을 얻고 홍수 조절과 수운 발전을 기하며, ② 서울을 중심으로 인천·강릉, 부산·목포를 잇는 기간 고속도로 건설, ③ 동해안·서해안·남해안을 연결하는 철도 건설, ④ 부산·인천을 비롯한 동·남·서해안의 중요 항구(10대 항)의 건설 등이었다.

1967년 10월, 대국토건설계획에 앞서 국토계획의 일관성 유지와 명실상부한 국토 개발의 헌장적 구실을 할 수 있는 20년 앞을 내다본 국토계획 기본구상을 선행하기로 방침을 바꿔 1968년 3월에 그 시안이 작성됐다. 이후 4월부터 8월까지 건설부 안인 기본구상을 국민에 의한 국가계획으로 차원을 높이기 위해 재야 전문가, 관계 사회단체, 관계 부처 간에 40여 회에 걸친 검토를 거친 후 9월부터 12월 동안에 국토건설종합계획심의회 분과위원회에서 12회에 걸친 축조 심의를 했으며, 마침내 12월 23일에 심의회를 통과해 확정됐다. 국토계획 기본구상은 10년 기간의 국토건설종합계획(대국토건설계획) 수립에 필요한 부문별 목표 및 방향 설정을 목적으로 하고, 도·군계획 및 도시계획을 비롯한 각급 국토개발계획의 지침이 되는 장기계획으로서 개발행정의 기본 방침이라는 성격을 띠었다.

국토종합개발계획은 '기본 구상'을 바탕으로 1969년부터 구체적인 계획 작성에 들어가 국토건설종합계획심의회와 그 소위원회의 심의, 각종 세미나와 공청회를 거치고 국제연합 지역계획사업단(UNDP)이 2년간 검토한 후 1971년 10월 27일에 대통령공고 제26호를 공포했다. 이 계획은 정부 명의로 책자로 발간됐던 것만큼 건설부 명의로 발표됐던 대국토건설계획이나 '기본 구상'과 달리 정부 전체 차원에서 확정한 국토계획이라는 성격을 띠었다. 즉, '제1차 국토종합개발계획'은 1972년부터 1981년까지 10년을 기간으로 하는 것으로서 전 국토의 균형적 발전과 농공업의 병행 발전을 이룩하고 국민경제 능률의 극대화를 위한 여건을 조성하는 데 그 목적을 두었다. 또한 국제사회의 변동과 다양화하는 국제분업의 발전에 대응하기 위해 국제 간 교통 통신망을 정비·확충하

표 2-6-5 박정희 정부의 국토종합계획의 변천과 주요 내용

구분	주요 계획	주요 내용
1960년대	국토건설종합계획법	-1962년 제정, 국토계획에 대한 법적 근거 마련
	대국토건설계획 (1967~1976년)	-제2차 경제개발 5개년계획 기간 중 100만호 주택 건설, 4대강 유역의 종합 개발, 주요 10대 항 개발, 주요 간선 고속도로와 철도 건설
	국토계획기본구상 (20년 장기계획)	-국토건설종합계획 수립에 필요한 목표 및 방향 설정, 국토개발계획의 지침으로서 기본 방침 -국토 공간질서 확립을 위한 군역 구분(4대권, 8중권, 17소권)
1970년대	제1차 국토종합개발계획 (1972~1981년)	-전국적 차원에서 국토계획 실시 -권역개발(4대권, 8중권, 17소권)

자료: 국가기록원(2014: 89)의 내용을 참조해 작성.

는 것을 기본 목적으로 하고 있다. 또한 권역별 개발 방식을 채택하고 전국을 4대권 8중권 17소권으로 구분했다.

2. 추진 내용

1) 연도별 추진 내용

(1) 대국토건설계획

박정희 대통령은 1967년 제6대 대통령 선거 후보로서 고속도로 · 철도 · 항만의 건설과 4대강 유역의 종합 개발을 제2차 경제개발 5개년계획(1967~1971년) 기간 중에 착수하겠다는 선거공약을 발표했다. 이러한 내용을 기초로 정부는 '대국토건설계획(大國土建設計劃)'의 수립을 발표한 것이다.

대국토건설계획의 주요 내용으로는 ① 4대강의 종합 개발을 통해 용수 · 전력을 얻고, 홍수 조절과 수운 발전을 기하며, ② 서울을 중심으로 인천 · 강릉 · 부산 · 목포를 잇는 기간고속도로, ③ 동해안 · 남해안 · 서해안을 연결하는 철도 건설, ④ 부산 · 인천을 비롯한 동남서해안의 주요 항구(10대항) 건설 등이었다(건설부, 1967a: 2-6).

대국토건설계획(안)은 구성은 제1절 총론, 제2절 계획의 개요, 제3절 투자계획, 제4절 투자의 효과, 제5절 국토 개조의 장기 구상, 부록은 제2차 경제개발 5개년계획 조기 달성 실천 방안으로 되어 있다.

세부 내용을 살펴보면(건설부, 1967b: 15) 전반적인 사업의 내용은 도로, 항만, 수자원 개발, 도시 개발 및 산업지 건설, 주택, 기타의 사업으로 구성돼 있다. 예산은 1976년까지 총 6,145억 원(1966년 기준)을 투자하는 것으로 계획했다.

제1절 총론에는 "국토를 종합적으로 개발해 증산과 수출을 최대한으로 지원하는 동시에 국민복지 생활을 균등히 증진시키는 것"이라는 계획의 목표와 다섯 가지의 국토계획 방향을 제시하고 있다.

제2절에는 사업 규모를 나타내고 있으며 국토건설사업 규모는 총 6,145억 원으로, 주택(1,69억 원), 수자원 개발(1,390억 원), 도로(1,092억 원), 도시 개발 및 산업지 건설(794억 원), 항만(631억 원), 기타(368억 원)의 순으로 사업 규모의 계획을 세웠다.

제3절에서는 대국토건설계획에 의한 투자로 국민총생산(GNP) 14,784억 원, 국민 1인당 GNP 213달러를 전망했으며, 대국토건설사업을 위한 투자 총액은 6,145억 원이며, 투

자계획에는 1967년에서 1971년에 걸쳐 161백만 달러와 1972에서 1976년까지 101백만 달러의 외자 도입계획도 있다.

제4절에서는 대국토건설계획의 투자 효과를 도로, 항만, 수자원 개발, 도시 개발 및 산업지 개발, 그리고 주택사업에 대해 연도별(1966년, 1970년, 1976년)로 각각 수치를 제시했다.

마지막으로 제5절에서는 국토 개조의 장기 구상으로 국토 개조의 개선 방향, 장기계획 총괄, 1980년대의 국토 모습, 제2차 5개년계획 조기 달성 재원 확대 방안의 내용을 적시하고 있다.

그러나 이러한 대국토건설계획은 정치적으로 활용되는 데 중요한 역할을 했다는 평가이지만 실질적으로 실행하는 점에서는 회의적이었다. 정치적인 선거용으로 이용됐다는 비판도 적지 않았다. 또 계획 당시 내・외자 조달, 인플레이션의 압박 등이 사업계획의 타당성을 고려하지 않았다는 지적도 있다(신용욱, 2013: 85). 그러나 '전국을 대상으로 한 최초의 전국계획(안)'이라는 점, 그리고 그 이후의 '국토계획 기본구상'과 '국토종합개발계획(1972~1981년)'에 반영됐다는 점에서는 의미가 있다(국가기록원, 2014: 100).

(2) 국토계획 기본구상

국토계획 기본구상은 "국토공간 이용의 능률성과 국토관리의 합리화 및 국토의 집약적인 고도 이용책의 창출을 목적으로 하며 더욱 직접적으로 지방계획의 방향을 제시하는 국토계획 기본구상을 수립"하기 위해 제안됐다(건설부, 1968: 7). 이 구상은 10개년을 한도로 하는 국토건설종합계획(대국토건설계획) 수립에 필요한 부문별 목표 및 방향 설정을 위한 목적으로 하고 있으며, 도, 군 및 도시계획을 비롯한 각급 국토개발계획의 지침으로 작성한 장기계획이다(건설부, 1968: 7-8).

국토계획 기본구상은 총설, 국민생활, 국토 공간질서의 확립, 국토의 이용관리, 자원의 개발 이용과 보전, 산업입지의 적정 배치, 도시 개발, 수송 및 통신의 현대화, 생활환경의 개선, 그리고 국토의 미래상이라는 목차로 계획됐다.

먼저 총설에서는 기본 구상의 목적과 성격, 국토종합개발계획의 필요성, 국토계획구조 및 연혁, 국토의 자연환경, 국토계획의 배경, 구상의 가정 및 기본 방침, 그리고 타국가계획과의 관계를 제시하고 있다.

특히 국토계획은 외교 및 국방문제를 별 문제로 한다면 경제 및 사회계획 등 다른 국가계획과 유대를 가지면서 국방, 자연, 인적 자원, 경제 및 기술성 등의 여건을 토대로

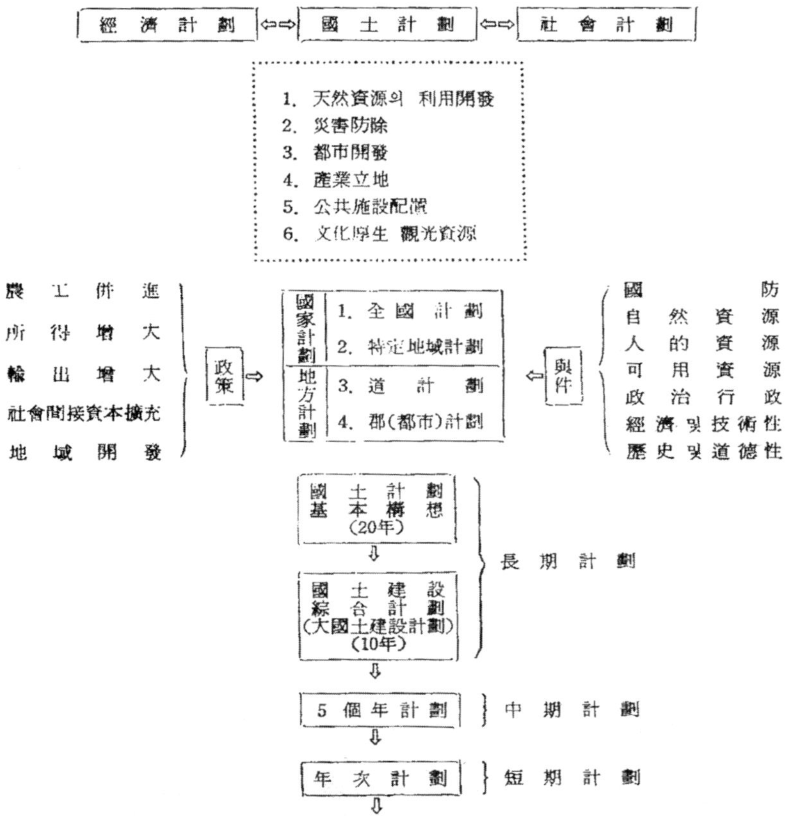

그림 2-6-3 국토계획의 구조

자료: 건설부(1968: 8).

농공병진, 소득 및 수출 증대, 사회자본의 확충 등 당면한 장기적 정책의 투입으로 전국계획, 특정지역과 도계획 및 도시계획을 포함한 군계획으로 구분된다. 전국계획과 특정지역계획은 국가계획이고 도계획 및 군계획(도시계획 포함)은 지방자치단체가 국가의 통제 하에 이뤄지는 지방계획에 해당된다(건설부, 1968: 7, [그림 2-6-3] 참조).

제2장 국토 공간질서의 확립에서는 권역 구분을 주요 내용으로 적시했다. 그중에서 권역 구분은 국토 개발의 목표라기보다는 계획 수립과 집행을 위한 수단으로서 지방자치 및 전통적인 행정구역과 밀접한 관계가 있으므로 지방자치단체의 계층구조와 조화시키는 뜻에서 양대 특별시(직할시)를 중심으로 한두 개의 경제권, 자원적 측면에서 유역을 중심으로 한 4대권, 현행 도 단위 행정구역을 중심으로 한 8개 중권, 그리고 4~5개 이상의 군 단위가 모여 하나의 경제권 형성이 가능하다고 보여지는 배후지와 중심도시

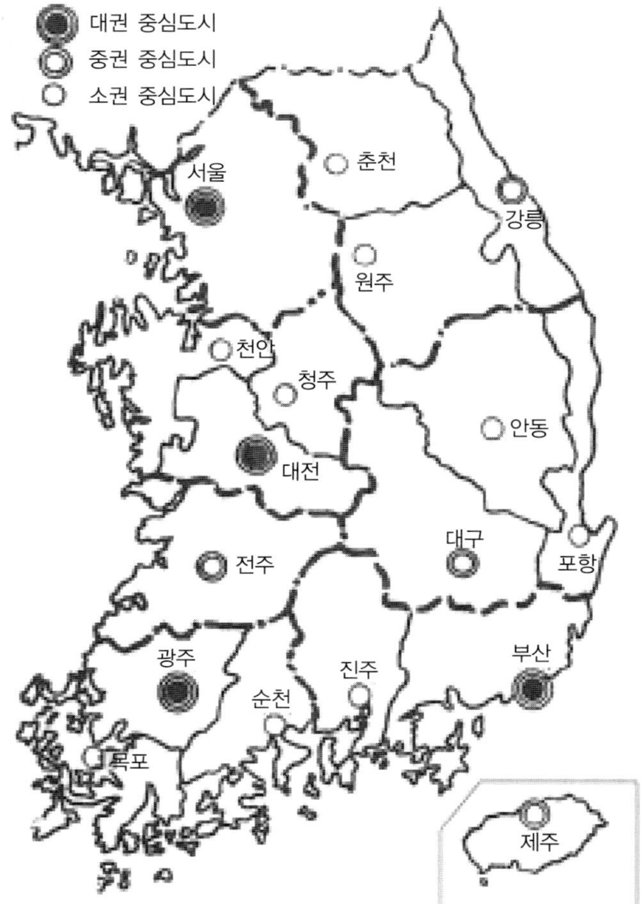

그림 2-6-4 **국토개발권역**

자료: 건설부(1968: 27).

를 감안한 17개 소권으로 계층화했다([그림 2-6-4] 참조).

중부경제권은 수도권을 중심으로 태백권, 대전권, 전주권으로 서울을 중심으로 한 성형적(다핵) 발전이 기대되는 권역이다. 부산을 중심으로 한 남부경제권은 대구권, 부산권, 광주권 등으로 비교적 대등한 입장에서 대상(帶狀) 성장이 이뤄질 것으로 예상됐다. 4개 대권은 한강, 낙동강, 금강 및 영산강 유역을 중심으로 하는 권역이고, 8개 중권은 수도권, 대전권, 태백권, 전주권, 대구권, 광주권, 부산권 및 제주권으로 도행정구역과 거의 일치하고 있다.

제3장은 국토의 이용관리라는 차원에서 국토 이용 현황, 국토 이용 구분의 필요성, 그리고 국토 이용의 방향에 관한 내용이 포함돼 있다. 국토 이용 방향에서 국토의 각 기능에 따라서 적지집단화 문제가 무엇보다도 중요한 문제라고 할 수 있다. 따라서 생산활동 면에서 국토의 용도를 도시지역, 근교농지역, 순농지역, 산림지역, 그리고 휴양 및 자연문화재 보전지역으로 전문화해 구분했다.

제4장은 자원의 개발 이용과 그 보전이라는 차원에서 인력 개발과 지하자원, 수산자원, 대륙붕 자원, 임산자원, 수자원, 에너지자원, 관광자원의 개발에 역점을 두는 계획을 발표했다.

제5장에서는 산업입지, 특히 공업입지에 대한 내용을 기술했고, 제6장에서는 도시화에 따른 도시 현황, 도시 성장의 예측, 그리고 도시 개발의 방향에 대해 계획을 제시했다. 제7장에서는 열악한 수송과 통신의 현대화를 위해 전망, 개발 방향에 대해 제시했고, 제8장에서는 생활환경을 개선하는 것이 급선무이기 때문에 주택, 상하수도, 공해문제 그리고 농어촌의 전화율(電化率)을 제고하는 대책을 발표했다.

제9장에서는 이러한 국토계획을 통해 추구하고자 하는 국토의 미래상에 대해 생산소비지역의 유기적인 체계화, 국토 기능의 전문화와 생활권의 확대, 국토의 균형적 발전과 지역분업, 점에서 축으로 국토 개발의 변화, 내륙에서 해안으로의 개발, 농토의 확장과 합리적인 이용 개발, 그리고 한해 및 수해를 모르는 국토의 개발의 미래상을 제시했다.

마지막으로 제10장에서는 이러한 국토개발계획을 실천하기 위해 국토건설종합계획법, 도시계획법, 도로법, 하천법, 항만법, 건축법, 수도법, 그리고 기타 관계 법령의 개정 등 다양한 행정조치의 계획을 발표했다.

'국토계획 기본구상'은 실천적인 측면에서 구체적이지는 못했지만 각 부처의 중장기 계획의 지표를 통합·조정했고 각 부문별 목표 및 방향 설정과 도, 군계획 및 도시계획을 비롯한 각급 국토계획의 지침 제시를 위해 작성됐다. 또한 국토의 바람직한 미래상을 제시하고 이를 달성하기 위한 기본적인 방침이다. 전 국토에 대한 최초의 권역 구분이라는 점에서 의미가 크다 할 수 있다(국가기록원, 2014: 109).

(3) 제1차 국토종합개발계획(1972~1981년)

제1차 국토종합개발계획(1972~1981년)은 두 차례의 성공적인 경제개발계획으로 인한 공업화와 도시화의 폐해를 해결하고 고도 성장의 기반을 마련하기 위해 전국토의 효

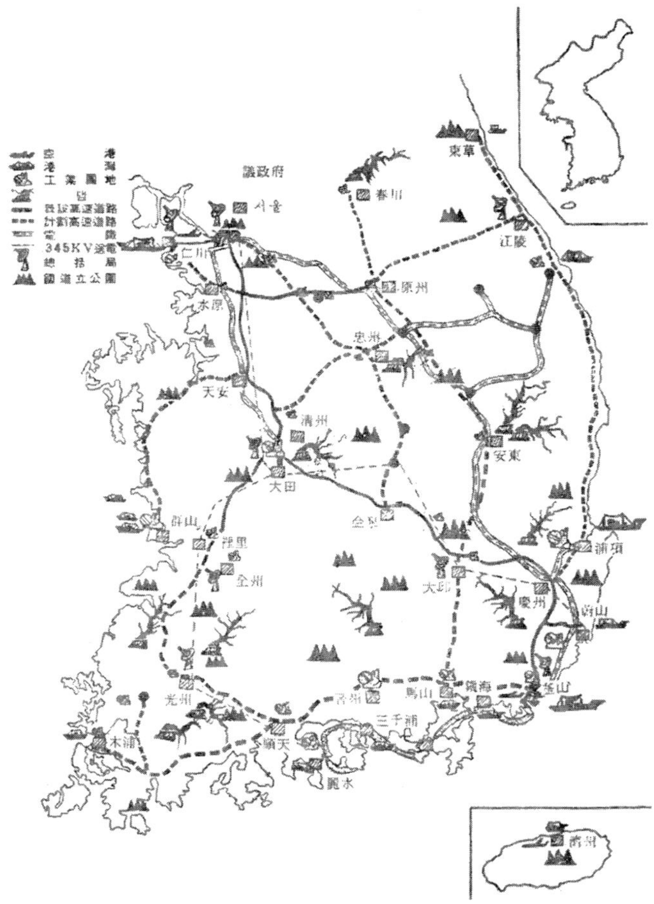

그림 2-6-5 **국토종합개발계획도**

자료: 대한민국정부(1971: 7).

율적인 이용과 개발을 위해 새롭게 강구됐다(대한민국정부, 1971: 1). 이 계획은 1972~1981년까지 10년간의 계획으로 계획 작성의 기본 이념을 밝힌 총설과 제1부 기본계획, 제2부 부문별 계획, 제3부 권역별 계획, 제4부 계획의 관리와 집행으로 구성됐다.

제1부에서는 기본계획으로 1980년대의 바람직한 국토의 이용, 인구, 국민경제 및 국민생활지표를 설정했고, 제2부의 부문별 계획에서는 전국적인 관점에서 산업기반, 교통시설, 도시, 생활환경, 수자원 및 국토보전 등에 관한 계획을 수록했다. 제3부의 권역별 계획에서는 전국을 8개 중권별로 각 지역의 특수성과 자립성을 감안한 권역 개발의 기본 구상을 제시했고, 제4부에서는 국토종합개발계획을 성공적으로 달성하기 위한 정책

및 제도의 개선 등을 수록했다(대한민국정부, 1971: 5-6).

총설에서는 국토의 자연환경, 국토종합개발계획의 수립 연혁, 계획에 임한 기본 자세, 그리고 계획의 성격 및 구성에 대해 제시했다.

제1부에서는 계획의 기본 목표, 개발정책, 국토 이용, 그리고 국민경제에 대한 내용을 포함하고 있다. 계획의 기본 목표는 도시지역과 농촌지역이 유기적인 관계를 맺으면서 균형 있게 발전하고 농업과 공업이 병행 발전할 수 있도록 모든 산업을 조화 있게 배치해 국민이 좀 더 안전하고 풍요로운 생활을 영위할 수 있도록 국토구조와 환경을 개선하는 데 있다. 개발정책은 국가의 특수 사정과 민족의 숙원인 국토 통일에 대비하며 계획의 목표를 효과적으로 달성하기 위해 거점개발 방식의 수단으로 대규모 공업기지를 구축 정비하고, 교통통신, 수자원 및 에너지 공급망의 정비를 하며, 부진지역 개발을 위한 지역 기능을 강화하도록 했다. 국토 이용의 기본 방향은 토지 이용의 효율성을 높이고 국토관리를 능률화하기 위해 국토를 농업지역, 산림지역, 도시지역, 자연 및 문화재 보전지역, 그리고 대륙붕지역으로 구분하여 산업의 적지 집단화를 도모함으로써 국토공간의 이용 질서를 확립했다. 그리고 당시 국토의 총면적은 98,477km^{2}인데 1981년

표 2-6-6 국토의 용도별 이용 구분

(단위: ㎢)

	1970년	1976년	1981년	계획 기간 중 증가 (1972~1981년)	배율 (1981년/1971년)
총면적	98,477 (100.0)	98,644 (100.0)	98,748 (100.0)	157	1.0
농업지역	23,304 (23.6)	23,734 (24.1)	23,174 (24.4)	835	1.0
산림지역	66,826 (67.9)	66,587 (66.4)	64,301 (65.1)	△2,375	1.0
도시지역	〈6,801〉 (6.9)	〈6,958〉 (7.0)	〈7,234〉 (7.3)	〈433〉	〈1.1〉
공업지역	85 (0.1)	172 (3.2)	279 (0.3)	177	2.7
자연문화 보전지역	〈2,718〉 (2.8)	〈3,129〉 (3.2)	〈3,129〉 (3.2)	〈172〉	〈1.1〉
기타 지역	8,262 (8.4)	9,151 (9.3)	9,994 (10.2)	1,520	1.1

자료: 대한민국정부(1971: 14).

에는 간척사업 등으로 98,784km^{2}로 확대될 것으로 계획했으며 지역별 세부적인 내용은 〈표 2-6-6〉과 같다(대한민국정부, 1971: 14).

제2부는 국토의 부문별 계획은 산업 기반의 구축, 교통통신망의 정비 확충, 도시 개발, 생활환경의 개선, 수자원 개발, 국토 보전으로 구성돼 있다.

제3부 권역별 계획에서는 전국적인 부문별 계획(제2부)의 기본 방향에 따라서 각 권역별로 개발의 기본 구상을 책정했으며, 이를 구체화하기 위한 보완 구상이다. 권역의 구분은 수도권, 태백권, 충청권, 전주권, 광주권, 대구권, 부산권, 그리고 제주권으로 구분하여 권역별 국토계획을 발표했다.

2) 연도별 추진 내용

(1) 1960년대 초 국토계획 내용

1960년대 초 저성장, 고실업 등의 경제적 난국을 타개하기 위해 박정희 정부는 경제발전이라는 국정기조를 전면에 내세우면서 경제개발계획과 특정지역계획에 부합하는 국토개발사업이 추진됐다. 특히 국토계획의 경우 경제개발계획에 통합되어 추진되기도 했으며, 1, 2차 5개년계획 기간 중 국토개발 사업은 경제계획에서 정해진 투자 규모 범위 내에서만 이뤄졌다(문정호 외, 2012: 20).

이에 따라 이 시기의 국토계획은 특정지역계획을 중심으로 추진됐다. 울산지역의 경우 북으로 삼척지구, 남으로는 부산을 기고 있어 원료와 동력 공급에 원활한 지점일 뿐 아니라 인근에 군소 위성도시가 산재해 여러 면에서 이점을 겸비한 지역으로 평가되면서 정유・질소비료공장, 화력발전소, 연관 군소공장 건설과 도시 조성, 용수공급시설, 항구 건설, 치수사업, 공장대지 조성 등의 주요 사업을 추진했다. 또한 태백지역은 석탄・철광・석회석・중석 등 풍부한 지하자원이 부존돼 있고 한강・낙동강의 상류지역으로 12개의 유력한 수력 개발 가능성이 있는 지역으로 평가돼 강릉 이남의 강원도 일대와 충청도 일부, 안동 이북의 경북 일부를 대상으로 개발을 시행했다. 개발의 구체적인 내용으로는 석탄 수출망을 조직하기 위한 산업도로와 주요 항만 건설, 수력 개발, 지하자원과 에너지 자원을 배경으로 충주・제천・제천・단양・영월 지역에 석탄화학・시멘트・펄프 중심의 공업단지 조성과 강릉・묵호・삼척지역에 수산업과 공업을 병행한 건설을 추진했다.

이처럼 동해안의 태백산지역과 울산공업지역은 경인지역과 함께 전국 개발의 기지로서 최상위의 입지 조건을 갖춘 것으로 평가됐다. 반면, 동남지역의 대구와 부산, 낙동강 중류지역은 상대적으로 전국 개발을 위한 기지로서는 낮은 평가를 받았다. 대도시 밀집을 완화할 수 있는 권역 형성의 가치 이외에는 교통 조건에서도 중급의 평가를 받는 정도였다(신용옥, 2013). 이 시기의 국토계획은 균형적이며 집약적인 개발사업이라기보다 특정 지역을 중심으로 중점적 개발을 통해 얻은 건설사업 효과가 다른 지역으로 파급되는 부수적 효과에 머물렀다.

(2) 1960년대 말 국토계획 내용

1960년대 말 국토계획은 '권역'을 설정해 생산공간과 소비공간 간의 유통적 측면과 단위지역 개발을 위한 중심지와 배후지역의 연계 설정을 비롯한 지역 간 경제 변량을 파악하는 것을 주요 목적으로 삼았다. 권역 계층을 살펴보면, 서울특별시를 중심으로 한 중부경제권과 부산직할시를 중심으로 한 남부경제권으로 구분된다. 그 아래 자원적 측면에서 유역을 중심으로 한 4대권(한강, 낙동강, 금강, 영산강 유역), 도 단위 행정구역을 중심으로 한 8개 중권(수도권, 대전권, 태백권, 전주권, 대구권, 광주권, 부산권, 제주권), 4~5개 이상의 군 단위가 모여 하나의 경제권 형성이 가능할 것으로 보이는 배후지와 중심도시를 감안한 17개 소권(8개 중권, 춘천권, 원주권, 천안권, 청주권, 안동권, 포항권, 진주권, 순천권, 목포권)으로 계층화했다([그림 2-6-4] 참조).

여기서 중부경제권과 남부경제권은 서울과 수도권의 지나친 인구 유입 팽창을 억제하는 것을 목적으로 삼았으며, 중부경제권의 경우 수도권을 중심으로 태백권, 대전권, 전주권이 주변에 배분돼 중심과 배후지의 관계에 놓여 있기 때문에 서울을 중심으로 한 성형적(다핵) 발전에 초점을 맞춰 국토개발사업을 시행했다. 이에 반해 남부경제권은 동해와 남해 서해안을 연결하는 대구권, 부산권, 광주권 등이 비교적 대등한 입장에 있기 때문에 해안을 연결하는 대상의 유동성과 지역계열화에 중점을 두었다. 중권은 그 핵이 대도시 중심으로 되어 있어 도시 중심의 생활권역으로 자리잡은 반면 소권은 경제적 지리적 동질성보다는 일상생활권으로서 구분하여 국토개발사업을 기획했다.

결국, 국가계획과 연관이 있는 4대권과 8중권은 서울을 중심으로 경상도에 2개(부산권, 대구권), 전라도에 2개(광주권, 전주권), 충청도에 1개(대전권), 강원도에 1개(태백권), 제주도에 1개가 배치됐다([그림 2-6-4] 참조).

(3) 1970년대 국토계획 내용

1970년대 박정희 정부는 국토종합개발계획에 따라 산업기반 구축, 교통통신망 확충, 도시 개발, 생활환경 개선, 수자원 개발, 국토 보전 등으로 구성된 부문별 계획을 골격으로 하여 이 부문별 계획을 보완·구체화하기 위한 구상으로서 권역별 계획을 세웠다. 특히 한강유역권에 수도권과 태백권이, 금강유역권에 충청권과 전주권이, 낙동강유역권에 대구권과 부산권이, 영산강유역권에 광주권을 포함하는 등 전 국토의 균형적 발전과 농공업의 병행 발전을 이룩하고 국민경제 능률의 극대화를 위한 여건을 조성하는 데 목표를 두었다.

권역을 기능별로 살펴보면, 서울과 수도권이 중추관리 기능을 맡고, 금강유역권(충청권·전주권)과 영산강유역권은 농업을 중시하는 농업지역으로, 대구권은 공업을 중시하는 공업지역으로, 부산권은 상업을 중시하는 상공지역으로, 제주권은 관광·상업지역으로, 태백권은 자원·산업지역으로 편재했다. 하지만 국토의 균형적 발전과 농공업의 병행 발전이라는 이 계획의 목적에 따라 편재됐으나 호남지역은 공업보다는 농업에 중점이 두어졌고, 영남지역은 농업보다는 상공업에 중점이 두어졌다. 특히 8중권이 포괄

표 2-6-7 권역 구분

(단위: ㎢)

4대권	8중권	주 기능	범위	면적 (1970년 기준)
			32시 140군	98,477 (100)
한강유역권	수도권	중추관리	서울, 경기, 강원도(철원)	12,395 (12.6)
	태백권	자원·산업	강원도, 충북(충주, 중원, 단양, 제천)	13,134 (18.8)
금강유역권	충청권	농업·공업	충북(태백권 포함 지역 제외) 충남(서천군 제외)	13,134 (13.3)
	전주권	농업·공업	전북(남원·순창 제외), 충남 서천군	7,134 (7.2)
낙동강유역권	대구권	공업·농업	경북	19,798 (20.1)
	부산권	상업·공업	부산, 경남	12,321 (12.5)
영산강유역권	광주권	농업·공업	전남, 전북(남원, 순창)	13,326 (13.6)
제주권		관광·상업	제주	1,829 (1.9)

자료: 국가기록원(2014: 118) 재인용.

괄하는 지역은 기존의 행정지역과 크게 다르지 않았는데 몇몇 지역이 행정지역과 다르게 배치됐다.

즉, 군사요충지인 강원도 철원이 수도권에 포함돼 중추관리 지역이 됐고, '기본 구상'의 대전권이 충청권으로 명칭이 바뀌면서 충북 일부 지역(충주 · 중원 · 단양 · 제천)과 충남의 서천군이 제외됐다. 따라서 태백권은 충주 · 중원 · 단양 · 제천까지 포함하게 됐고 서천군은 전주권으로 편입됐다. 또 전북의 남원과 순창 역시 광주권으로 편입됐다.

3) 주요 사업별 추진 내용

(1) 서울 · 인천 특정지역 계획

1965년 1월 11일 서울 · 인천이 특정지역으로 지정되면서 자원 개발, 공업입지 지정, 도시정비 등 세 가지의 지역개발계획이 추진됐다. 특히 경인운하, 항만, 내륙수운, 도로 및 철도의 신설 및 개량을 통한 교통운수시설의 개선, 공업단지 조성 및 공업용수 공급을 통한 공업입지 및 기반 조성, 간척 및 관개시설 확보를 통한 농토 확장 및 관개시설의 개선, 위성도시 건설을 통한 서울시의 과대화 방지 및 지역 기능의 개선, 관광시설의 개선 등을 중심으로 추진됐다(국가기록원, 2014: 157-158).

특히 율도항에서 서울항을 연결하는 운하 건설계획은 1,000톤 급 이하 선박을 운반하는 수운로의 개발과 서해안 간척지 용수와 운하 말단 및 부평공업지 용수 등을 한강으로부터 공급할 것을 목적으로 했다. 또한 서울시의 과대화 방지를 목표로 한 주변 위성도시의 발전을 촉진하고 승객 및 화물의 유통을 효율화하고 지역 기능을 강화하기 위

표 2-6-8 교통운수시설 계획

구분	사업 내용	사업량
교통운수시설계획	운하계획	서울특별시 영등포구 가양동-인천시 원창동 율도까지 21km
	항만계획	율도항: 500만 톤/연 서울항: 160만 톤/연 인천항 제2반거: 337만 톤/년
	고속도로계획	서울-인천 $35km^2$ 외 6개 노선

자료: 국가기록원(2014: 165-172)의 내용을 참조하여 작성.

해 서울과 위성도시 간을 연결하는 방사선 고속도로와 서울시 주위의 주환선 고속도로를 건설하고자 계획했다.

(2) 태백 특정지역 구역 변경 및 영동 · 동해 특정지역 지정계획

1973년 2월 청와대 관광개발계획단에서 설악 · 동해안 특정지역 지정(안)을 작성해 같은 해 8월 그 시안 작성을 완료했다. 이 계획에 따르면 동해 지역에 관광지 조성, 교통 시설의 개선, 수자원 개발을 통해 관광산업 개발, 수산 개발, 도시 및 취락을 정비하는 것을 목표로 했다. 계획구역은 강원도의 강릉시, 속초시, 양양군을 중심으로 인제군, 고성군, 양구군, 춘성군, 홍천군, 평창군, 명주군 일부 지역을 포함하고 있었다.

표 2-6-9 태백산 특정지역의 구역 변경

당초		변경	
도별	시 · 군별	도별	시 · 군별
강원도	강릉시, 영주군, 삼척군, 평창군, 정성군의 전역과 영월군의 일부 지역	강원도	삼척군, 정성군의 전역과 영주군, 평창군, 영월군의 일부 지역
충청북도	단양군의 전역과 제천군의 일부 지역	충청북도	단양군의 전역과 제천군의 일부 지역
경상북도	영주군 및 봉화군의 전역	경상북도	영주군 및 봉화군의 전역

자료: 국가기록원(2014: 175).

한편 태백산 특정지역은 기존의 계획목표나 사업의 개요에는 전혀 변화가 없이 계획구역의 범위만 변경했다. 당초 면적은 9,488km^{2}였는데, 8,367km^{2}으로 축소했고, 강릉시, 명주군, 평창군 일부 지역이 계획구역에서 제외했다. 이는 영동 · 동해 특정지역에 태백산 특정지역에 포함돼 있는 강릉시, 명주군의 4개 읍면, 평창군의 2개 면 지역을 편입시켜 관광 중심의 지역 개발 추진을 도모하기 위함이라 할 수 있다.

(3) 4대강 유역 개발계획

1965년에 수립된 수자원 종합개발 10개년계획은 우리나라 최초의 물수요 지도를 만들어내는 데 그 의의가 있다. 1967년에 작성된 대국토건설계획에서 최초의 우리나라 물수요를 계산하는 데 이어 1974년 '4대강 유역 종합개발계획'에서는 물자원의 고도 이용 방법으로 광역상수도 방법을 도입하는 동시에 차산대책과 수질대책 및 내배수 문제까지 포괄했다. 이 계획에 따르면 수자원 종합개발 10개년계획이 한강, 낙동강, 금강의 3대강을 대상으로 하는데 반해 영상강을 추가해 실질적인 우리나라 하천 개발의 대부분을 포

괄하고 있다는 평가를 받고 있으며 이는 제1차 국토종합개발 계획의 자료가 되기도 했다(국가기록원, 2014: 198).

4대강 유역 종합개발계획의 주요 목적은 해마다 되풀이되는 한·수해의 근원을 제거하고 용수의 경제적 공급으로 토지의 고도 이용과 식량의 증산 및 영농의 안정화를 기하며 공업의 지속적인 발전과 생활 향상을 도모하는 한편 날로 악화되는 수질오염을 방지해 좀 더 살기 좋은 낙토를 건설하기 위해 국토의 핵심부를 이루는 4대강 유역에 대해 치산과 다목적댐 건설, 하천 개수와 관개시설 및 하구언 건설 등 수계의 일관된 개발을 시행하는 것이다. 이러한 목적에 따라 4대강 유역의 종합개발계획은 한해와 수해를 줄이고 용수 공급을 촉진하며, 공업화와 도시화의 진전에 따른 각종 용수 수요의 증대에 대응하기 위한 다목적댐 및 주요 하천의 하구언 개발을 촉진하는 것이다. 또한 치수와 각종 용수 공급이 원활히 이뤄지는 성과도 있었다. 개발 목표는 홍수 피해를 50%로 줄이고, 수해 상습지의 일소와 중요 하천 개수 90% 달성으로 홍수 범람을 방지하고, 138개소의 내수 피해 상습지를 일소하며, 598,000ha를 수리 안전답으로 하고, 상수도 보급률을 65%까지 끌어 올리려 했다. 또한 황폐산지와 미립목지를 일소하고, 해마다 악화하는 도시 주변의 수질오염과 하구염해 및 역수를 방지하는 것이라 할 수 있다.

그러나 1970년 12월 확정된 '4대강 유역 종합개발계획'은 장기경제전망계획(1973~1981년)이 1973년 8월에 공표되고, 신장기에너지계획(1972~1981년)이 1973년 10월에 공표되면서 4대강 유역 종합개발계획의 보완작업이 필요하게 되어 조정(안)을 마련했다. 조장(안)에 따르면, 홍수 피해를 당초 50%에서 60%로 경감하고 중요 하천 개수는 90% 달성으로 변동이 없으며, 수해 및 내수피해 상습지 일소로 수해 상습지를 197개소에서 160개소로 줄이는 것에서 수해 상습지를 138개소에서 72개소로 줄이는 것으로 조정했다. 또한 상수도 보급률은 65%에서 62%로 조정했다.

(4) 고속도로 건설

1970년대의 한국 경제 성장 전략 핵심은 중화학공업의 육성이었고 이에 따라 제1차 국토종합개발계획은 수출 주도형 공업화 기반을 구축하고 생산지원 기반시설을 확충하는 전략을 중심으로 수립됐다. 이에 국토의 공간구조는 경부축 중심의 거점개발 형태로 이뤄졌다. 경부고속도로는 1968년 2월 착공하여 1970년 7월 7일 준공된 경부고속도로의 총연장 428km, 너비 22.4m, 총예산 429억 원으로 1967년 국가예산 규모의 23.6%를 차지하는 매우 중요한 국가사업이었다. 특히 서울과 제2의 항구도시 부산을 잇는 대동맥으로서 서울과 수원, 천안, 대전, 영동, 황간, 김천, 대구, 경주, 언양, 부산을 경유하는 경부고속도로는 건설할 당시 많은 반대와 우려의 목소리가 있었으나 경부고속도로를 따라 형성된 경부축을 중심으로 각종 산업단지가 들어서면서 고속 경제 성장의 기틀을 마련할 수 있었다(전강수, 2012: 13).

한편, 1970년대의 중화학공업단지는 기존 도시기반시설을 활용하는 1960년대의 내륙공업단지와는 다르게 도로, 항만, 용수 등 기반시설에 대한 대규모 개발이 필요했으며, 원재료 수입 등을 고려하여 해안지역을 중심으로 조성됐다. 이에 제1차 국토종합개발계획에 따라 국토이용관리의 효율화와 개발 기반의 확충 등 소기의 성과를 달성했다. 특히 거점개발전략을 도입하여 울산, 포항, 마산 등 임해공업지와 함께 창원, 여천 등의 공업기지 개발로 동남해안공업기지의 건설이 이뤄져 중화학공업으로서의 구조적 변화를 야기했으며 지방공업단지 건설 등 지방공업 육성의 기초도 구축되었다. 이러한 전략적 국토개발계획에 따라 박정희 정부는 서울-광주를 연결하는 호남고속도로와 서울-강릉을 연결하는 영동고속도로, 그리고 각각 동해와 남해안을 따라 동해고속도로와 남해고속도로 등이 건설됐다.

제 4 절 성과 및 평가

1960년대부터 경제개발 5개년계획이 추진돼 급속한 경제 성장이 이뤄지기 시작했고 1970년대는 고도 경제 성장을 위한 국토의 구조적 기반으로 고속도로, 전력, 다목적댐 등 각종 기반시설 건설이 중요하게 인식했다. 동시에 인구의 도시집중, 특히 수도권의 인구집중으로 소득과 경제기회의 지역 간 격차의 문제 해결을 위해 수도권 인구집중을 방지하고 거점지역을 육성해 지역균형 발전을 유도하는 정책이 필요하게 됐다.

먼저, '대국토건설계획'은 조국 근대화를 위해 합리적이고 균형있는 산업구조, 국토구조, 소득구조의 형성을 목표로 제반 구조를 개혁하자는 취지에 따라 작성된 것이라고 할 수 있다. 당시 건설부는 '대국토건설계획'은 정치, 경제, 문화 및 사회적으로 동양 일류급의 대국민(大國民)으로 나아갈 것을 전제로 선진된 대국민이 갖춰야 할 국토 개발 및 건설이라고 정의하면서 그 의미를 부각시키기도 했다. 그런 점에서 이 계획은 도로,

표 2-6-10 국토계획의 변화(1946년~1981년)

구분 (시대적 특성)	시대 상황	국토계획의 추진 상황	국토계획의 지향점 (목표)
1950년대 (혼란기)	해방과 6·25 전쟁으로 국토의 피폐 지역 불균형 시작	1950년대 말에 국토개발정책이 논의된 정도	
1960년대 (발아기)	빈곤 및 실업 해소를 위한 체계적 국가 발전 전략 수립 착수	「국토건설종합계획법」 제정 제1, 2차 경제개발 5개년계획 실시 특정 지역 지정/추진	경제의 고도 성장 산업구조의 근대화 사회간접자본 확충
1970년대 (부흥기)	60년대에 추진한 산업구조의 변화로 효율성 증대는 있었으나 사회적 불균형 노정	제1차 국토종합개발계획 실시 제3, 4차 경제개발 5개년계획 실시	국토의 효율적 이용 환경보전 대도시 인구집중 억제
1980년대 (성숙기)	고도 경제 성장 달성 대도시 인구집중 난개발, 부동산 투기 심화	제2차 국토종합개발계획 실시 제5, 6차 경제개발 5개년계획 실시	- 개발 가능성의 확대 - 인구의 지방 분산 자연환경 보전

자료: 한국경제 60년사 편찬위원회(2010)를 수정 작성.

항만, 철도, 수자원과 하천 정비 등 국한된 부분이지만 "전국을 대상으로 한 최초의 전국계획안"이라는 점에서는 매우 의의가 크다고 할 수 있다.

그러나 3개월이라는 짧은 기간에 작성된 것이고 선거전략을 위해 급조된 것이라는 비판을 받기도 했다. 지역적 불균형 및 경제적 불평등, 그리고 경기 불황 등의 문제가 제기돼 국토 개발의 다양한 정책들을 제기했으며 궁극적으로 실시되지 못하고 말았다는 점에서 한계가 드러났다.

또한 대국토건설계획은 국민경제 수준과 경제구조와의 연계가 부족했고, 지역적인 사회간접자본의 수요를 제대로 예측하지 못하고 만들어진 단순한 토목계획이었다는 평가를 받고 있다. 또한 긴급 사업에 투자해야 할 규모와 방향에 대해서도 충분한 계획이 부족했다는 평가를 받고 있기도 하다.

두 번째로, '국토계획 기본구상'은 국토 개발의 헌장적 역할을 하고 있는 것으로 정부 내 여러 건설 기능의 종합 조정은 물론 특정지역계획, 도계획, 도시계획 등 물리적 계획의 방향과 지침을 만들어 국토계획의 일관성 유지를 위한 청사진이었다.

이 기본 구상은 구체적인 실천계획은 아니지만 정부 내 각 부처의 중장기계획의 지표를 통합, 조정했으며, 각 부문별 목표 및 방향 설정과 도, 군계획 및 도시계획을 비록 한 각급 국토계획의 지침 제시를 위해 작성됐다는 점에서 의미가 있다.

전국을 권역별로 최초로 계층화해 4대권-8중권-17소권으로 층화했다는 점에서 매우 의미있는 계획이라는 평가를 받고 있다. 국토의 바람직한 미래상에 도달하기 위한 기본 방향을 설정해 제1차 국토종합개발계획을 수립하는 과정에도 매우 의미있는 역할을 했다는 평가다.

이러한 과정에 따라 박정희 정부의 국토개발계획은 1960년대의 경우 국토계획의 방법론적 틀과 제도화 수준이 미흡했으나 국가경제정책과 동시에 작동하는 발전 메커니즘이라는 점을 인식하면서 1970년대 이후 경제 성장에 대응하는 좀 더 체계적인 계획 체제를 수립했다.

제1차 국토종합개발계획은 "국토 이용관리의 효율화와 개발 기반의 확충 등 소기의 성과를 달성했다"(국가기록원, 2014: 83)고 할 수 있다. 특히 거점개발전략을 도입해 임해공업지, 동남해안공업기지의 중화학공업단지 구축, 그리고 지방공업 육성의 기초를 구축했다. 또 호남고속도로, 영동고속도로, 남해고속도로의 건설로 전국 1일 생활권이 마련됐으며, 치수와 용수 공급을 위한 4대강의 종합개발도 의미있는 성과라고 할 수 있다.

1970년대에 본격적인 국토 개발이 착수됐으며 전국적이고 체계적인 국토종합개발계획이 발표됨으로써 국토계획이 정착돼가는 분수령이 되었다.

그러나 제1차 5개년계획에서 언급된 균형적이며 집약적인 개발사업이란 특정지역 개발사업을 통해 얻은 효과가 다른 지역으로 파급될 것이라는 균형개발사업은 단지 집약 개발의 부수적 효과에 머물렀다. 즉, 박정희 정부의 국토계획은 집약 개발에 중점을 두었고 이는 불균형 개발로 이어지는 단초를 내포하고 있다는 지적을 받았다. 또한 1967년 제6대 대통령 선거에서 박정희 후보자가 주장한 '대국토건설계획'은 선거전략의 일환으로 평가됐다. 이는 공화당의 선거 공약이 2월 전당대회에서 채택한 '잘살기 위한 백 가지 약속'을 바탕으로 펼쳐졌는데 '대국토건설계획'에서 절정에 도달했다는 것이다. 공화당이 표의 남북 현상을 막기 위해 전당대회에서 채택한 10대강 개발에서 후퇴해 4대강 유역 개발과 10대항 개발, 한강을 되찾자고 호소했고 표의 동서 현상을 막기 위해 의식적으로 서향적인 농공병진정책과 호남선 복선화 등의 지역공약을 들고 나왔다는 것이다. 이러한 비판적 여론에 직면한 경제기획원과 건설부는 '대국토건설계획'을 백지화하고 새로운 '국토권역화계획'을 마련하게 됐다.

전반적으로 박정희 정부의 국토개발계획은 혼란기, 발아기를 거쳐 부흥기에 이르기까지 국토 전반에 체계적인 계획을 설계했다. 이러한 과정 속에서 경제의 고도 성장, 산업구조의 근대화, 사회간접자본 확충이 이뤄졌으며, 국토의 효율적 이용과 환경보전, 그리고 대도시에 인구가 집중하는 것을 억제하는 기본 성과를 달성했다고 할 수 있다.

참고 문헌

건설부 (1967a). 대국토건설계획서(안), 국토연구원 소장(EB14769).

______(1967b). 대국토건설계획서(안) 주요 계획 발췌, 국토연구원 소장(EB35545).

______(1968). 국토계획 기본구상, 경제장관회의 안건.

국가기록원 (2014). 중요 공개기록물 해설집Ⅵ: 국토개발 편. 국가기록원.

국토개발연구원 (1996). 국토 50년사. 서울 프레스.

김용웅 외 (2009). 신지역발전론. 서울: 한울아카데미.

김의원 (1987). 한국국토개발사연구. 서울: 대학도서.

대한민국정부 (1971). 국토종합개발계획(1972~1982).

문정호 외 (2013). 2012 경제발전 경험모듈화사업(국토 및 지역개발정책) : 국토종합계획을 중심으로. 국토연구원.

박진근 (2009). 한국 역대 정권의 주요 경제정책. 한국경제연구원.

신용옥 (2000). 1950년대 원조의존 경제체제와 종속적 산업화, 강만길. 한국자본주의의 역사, 서울: 역사비평사.

______(2013). 박정희 정권기 국토계획의 전개 과정과 동해안지역의 위상. 목포대 도서문화연구원. 도서문화, 41: 69-105.

이문웅 (1971). 10개년 계획에 대하여 : 국토종합개발계획. 과학과 기술, 4(4): 10-24.

이송희 (1988). 국토종합개발계획에 관한 연구, 한양대학교 행정대학원 석사학위 논문.

이창우 (1998a). 국토종합개발계획의 평가 및 제언(상). 국토연구원. 국토, 206: 44-50.

______(1998b). 국토종합개발계획의 평가 및 제언(하). 국토연구원. 국토, 206: 39-43.

임송자 (2013a). 1961년 5·16 이후 국토건설사업과 국토건설단 운영 실태. 한국근현대사연구, 67: 900-942.

______(2013b). 민주당 정권기 국토건설사업의 추진과정. 사림, 46.

임형백 (2013). 한국의 지역균형발전정책:1972-2012. 도시행정학보, 26(3): 315-339.

전강수 (2012). 1970년대 박정희 정권의 강남개발. 역사문제연구, 28: 9-36.

한국경제 60년사 편찬위원회 (2010). 한국경제 60년사: 국토·환경. 한국경제 60년사 편찬위원회.

제 3 편

박정희 정부 정부개혁

제 1 장 정부개혁의 배경 및 방향
제 2 장 정부개혁의 내용
제 3 장 정부개혁에 대한 성과 및 평가

제 1 장

정부개혁의 배경 및 방향

이종수
한성대학교

제 1 절 정부개혁의 배경

1. 박정희 정부 정부개혁 개관

박정희 정부는 한국의 현대 행정사에서 가장 광범한 '정부개혁'을 추진했다. "행정체제를 더 나은 상태로 변동시키는 것"을 의미하는 용어로는 일반적으로 '행정개혁(administrative reform)'이 사용되나, 유사 용어로 행정쇄신(administrative innovation), 정부쇄신(government innovation) 등의 용어가 사용되기도 한다.

여기서는 행정개혁을 미시적 차원의 행정개혁과 거시적 차원의 행정개혁으로 나눠, 특히 거시적 차원의 행정개혁을 '정부개혁(government reform)'으로 규정하고자 한다. 미시적 차원의 행정개혁은 행정 체제 내부의 합리화(internal administrative rationalization)를 뜻하는 좁은 의미의 행정개혁을 가리킨다. 다시 말하면 행정조직의 구조 변동, 새로운 기술・방법의 채택・적용, 행정인의 가치관・신념・태도를 변화시켜 행정조직의 효율성을 제고하고자 하는 행정개혁을 말한다. 이에 반해 거시적 차원의 정부개혁은 정책 체제와 정책 기조의 변혁까지 포함해 정부 전체의 효율성을 제고하고자 하는 노력으로 규정할 수 있을 것이다(이종수, 2013: 14).

박정희 정부가 정책과 제도 및 인력의 모든 면에서 추진한 행정개혁은 전형적인 거시적 정부개혁이라고 할 수 있다. 다시 말하면 박정희 정부의 개혁은 대처(Margaret Thatcher) 수상의 영국 정부가 1979년 이후 추진한 일련의 행정개혁, 중국의 덩샤오핑(鄧小平, 1904-1997) 수상이 추구한 실용주의 정책, 구소련의 고르바초프(Mikhail Gorbachev) 당서기장이 펼친 페레스트로이카, 글라스노스트 정책 등과 같이 거시적 차원의 정부개혁에 해당된다고 하겠다(이종수, 2013; 15).

박정희 정부는 18년간의 집권 기간 내내 철저하게 성장주의를 추구했다. 박정희 정부의 정부개혁은 무엇보다 이러한 경제 성장을 뒷받침하기 위한 데 초점이 두어졌다, 이러한 사실은 1961년 5월부터 1979년까지 12월까지의 박정희 대통령 집권 기간 동안 추진된 25차례의 중앙행정기관 개편 가운데 경제 개발 등 경제정책적 목적에 의한 개편이 12건(48%)으로 가장 빈번하게 이뤄졌다는 데서 확인할 수 있다. 같은 기간 동안 행정기능의 조정에 따른 개편이 7회, 헌법 개정 및 정치적 요청에 의한 개편이 각각 3회씩 이뤄졌다(총무처, 1982: 22-23).

이하에서는 박정희 정부의 정부개혁을 ① 군사정부, ② 제3공화국, ③ 제4공화국의 세 시기로 구분해 살펴보고자 한다. 군사정부 기간은 1961년 5월 군사혁명 이후 민정이양이 이뤄져 박정희 장군이 대통령에 취임한 1963년 12월 17일까지의 2년 7개월 동안으로 규정하고자 한다. 제3공화국은 민정이양이 이뤄진 1963년 12월 이후 유신체제가 출범한 1972년 11월까지의 기간으로 규정하고자 한다. 그리고 제4공화국은 유신체제가 출범한 1972년 11월부터 박정희 대통령이 저격・피살된 1979년 10월 26일까지의 기간으로 규정하고자 한다.

2. 정부개혁의 일반적 배경과 박정희 정부 정부개혁의 배경

정부개혁은 다양한 배경으로 추진된다. 일반적으로 정부개혁은 그 자체가 목적으로 추구되는 경우도 있지만, 흔히 정치적 목적을 위한 수단으로 추진되는 경우가 많다. 행정개혁 본래의 구체적 목표 가운데는 정부지출의 절약, 공공 서비스의 질적 개선, 정부기능의 능률성 제고, 정책 형성 및 집행의 효과성 증대 등이 포함된다.

여러 학자들은 행정개혁의 구체적·실천적 목표를 다양하게 범주화한다.

케이든(Caiden, 1982: 96-97)은 행정개혁의 목표를 다음과 같이 ① 정부조직과 업무의 간소화, ② 정부기관의 합리화와 행정 과정의 단순화, ③ 각종 규제와 형식화된 업무의 폐지, ④ 관료제에의 과잉 의존 축소, ⑤ 공공관료제에 있어 주민 대표성의 증대, 이렇게 다섯 가지로 제안한다.

드로어(Dror, 1971: 267-268)는 행정개혁의 목표를 다음의 여섯 가지로 세분화하고 있다. ① 전통적인 행정 능률의 증대, 형태의 단순화, 과정 변화, 중복의 축소 그리고 O.M.(조직과 방법) 접근 방법을 통한 비용의 축소, ② 인지된 약점의 개선, 부패, 정실, 정치적 엽관 등과 같은 특정 측면의 개혁, ③ 목적 달성을 위한 행정 체제의 주요 부분의 변화. 이것은 여러 형태의 목표로 구분될 수 있는데 실적제, PPBS, 자동정보처리체제, 과학적 지식의 이용 등과 같은 좀 더 발전된 행정관리기법과 지식의 이용, ④ 우선적인 사회적 목표의 성취를 위한 행정 체제의 조성, ⑤ 행정 체제와 정치 체제 간의 역할 변경, 예를 들어 고위 행정관료의 권한을 축소한다든가, 정치 과정에 좀 더 충성스러운 공무원을 투입하는 것, 또는 행정 체제의 전문가적 자율성을 확대하든지 혹은 정책에서 전문가의 영향력을 증대시키는 것 등, ⑥ 행정 체제와 주민 혹은 선출직 공무원 간의 관계 변화, 집권화와 분권화, 참여에 의한 민주화, 좀 더 국민적 대표성을 갖는 인사관리 등이다.

한편 국내의 유훈(1983: 681-683)은 행정개혁의 목표로 ① 예산의 절약과 능률의 제고, ② 정치 이념의 실현, ③ 행정의 간소화, ④ 행정수반의 행정관리 능력의 강화. ⑤ 새로운 제도, 방법, 절차의 도입 등을 제시하고 있다.

박정희 정부의 정부개혁은, 앞서 밝힌 바와 같이, 시종일관 경제 성장이라는 정치 이념을 구현하기 위한 목적으로 추구됐다. 굳이 시기를 구분해 살펴보자면, 군사정부 및 제3공화국 정부에서는 경제 성장을 뒷받침하기 위한 제도 개혁에 초점이 두어졌으나, 1970년대 이후(정확하게 얘기하자면 당초 대통령 직속기관으로 설치되었던 행정개혁조사위원회가 국무총리 소속으로 바뀌면서 행정개혁위원회로 명칭이 변경된 1973년 이후)에는 능률성 제고를 위한 미시적인 행정개혁으로 초점이 바뀌었다. 그리고 박정희 대통령이 공무원 부정을 국가안보와 같은 차원에서 엄정하게 다루겠다고 천명한 1975년 5월 이후에는 개혁의 초점이 부패 척결을 위한 서정쇄신으로 옮겨졌다.

제 2 절 정부개혁의 목표 및 추진 방향

1. 군사정부 시기의 정부개혁 목표 및 추진 방향

군사정부 기간 동안 박정희 정부는 ① 제1·2공화국과의 인적·제도적 단절을 하고 국가 형성의 새로운 기틀을 마련하며, ② 경제 발전을 위한 제도적 바탕을 마련함과 아울러, ③ 국정 능률의 극대화를 위해 권위적 집권 체제를 확립하는 데 정부개혁의 목표를 두었다.

5·16에 의해 탄생한 군사정부는 1963년 12월 민정이양이 있을 때까지 2년 7개월간 행정 체제의 급격한 개편을 시도했다. 이 기간 동안 군사정부는 정부조직을 11차례나 개편하고, 인사행정·기획·심사분석 등 여러 분야에 걸쳐 새로운 절차와 기법을 도입했다. 가장 대폭적인 정부조직 개편은 1961년 10월 2일 단행된 '10·2 개편'으로, 이 조치에 의해 중앙정부 조직은 내각수반에 소속된 2원 12부 1처 5청 2위원회가 됐다.

무엇보다 먼저 박정희 정부는 군사정부 기간 동안 대대적인 인적 청산을 통해 과거와의 단절을 시도했다. 군사정부는 5·16 직후부터 정치적인 숙청과 소위 혁명재판을 통해 3,000여명에 달하는 정치인과 교수, 학생, 언론인을 축출함으로써 정치·사회 전반의 리더십 교체를 꾀했다(Cole & Lyman, 1971: 38; 한승연, 2006: 429). 즉, 군사정부는 5·16 직후인 1961년 7월 국가재건비상조치법에 따라 설치된 혁명재판소 등을 통해 제1·2공화국 시절의 부정·부패 공무원, 반민족행위자·반혁명행위자 등에 대한 인적 청산을 수행했다. 군사정부 기간 동안의 이와 같은 인적 청산은 부패 정치인과 부정 기업인의 처벌을 통해 군사혁명의 정당성을 강화하기 위한 조치의 일환으로 볼 수 있다(김수영, 1996: 374).

군사정부는 또한 제도 면에서는 「구 법령 정리에 관한 특별조치법」(법률 제659호, 1961년 7월 15일 제정)을 통해 614건의 각종 구 법령을 정리하고, 372건의 구 법령을 새 법령으로 대체했으며, 또한 2,890여 건의 법령을 정리하고, 한말 이래 전래돼 온 각종 공문서와 2,927종에 달하는 민원서류를 간소화함에 따라 법률·제도 면에서 과거와 단절을 이룩하고(박정희, 1963: 87), 신생 국가로서 국가 형성의 틀을 비로소 마련했다. 군사정부는 3년도 채 되지 않은 군정 기간에 「정부조직법」만도 11차례나 개정했다. 여러 차례 추진된 「정부조직법」 개정 가운데 1961년 10월 2일 이뤄진 '10 · 2 개편'이 가장 광범하게 이뤄졌다.

군사정부 기간 동안 이뤄진 광대한 기구 개편의 동기와 목표는 혁명공약과 '10 · 2 행정개혁'의 목표에서 찾아볼 수 있다. 즉, ① 행정의 민주화와 능률화, ② 기획과 집행의 분리, ③ 통제 기능의 제도화, ④ 부서 통폐합, ⑤ 행정 체계의 단일 · 집중화, ⑥ 지방행정기구의 강화, ⑦ 사업 관청의 관리 강화, ⑧ 국토개발사업의 촉진, ⑨ 중간관리기관의 강화를 기하는 것 등이다(한국행정문제연구소 편, 1968: 428; 김수영, 1996: 374).

군정 기간 동안 이뤄진 정부조직 개편에서 가장 특기할 점은 경제기획원의 신설이다. 군사정부는 경제 성장을 추진하고 관리할 중앙부처로 1961년 7월 경제기획원을 설치했다. 그 밖에 경제 성장 관리를 위한 기구로 노동청, 농촌진흥청, 철도청을 신설했으며, 국토건설청으로 격하됐던 건설부도 복원했다. 군사정부에서 추진한 이러한 정부개혁의 주된 목표는 경제 발전을 위한 정치 · 사회적 기초를 마련하는 데 있었다고 하겠다.

군사정부는 또한 1961년 5월 중앙정보부를 신설하고 지방의회를 해체한데 이어, 6월 6일에는 헌법의 효력을 갖는 「국가재건비상조치법」을 제정 · 공포함으로써 국가재건최고회의를 입법 · 사법 · 행정의 3권을 지휘 · 통제하는 국가의 최고 통치기관으로 만들었다. 군사정부는 이러한 일련의 조치들을 통해 국가 권위적 집권 체제를 확립해 나갔다.

그러나 군사정부는 행정 체제 내부 관리의 합리화를 위한 좁은 의미의 행정개혁도 꾸준히 추진했다. 군사정부는 1963년 4월 국가공무원법을 전면 개정, 근무성적평정제도를 도입한 데 이어 동년 5월에는 공무원훈련법을 제정하고, 11월에는 직위분류법을 제정해 인사행정제도의 획기적인 개혁을 추진했다. 이러한 제도 개혁을 통해 자격시험제였던 공무원 선발시험이 채용시험제로 바뀌게 됐으며, 조건부 임용 및 시보임용제가 도입되고 공개경쟁 채용시험이 확대됐다.

재무 관련 개혁 조치로는 기획과 예산의 연계를 위해 1961년 7월 종래 재무부에 속해 있던 예산국을 경제기획원으로 이관했다. 그리고 예산회계 제도도 많이 바꿨는데 군사정부는 5 · 16 후 재무부 내에 재정회계제도 개혁위원회를 설치해 개혁 작업을 추진했다. 재무부의 개정안을 중심으로 하여 재정법(1951년 제정)을 예산회계법으로 바꾸고 일본의 재정법과 회계법을 많이 모방했던 그간의 재정회계제도를 대폭적으로 수정했다. 아울러 기업예산회계법과 정부투자기관예산회계법을 제정하는 등 예산회계 제도를 총체적으로 정비했다.

그러나 지방자치제도는 군사정부에 의해 전면적으로 정지됐다. 군사정부는 1961년

5월 16일을 기해 지방의회를 해산하고 지방자치단체장을 모두 임명제로 바꿈으로써, 지방자치단체의 성격은 국가의 일선행정기관으로 바뀌었다(이종수, 2013: 184-185).

2. 제3공화국의 정부개혁 목표 및 추진 방향

박정희 정부는 제3공화국 시절 경제 건설을 최우선시하는 개혁 목표를 설정하고 ① 경제 성장을 뒷받침하기 위한 정부개혁과, ② 행정 체제 내부 관리의 효율화를 위한 광범한 행정개혁을 지속적으로 추진했다.

제3공화국 정부는 1963년 12월 경제기획원에 기획조정실과 기획관리실을 설치하는 한편 조사통계국을 신설했으며, 1964년 2월에는 경제과학심의회의를 설치했다. 1965년 2월에는 수출 검사를 위한 기구로 상공부에 수출검사과를 설치하고 국립공업연구소에 수출공산품검사부를 설치하는 한편 1966년 2월에는 국세청을 신설하는 등 경제 발전을 뒷받침하기 위한 조직개편을 꾸준히 추진했다. 제3공화국 정부는 또한 1967년 3월에는 과학기술처를 신설했으며, 1968년 7월에는 상공부에 중소기업국을 신설하고, 동년 8월에는 중앙직업훈련원을 설치하고 12월에는 한국투자개발공사를 발족했으며, 1969년 10월에는 한국과학기술연구소(KIST)를 준공하는 등의 개혁 조치를 취했다.

제3공화국 정부는 이어 1970년 5월 「외국인투자기업의 노동조합 및 노동쟁의조정에 관한 임시특례법 시행령」을 통과시켰으며, 동년 8월에는 구미에 전자공업단지를 조성키로 하는 한편 농림직업훈련소를 6개 지역에 설치하기로 결정했다. 동년 10월에는 상공부에 통상진흥국을 신설했으며, 1971년 4월에는 상공부에 수출애로타개위원회를 설치하고 7월에는 수출품의 특관세를 면제하는 등의 조치를 취했다. 1972년 12월에는 공산권과의 무역을 허용하는 방향으로 무역거래법을 개정하는 등 제3공화국 정부 기간 내내 박정희 정부는 경제 건설을 뒷받침하기 위한 정부개혁을 지속적으로 추진했다.

그러나 제3공화국 정부는 경제 건설을 뒷받침하기 위한 정부개혁 이외에 행정 체제의 효율화를 위한 미시적 행정개혁도 게을리하지 않았다. 제3공화국의 광범한 행정개혁을 추진하기 위해 1964년 설치된 행정개혁조사위원회는 다음과 같은 정부개혁 목표를 세우고 출범했다.

(1) 정부기구를 종합적으로 정비하여 국정을 효율적으로 구현할 수 있도록 행정 체제를 쇄신하고 국민 부담을 경감한다.

(2) 정부관리업체의 관리 체계를 확립함으로써 생산성과 공익성을 높인다.
(3) 예산 및 회계제도를 현대화하여 국가의 제반 목표를 효율적으로 달성하는 데 기여하게 한다.
(4) 각종 민원사무의 필요성 유무를 재검토하여 그 처리를 신속·간소화하고 국민의 편리를 도모한다.
(5) 사무 관리에 있어서 비능률적·비경제적인 모든 요소를 제거하고 행정을 원활히 수행하게 한다.
(6) 국가의 경제적 사회적 발전에 기여할 수 있도록 현행 인사제도를 개선한다.
(7) 부문별 행정제도를 개선함으로써 국가행정의 종합적이고 균형적인 발전을 기한다(권오상, 1966).

행정개혁조사위원회규정에는 그 구체적 기능이 다음과 같이 규정돼 있다. 즉, 중앙과 지방의 전 행정기관은 물론 정부관리기업체와 관련된 사항들을 조사·연구해 그 결과와 구체적인 개선 방안을 대통령에게 보고하는 기능을 부여받은 행정개혁위원회의 구체적 임무는 다음과 같다.

(1) 기구의 조정·통합·설치 및 폐지
(2) 기능의 합리화
(3) 정원의 합리화 및 직급의 적정화
(4) 인력의 효율적 활용
(5) 사무절차 및 물품·장비의 표준화
(6) 사무의 간소화와 합리화
(7) 인사관리 및 보수의 합리화
(8) 예산제도 및 회계제도의 합리화와 정부자산의 합리적 운용
(9) 정부관리기업체와 사업관청에 있어서의 경영의 합리화, 생산기술 및 품질의 향상
(10) 기타 행정기관 및 지방자치단체의 기관과 정부관리기업체의 운영상 능률을 증진시키고 예산을 절약함에 필요하다고 인정되는 사항(행정개혁조사위원회규정 제3조).

행정개혁조사위원회는 즉 제3공화국 정부의 기구 개편에 대한 것뿐만 아니라 행정제도·기술·방법·절차·운영 및 행정 행태 등 행정 전반을 그 대상으로 하고 있었던 것이다(박명수, 1986: 318).

이러한 정부개혁 목표에 따라 제3공화국 정부는 출범 초기부터 국가 체제와 행정기

구를 근본적으로 뜯어고치는 광범한 개혁을 추진했다. 제3공화국 정부는 우선 제1·2공화국의 혼란기를 거치면서 체계적으로 정비되지 못한 각종 법제도를 정비·마련하는 한편 국세청, 수산청, 산림청, 과학기술처, 국토통일원, 관세청, 병무청, 무임소장관 등의 기구를 신설하는 정부조직 개편을 추진했다. 제3공화국 정부는 또한 참모제도의 도입과 같은 기구 개편, 행정절차의 개선, 체계적 교육훈련 제도의 도입 등 미국식 제도와 관리기법을 도입하는 데 치중했다. 미국식 교육을 받은 민간학자들이 대거 참여한 가운데 추진된 정부개혁 작업은 기본적으로 발전행정의 이념과 기법을 구현하는 데 목표를 두었다.

발전행정의 이념을 추구한 제3공화국의 행정 체제는 규모 면에서 크게 팽창했다. 일부 학자들은 이 시기의 국가 체제를 행정국가(administrative state)로 규정하고 있으나, 복지국가를 지향하면서 재정 규모와 인력이 늘어난 행정국가의 의미라기보다는, 경제 성장 정책을 뒷받침하고 반대 세력의 저항을 극복하기 위해 정부의 경제 관련 기구 및 억압기구가 팽창하고 민간부문에 대한 정부의 간섭이 크게 늘어났다는 의미에서의 행정국가라 할 수 있다. 제3공화국 정부는 정치적 참여를 제한한 가운데 성장정책을 추구했다는 의미에서 민주성보다는 능률성과 효과성의 이념에 기반해 국가 체제를 운영했다고 할 수 있다(이종수, 2013: 185-186).

3. 제4공화국의 정부개혁 목표 및 추진 방향

제4공화국의 정부개혁 목표는 ① 발전행정의 뒷받침, ② 유신체제의 정당화를 위한 '서정쇄신' 및 ③ 유신체제의 공고화를 위한 억압 체제의 구축(감춰진 목표)에 있었다.

제4공화국은 중화학 공업의 발전 등을 통한 고도 성장 정책을 지속적으로 추구했다. 제4공화국 정부는 이러한 발전 목표를 추구하기 위해 1973년 1월 경제기획원에 투자진흥국, 외환관리국 등을 신설하고, 정부조직법을 개정해 상공부 소속 하에 공업진흥청과 공업단지관리청을 신설했다. 그리고 3월에는 정부조직법을 개정해 국무총리 소속 하에 중화학공업추진위원회를 신설하고 5월에는 중화학공업건설계획을 확정했다. 또한 7월에는 포항종합제철을 준공하고 8월에는 장기경제개발모형을 발표했다.

또한 1974년 7월에는 「수출원자재에 대한 관세 등 환급에 관한 법률」을 제정·공포했으며, 10월에는 재무부가 수출 부진 품목에 대한 수출 지원 방안을 마련하고, 1976년 1월에는 종합무역상사의 수출 대행에 대한 영업세를 면제하는 등 강력한 수출 지원 정책을 추진했다. 이와 같이 제4공화국 기간 동안 경제 성장을 뒷받침하기 위한 정부개혁이 꾸준히 추진됐다.

제4공화국은 또한 유신 체제의 정당화를 위한 정치적 노력의 일환으로 1975년부터 강력한 서정쇄신을 추진했다. 박정희 대통령은 유신체제에 대한 정치·사회적 반대가 거세지자, 국민들의 관심을 부조리 및 부정·부패 척결로 돌리고 유신 체제를 정당화하기 위한 조치로 강력한 '서정쇄신운동'을 추진했다. 제4공화국 정부는 서정쇄신을 "공무원사회의 모든 부조리를 일소해 능률적이고 명랑한 봉사행정을 폄으로써 국민의 신뢰를 회복해 국정 능률을 극대화하고 동시에 이를 사회 전반에 걸친 부조리와 비능률을 제거하는 사회정화운동과 새로운 가치관에 바탕을 둔 건전한 국민정신을 진작시키는 정신개혁운동으로 승화시켜 부강한 나라를 만드는 민족중흥의 과업"이라고 정의했다. 서정쇄신은 궁극적으로 국력 배양을 통해 민족 중흥을 꾀하려는 목적을 가진 운동이었으며, 공무원사회 정화, 일반사회 정화 및 정신혁명이라는 3대 행동과제를 추진하는 것이었다(오석홍, 2003; 황혜신, 2008: 469).

제4공화국 정부는 또한 유신체제의 공고화를 위한 억압 체제의 구축이라는 정부개혁의 숨은 목표도 추구했다. 제4공화국 정부는 유신체제 출범 직후인 1973년 1월 검찰청법을 개정, 검찰청에 총무부 등 5부를 신설하는 조치를 취했으며, 1974년 10월에는 경찰기동대를 설치하고 12월에는 치안국을 치안본부로 확대·개편하는 등 공안기구를 확대하는 정부개혁을 추진했다. '유신 시대'로 상징되는 제4공화국에서는 이와 같이 정치적 반대 세력을 탄압하고 정권 유지를 위한 억압기구가 크게 팽창했다.

마무리하자면 제4공화국 정부는 경제 개발을 뒷받침하기 위한 정부개혁과 아울러 국정 능률의 극대화를 위한 미시적 행정개혁을 꾸준히 추진하는 한편, 유신 체제를 정당화하기 위한 억압기구의 확대도 동시에 추구했다.

제3절 정부개혁의 추진체계

1. 군사정부 시기의 정부개혁 추진체계

박정희 정부의 정부개혁 추진체계도, 앞서와 마찬가지로, 군사정부, 제3공화국, 제4

공화국의 세 시기로 구분해 살펴보고자 한다. 군사정부 시절 박정희 정부의 정부개혁은 국가재건최고회의와 총무처 행정관리국(이후 내각사무처로 개편됨)에 의해 추진됐다.

군정 기간 중 정부조직 개편은 당초 국가재건최고회의에 의해 이뤄졌다. 국가재건최고회의는 산하기구로 상임위원회와 특별위원회 등을 두었는데, 이 가운데 조직개편을 담당했던 기구는 최고위원 8명으로 구성된 정부기구개편특별위원회였다(박대식, 2004; 황혜신, 2008: 464-465).

군사정부는 또한 정부개혁을 추진하기 위한 실무 기구로, 1961년 7월 총무처에 행정관리국을 설치했다. 행정관리국은 이후 내각사무처로 개편됐는데 전정부적 행정개혁 업무를 관장하도록 했다. 내각사무처에는 또한 행정관리연구위원회를 설치해 행정관리의 개선에 관한 연구를 하도록 했다. 군사정부는 이러한 정부개혁 추진체계를 통해 2년 7개월간의 군사정부 기간 동안 11차례의 조직개편을 추진했다(황혜신, 2008: 465).

2. 제3공화국의 정부개혁 추진체계

제3공화국 정부의 정부개혁은 1964년 6월 대통령 직속기관으로 설치된 '행정개혁조사위원회'를 통해 추진됐다. 당초 활동 기간이 3년간으로 한정돼 있었던 행정개혁조사위원회는 1966년 존속 기간이 연장됐으며, 1973년 1월 정부조직법 개정에 의해 국무총리 보좌기관으로 소속이 변경되고 명칭도 행정개혁위원회[1]로 바뀌었다.

행정개혁조사위원회에는 위원회 회의(會議)의 하부조직인 동시에 집행기관의 성격을 지닌 전문부회(專門部會)가 설치됐다. 제1, 2차 연도에 구성된 7개 전문부회의 담당 분야는 다음과 같다. 제1전문부회: 일반행정, 제2전문부회: 경제관서, 제3전문부회: 기업관서, 제4전문부회: 지방행정, 제5전문부회: 정부관리기업체(생산부문), 제6전문부회: 정부관리기업체(용역부문), 제7전문부회: 은행 및 기타 금융기관(김효신, 1964: 36-38).

제3차 연도에는 전문부회의 성격과 사무 분담이 다음과 같이 변경됐다. 제1전문부회: 행정관리, 제2전문부회: 문서관리, 제3전문부회: 인사관리, 제4전문부회: 재무관리, 제5전문부회: 기획 및 심사분석, 제6전문부회: 기업경영, 제7전문부회: 시설 및 장비 관리.

행정개혁조사위원회의 전체적인 조직은 [그림 3-1-1]과 같다.

---

1) 행정개혁위원회는 1981년 12월 정부조직법 개정에 의해 폐지될 때까지 행정절차 개선에 관한 연구 및 제안의 기능을 수행했다.

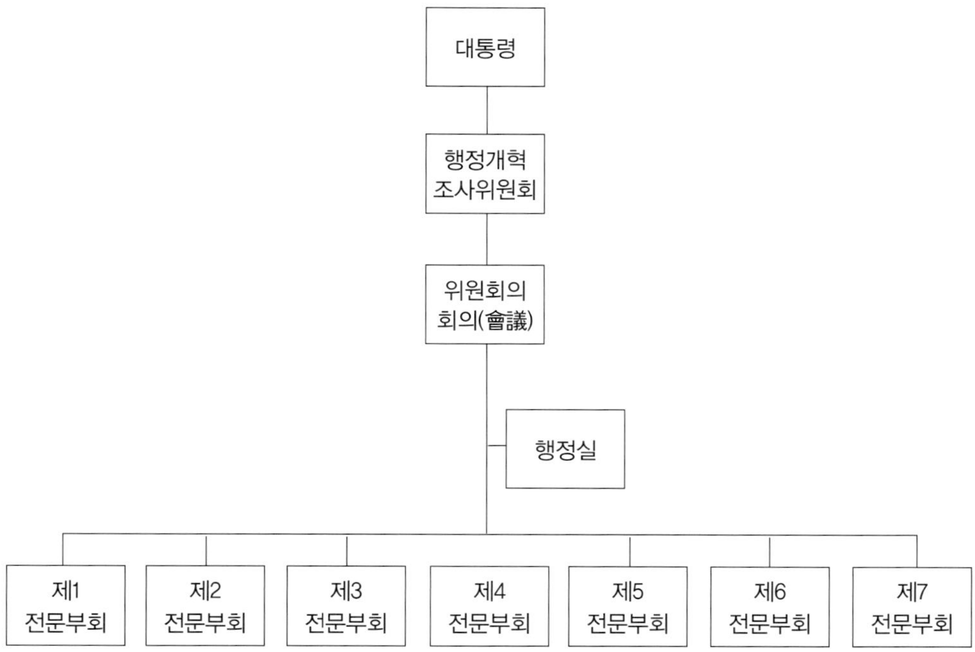

그림 3-1-1 행정개혁조사위원회 조직

자료: 김효신(1964: 37).

3. 제4공화국의 정부개혁 추진체계

제4공화국의 정부개혁은 '행정개혁위원회'에 의해 추진됐다. 행정개혁위원회는 앞서 밝힌 바와 같이, 제3공화국의 '행정개혁조사위원회'가 바뀐 것이다. 제3공화국에서 대통령 직속의 한시적 기구로 1964년 설치됐던 행정개혁조사위원회는 1973년 1월의 정부조직법 개정으로 국무총리보좌기관으로 소속이 변경되고 명칭도 행정개혁위원회로 바뀌었다. 1981년까지 존속했던 행정개혁위원회는 행정절차 개선에 관한 연구 및 제안의 기능을 수행했지만, 정부개혁에 대한 유신정부의 관심 저하로 군사정부 및 제3공화국에서와 같은 강력한 개혁 추진 주체는 되지 못했다.

참고 문헌

국무총리 행정조정실(1976-79). 서정쇄신 추진 상황보고.

권오상(1966). 우리나라 행정개혁사업 개요. 총무처. 행정관리, 5(2).

김광석·박준경 공저(1979). 한국경제의 고도성장 요인. 서울: 한국개발연구원.

김광웅(1999). 제2차 정부개혁의 모순과 한계. 한국행정학회. 한국행정학회 특별 세미나 논문집.

김수영(1996). 총합 행정개혁론. 서울: 법률계.

김정렴(1997). 아, 박정희. 서울: 중앙M&B.

김효신(1964). 행정개혁조사위원회의 조직과 업무계획. 총무처. 행정관리, 3(2) 통권 11호: 35-42.

노정현·Roy W. Shin (1997). *Administrative reform and Korean transformation*. 서울: 한국행정연구원.

문화공보부(1976). 서정쇄신.

문희석(1967). 우리나라 행정개혁의 발자취. 국회보(1967. 8).

박대식(2004). 정부조직개편 입법과정의 유형과 변화: 한국 역대 정부의 조직개편을 중심으로. 한국정치학회보, 38(2).

박동서(1998). 행정개혁의 연구와 개혁-궤도 수정. 한국행정학보, 32(1).

박명수(1986). 한국행정론. 서울: 대왕사.

박정희(1963). 국가와 혁명과 나. 서울: 향문사.

_______(1978). 민족중흥의 길. 서울: 광명출판사.

박희범(1968). 한국경제성장론. 서울: 고려대출판부.

사공일·L. P. 존스(1986). 경제개발과 정부 및 기업가의 역할. 서울: 한국개발연구원.

서울대 행정대학원(1986). 한국행정의 역사적 분석(1968~1984). 서울대학교출판부.

오석홍(1977). 한국정부의 서정쇄신에 관한 연구: 행정체제 내의 부패제거 작업을 중심으로. 행정논총, 15(1).

오석홍(2003, 2012). 행정개혁론. 서울: 박영사.

유 훈(1983). 행정학원론. 서울: 법문사.

이종수(2005). 정부혁신의 메커니즘과 전략. 서울: 대영문화사.

_______(2006). 정부혁신의 미래 비전. 서울: 한국행정연구원.

_______(2008). 우리나라 역대 행정부의 정책체제의 특징에 관한 고찰. 한국행정사학회. 한국행정사학지. 23: 77-103.

_______(2013). 새행정개혁론. 서울: 대영문화사.

임도빈(2008). 행정사상. 한국행정연구원. 한국행정 60년 1: 배경과 맥락. 서울: 법문사.

임현진·송호근(1994). 박정희 체제의 지배 이데올로기. 역사문제연구소 편. 한국정치의 지배이데올로기와 대항이데올로기: 169-207. 서울: 역사비평사.

장동희(1988). 한국행정사. 서울: 법문사.

조석준(1964). 제삼공화국과 행정개혁의 방향. 신세계, 3(2): 178-186.

______(1968a). 한국 군사정부 하에 있어서의 두 개의 행정개혁에 관한 비교연구: 제1차 경제개발5개년계획과 기본운영계획제도. 서울대학교 행정대학원. 행정논총, 6(2): 95-120.

______(1968b). 군사혁명정부와 조직개편. 행정논총, 6(1): 215-235.

______(1968c). 행정조직 개편의 동기와 방향 : 스물두 번에 걸친 중앙행정기구개편의 경험: 생성과 변혁 20년. 한국정경연구소. 정경연구, 43: 100-107.

______(1970). 정부행정기구개편의 평가. 세대, 8(통권81호): 72-79.

조영재(1980). 한국의 서정쇄신론. 서울: 율성사.

총무처(1982). 행정개혁사: 10·15 행정개혁을 중심으로. 서울: 총무처.

한국군사혁명사편찬위원회 편(1963). 한국군사혁명사: 제1편(하). 서울: 국가재건최고회의.

한국행정문제연구소 편(1968). 한국행정의 역사적 분석(1948~1967). 서울: 서울대학교출판부.

한국행정연구원(2008). 한국행정 60년(1-4). 서울: 법문사.

한승연(2006). 정부혁신의 사상적 기반 연구. 한국행정학회 50주년 기념 국제학술대회 겸 2006년 추계학술대회 발표 논문집.

황인정(1985). (증보)행정과 경제개발: 한국발전정부론. 서울: 서울대학교출판부.

황혜신(2008). 한국행정 60년 (2): 국정관리. 행정개혁. 한국행정연구원. 서울: 법문사.

Caiden, Gerald E. (1969). *Administrative Reform*. Chicago: Aldine Publishing Company.

______(1978). Administrative Reform: A Prospectus. *International Review of Administrative Sciences*, 44: 106-120.

______(1982). Public Administration and Administrative Reform. *Strategies for Administrative Reform*: 96-97.

Cole, D. C. & P. N. Lyman (1971). *Korean Development: the interplay of politics and economics*. Cambridge, Mass.: Harvard University Press.

Dror, Yehezkel (1971). *Ventures in Policy Sciences*. N.Y.: American Elsevier Publishing Co.

Ro, Chung-hyun eds. (1996). *Korea in the Era of Post-Development and Globalization: Tasks of Public Administration*. Seoul: Korea Institute of Public Administration.

제2장

정부개혁의 내용

임동진
순천향대학교

제1절 정부조직 개편

1. 정부조직의 개편과 주요 내용

정부조직의 변화는 경제 성과의 능률성 제고, 정책의 효과성 제고, 정책 우선순위의 재조정, 정치행정부의 관료제 통제 강화, 관료정치, 이익집단정치, 상징정치 등 여러 가지 목적에 의해 이뤄진다(Salamon, 1981; Thomas, 1993). 우리나라의 정부조직법은 1948년 7월 17일 제정・공포돼 1986년까지 총 34차의 개편이 이뤄졌으며, 이는 평균적으로 연 1회 개편이 이뤄진 꼴이다. 정부조직법의 전문 개정이 이뤄진 것만도 총 5회나 된다. 예를 들어, 1955년 한국전쟁 이후 전후 복구를 위한 1차 전문개정, 1960년 제2공화국 수립 이후 2차 전문개정, 1961년 박정희 5・16군사정부의 군정기에 3차 전문개정, 1963년 제3공화국이 수립되면서 4차 전문개정이 이뤄졌으며, 이 시기에 우리나라 정부조직의 기본적인 골격이 형성됐다. 이후 1973년 제4공화국에 들어서면서 5차 전문개정이 이뤄졌다(박영기, 1987: 302-303).

1948년 정부 수립 당시 11부 4처 3위원회였던 중앙행정조직은 박정희 정부가 시작된 1961년에 3원, 12부, 2처, 4부, 4청 2외국, 1위원회의 24개 기관으로 확대됐으며, 박정희 정부 기간 동안 총 6번의 정부조직 개편이 이뤄졌다.[2] 박정희 정부가 끝난 1979년에는 2원(경제기획원, 국토통일원), 14부(외무부, 내무부, 재무부, 법무부, 국방부, 문교부, 문화공보부, 농수산부, 상공부, 동력자원부, 건설부, 보건사회부, 교통부, 체신부), 4처(총무처, 과학기술처, 법제처, 원호처), 14청(조달청, 산림청, 국세청, 관세청, 전매청, 검찰청, 병무청, 농촌진흥청, 수산청, 특허청, 공업진흥청, 노동청, 철도청, 해운항만청), 4외국(조사통계국, 문화재관리국, 수로국, 전파관리국), 2위원회(경제과학심의회의, 국가안전보장회의)의 40개 기관으로 1961년에 비해 정부조직이 2배 이상 증가했다.

박정희 정부의 정부조직 개편을 기간별로 구체적으로 살펴보면 다음과 같다. 먼저, 박정희 5·16군사정부(1961~1963년)는 2년 7개월 동안 무려 12회의 정부조직 개편을 단행했다. 가장 특징적인 것은 경제계획의 수립과 추진을 위한 경제기획원의 신설이었다. 경제기획원은 1948년 정부 수립과 동시에 신설된 기획처가 그 모태다. 기획처는 1955년 부흥부로 개편됐고, 1961년 6월에 다시 건설부로 개편됐다. 1961년에 설립된 경제기획

표 3-2-1 박정희 정부의 정부조직 개편

종류 / 연도	원(院)	부(部)	처(處)	청 廳	외국(外局)	위원회(委員會)	합계	비고
1948	0	11	4	0	0	3	18	정부 수립 정부조직법 개정
1961	3	12	2	4	2	1	24	5·16 후 전문개정
1963	2	13	3	6	7	0	31	제3공화국 수립 후 전문개정
1966	2	13	3	9	7	0	34	-
1970	2	13	4	12	7	0	38	-
1973	2	13	4	13	5	0	37	제4공화국 수립 후 전문개정
1977	2	14	4	14	4	2	40	-
1980	2	14	4	15	4	3	42	-

자료: 총무처(1980; 1985).

2) 제1차 개편에서 국민운동본부가 폐지됐고, 제2차 개편에서 국세청과 수산청을 설치했다. 제3차 개편에서 산림청을 설치했으며, 제4차 개편에서 과학기술의 진흥을 위해 문교부의 보조기관에서 독립시켜 과학기술처를 설치했고, 원자력청도 과학기술처 산하에 설치했다. 제5차 개편에서 국토통일원을 설치했고, 제6차 개편에서는 관세청과 병무청을 각각 설치했다.

원은 건설부에서 종합계획국과 물동계획국을, 재무부에서 예산국을, 내무부에서 통계국을 각각 흡수해 4국, 19과의 조직으로 구성됐다(송하중, 1993: 55).

다음으로, 제3공화국(1963~1972년)은 경제 발전과 국가안보를 양대 목표로 삼고 정부 주도적으로 이를 추진하기 위해 정부조직을 대폭적으로 확대시켰다. 특징적인 것은 집행기관적 성격이 강한 청 단위 조직을 대폭적으로 신설했다. 청 단위 조직의 신설은 정책집행의 효율성을 제고하면서도 민간부문에 대한 정부의 간여와 정부규제의 범위를 확대하는 것을 의미한다. 이 시기의 정부조직 개편의 주요 내용을 보면 1963년에 사회간접자본의 확충을 위해 교통부의 철도국을 철도청으로 승격시켰고, 1967년 산업화 과정에서 예상되는 노사 간의 분쟁에 대비하도록 노동청을 설치했다. 경제개발계획을 수행하기 위한 투자재원의 확보와 조세수입의 증대를 위해 국세청(1966년)과 관세청(1970년)을 신설했다. 또한 수산진흥과 산림녹화 추진을 위해 수산청(1966년)과 산림청(1967년)을 각각 설립했다. 한편, 과학기술정책의 중요성 인식에 따라 과학기술처(1967년)를 신설하고, 통일정책의 효율적인 추진을 위해 국토통일원(1969년)을 신설했다.

마지막인 제4공화국(1972~1979년)에서도 정부조직의 확대가 계속 진행됐다. 주요 내용을 보면 동력자원부(1977년), 공업진흥청(1973년), 공업단지관리청(1973년 설치, 1976년 폐지), 항만청(1975년), 특허청(1976년), 환경청(1979년)이 각각 신설됐다. 특정지역 종합개발추진위원회(1978년) 등 3개 위원회도 설치됐다(송하중, 1993: 56-57).

박정희 정부의 정부조직 개편의 특징은 경제 발전과 관련된 많은 정부조직과 기구들이 신설 및 설치됐다는 것이다. 제3공화국(1963~1972년)에서는 수출 주도 성장1기로 경공업 위주의 수출을 했던 시기로 정부기구 중 많은 변화를 보인 기구는 주로 생산과 관련된 정부기구다. 즉, 농촌진흥청 44회, 상공부 40회, 농림수산부 26회, 건설부와 교통부가 각각 22회의 변화 빈도를 보였다. 집행기구 중에는 경제기획원이 24회로 가장 두드러진다. 특징적인 것은 산업화정책에 치중하면서도 농촌정책에 많은 관심을 가져 농업 관련 기구의 변화도 두드러지게 나타났다는 것이다. 제4공화국(1972~1979년)에서도 중공업을 중심으로 한 경제 성장 단계로 여전히 생산기구의 변화가 가장 두드러지고 있으며, 특히 합의기구 중에서도 내무부의 변화(37회)가 많았다. 이는 생산기구의 기능 외에 정부의 강제력을 동원한 규제 기능이 강화됐음을 의미한다(김근세 · 최도림, 1996: 46).

박정희 정부에서의 공무원 인력 규모의 변화와 특징을 살펴보면 다음과 같다. 첫째, 우리나라의 전체 공무원의 수는 1960년에 237,476명에서 1980년에 596,431명으로 약 251% 증가했다. 둘째, 같은 기간에 행정부의 국가직 공무원 수는 1960년에 123,037명에

그림 3-2-1 박정희 정부의 정부조직도(1979년 현재)

자료: 송하중(1993) 내용 자료를 토대로 작성.

서 1980년에 438,454명으로 약 356%나 증가해 전체 공무원 수의 증가 속도를 상회하고 있다. 셋째, 국가직 공무원 수와 달리 지방직 공무원 수는 1960년의 111,180명에서 1965년 47,760명으로 대폭 축소됐다가 차츰 증가해 1980년에 150,566명으로 1960년대 수준을 회복하면서 점차 증가 추세에 있음을 알 수 있다.

표 3-2-2 박정희 정부의 공무원 인력 규모 변화

종류 연도	전체 공무원 수 (입법·사법·행정)	행정부 공무원 수 (국가직+지방직)	국가직 공무원 수 (행정부)	지방직 공무원 수 (행정부)
1960	237,476	234,217	123,037	111,180
1965	305,316	301,734	253,974	47,760
1970	417,348	412,852	344,171	68,681
1975	478,562	472,775	365,390	107,385
1980	596,431	589,020	438,454	150,566

자료: 총무처(1980; 1985).

2. 정부조직 개편의 방법과 특징

박정희 정부에서의 정부조직 개편의 방법과 주요 특징을 살펴보면 다음과 같다.

첫째, 구조적인 측면에서 제3공화국(1963~1972년)이 출범하면서 정부 형태는 제2공화국의 내각책임제에서 대통령중심제로 변화했다. 제3공화국의 정부조직은 1963년 정부조직법에 따라 대통령, 국무총리, 경제기획원 장관을 겸하는 부총리, 국무회의, 그리고 2원 13부 3처 6청 7외국으로 구성됐다(오석홍, 1997: 86).

둘째, 정부조직의 개편과 행정개혁은 행정개혁조사위원회에서 주도했다. 1964년 6월 1일에 대통령령으로 설치된 행정개혁조사위원회는 대통령 직속기관으로 모든 국가기관, 지방자치단체 및 정부관리 기업의 기구 개편과 업무운영 개선에 관해 조사·연구해 개선 방안을 대통령에게 건의하는 방식으로 광범위하게 행정개혁을 추진했다. 이러한 행정개혁을 주관하는 기관의 설치는 이전의 개혁의 추진체계와 방법과는 큰 차이를 보였다. 예를 들어 제3공화국 이전의 시기는 국가형성기에 가까웠고 포괄적인 개혁보다는 단편적인 부분적인 개혁들이 주로 이뤄진데 반해, 이 시기에는 행정개혁을 포괄적이고 근본적이고 체계적으로 추진하려 했다는 것이다.

셋째, 박정희 정부의 정부조직은 제3공화국에서부터 팽창일로를 걷게 되었다. 행정국가화를 가속시켰으며 발전행정 체제를 구축했다. 이 시기의 행정개혁의 주요 특징은 발전적·집권적·정보통제적 경향을 보이고 있다. 수출제일주의 경제 성장을 내용으로 하는 발전행정은 정부가 주도하는 국가 발전이 본격화되면서 그 필요를 반영해 행정기구와 기능은 개편되고 확대됐다.

넷째, 박정희 정부에서의 대통령과 국무총리 직속기관의 조직 형태는 위원회 조직보다는 부와 청 단위의 독임제 행정기관 형태가 많이 나타났다. 이는 대통령의 강력한 리더십의 발휘가 용이하도록 하기 위한 것으로 볼 수 있다. 또한 제4공화국(1972~1979년) 이후 국무총리 직속으로 행정조정실을 설치함으로써 정책을 조정하고 총괄하는 기능을 국무총리에게 부여했는데, 이는 국무총리의 역할 확대를 의미하는 것이었다.

다섯째, 박정희 정부에서는 대통령이 국정총괄 기능을, 국무총리는 국정 지원 기능을 주로 수행했다. 이를 위해 대통령비서실과 대통령경호실을 공식화했다. 또한 감사원, 중앙정보부 등 국정총괄 기능은 대통령 직속으로 유지해 대통령의 리더십이 공식적으로 강력하게 발휘될 수 있도록 하는 반면, 총무, 법제, 원호 등 일반적인 국정 지원 기능은 국무총리 소속 하에 분산·관리했다. 대통령이 주로 명령과 감시를 통해 국정총괄 기능을 직접 수행하는 역할을 했고, 국무총리는 제한적인 권한을 바탕으로 국정 지원 기능을 수행했다(오석홍, 1997: 86-87).

마지막으로, 박정희 정부에서는 대통령과 국무총리의 직속기관의 인력이 크게 증가했다. 제3공화국(1963~1972년)의 초기 약 100명에 불과하던 국무총리와 대통령의 직속기관 총 인력은 제6공화국 말기 1,382명으로 대폭 증가했다. 대통령 직접적인 보좌기관인 대통령비서실의 경우 제2공화국의 48명에서 제6공화국 말기에는 366명으로 증가했으며, 국무총리의 직속기관인 행정조정실의 경우에도 33명에서 122명으로 크게 증가했다. 이러한 인력 증원은 제3공화국에서 대부분이 이뤄졌다(안해균, 1991: 147-148).

제 2 절 재정개혁

우리나라 재정개혁의 역사를 살펴보면 선진국[3]의 경우와는 달리 정부 수립 후 1950년대까지의 재정적 생존 시기, 1960~70년대의 경제 개발 시기, 1980년대의 긴축재정 시기, 1990년대의 민주화 시기, 그리고 1990년대 후반 이후로의 성과 지향 시기로 구분할 수 있다. 여기에서는 박정희 정부의 재정개혁의 내용을 예산제도의 변화, 예산 및 재정개혁의 주요 내용과 특징을 중심으로 살펴보고자 한다.

1. 예산제도의 변화

박정희 정부 시기인 1961년부터 1979년까지의 시기에 나타난 주요 예산제도 및 예산

---

3) 서구 예산제도의 역사를 짚어보면 모든 국가에서 동일한 형태로 예산제도가 발전되어온 것은 아니지만, 일반적으로 20세기 전반기까지는 의회가 행정부를 통제하기 위에 수단으로 예산제도가 사용됐으며 책임 있는 민주정부의 역할 또는 재정민주주의를 강조했다. 그 후 1950년대 들어와서 정부의 역할과 예산 규모가 커짐에 따라 예산의 행정관리적 측면과 재정정책적 측면, 즉 재정 운용의 효율성 측면이 강조되기 시작했다. 20세기 후반에 이르러서는 누적된 재정적자 해소와 정부의 효율성 향상을 위한 정부개혁이 선진국을 중심으로 활발하게 전개됐으며 이러한 정부개혁은 예산관리의 효율성을 높여 정부의 생산성과 공공서비스의 질을 향상시키려는 노력으로 볼 수 있다. 서구 예산개혁의 역사를 살펴보면 품목별 예산제도, 성과주의예산제도, 계획예산제도, 영기준예산제도, 총액배분 자율편성(top-down) 예산제도 등과 같은 굵직한 제도 변화를 관찰할 수 있다. 반면, 우리나라의 경우 2004년 이전까지는 큰 제도 변화 없이 단편적으로 선진국제도의 일부를 모방하고 답습해 왔기 때문에 예산개혁의 정형으로 널리 사용되고 있는 쉬크(Allen Schick)의 모형을 우리나라에 직접 적용하기에는 한계가 있다.

기준의 변화의 내용을 살펴보면 다음과 같다.

첫째, 1962년 예산부터 성과주의예산제도를 공식적으로 채택했다. 이와 같은 성과주의예산제도는 성과의 계량화가 용이하다고 판단되는 농림부, 보건사회부, 건설부 등 3개 부처 15개 사업에 우선 시범적으로 적용됐으나 1964년도에 폐기됐다.

둘째, 1962년 예산부터 공기업의 합리적인 운영을 위해 기업회계제도를 채택했다. 또한 1963년 예산부터 정부예산 규모를 경제개발 5개년계획의 가용 범위 내에서 설정하도록 했는데, 이는 국가 중장기발전계획에 맞춰 정부예산 규모의 한도를 설정하는 것을 의미했다. 구체적으로 중앙예산기관이 각 중앙부처의 예산한도액을 설정해 이를 각 부처가 준수하도록 했으며, 예산 항목 중 경상사업비와 일반사무용품비 등의 증액은 최소화하도록 했다.

셋째, 1967년부터 1970년까지 각 부처의 예산 요구는 전년도 대비 120～150%까지의 한도를 설정함으로써 정부예산 규모 증가를 제한했다. 1975년 예산부터 경상사무비에 대해 일반경비 표준예산 기준을 적용하기 시작했다. 또한 1979년 예산부터 각 부처가 경상사업비에 대한 우선순위를 정해 예산요구를 하게 함으로써 영기준예산제도의 원리를 도입하기 시작했다(유훈, 2003).

2. 예산 및 재정개혁의 주요 내용과 특징

1) 예산 운영의 주요 내용과 특징

박정희 정부의 기능별 예산 비중의 변화를 살펴보기 위해 여기에서는 다음의 두 가지 방법을 활용한다. 첫째는 예산편성지침(방침), 예산안에 대한 시정연설 및 제안 설명 등에 나타나고 있는 주요 단어(key word)를 중심으로 한 예산의 성격과 비중을 살펴보고자 한다. 둘째는 예산을 기능별로 분류해 각각의 기능별 예산 규모의 변화를 파악하고자 한다.

먼저, 예산개요에 나타난 정부예산의 주요 내용을 살펴보면 다음과 같다. 1961년부터 1980년대 후반까지 예산편성지침과 각 연도 예산안에 대한 시정연설 및 제안설명에 나타난 정부예산의 중점은 경제 개발, 외교 및 국방력 강화, 수출 진흥, 국민생활 안정, 과학 및 교육의 진흥 등이었으며 1960년대 후반부터 1980년까지의 정부예산의 중점은 사회간접자본 확충, 수출 진흥, 새마을사업 등 농어촌경제 활성화, 중화학공업 육성 등이었다. 1961년 등장한 군사정부는 경제 개발을 가장 중요한 국정과제로 정하고 경제개발 5개년계획을 수립·추진했다. 경제개발정책의 추진에서 가장 큰 문제로 대두됐던 것은 국내자본의 부족이었다. 빠른 경제 성장을 위해서는 더 많은 자본과 투자가 필요했던 것이다. 박정희 정부는 자원 동원을 극대화하기 위해 금리와 세제개혁을 통한 수출촉진정책과 사회간접자본 확충 및 기간산업에 집중 투자하는 정책을 1980년대 초반까지 지속했다(윤윤규·이재호, 2005: 57). 1970년대 초반까지 경공업 위주의 수출진흥정책이 임금 상승과 후발 개발도상국의 추격 등의 이유로 한계에 다다르자, 산업구조 고도화를 위해 정부는 중화학공업 육성정책을 추진했다. 이러한 급속한 산업화 과정의 부산물로서 도시와 농촌 간의 경제력 격차가 발생했는데, 이에 정부는 농어촌경제 활성화를 위해 새마을사업정책을 1960년대 후반부터 지속적으로 추진했다.

다음으로, 중앙정부의 기능별 세출예산 규모의 변화(1962~1980년)를 살펴보면 다음과 같다. 우선, 박정희 정부 시기의 세출예산 중 가장 두드러진 특징은 우리나라 세출예산에서 국방비가 차지하는 비중이 약 30%로 가장 높았다는 것이다. 박정희 정부(1962~1979년) 기간의 국방비 예산의 비중은 전체 세출예산의 약 30%를 차지했다. 이처럼 국방비의 비중이 높은 것은 국방비에 대한 많은 투자를 의미하기도 하지만, 국방비를 GNP의 일정 비율(즉, GNP의 6%)로 연계시켜 놓고 예산을 편성한 것에 기인하는 측면도 있었다. 다시 말해, GNP가 증가함에 따라 국방비의 비중이 자연스럽게 증가하는 현상이 나타났다는 것이다(김동건, 1988: 52).

국방비 다음으로 비중인 큰 예산 항목은 경제발전비이며, 전체 예산에서 차지하는 비중은 약 27%였다. 경제발전비는 주로 농수산업, 광공업 및 전력, 통신, 교통 등과 같은 사회간접자본에 정부가 투자하는 비용을 의미했다. 특히 1970년대에는 경제정책의 방향이 경공업 육성에서 중화학공업 육성으로 전환되면서 경제발전비는 크게 강조됐다. 그러나 1980년대 들어서면서 사회개발비에 대한 중요성이 점차 강조됨에 따라 경제발전비의 비중이 감소하기 시작했고, 이것은 경제발전전략이 정부 주도에서 민간 주도로 전환되고 있음을 반영하고 있었다. 세출예산 중 가장 세 번째로 비중이 큰 항목은 사회개발비이며, 비중은 전체 예산의 23% 정도였다. 사회개발비의 대부분은 교육비가 차지하고 있으며(1982년의 경우 총예산의 20% 이상), 이 밖에도 주택, 보건, 문화, 인력 개발, 사회복지 등에 지출했다(김동건, 1988: 53).

표 3-2-3 중앙정부 기능별 세출예산의 규모의 변화 (단위: %)

세출 내역 \ 연도	1962~66 (평균)	1967~71 (평균)	1972~76 (평균)	1979	1981	1984
국방비	29.0	24.7	30.2	30.3	33.8	33.2
경제 발전	27.0	26.0	23.0	27.5	18.9	16.5
사회 개발	23.9	23.5	20.3	22.5	24.5	28.8
일반행정	12.1	11.7	10.2	9.0	11.4	10.6
지방재원 지원	3.4	11.4	9.0	6.4	6.6	8.2
부채 상환 및 기타	4.6	2.7	7.3	4.4	4.8	2.7
총계	100.0	100.0	100.0	100.0	100.0	100.0

자료: 경제기획원(1985).

2) 재정개혁의 주요 내용과 특징

경제개발계획이 시작되기 이전(1961년 이전)의 우리나라 경제성장률은 연평균 4.7%로 이 기간의 세계 경제성장률과 같은 수준이었다(배복석, 1977: 41). 박정희 정부는 '자립경제의 확립'이라는 목표 하에서 1962년부터 추진된 경제개발 5개년계획은 1981년까지 4차 계획이 마무리됐으며, 경제개발전략은 목표 달성 위주의 수출 주도적 공업화를 통한 고도 성장으로 일관했고, 그것은 시장 원리에 근거한 자유기업제도를 바탕으로 하는 것이 아닌 강력한 정부 주도적·외자의존적 계획개발이었다. 그 결과 양적·외형적으로는 1962~1981년간 연평균 8.4%라는 높은 경제성장률을 달성했으며, 이는 국민소득의 증가와 더불어 산업구조·공업구조의 고도화, 수출 규모의 확대 및 구조의 고도화, 고용 증대와 고용구조 개선, 투자재원의 국내 조달률 제고, 그리고 생활 수준의 향상 등을 실현했다. 그러나 이러한 고도 경제성장 과정은 독·과점화의 비효율, 분배의 불평등 심화, 환경오염 등 성장의 그림자와 대외의존적 경제구조의 심화라는 국민경제적 과제를 남겼다(이재은, 1984: 193).

일반적으로 개발도상국의 경제성장정책은 재정에 의한 사회간접자본의 형성과 투자가 매우 중요하다. 박정희 정부 역시 1960년대 이후 정부 주도형 경제개발전략의 일환으로 경제 개발 초기의 부족한 민간자본을 양적·질적으로 보완하고 외부경제를 창출하기 위해 국가재정을 지속적으로 투·융자했다. 경제개발계획 기간(1962~1981년)에 이뤄진 정부의 재정투·융자의 실적을 살펴보면 같은 기간 중 총규모가 17조 1,122억 원(경상가격)에 달하며, 이 중에서 75%가 재정투자이고, 25%가 재정융자로 나타났다(이재은, 1984: 198).

박정희 정부의 또 다른 중요한 재정정책은 경제개발계획이 시작된 1962년 이래 계속된 양적인 성장 위주의 경제정책을 뒷받침하기 위해 개발재원의 조달에 총력을 기울였다는 것이다. 이에 따라 정부지출 규모도 급격히 증가했고, 이러한 추세는 1973～1974년의 제1차 석유파동 기간을 제외하고는 1979년까지 계속됐다. 1970년의 중앙정부의 전체 예산 규모(일반+특별회계)는 5,900억 원이었으나 1973년 9,602억 원으로 2배 이상 증가했고, 1979년에는 6조 4,665억 원으로 1970년에 비해 10배 이상 증가했다. 국내총생산(GNP) 역시 1970년에 2조 6,840억 원에서 1973년에 5조 2,383억 원으로 2배 이상 증가했고, 1979년에 29조 721억 원으로 역시 1970년에 비해 10배 이상 증가했다. GNP에서 차지하는 중앙정부의 재정 규모의 비율을 보면 1970～1979년까지 약 22%의 비중을 차지하고 있음을 알 수 있다.

표 3-2-4 중앙정부의 재정 규모 추이(1970～1979년) (단위: 억 원, %)

계정내역 \ 연도	1970	1971	1973	1974	1977	1979
GNP(A)	26,840	32,948	52,383	73,325	170,214	290,721
중앙정부	5,900	7,357	9,602	14,283	37,178	64,665
일반회계	4,280	5,160	6,554	10,139	27,400	50,532
특별회계	1,710	2,197	3,048	4,144	9,778	14,133
대GNP 비율(%)						
중앙정부	22.3	22.3	18.3	19.5	21.8	22.2
일반회계	25.9	15.7	12.5	13.8	21.8	22.2
특별회계	6.4	6.6	5.8	5.7	16.1	17.4
총 계	100.0	100.0	100.0	100.0	100.0	100.0

자료: 재무부(1981).

박정희 정부의 1970년대 초반과 후반의 재정 운영은 내용상 상당한 차이가 나타나고 있다. 1970년대 초반까지는 전체 예산 상의 재정적자 규모가 GNP의 1～2% 내외에 불과했으나, 1974년부터 갑자기 4%이상 대폭 증가하게 되고 그 적자 보전도 주로 한국은행 차입으로 충당하게 함으로써 재정 인플레 현상이 가속화됐다. 좀 더 구체적으로 1970년의 재정적자가 247억 원인데 반해, 1973년에 870억 원으로 4배 이상 증가했고, 1975년에는 4,661억 원으로 20배 이상 증가했다. 이에 따라 GNP에서의 적자 비중이 1970년에

0.9%였으나 1975년에는 4.8%로 최고조에 이르렀으나, 그 이후 점진적으로 비중이 떨어져 1979년에 1.5%로 나타나고 있다. 이처럼 1970년대 후반에 우리나라 경제가 평균적으로 10.3%의 높은 경제성장률을 기록하면서도 재정적자 등의 큰 변화를 겪게 된 것은 석유파동과 같은 외부 충격도 원인이지만, 경제 규모 자체의 급속한 변화와 함께 산업구조의 변화가 가장 큰 원인이었다(김동건, 1988: 51).

표 3-2-5 전체 예산 중 재정적자 규모 변화(1970~1979년) (단위: 억 원, %)

내용 \ 연도	1970	1971	1973	1974	1975	1977	1979
적자 규모(억 원)	247	764	870	3,009	4,661	4,756	4,403
대GNP 비율(%)	0.9	2.3	1.7	4.1	4.8	2.8	1.5
적자보전							
한은차입	14.2	0	56.6	63.6	57.3	21.0	0
해외차입	107.6	93.2	68.9	26.3	30.7	58.7	60.5
기타*	-21.8	6.8	-25.5	10.1	12.0	20.3	39.5
총계	100.0	100.0	100.0	100.0	100.0	100.0	100.0

주: 기타*는 국채 발행, 사채 사용, 예금은행 차입 등임.
자료: 경제기획원(1985).

이러한 경제 규모 성장에 따른 재정 인플레 현상을 해결하기 위해 박정희 정부는 국제 여건의 변화에 능동적으로 대처하고 장기적 발전 잠재력을 배양하면서 경제사회의 구조적 불균형을 개선하고자 했다. 또한 재정 운영의 측면에서는 경제를 안정 기조 위에 착실하게 성장시킨다는 정책 목표에 따라 재정 규모 팽창을 최대로 억제하는 긴축재정정책을 적극 추진했다(김동건, 1988: 52).

제3절 인사개혁

다음의 박정희 정부의 인사개혁의 내용은[4] 인사관계법령 및 교육훈련의 내용을 중심

4) 행정개혁의 가장 기본적이고 핵심적인 것이 인사제도 개혁이다. 왜냐하면 인사제도를 어떻게 구성하고 운용하는

으로 살펴보고자 한다.

1. 인사제도의 변화

박정희 정부의 인사제도의 개혁은 크게 제3공화국(1963~1972년)의 국가공무원법 제정(1963년), 제4공화국(1972~1979년)의 국가공무원법 개정(1973년)으로 구분할 수 있다. 먼저, 박정희 정부는 1963년에는 기존 국가공무원법을 폐지하고, 새로운 국가공무원법(폐지 제정 1963.4.17 법률 제1325호)을 제정했다. 새로 제정한 이유를 보면, 기존 국가공무원법은 현대 민주국가의 사조에 적합하지 않고 전근대적이며 봉건적인 법 체제를 탈피하지 못하고 있다는 것이었다. 또한 인사기구의 취약으로 공무원의 정치적인 중립성을 유지할 수 없고, 채용이나 승진에서 유능한 자를 임용하는 실적주의의 원칙의 실현과 효율적인 인사관리를 할 수 없다는 것이었다. 따라서 전면적인 개정을 통해 실적주의 원칙과 적극적인 인사정책을 실현하고 행정의 능률성을 향상하고자 새로운 직업공무원 제도를 제정한다고 밝히고 있다.

박정희 정부는 또한 1972년 10월 장기 집권이 가능한 간선제로의 헌법을 개정한 후 이를 뒷받침하기 위해 국가공무원법에 대한 일부 개정(1973년 2월 5일 법률 제2460호)을 했다. 개정 이유를 보면, "공무원들이 새마을사업을 적극적으로 뒷받침할 수 있도록 하기 위해 농촌지도직 등 기술계 공무원에 대하여는 현장 장기근속보장과 사기 앙양을 위해 단일호봉 봉급제도를 채택할 수 있는 근거를 마련하고, 지방실업계 중등교육 이수자를 당해 지역행정기관에서 현지 채용할 수 있게 하여 공무원의 연고지근무 체제를 확립했으며, 계약직원제를 신설하여 국내·외의 우수과학자 및 기술자를 국가의 연구 또는 기술 업무에 활용할 수 있도록 했다. 또한 사회 여건 변화에 능동적으로 대응할 수 있도록 공무원의 채용, 시험, 보수제도 등 전반에 걸쳐 기존 제도를 보완 정비하려는 것임"(http:// glaw.scourt.go.kr)을 밝히고 있다. 이는 기존의 공무원제도 틀에서는 채용이 곤란한 전문직들을 공무원으로 특별채용하고, 임시로 필요한 인력을 계약직 직원으로 채용할 수 있도록 제도화한 것으로서 공직의 개방성을 향한 제도의 변화로 볼 수 있다.

가에 따라 행정의 실질적 내용이 달라질 수 있기 때문이다. 인사개혁의 제도적 기초로서는 인사관계법령, 인사관장기관 및 공직 분류 체계를 들 수 있다. 이 가운데 가장 기초인 동시에 모든 인사행정의 활동을 규율하는 것이 바로 인사관계법령이다. 법률, 대통령령, 예규, 훈령 및 기타의 지침 등이 여기에 다 포함된다.

2. 인사개혁의 주요 내용과 특징

1) 임용제도의 주요 내용과 특징

(1) 실적주의 원칙의 공무원 임용

박정희 정부의 인사개혁에 대한 주요 내용과 특징을 살펴보면 다음과 같다. 우선, 1963년에 새로이 제정된 국가공무원법에서는 임용의 원칙으로서 실적주의 원칙을 천명하고 있다. 공무원의 임용은 시험성적·근무성적·기타 능력의 실적에 의해 행하도록 하고(제26조), 공무원의 신규채용은 공개경쟁시험에 의하도록 하고 있다(제28조). 공개경쟁에 의한 채용시험은 동일한 자격을 가진 모든 국민에게 평등하게 공개해야 하며, 시험의 시기 및 장소는 응시자의 편의를 고려하고 결정하고(제35조), 채용시험을 실시할 때에는 담당할 직무 내용·보수·응시자격·채용 인원 등 필요한 사항을 상당한 기간 공고해야 함(제37조)을 규정하고 있다.

다음으로, 공무원의 임용에서 특징적인 부분은 군사원호 대상자의 우선 임용과 임시적 임용규정의 신설이다. 우선 군사원호 대상자는 법령이 정하는 바에 따라 우선 임용하도록(제42조) 하고 있다. 각급 행정기관의 장은 각령이 정하는 바에 따라 긴급한 경우 또는 직무가 임시적인 경우에는 6월의 한도 내에서 임시직원을 임용할 수 있다(제43조). 이러한 임시직원의 임용은 재차 갱신할 수 없도록 하고 있다. 이러한 규정에 위반해 임용한 행위는 이를 무효로 하고 이미 지급한 보수는 임용권자와 피임용자가 연대하여 국고에 반납해야 한다. 또한 임시직원은 보직 있는 직위에 임명될 수 없으며 정규공무원으로 임명함에 있어서 어떠한 우선권도 이를 인정하지 아니함으로써 실적주의 원리를 보장하고 있다.

실제 공무원들의 임용을 살펴보면 다음과 같다. 행정부 공무원 인력 규모만 볼 때 1961년 말 1~3급이 5,889명, 4~5급이 113,907명이던 것이 1963년 말에는 1~3급이 6,591명, 4~5급은 119,429명으로 약간 증가됐다(안해균, 1991: 146). 이를 구체적인 증가율로 보면 고위직은 11.9%인데 반해 하위직은 겨우 4.8%로 고위직의 증가율이 하위직의 증가율보다 2배 이상 높음을 알 수 있다(안해균, 1991: 146). 이는 1963년 이후 경제발전을 위한 경제행정의 수요 증대에 따라 공무원 수요가 증가한 데 기인된다. 특히, 고위직 공무원 수가 증가한 주요 요인은 경제행정의 전문화 및 군제대자의 취업과 관련이 있는 것으로 보인다(이한빈 외, 1969: 444).

표 3-2-6 총무처 시행 공개채용시험 합격자 규모

직급별 \ 연도	1961	1962	1963	1964	1965	1966	1967
3급	-	-	-	34	51	50	46
4급	107	57	236	121	1,033	193	214
5급	1,463	2,429	4,855	3,845	6,372	3,418	10,391

자료: 이한빈 외(1969: 443)에서 재인용.

(2) 계약직원제와 특별채용제도의 신설

1973년 국가공무원법의 내용 중에서 특징적인 것은 특별채용제와 계약직원제의 신설과 1963년에 제정됐던 직위분류법을 폐지한다는 것이다. 좀 더 구체적으로 특별채용제를 신설해 국내외의 우수과학자 및 기술자를 국가의 연구 또는 기술 업무에 활용할 수 있도록 하고, 사회 여건 변화에 능동적으로 대응할 수 있도록 계약직원제를 신설해 공무원의 채용, 시험, 보수제도 등 전반에 걸쳐 기존 제도를 보완 · 정비하려고 했다. 또한, 도서 · 벽지 등에 근무할 자 및 특수외국어에 능통한 자의 특별채용제, 실업계 고등학교 졸업자와 과학기술 분야의 연구 경력을 가진 자의 특별채용제를 신설했다. 이러한 특별채용은 1977년부터 비교적 활성화됐다가 전두환 정부가 시작한(1981년) 다음해인 1982년부터 현저히 감소됐음을 알 수 있다.

표 3-2-7 5급 공무원의 공채·특채 및 승진임용 규모

채용별 \ 연도	1975	1976	1977	1978	1979	1980	1981	1982	1983	1984
공개채용	211	148	193	220	231	223	157	106	82	72
특별채용	41	49	127	104	103	121	120	70	71	39
승진임용	518	548	861	753	574	692	409	412	411	293

자료: 총무처(1985); 조석준 · 박동서 외(1987: 563)에서 재인용.

2) 교육훈련제도의 주요 내용과 특징

(1) 공무원 교육훈련에 대한 법적 체계 마련(1961~1972년)

1961년 「공무원훈련법」(법률 제754호)이 제정되면서 공무원 교육훈련에 대한 법적 · 제도적 기반이 최초로 마련됐다. 당시의 중앙인사행정기관인 총무처 행정관리국에 교육훈련에 대한 종합적인 계획과 조정의 기능을 수행하기 위한 교육훈련과가 신설됐으며, 같은 해에 「중앙공무원교육원법」이 제정돼 중앙공무원교육원이 설치됐다. 또한 내각사무처장은 훈련에 대한 기본정책을 수립하고 각 공무원 훈련실시기관의 훈련계획을 종합적으로 조정하고 평가하는 기능을 담당하게 됐다. 그리고 각 행정기관의 감독 직위에 있는 공무원에게 부하직원의 훈련 책임을 부여(제5조)해 각급 공무원들이 직무의 효율적 수행을 위해 훈련을 받도록 의무화했다. 동법은 또한 중앙행정기관과 시・도에 공무원 교육원을 설치할 수 있도록 했으며 국내외의 각 기관에 위탁 또는 파견을 통해서도 교육훈련을 실시할 수 있는 법적 근거를 포함하고 있었다. 법 제정과 동시에 각급 행정기관은 필요한 공무원 교육원을 신설하거나 기존의 교육훈련기관을 정비・강화했으며, 각 시・도에서는 새로운 교육훈련기관을 신설해 자체적 교육훈련의 실시 기반을 마련했다.[5]

공무원 교육훈련의 내실을 기하기 위해 공무원의 교육훈련 이수와 성적의 우열이 승진 등 인사관리에 직접 영향을 미치도록 법령으로 규정했다. 동법 12조에 따르면 "훈련 수료 성적은 인사관리 면에 반영시켜야 한다"라고 규정돼 있어 이를 근거로 교육훈련 결과가 승진후보자명부 결정에 최고 20%까지 반영될 수 있도록 했다.[6] 그리고 지나친 교육훈련으로 행정사무 집행이 지장을 받는 일이 없도록 매회 교육훈련 인원을 정원의 1할 이내로 규정했다.

(2) 공무원교육훈련의 구체화 및 전문화(1973년~현재)

1973년에 기존의 「공무원훈련법」이 폐지되고 「공무원교육훈련법」(1973년~현재)이 제정됐다. 이 시기의 주요 특징은 보면, 우선, 「공무원훈련법」에서 선언적으로 규정돼 있던 관리자의 소속 공무원에 대한 교육의무가 「공무원교육훈련법」에는 좀 더 구체적으로 규정됐다. 새로운 법에 따르면 각급 행정기관의 장은 소속 공무원에게 직무 분야의 교육훈련을 5년마다 1회씩 이수시키도록 하고 있다(제10조). 그리고 각급 행정기관의 장은 소속 공무원의 정신자세 확립과 직무 능력 향상을 위해 직장훈련계획을 실시해야

5) 「공무원훈련법」에 따르면 교과과정은 일반사무계 교육과정과 기술계 교육과정으로 구분돼 있으며 이는 다시 초등교육반(5급), 보통교육반(4급), 고등교육반(2급, 3급), 연구반(3급갑류, 2급 또는 1급), 기초교육반(각종 고시 기타 전형의 신규채용자)과 특별교육반(기초교육반에 규정되지 아니한 신규채용자) 및 판・검사 교육반으로 세분돼 있었다. 그리고 연구반, 기초교육반과 특별교육반은 일반사무계와 기술계를 통합하여 실시하도록 규정돼 있었다.

6) 제도적으로 20%까지 반영할 수 있다는 것은 그 이하 수준으로도 반영될 수 있다는 뜻이다. 하지만 실제 얼마만큼 반영됐는가에 대한 자료는 확인할 수 없었다.

하며 직장훈련 결과를 인사관리 면에 반영해야 하도록 규정하고 있다(제14조). 공무원교육훈련법의 제정으로 공무원에 대한 교육은 중앙공무원교육원에 의한 교육, 중앙행정기관 소속 하에 설치된 전문교육훈련기관 교육, 지방공무원교육원 교육, 그리고 직장훈련 중심으로 이뤄질 수 있도록 정비됐다.[7)]

제 4 절 공기업 개혁

일반적으로 공기업은 소유구조적 특징, 시장구조적 특징, 주인-대리인 문제 등에 따라 태생적으로 비효율성을 가지고 있다. 이러한 비효율성을 제거하기 위한 공기업 개혁의 방향은 크게 보면 두 가지인데, 하나는 소유 및 경영의 주체를 민간으로 이전하지 않은 상태에서 공기업의 내부 경영환경 및 지배구조를 개선하거나 정부와 공기업 관계 재정립을 통해 점진적으로 개혁하는 방법이고, 다른 하나는 공기업의 소유권을 민간에 이전하는 민영화하는 방법이다(김준기, 1999: 208-209). 다음의 박정희 정부의 공기업 개혁의 내용은 전자의 입장인 정부가 소유권을 유지한 상태에서의 공기업의 개혁에 해당된다. 박정희 정부(1962~1979년) 당시의 공기업 개혁은 국가와 사회적 수요에 맞춰 새로운 공기업을 설립하는 데 주로 초점이 맞춰져 있었다. 따라서 다음의 박정희 정부의 공기업 개혁의 내용은 어떠한 공기업이 설립되고, 어떻게 관리됐는지, 공기업 관리에 어떤 문제점이 있었는지를 중심으로 살펴보고자 한다.

1. 공기업의 발전 과정

우리나라의 공기업(박정희 정부 당시는 '정부투자자기관'으로 명명됐음)은 1950년에 한국조폐공사가 최초로 설립된 이래로 박정희 정부가 끝난 1979년까지 22개의 공기업이 지

7) 「공무원교육훈련법」 제정 이전인 1972년부터 이미 주기별・직무 분야별 보수교육이 실시됐다. 그리고 새로운 관리기법의 중점교육과 신규채용자에 대한 훈련도 강화됐다. 특히 흥미로운 점은 국내 위탁교육과 국비해외교육훈련이 조직화돼 공무원교육훈련기관 이외의 외부기관을 활용하는 위탁교육이 실시됐다는 점이다. 공무원에 대한 교육이 정부 내부에서만 이뤄졌던 것에서 외부 전문 교육기관을 활용하는 것으로 바뀐 것이다. 이는 정부 자체적으로 제공하기 힘들었던 다양한 전문 분야에 대한 교육을 민간 교육기관을 이용해 제공할 수 있게 됐다는 점과 공무원이 교육훈련 기관을 선택할 수 있다는 점에서 큰 변화라고 할 수 있다.

속적으로 설립돼 왔다. 우리나라의 전체 공기업 수는 25개 기관이고(1983년 12월 현재), 전체 자본금은 약 8조 2천억 원이며 납입자본금이 약 5조 3천억 원에 이른다. 이는 1983년 국가통합(중앙+지방)예산 18조 7천억의 약 43%에 해당되는 막대한 자본이고, 1983년도 추정 GNP 58조 3천억 원의 9.1%에 해당되는 규모다. 공기업의 인력 규모(1983년 12월 기준)는 한국전기통신공사가 4만 3천 명을 포함해 약 12만 명이고 이는 전체 국가공무원 60만 명의 20%에 해당되는 수준이다(박영기, 1985: 282).

정부투자기관(공기업)의 현황을 구체적으로 살펴보면 다음과 같다.

첫째, 정부의 소유 정도를 전액 지원과 일부 지원으로 구분해 보면, 정부가 전액 출자한 정부투자기관은 25개 중 14개 기관(56%)이고, 정부가 일부만 출자한 정부투자기관은 11개 기관(44%)으로 나타났다.

둘째, 정부투자기관들의 자본금 규모를 박정희 정부 기간(1961~1979년)에 초점을 두고 살펴보면, 한국전력공사는 2조 원으로 가장 큰데 반해, 대학무역진흥공사는 5억 원으로 나타나 자본금 규모가 공기업의 성격에 따라 다양함을 알 수 있다.

셋째, 정부투자기관의 인력 규모를 보면 한국전력공사의 2만 여명을 제외하면 최소 2백 명~최대 7천 명의 인력을 보유하고 있는 것으로 나타났다.

넷째, 소관 부처별로는 재무부가 6개로 가장 많고, 그 다음이 동력자원부 5개, 건설부 4개의 순으로 나타났다. 이것은 주로 공기업이 주로 금융, 에너지 및 건설 분야에 많이 설립됐음을 의미하는 것이다.

다섯째, 설립 연도와 대비해 살펴보면 금융부문은 주로 1950년대와 1960년대에 걸쳐 설립됐고, 생산 및 유통부문은 1950~1980년대에 걸쳐서 연대별로 하나씩 설립돼 왔다. 또한 산업 지원 부문은 공기업은 주로 1960년대와 1970년대에 걸쳐 설립됐고, 사회복지, 문화 부문은 1970년대에 주로 많이 설립됐다.

공기업의 발전 과정을 1960년대 이후의 경제 개발과 관련시켜 보면 1960년대에는 개발에 필요한 자금 동원에 주력해 금융관계 공기업들이 많이 설립됐으며, 1970년대에는 경제 발전에 대한 간접 지원과 관련된 공기업들이 많이 설립된 것이 특징이다. 소속부처와 결부하여 보면 1960년대에는 재무부 산하에 금융 관계 공기업이 주로 설립됐고, 1970년대에는 건설부 산하에 건설 관계 공기업이 주로 설립됐다. 한편 동력자원부 산하 에너지 관계 공기업은 에너지원의 변화에 따라 1950년대부터 지속적으로 설립돼 왔다(박영기, 1985: 282).

표 3-2-8 정부투자기관의 설립 현황

번호	정부투자기관명	설립 연도	자본금 (억 원)	납입자본금 (억 원)	정부 소유 비율(%)	직원 수 (명)*	소속 부서
1	한국조폐공사	1950	150	66	100.0	2,485	재무부
2	대한석탄공사	1950	1,500	739	100.0	14,089	동자부
3	국정교과서(주)	1952	90	82	92.3	552	문교부
4	한국산업은행	1954	10,000	5,389	100.0	2,142	재무부
5	한국증권거래소	1956	30	30	64.9	369	재무부
6	중소기업은행	1961	3,000	1,471	99.9	5,816	재무부
7	한국전력공사	1961	20,000	15,848	100.0	20,725	동자부
8	대한무역진흥공사	1962	5	5	100.0	514	상공부
9	대한주택공사	1962	2,000	1,507	94.9	2,342	건설부
10	한국관광공사	1962	500	340	93.0	494	교통부
11	국민은행	1963	1,000	426	65.6	7,746	재무부
12	한국주택은행	1967	500	240	92.7	5,182	재무부
13	대한광업진흥공사	1967	1,000	630	100.0	392	동자부
14	농어촌개발공사	1967	100	100	100.0	419	농수산부
15	한국도로공사	1969	1,500	1,136	89.1	2,262	건설부
16	농업진흥공사	1970	200	96	100.0	2,485	농수산부
17	한국방송공사	1973	1,000	726	100.0	3,493	문공부
18	한국종합화학(주)	1973	1,200	878	14.3	1,227	상공부
19	사업기지개발공사	1974	5,000	3,654	96.4	1,250	건설부
20	한국해외개발공사	1976	100	90	100.0	229	보사부
21	근로복지공사	1977	1,000	271	100.0	674	노동부
22	한국토지개발공사	1979	5,000	2,039	90.5	811	건설부
23	한국석유개발공사	1979	500	223	100.0	270	동자부
24	한국전기통신공사	1982	25,000	17,494	100.0	42,800	통신부
25	한국가스공사	1983	2,000	40	100.0	-	동자부
	합계		82,375	53,438	91.2	119,337	

* 1981년 기준.
자료: 경제기획원(1983) 자료에서 재구성

2. 공기업 개혁의 주요 내용 및 특징

박정희 정부에서의 공기업 개혁의 주요 내용은 주로 공기업의 관리체계, 예산통제, 내부지배구조, 감사, 경영평가제도를 중심으로 살펴보고자 한다.

1) 공기업의 관리 체계

박정희 정부 시기의 공기업의 관리 체계는 공기업 관리제도의 변천 과정의 제2기[8]에 해당되는데, 이 시기는 경제개발계획의 추진에 따라 공기업을 경제개발전략의 수단으로 적극적으로 활용했던 시기로서 「정부투자기관관리기본법」(1983년 12월 제정)이 제정되기 이전까지의 시기, 즉 「정부투자기관예산회계법」(1962년 8월 제정)과 「정부투자기관관리법」(1973년 2월 제정)이 적용되던 시기다. 또한 이외에도 정부투자기관 개별설립법에 의해 각 정부 부처로부터 통제를 받았으며, 감사원법, 조달기금법 및 해당 산업별 규제법에 의해서도 통제를 받았다. 이 시기에 정부투자기관(공기업)들은 각 부문에 걸쳐 여

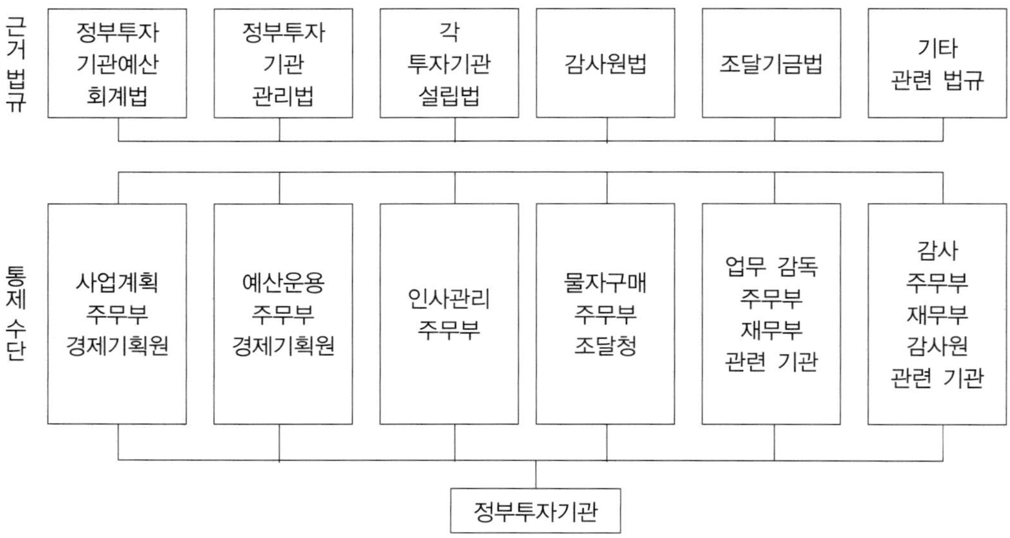

그림 3-2-2 정부투자기관에 대한 관리 · 통제 체계

자료: 경제기획원(1988: 180).

---

8) 공기업 관리제도의 변천 과정은 크게 5기로 나눠 살펴볼 수 있다. 제1기는 정부 수립 후 제1차 경제개발 5개년계획이 착수되기 이전까지의 시점이라고 할 수 있다. 이 시기는 「정부투자기관예산회계법」 제정 이전으로서 공기업에 대한 개별적인 설립법 외에는 공기업 관리와 관련된 체계적인 법규가 존재하지 않았던 시기다. 제2기(1962~1982년)는 박정희 군사혁명(5 · 16) 이후 정부의 경제개발계획의 추진에 있어 공기업을 경제개발전략 수단의 일환으로 적극 활용했던 시기로서 「정부투자기관관리기본법」이 제정되기 이전까지의 시기다. 이 시기는 1962년 8월 제정된 「정부투자기관예산회계법」과 1973년 2월 제정된 「정부투자기관관리법」이 공기업 관리제도의 주축을 이루고 있었다. 「정부투자기관예산회계법」은 국민경제 전반의 관점에서 정부투자기관을 통제 · 조정하기 위해 예산 · 재정 부문을 중심으로 강도 높은 관여를 뒷받침해 주었으며, 「정부투자기관관리법」은 다원화된 정부투자기관에 대한 감독 체계, 잉여금 처분방법, 주주권 행사 등을 일원화시키기 위해 제정된 법률이다(한국공기업학회, 2003: 20-21).

러 중앙부처로부터 광범위한 관리・통제를 받았다. 예를 들어 정부투자기관의 사업계획과 예산 운용은 경제기획원과 주무부로부터 통제를 받았으며, 인사관리는 주로 주무부로부터 통제를 받았다. 물자 구매, 업무 감독, 감사 부문 등에서는 주무부, 재무부, 감사원, 조달청 등 여러 관계 기관의 통제를 받았다(송대희, 1989: 111-112).

2) 공기업의 예산통제

1962년 8월에 제정된 「정부투자기관예산회계법」은 정부투자기관의 운영이 경제개발계획의 수행에 중요한 비중을 차지하고 있고, 국민경제 전반적 관점에서 정부투자기관을 통제・조정할 필요가 있기 때문에 예산 부문을 중심으로 기존의 주무부별로 흩어져 있던 정부투자기관에 대한 통제를 일원화할 필요가 있다는 인식에 따라 제정된 법률이다. 「정부투자기관예산회계법」 하에서의 예산의 심의・확정절차를 살펴보면, 경제기획원은 매년 6월 30일까지 예산편성지침을 작성하여 국무회의 심의와 대통령의 승인을 얻어 각 투자기관에 시달했다. 각 투자기관의 장은 동 지침에 따라 예산을 편성해 8월 31일까지 주무부 장관에게 제출해 동 예산안의 적정성에 대한 심사를 거친 후 의견서를 첨부해 9월 30일까지 경제기획원 장관에게 제출해 심의를 받았다. 경제기획원에서 심의를 한 후에 국무회의의 심의를 거쳐 대통령의 승인을 얻음으로써 예산이 확정됐다. 정부투자기관의 예산은 예산총칙, 추정손익계산서, 추정대차대조표로 구성되며, 기타 부

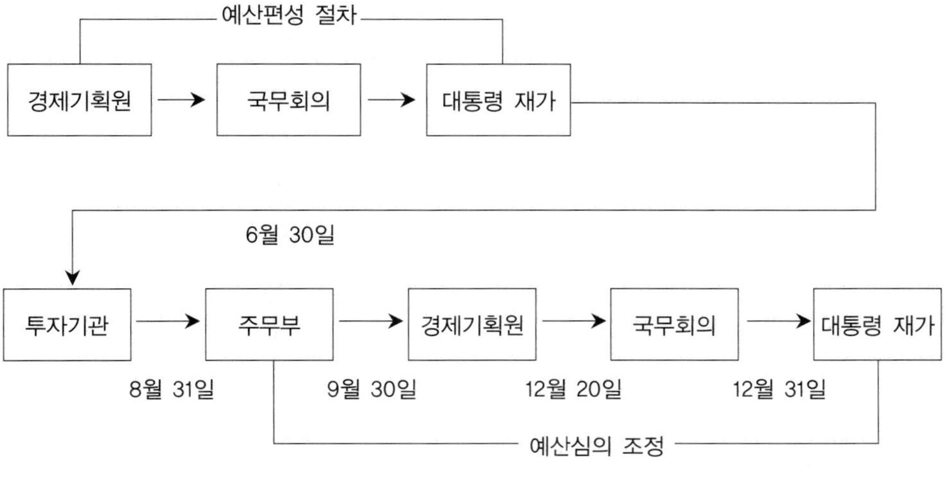

그림 3-2-3 정부투자기관의 예산편성 절차

자료: 경제기획원(1988: 181).

속서류를 첨부하도록 했다[9](송대희, 1989: 116). 이러한 예산편성 절차를 도식화하면 [그림 3-2-3]과 같다.

그러나 정부투자기관에 대한 정부의 적극적인 예산 통제는 다음과 같은 문제점들이 나타났다. 첫째, 정부투자기관의 예산안을 심의함에 있어 주무부처와 경제기획원 간의 동일한 예산 항목에 대해 중복 심의를 하고 있어 행정력의 낭비를 초래할 뿐 아니라 심의의 일관성과 체계성을 유지하기 어려웠다. 둘째, 예산편성지침에서 주어지는 비용 단위가 비현실적이었다.[10] 셋째, 정부투자기관의 예산을 정부가 사전적으로 승인을 했다. 마지막으로, 정부투자기관 예산을 편성·승인하는 준거와 방법이 행정부처의 관행을 답습하는 '행정예산제도'를 근간으로 하고 있어 '기업예산제도'로는 적합하지 못했다(송대희, 1989: 117-118).

3) 공기업의 내부 지배구조

일반적으로 공기업의 내부 지배구조는 이사회나 관리위원회의 구성원이 집행부의 특정 부서의 장을 겸하고 있느냐에 따라 '기능위원회형(functional board type)'과 '정책위원회형(policy board type)'으로 나눌 수 있다. 기능위원회형은 이사회나 관리위원회의 구성원 전원이 상임으로서 이들은 본부장·전무 등과 같이 특정 부서의 장을 겸하고 있는 경우를 말한다. 기능위원회형은 의사결정과 집행을 효율적으로 연결시켜주는 장점이 있으나, 이사들이 자기 부서의 일에 파묻혀 넓은 시야를 가지고 기업의 전반적인 문제를 다룰 수 없다는 단점이 있다. 특히 정치적 임명 등으로 비전문가인 외부인사가 영입될 경우 오히려 기업경영의 비능률 요인으로 작용할 수 있다. 한편 정책위원회형은 이사회나 관리위원회의 구성원이 특정 부서의 장을 겸하지 않는 것을 말한다(경제기획원, 1988: 183-184). 1983년까지의 우리나라 정부투자기관의 최고 경영조직은 기능위원회형을 택하고 있었다고 볼 수 있다(김익수, 1984: 417-431).

---

9) 정부투자기관의 예산이 확정되면 「정부투자기관예산회계법」에 의해 경제기획원 장관은 이를 주무부 장관에게 통지하고 주무부 장관은 이를 각 정부투자기관의 장에게 통지하도록 되어 있었다. 정부투자기관의 장은 예산결정 통지를 받았을 때는 지체없이 분기별 사업시행계획서를 작성해 주무부 장관, 경제기획원 장관과 재무부 장관에게 제출해야 하며 분기마다 전 분기의 사업 실적과 수지상황을 명백히 한 명세서를 작성해 주무부 장관, 경제기획원 장관, 재무부 장관에게 제출하도록 되어 있었다(송대희, 1989: 114-115).

10) 예를 들어 일용잡급직의 노임 단위는 1979년 이전까지는 시장가격의 절반 수준에 지나지 않았으며, 1981년에도 70~80% 수준에 머물러 있어 사업의 현실적 집행에 다소간의 지장을 초래했다. 이와 같은 비용 단위의 비현실성으로 인해 정부투자기관의 예산은 공기업 경영의 통제·조정 및 경영성과평가에 대한 합리적인 근거가 되지 못했다.

그러나 기능위원회형 내부 지배구조는 다음과 같은 문제점들이 나타났다. 첫째, 이사회의 문제점으로 이사의 자격 기준이 모호하고, 집행부서의 책임을 맡는 이사의 직위에 기업경영 경험이 부족한 외부인사의 임용이 많아 책임경영의 한계로 작용했다. 또한 이사회의 의결 사항은 업무 전반에 걸치나 실제는 연락·협의적 역할 이상을 수행하지 못했다. 둘째, 최고경영조직의 문제점으로 최고 경영조직은 기획 업무보다는 결재나 회의 등에 많은 시간을 할애하고 있는 것으로 나타나 비효율적이었다. 셋째, 실무경영조직, 내부통제조직, 인사관리조직 등도 책임과 권한, 구조가 명확히 구분돼 있지 않았고, 인적·물적 자원이 부족한 점이 문제점으로 지적됐다(김재훈, 1994: 83-94).

4) 공기업의 감사

정부투자기관에 대한 감사는 주로 외부 감사기관에 의해 시행됐으며, 외부 감사기관에는 감사원, 주무부, 재무부 및 기타 유관기관 등이 있었다. 감사원 감사는 회계감사와 직무감찰이 있었으며 주무부가 대행감사를 실시할 수 있도록 되어 있었으나 대부분 감사원에서 직접 감사를 실시했다. 주무부 감사는 「정부투자기관관리법」에서 관계 부서와 합동심사를 실시할 수 있도록 했으나 대부분 단독으로 실행했고, 그 밖에도 필요에 따라 재무부 및 유관기관에서 정부투자기관에 대한 감사를 실시했다. 우리나라에서 주무부 장관은 투자기관의 업무에 관해 광범위한 통제권을 행사했다. 개별 설립법에 명문규정이 있는 경우가 대부분이지만 명문 규정이 없더라도 주무부 장관의 투자기관에 대한 일반적인 지도·감독 권한으로 광범위한 통제권을 행사했다(경제기획원, 1988: 186-187). 정부의 적극적인 공기업 관리·감독에 따라 다음과 같은 문제점을 야기하고 있다. 우리나라 정부투자기관에 대한 업무 감독은 일상적 업무에 대한 규제가 중심으로 이뤄진데 반해 외국의 공기업의 경우 통제가 정책 사항 중심으로 이뤄진 것과는 대조를 보이고 있다. 다만 업무 감독이 주요 근거 법규 또는 일반적 법규를 구성돼 있어서 획일적인 감독 기준이 적용됐다(김재훈, 1994: 73-74).

5) 공기업의 경영평가제도

정부투자기관에 대한 경영실적평가제도가 최초로 도입된 것은 1968년으로 볼 수 있다. 당시의 제도는 주무부 장관이 산하 정부투자기관에 경영 목표를 시달하면 각 정부투자기관은 다음 해 1월 31일까지 경영실적보고서를 주무부 장관에 제출하고 주무부 장관은 동 보고서를 평가해 2월 28일까지 국무회의에 보고하도록 하고 있었다. 그러나 당시의 경영목표는 단순한 예산상의 수치에 불과해서 과거의 경영 실적에 대비한 경영개선 효과를 측정하기 어려웠을 뿐만 아니라 경영평가 결과에 따라 적정한 보상이 주어지지 않았기 때문에 형식적인 제도로 그치고 말았다(송대희, 1989: 131-132). 경영평가제도가 실효를 거두지 못함에 따라 1972년 초부터 경제기획원을 중심으로 인센티브제도 도입 방안이 연구되기 시작했다. 그러나 공기업 경영평가의 가장 중요한 문제점으로는 평가의 형식성이었다. 대다수의 투자기관의 실무자뿐 아니라 정부의 공무원들도 경영평가에 대한 이해가 부족했고, 업무의 과중으로 경영평가에 충분한 시간과 관심을 쓸 수가 없었다(편상훈, 1983: 96-98).

제5절 반부패 개혁

장면 정부(1960~1961년) 하에서의 사회적 무질서와 무능을 혁파하겠다는 취지로 등장한 박정희 5·16군사정부(1961~1963년)는 '부패 구악의 일소'를 혁명공약의 하나로 내걸고, 임시로 조직한 국가의 최고통치기구인 '국가재건최고회의'를 통해 부정부패를 일소하려는 노력을 기울였다. 박정희 정부는 그 어느 정부보다는 강력하면서도 지속적인 반부패 활동을 전개했으며, 제3공화국(1963~1972년)과 제4공화국(1972~1979년) 내내 다양한 반부패 제도와 기구를 통해 반부패 활동을 전개했다[11](감사원, 1998: 25-28). 박정희 정부의 반부패 개혁의 내용은[12] 반부패 개혁활동의 추진 방법, 주요 내용 및 특징을 중심으로 살펴보고자 한다.

1. 반부패 개혁의 추진 방법

박정희 정부의 반부패 개혁을 위한 활동은 크게 연대기별로 ① 국가재건비상조치법

11) 제3공화국(1963~1972년)에서 박정희 정부의 부정부패에 대한 인식은 기본적으로 공직자의 비리행위 행태에 초점을 둔 행태론적인 시각을 토대로 하고 있다. 부패의 근본적인 원인은 '타락한 관료 기질'과 '몰지각한 공직자'들의 윤리성의 결여에 있으며 가장 주요한 원인은 낙후한 관념과 관습, 외부 문화와 의식의 침투에 의한 전통적인 윤리관과 가치관의 파괴에 있다고 보았다.

12) 최초의 대한민국 정부 수립은 물론 그 이후 우리나라 역대 정부는 새로운 정부가 등장할 때마다 부정부패의 척결을 가장 우선적인 정책 어젠다로 제시한 바 부정부패 척결은 거의 역대 정부의 구호로 자리매김하고 있다.

(1961년), ② 감사원 설립(1963년), ③ 국가공무원법 제정(1963년), ④ 행정개혁조사위원회 설치(1964년), ⑤ 대통령사정담당특별보좌관실 설치(1971년)로 구분할 수 있다.

우선, 5・16 군사정부(1961~1963년)는 부패 구악의 일소를 혁명공약의 하나로 제시했고 이를 실천하기 위한 중요한 수단으로 1961년 6월 6일 「국가재건비상조치법」을 제정했다. 이것은 건국 이래 제3차의 소급입법 사례가 됐다. 이 법의 제22조에서 "국가재건최고회의는 군사혁명 이전 또는 이후에 반국가적, 반민족적 부정행위 또는 반혁명적 행위를 한 자를 처벌하는 특별법과 이 사건을 처리하기 위해 혁명재판소와 혁명검찰부를 둘 수 있다"고 규정하고, 이를 근거로 「부정축재처리법」과 「특수범죄에 관한 특별법」을 제정했다. 부정축재처리법은 우리나라에서 부정부패자에 대해 환수, 배상, 징수, 추징 등의 결정을 내릴 수 있도록 하고, 이러한 처리에 대해서는 제소할 수 없도록 하는 내용을 담고 있다.

둘째, 박정희 정부는 1948년 정부 수립과 동시에 설치됐던 헌법상의 심계원과 정부조직법상의 감찰위원회를 통합해 대통령 직속으로 1963년에 감사원을 설립했다. 감사원은 회계검사에서는 지출의 합법성뿐만 아니라 지출의 경제성까지도 검사하고, 행정감찰은 행정 운영의 개선과 향상을 목표로 추진됐으며, 직무감찰은 공무원의 직무상 의무의 이행 여부를 중심으로 활동을 전개했다.

셋째, 박정희 정부는 또한 1963년 「국가공무원법」의 제정을 통해 합리적인 인사제도의 법적 근거를 마련했다. 특히 공개경쟁시험제도에 의한 공무원 채용이라는 면에서 인사제도의 일대 혁명적 전기를 마련했고 아울러 인사와 관련된 비리를 차단하는 효과를 실현했다. 국가공무원법은 인사관리의 합리화는 물론 공직자의 부정부패와 관련하여 공직사회를 정화하는 핵심적인 기준 내지는 근거로서의 역할을 했다. 국가공무원법은 공직자의 자세와 관련해 성실과 복종 의무를 비롯하여 공직에 충실을 기하기 위한 조항들과 더불어 청렴 의무와 영리업에 대한 겸직 금지 등 비리 요소를 차단하기 위한 조항들이 규정되고 있다. 이러한 내용들은 부정부패행위를 구체적으로 대응하기보다는 공직자가 널리 지녀야 할 자세와 윤리의 근간을 제시하고 있다고 하겠다. 이외에도 박정희 정부는 「직위분류법」(1963.11.1)과 「공무원훈련법」(1963.5.3) 등을 제정해 인사행정의 획기적인 변혁을 추진했으며, 이러한 변화는 직・간접적으로 공직사회 전반의 도덕성과 책임성을 향상시키는 데 기여했다고 할 수 있다.

넷째, 박정희 정부는 정부기관들이 부패 방지와 관련된 활동을 적극적으로 수행하기 위해 감사원 외에 1964년 6월 1일 대통령 직속기관으로 '행정개혁조사위원회'를 설치했으며, 광범위한 행정개혁사업의 입안을 주관하도록 임무가 부여하고 반부패 활동을 추진하도록 했다. 행정개혁조사위원회는 특히 대민 접촉 분야의 중점 감사를 활발하게 실시했으며, 중점감사는 청와대 또는 대통령의 직접적인 지시가 있을 때에 한시적으로 진행됐다.

마지막으로, 제4공화국(1972~1979년)에서의 반부패 관련 서정쇄신활동을 총괄하기 위한 기구로는 1971년 7월에 청와대에 '대통령사정담당특별보좌관실'과 국무총리 산하에 '행정조정실'을 설치했다. 대통령사정담당특별보좌관실은 대통령의 사정 기능을 보좌하기 위해 창설된 기관이고, 국무총리 행정조정실은 내각의 서정쇄신 총괄기관으로서의 각 원・부・처・청의 서정쇄신에 관한 업무를 총괄, 조정, 지휘, 감독하는 기능을 담당했다. 그리고 정부의 사정정책에 관한 자문협력기구로 사정회의, 사정장관회의, 사정협력회의 등을 설립・운영했다. 중앙의 각 부처와 지방에서도 서정쇄신운동을 추진하기 위한 다양한 임시기구들이 만들어졌다. 각 부처는 특별감사반, 확인점검반, 특별기동반, 서정쇄신추진위원회, 암행감사반, 부조리시정특별반 등 다양한 활동을 전개했다.[13)]

2. 반부패 개혁의 주요 내용과 특징

제3공화국(1963~1972년) 시기의 반부패 활동의 특징은 기존의 법과 절차는 무시하고 이른바 '혁명공약' 및 '혁명재판'에서부터 부패 관련자에 대한 강도 높은 처벌을 시도했으며, 또한 부정축재처리법의 제정으로 반부패의 범위를 확장했다는 것이다. 군사정변을 통해 집권한 박정희 정부는 사회적 지지와 정당성 확보 차원에서 신분과 사건의 규모에 관계없이 기득권 세력을 중심으로 한 부패 관련자들을 광범위하게 적발해 처벌하는 데 주력했다. 이러한 강력한 부패 관련자에 대한 적발 및 처벌과 더불어 부패 척결과 관련해 제3공화국의 핵심적인 기여는 사정활동 수행의 주체로서의 감사원을 확립했다는 점과 공직자 관리의 기본이 되는 국가공무원법을 제정해 운영했다는 점이다.

제4공화국(1972~1979년) 시기의 반부패 활동의 특징은 공무원 숙정 과정에서 부패행

13) 그러나 이러한 조직들은 사정활동 과정에서 많은 부작용을 유발하기도 했다. 무엇보다 이 시기의 서정쇄신은 법적인 근거가 충분히 마련되지 않는 상태에서 정권 연장이라는 정략적 목적과 연결돼 추진됐다. 이는 제4공화국(1972~1979년)에서의 부패 방지 및 사회정화 활동이 주로 통치자와 직접적으로 연결된 비공식적이고 한시적인 사정기구들에 의존했음을 의미한다. 즉, 대통령을 중심으로 핵심 권력기관이 사정 차원의 활동에 대한 전 과정을 지휘・통제했고 다양하고 한시적인 사정기구들이 이를 뒷받침하는 집행 업무를 담당했던 것이다. 그 결과, 사회정화라는 반부패 활동은 부패와 사회적 부조리라는 문제의 해소보다는 집권세력의 유지 및 보호 차원에서 공직사회 및 시민들에 대한 정치적 억압의 도구로 활용되면서 사회 전체를 긴장의 상태로 몰아넣은 측면이 있었다.

위자에 대한 처벌을 강화하기 위해 '계열연대책임제' 및 '쌍벌제', '유관기업 취업금지', '서정쇄신상벌기록부' 등 강력하고 다양한 제도를 도입·활용했다는 것이다. 계열연대책임제는 공무원이 직무를 수행하는 과정에서 어떤 부정이나 비위를 저질렀을 때 그 잘못을 저지른 당사자뿐만 아니라 그를 지휘 감독하고 있는 상급자에게도 책임을 요구하는 제도를 의미하고, 유관기업 취업 금지는 공직자와 이해관계자의 결탁에 의한 부패를 방지하고자 공무원의 업무 수행과 관련 있는 유관 기업에 취업을 제한하는 제도다. 서정쇄신상벌기록부는 처벌받은 공무원과 상훈을 받은 공무원의 명단을 등재해 영구 보존하는 제도를 말한다.

제4공화국 시기인 박정희 정부가 수행한 비위 공직자에 대한 숙정작업은 서정쇄신운동 중에서 가장 두드러지고 자극적인 활동이었다. 1975년 3월부터 1978년 12월까지 서정쇄신운동과 관련해 자체감사기관이나 각급 사정기관 등에서 적발·처벌된 공무원은 총 155,336명이고, 이 중 파면 등 해고는 17,485명(11.2%), 감봉 등 징계는 31,557명(20.3%), 경고는 99,530명(64.1%), 직위해제는 6,764명(4.3%) 등이 징계처벌을 받았다(대한민국정부, 1979: 12). 비위 혐의로 인해 처벌된 공무원의 수는 전체 공무원 대비 1975년 약 2.9%이던 것이 1976~1978년까지 8.5~10.5%로 확대됐다.

박정희 정부의 서정쇄신운동은 반부패 개혁 측면에서 다음의 두 가지 의미가 있다. 첫째, 비현실적이고 불합리한 기존의 행정 법규 또는 행정 관행을 시정하기 위한 작업으로 '대민관계 행정법령 정비작업'을 수행했다. 이는 과거의 행정개혁 작업과 유사하나 과거에 비해 부패 소지를 제거하기 위해 역점을 두었으며, 집중적인 조사작업이 선행되고 개선작업이 이뤄졌다는 점이 과거에 비해 상당한 차이가 있다고 할 수 있다. 둘째, 정부는 일반 행정관리 차원에서의 개선을 위해 각 부처와 정부가 관리하는 기업체를 대상으로 '자체감사를 통한 일반 행정 개선활동'을 실시 및 강조했다. 이는 각 기관으로 하여금 자체적인 감사활동을 통해 부정, 부패, 비능률 등 모든 부조리 요인을 규명해 배제하고 공무원들이 친절, 공정, 신속, 정확하게 행정 업무를 처리하도록 하는 제도적 장치를 마련한 점에서 그 의의가 있다.

위와 같이 새로운 한국적 정치 체제와 질서를 표방하고 등장한 박정희 정부는 새로운 사회질서의 확립과 안정을 위해 서정쇄신을 국가 차원의 가장 핵심적인 어젠다로 설정해 강력하고도 포괄적이며 지속적인 반부패 활동을 전개했다. 서정쇄신 차원의 반부패 활동은 외견상으로 강력한 추진력을 가지고 있었으며, 대상과 범위가 매우 광범위하게 진행됐다. 특히 부패문제 해소를 위한 접근이 단순하고 획일화된 사회정화에 의존한 통제 중심에서 탈피해 업무와 관련된 제도 개선, 인사관리제도 개선, 공직자의 윤리성과 행태의 개선 등의 다양한 차원에서 좀 더 포괄적이고 체계적으로 추진됐다는 특징을 갖고 있다.[14)]

참고 문헌

감사원 (1998). 감사 50년사. 서울: 감사원.

경제기획원 (1983). 1983년도 예산개요 참고자료. 서울: 경제기획원.

______(1985). 1986년도 예산개요 참고자료. 서울: 경제기획원.

______(1988). 공기업백서. 서울: 경제기획원.

김근세 · 최도림 (1996). 우리나라 정부조직의 신설, 폐지, 승계. 한국행정학보, 30(3): 35-51.

김동건 (1988). 경제발전에 있어서의 정부의 역할: 재정정책을 중심으로. 행정논총, 26(1): 48-55.

김익수 (1984). 정부투자기관 관리제도의 개선. 서울: 한국개발연구원.

김재훈 (1994). 정부투자기관 관리체계 개선 방안. 서울: 한국행정연구원.

김준기 (1999). 공기업개혁과 민영화: 정책의 부재?. 한국정책학회보, 8(1): 207-229.

대한민국정부 (1979). 행정백서. 서울: 대한민국정부.

박영기 (1985). 한국공기업의 현황과 이사회에 관한 소고. 한국행정학보, 19(1): 281-294.

______(1987). 우리나라 정부조직의 변천에 관한 역사적 고찰. 한국행정학보, 21(1): 301-314.

배복석 (1977). 제4차 계획과 지방재정. 지방행정, 26(280): 40-51.

송대희 (1989). 한국의 공기업관리정책. 서울: 한국개발연구원.

송하중 (1993). 정부조직과 인력 규모의 변화. 서울: 한국행정연구원 연구보고서.

안해균 (1991). 한국행정체제론. 서울: 서울대학교출판부.

오석홍 (1997). 우리나라 중앙행정기구의 변천. 행정논총, 35(1): 69-96.

유 훈 (2003). 재무행정론. 서울: 법문사.

윤윤규 · 이재호 (2005). 성장, 기술혁신 및 사회구성의 상호관계에 대한 연구. 서울: 한국개발연구원.

이재은 (1984). 재정정책의 전개 과정. 성균관대 사회과학연구, 22: 170-214.

이한빈 · 박동서 · 박문옥 · 전훈 (1969). 한국행정의 역사적 분석(1948~1967). 서울: 한국행정문제연구소.

장일순 (1992). 한국사회의 뇌물행위에 대한 사회학적 원인분석, 경희대 사회과학논총, 10.

14) 이러한 접근과 노력에도 불구하고 박정희 정부가 서정쇄신을 통해 추진한 부패 척결 성과를 거두는 데는 한계가 있었다. 우선, 부패 척결에서 부정부패의 발생 소지에 대한 근원적이고 적극적인 해결책이 모색되지 못하고 여전히 사정활동이라는 사후적이고 통제 중심의 활동에 의존했다는 것이다. 또한 장기 집권과 국가 주도의 경제 개발 과정에서 정경유착으로 인해 최고위층을 중심으로 한 부패문제가 오히려 고착되는 결과를 초래했다는 것이다(장일순, 1992: 218-219).

재무부 (1981). 한국의 재정통계. 서울: 재무부.
조석준 · 박동서 · 유훈 · 김운태 (1987). 한국행정의 역사적 분석(1968~1984), 서울: 서울대출판부.
총무처 (1980). 정부조직변천사. 서울: 총무처.
______(1985). 총무처연보 1985. 서울: 총무처.
편상훈 (1983). 정부투자기관 통제에 관한 연구. 서울대학교 행정대학원 석사학위 논문.
한국공기업학회 (2003). 우리나라 공기업 관리제도의 평가: 정부투자기관 경영평가제도 20년사. 서울: 한국공기업학회.

Salamon, L. (1981). The Question of Goals. In P. Szanton (ed.). *Federal Reorganization: What Have We Learned?*. Chatham: Chatham House.
Thomas, C. (1993). Reorganizing Public Organization. *J-PART*, 3(4): 457-86.

대한민국 법원 종합법률정보 http://glaw.scourt.go.kr (검색일: 2014.08.30).

제 3 장

정부개혁에 대한 성과 및 평가

이종수
한성대학교

제 1 절 개혁 성과의 평가 기준

일반적인 정책평가에서는 주로 정책 수행의 결과로 달성된 정책의 영향과 효과, 즉 특정한 정책을 통해 당초 달성하고자 한 목표의 성취 정도를 가지고 평가한다. 물론 종합적인 정책평가에서는 단순한 목표 성취도 외에 내세운 목표 자체의 적절성, 동원된 정책 수단의 타당성, 사회적 함의 등 다양한 측면에서 평가가 이뤄질 수 있다. 그러나 정책학습에 목표를 둔 학자들의 평가가 아닌 일반적인 정책평가에서는 특정한 정책이 당초 목표를 달성했느냐의 여부를 따지는 성과 평가가 정책평가의 가장 중요한 목적이 된다.

일반적인 정책평가에서는 일정한 평가 기준을 먼저 설정한 뒤 그 기준에 근거해 정책의 효과를 평가하게 된다. 그러나 대부분의 정책평가에서 관련자들이 합의하는 객관적인 평가 기준을 찾기가 쉽지 않다. 그러한 측면에서 모든 정책평가는 어느 정도의 주관성을 띠게 마련인 바, 모든 사람이 수긍할 수 있는 균형 잡힌 객관적 평가를 하는 것은 그만큼 어렵다.

예를 들어 특정한 정치・행정적 여건 속에서 '집권 체제'가 효율적일 것인가 '분권화'가 바람직할 것인가 하는, 상호 논리적 다툼이 있을 수 있는 판단 기준 가운데 어느 하나의 기준에 입각해 개혁의 성패 여부를 일의적으로 주장하는 것은 균형 잡힌 평가라 할 수 없다. 어느 한편의 일방적 기준에 입각해 '문제성 있는 개혁'으로 판정된 평가는, 다른 가치 기준을 선택할 경우 곧바로 '성공한 개혁'으로 정반대의 평가를 받을 수 있기 때문이다.

이러한 경우 집권화가 올바른 처방인가 분권화가 바람직한가 하는 '추상적 기준'에 입각한 논의의 전개보다는, 상황적 여건의 치밀한 분석에 바탕한 평가 결과가 좀 더 설득력을 지닐 수 있을 것이다. 1984년부터 시작된 뉴질랜드의 개혁 사례에서 보듯이, 정부 기구를 39개의 작은 부처로 분할한 것도 실효성 있는 개혁으로 평가받을 수 있으며, 다른 한편 대부처주의에 입각해 1부(府) 22성(省) 청(廳)의 중앙부처 수를 그 절반인 1부(府) 12성(省) 청(廳)으로 통폐합한 일본의 '하시모토(橋本) 개혁'도 당시 일본의 정치・행정적 여건을 감안한 효과적인 처방으로 평가될 수 있다. 다시 말하면, 신공공관리(new public management)론자들이 주창하는 '분권화'가 바람직한 개혁 처방으로 평가받을 수 있는가 하면, '재규제화', '재집권화', '구조 통합' 등 신공공관리 개혁과 거꾸로 된 처방을 하는 탈신공공관리(post-NPM) 개혁도 실효성 있는 개혁 조치로 평가받을 수 있다.

결론적으로 말하자면, 정책의 평가 결과는 평가 기준에 따라 달라지게 마련이다. 개혁정책의 평가에서도 마찬가지다. 그런데 동서고금의 모든 정책에 적용 가능한, 변하지 않는 객관적 평가 기준을 찾기는 쉽지 않다. 결국 정책평가에서 그 평가 기준은 특정한 시대적 상황에 비춰 주관적으로 설정될 수밖에 없다.

개혁정책의 평가에서 그 일차적 기준은 개혁의 주체들이 내세운 개혁의 목표가 된다. 정책평가에서 흔히 사용되는 또 다른 평가 기준은 평가 주체들이 자신들의 가치 기준에 따라 독자적으로 설정한 평가 기준이 될 것이다.

박정희 정부의 개혁 평가에서 개혁 주체들이 당초 내세운 개혁의 목표 자체를 평가 기준으로 삼은 평가자들은 개혁 성과를 긍정적으로 평가한 반면, '민주성' 등 독자적 평가 기준에 따라 평가한 사람들은 박정희 정부의 개혁을 부정적으로 평가한 것을 볼 수 있다.

개혁에 대한 평가는 개혁 목표의 달성 여부가 제1의 판단 기준이 될 것이다. 그러나 개혁 목표의 성취도 이외에 개혁 추진 과정의 기술적 측면에 초점을 두어 개혁의 성공

여부를 평가할 수도 있을 것이다.

기술적(技術的) 측면에 초점을 두어 정부개혁을 평가할 때는 개혁의 구성 요건과 성공 요인, 동원되는 전략의 적절성 등을 기준으로 평가할 수 있다.

던포드(Durnford, 2004)는 성공적 혁신의 기초로 다음의 다섯 가지를 제시하고 있다(이종수, 2013: 81-82).

(1) 최고관리층의 선도(The Leader Is Critical to Success)
(2) 간부집단의 헌신(Commitment of the Top Team Is a Priority)
(3) 강력한 비전의 창출(Creating a Powerful Vision Is Vital)
(4) 반복된 의사전달(Communicate, Communicate, Communicate)
(5) 혁신촉진자의 육성 및 훈련(Create and Train the Facilitators of Change)

그리고 워싱턴과 그의 동료들(Washington, et al., 2004)은 혁신의 다섯 가지 구성 요건을 다음과 같이 제시하고 있다(이종수, 2013: 84).

(1) 비전(vision): 당신은 어디로 가려고 하는가?
(2) 리더십(leadership): 누가 당신을 그곳으로 인도할 것인가?
(3) 전략계획(change plan): 어떻게 그곳에 도달할 것인가?
(4) 정치계획(political plan): 어떻게 다른 사람의 지지와 도움을 동원할 수 있을 것인가?
(5) 강렬한 혁신 열망(burning platform): 왜 나는 바뀌어야 하는가?

전략 계획에는 네 가지 기본 요소가 들어가야 한다. ① 비전, ② 현황 분석, ③ 실행계획, ④ 점검 시스템이 그것이다.

개혁이 성공하기 위해서는 먼저 강력한 비전이 필요하다. 혁신 노력이 실패하는 가장 중요한 요인 가운데 하나는 명확한 비전이 없기 때문이다(Kotter, 1995). 비전은 조직이 변화해 나가야 할 방향을 명확하게 제시한 것이다. 성공적 혁신을 위해서는 열정을 불러일으키고 정신을 불붙이는 비전이 설정돼야 한다. 훌륭한 비전은 사람들이 스포츠 이벤트에서 느끼는 것과 같은 열광을 불러일으킨다. 너트와 배코프(Nutt & Backoff, 1997)는 비전이 네 가지 아이디어를 구체화해야 한다고 주장한다. 즉, 비전은 실현가능성(possibility), 소망성(desirability), 작동성(actionability), 그리고 명료성(be articulable)을 지녀야 한다.

박정희 정부에서 내세운 '민족 중흥'이라는 비전은 비전이 갖춰야 할 요소를 두루 갖췄다고 할 수 있다.

개혁이 성공하기 위해서는 또한 리더의 역할이 중요한데, 박정희 정부는 군부 경험을 통해 비상한 시기에 필요한 이러한 역할들을 잘 인지하고 있었다고 할 것이다.

성공적 개혁을 위해서는 또한 잘 짜인 전략계획과 정치계획, 그리고 점검 시스템이 필요한데, 일상적으로 이러한 계획들을 수립·시행해 온 군부 지도자들에게 이러한 작업은 익숙했다고 할 수 있다. 전략계획이 개혁의 기술적 부분이라면 정치계획은 사회적 부분이다. 정치계획은 혁신 추진을 위해 지지 세력을 결집시키고 장애 요인을 극복하기 위한 계획을 말한다. 다양한 대민 사업의 경험을 지닌 군부 지도자들은 개혁에 필요한 정치계획의 수립·집행에도 상당한 기술적 역량을 축적하고 있었다고 볼 수 있다.

제2절 군사정부 시기의 정부개혁 평가

박정희 정부의 정부개혁에 대한 평가는 크게 두 부류로 나눌 수 있다. 그 하나는 개혁 추진 주체들이 당초 내세운 개혁 목표에 비춰 개혁 성과를 긍정적으로 평가한 것이며, 다른 하나는 '민주성' 등 평가자의 독자적 가치 기준에 따라 개혁 성과를 기본적으로 부정하는 평가다. 이러한 평가 경향은 군사정부 시절에서 유신 시절까지 추진된 일체의 정부개혁에 대해 일관되게 지속되고 있다.

앞서 살펴본 바, 군사정부 기간 동안 박정희 정부는 정부개혁의 목표를 ① 제1·2공화국과의 인적·제도적 단절을 하고 국가 형성의 새로운 기틀을 마련하며, ② 경제 발전을 위한 제도적 바탕을 마련함과 아울러, ③ 국정 능률의 극대화를 위한 집권 체제의 확립에 데 두었다. 군사정부는 또한 1962년 10월 2일 정부 기능의 효율적인 수행을 위해 소위 10·2 행정개혁을 단행한 바, 당시 내세운 행정개혁의 구체적·실천적 목표는 다음과 같다(한국행정문제연구소 편, 1968: 428). ① 행정의 민주화와 능률화, ② 기획과 집행의 분리, ③ 통제 기능의 제도화, ④ 부서 폐합, ⑤ 행정 체계의 단일 집중, ⑥ 지방행정기구의 강화, ⑦ 사업관청의 관리 강화, ⑧ 국토개발사업의 촉진, ⑨ 중간관리기관의 강화.

군사정부 기간 동안 추진된 행정개혁의 성과는 이러한 행정개혁 목표에 비춰볼 때 성공적이었다고 평가할 수 있을 것이다.

군사정부는 1963년 12월 민정이양을 할 때까지 2년 7개월간 행정 체제의 급격한 개편을 시도했다. 이 기간 동안 4천 건 가까운 법령을 정비하고 3천 건에 달하는 민원서류를 간소화한 정부개혁은 신생 국가로서 국가 형성의 틀을 마련했다는 점에서 성공적이었다고 평가할 수 있다. 좀 더 자세히 살펴보면 군사정부는 1961년 7월 15일 「구법령 정리에 관한 특별조치법」을 제정, 614건의 각종 구법령을 정리하고, 372건의 구법령을 새법령으로 대체했으며, 2,890여 건의 법령을 정비했다. 그리고 한말(韓末) 이래 전래돼 온 각종 공문서와 2,927종에 달하는 민원서류를 감소함에 따라 법률 면에서 과거와의 단절이 이뤄졌다(박정희, 1963: 87). 또한 인력 면에서는 군사정변 직후의 정치적인 숙청과 소위 혁명재판을 통해 3,000여 명에 달하는 정치인과 교수, 학생, 언론인을 축출함으로써 리더십의 교체가 일어났다(Cole & Lyman, 1971: 38; 이대희 외, 2014: 330). 이와 같은 개혁 조치들을 통해 군사정부는 제1·2공화국과의 인적·제도적 단절을 하고 국가 형성의 새로운 기틀을 마련하는 데 성공했다고 할 수 있다.

그리고 군사정부가 경제 성장을 추진하고 주도적으로 관리할 부처로 경제기획원을 신설하고 건설부를 복원했으며, 노동청·농촌진흥청·철도청 등을 신설한 것도 성장 정책을 뒷받침하기 위한 성공적인 기관 형성(institution building) 사례로 평가받을 수 있다. 특히 군사정부 정부개혁의 주된 목표 가운데 하나가 경제 발전을 뒷받침하기 위한 정치·사회적 기초를 마련하는 데 있었다고 한다면, 군사정부의 12차례에 걸친 이러한 정부조직 개편은 소기의 성과를 달성한 것으로 평가할 수 있다. 군사정부는 또한 1962년 「정부투자기관예산회계법」을 재정, 정부투자기관에 대한 통제를 일원화하는 조치 등을 취한 바, 이러한 조치들도 경제 개발을 뒷받침하기 위한 개혁 조치의 일환으로 볼 수 있다.

군사정부 기간에 추진된 정부조직 개편의 원칙은 행정간소화보다는 소위 '혁명공약'에서 제시한 주요 목표를 달성하기 위해 합목적성을 강조하는 방향에서 이뤄졌다. 특히 군사정부는 가장 중시했던 국정 목표인 경제 개발 추진과 반공 체제 확립에 정부조직 개편의 중점을 두었다.

군사정부는 또한 행정 체제 내부 관리의 합리화를 위해 인사·재무 분야의 여러 개혁과 참모조직의 강화, 업무 처리 절차를 개선하는 미시적 개혁 조치들을 취했다. 이러한 개혁 조치들은 미국의 선진적 관리 제도를 성공적으로 도입·정착시켰다는 점에서 상당한 성과를 거둔 것으로 평가할 수 있다. 좀 더 구체적으로 살펴보면 군사정부는 1961년 7월 12일 행정 능률을 제고하기 위해 행정 각부의 모든 행정관리를 종합적으로 조정・개선할 수 있도록 내각사무처에 행정관리국을 신설했으며, 8월 25일에는 행정 각부에 기획조정관을 두어 정책・기획의 수립과 조정・감독을 맡게 하고, 내각수반 밑에 기획통제관을 두어 각 부의 기획을 조정・통제하게 함으로써 정부 정책과 기획의 일관성을 유지하고자 했다(이대희 외, 2014: 327).

그리고 인사행정 분야에서 1961년 「공무원훈련법」을 제정하면서 공무원 교육훈련에 대한 법적・제도적 기반을 최초로 마련했다. 군사정부는 또한 재무행정 분야에서 1962년 성과주의 예산제도를 도입했다. 즉, 군사정부는, 제2장에서 살펴보았듯이 농림부, 보건사회부, 건설부 등 3개 부처의 15개 사업부터 성과주의 예산제도를 시험적으로 적용한 것이다.

군사정부가 5월 16일 군사정변 직후 국가 최고 권력기관으로 군사혁명위원회를 구성(장면 내각이 사퇴한 5월 19일 국가재건최고회의로 개칭)하는 한편 중앙정보부를 창설하고 정치활동을 규제하는 등의 조치를 취한 것은, 민주주의의 가치 기준에 입각해 그러한 조치의 정당성 여부를 근본적으로 따지는 일에 눈감는다면, 강력하고 효율적인 통치 체제를 확립하는 데 기여했다고 할 수 있다.

그러나 적지 않은 학자들은 군사정부의 행정개혁에 대해 다양한 관점에서 비판을 가하고 있다. 군사정부의 정부개혁에 대한 가장 흔한 비판은 민주성보다는 능률성 추구에 지나치게 기울어졌다는 점에 초점을 맞춘다. 그리고 분권화보다는 집권화를 추구했으며, 거대정부화・행정국가화를 지향하고 개발독재형의 발전행정 체제를 추구했다고 비판하기도 한다.

앞에서 논했듯이 이러한 비판적 평가들은 그러나 평가 기준을 달리할 경우, 평가 결과가 정반대로 바뀔 수 있다.

그리고 앞서 살펴본 바, 기술적(技術的)・과정적 측면에 초점을 두어 군사정부 시절의 정부개혁을 평가한다 하더라도 '성공적'이었다는 결론을 도출할 수 있을 것이다. 즉, 던포드 및 워싱턴과 그의 동료들이 제시한 개혁의 성공 요인 및 구성 요건에 비춰볼 때, 군사정부의 정부개혁 과정은 성공적으로 추진됐다고 할 수 있다.

군사정부는 반혁명 사건과 정군(整軍) 운동, 부정축재자 처벌, 깡패 소탕 등을 통해 개혁에 대한 잠재적 저항 세력을 침묵시키는 등 전략계획과 정치계획을 치밀하게 입안・추진했다. 그리고 군사정변의 정당성 확보를 위해 단기간에 가시적인 개혁 성공 사례를 과시하는 작업도 추진했다. 일반적인 정부개혁에서도 성공적인 개혁 추진을 위해서는 적시(適時)의 단기적 성공 사례(timely short term wins)를 내보일 필요가 있다. 특히 군사정부 초기 추진된 대대적인 인적 청산작업은 부패 정치인과 부정 기업인의 처벌을 통해 군사정변의 정당성을 내보이기 위한 효과적인 단기적 개혁 성공 사례의 본보기라고 할 수 있다.

제3절 제3공화국의 정부개혁 평가

제3공화국의 정부개혁에 대해서도, 정부개혁의 목표 그 자체에 초점을 맞출 경우, 성공적인 것으로 평가할 수 있을 것이다. 즉, 당초 내세운 개혁 목표의 달성이라는 측면에서는 그렇게 평가할 수 있다. 행정개혁조사위원회가 발족하면서 내세운 개혁 목표, 즉 국정을 효율적으로 구현할 수 있는 행정 체제를 구축하고, 국가 행정의 종합적이고 균형적인 발전을 기하며, 사무관리에서 비능률적 · 비경제적인 요소를 제거하겠다는 등의 사업 목표는 성공적으로 성취한 것으로 평가할 수 있다.

특히 발전행정에 임하는 공무원들의 전문화, 기술 관료화, 능률성 제고를 위한 기술적 · 절차적 관리 개선 등은 활발히 추진된 것으로 평가받고 있다. 그리고 관리 개선 처방의 성향은 능률성 제고에 초점을 둔 전통행정학적 관점에 대체로 부합하는 것으로 인식됐다(오석홍, 2012: 251).

그러나 제3공화국에서 추진된 행정개혁은 민주성보다는 합목적성의 이념을 추구했으며, 행정기구 개편에서는 행정간소화가 중요한 원칙이 되지 못했다고 비판받기도 한다(김수영, 1996: 383). 실제로 상당수의 학자들은 제3공화국 정부 기간 동안 정부기구가 팽창한 점을 들어 당초 내세운 '행정간소화'의 목표가 실제로 지켜지지 않았다는 비판을 한다. 또한 제3공화국 기간 동안 중앙정보부 등 억압기구의 팽창을, 민주주의의 가치기준에 입각해 비판하는 학자들도 적지 않다. 그 밖에 제3공화국의 정부개혁에 대해 부정적인 평가를 하는 학자 가운데는, 제3공화국 정부의 행정개혁은 질적 개선 면에서 부진했다고 비판하기도 한다.

그러나 앞에서 논했듯이, 이러한 긍정적 · 부정적 평가들은, 평가 기준을 달리할 경우, 그 결과가 정반대로 바뀔 수 있다. 예를 들어 제3공화국의 행정개혁이 '행정간소화'의 목표를 달성하지 못했다는 비판적 평가는, 합목적성의 행정 이념을 제고했다는 긍정적 평가와 대칭점에 있다.

부언하자면 박정희 정부의 정부개혁에 대해서는 긍정과 부정의 양가적(兩價的) 평가가 모두 가능하다고 하겠다. 평가 기준을 '민주성'에 둘 경우에는 정권의 특성상 부정적 평가를 도출할 수밖에 없을 것이나, 평가 기준을 '능률성'이라는 행정관리적 가치에 둘 경우에는 긍정적 평가가 가능할 것이다. 예를 들어 제3공화국의 행정개혁은 "정치적 압력이 아닌 순수한 행정적 차원에서 이뤄진 행정개혁"이라는 제3공화국 당국자의 자화자찬적(自畵自讚的) 평가(이석제, 1967: 10)를 논외로 치더라도, 초점을 바꿔 능률성 제고라는 고전적인 행정적 가치의 제고를 위한 개혁이었다는 점에서는 '성공적'이라고 할 수 있다.

제3공화국 정부는 발족 직전인 1963년 12월 14일 정부 형태를 내각책임제에서 대통령중심제로 변경하고, 최고회의를 폐지하면서 그 소속이던 중앙정보부를 대통령 직속으로 바꿨다. 또한 내각사무처를 총무처로 개칭하고, 기획통제관을 기획조정실로 개칭해 국무총리 소속으로 두고 각 부의 기획조정관실을 기획관리실로 개편했다. 그리고 1964년 4월 24일에는 각 행정기관의 조직관리와 운영 개선을 도모하기 위해 대통령 소속으로 행정개혁조사위원회를 설치했다. 제3공화국 정부는 이와 같은 정부조직 개편을 통해 국정을 효율적으로 구현할 수 있는 행정 체제를 구축하고, 사무관리에서의 비능률적·비경제적인 요소를 제거하겠다는 등의 정부개혁 목표를 성공적으로 달성했다고 할 수 있을 것이다.

제3공화국에 들어와서는 정부조직의 큰 개편은 없었다. 앞서 살펴보았듯이, 군사정부는 민정이양을 앞둔 1963년 12월 14일의 정부조직 개편을 통해 행정기구를 사전에 정비했기 때문이다. 제3공화국 들어와서 이뤄진 주요 기구 개편을 살펴보면, 국민 경제 성장에 따른 세수 증대를 위해 국세청이 1966년 3월 3일 재무부 소속으로 신설됐으며, 뒤이어 산림자원의 보호 육성을 위한 산림청과 수산청이 신설됐다. 1967년 3월에는 과학입국을 위해 과학기술처가 설치됐으며, 1968년에는 국토통일원이 신설되고 1970년 8월에는 관세청과 병무청이 신설됐다. 되풀이 하지만, 제3공화국의 이러한 조직개편은 행정 수요의 증대에 부응한 합목적적 기준에 비춰볼 때 성공적이라고 할 수 있다.

발전행정의 이념을 추구한 제3공화국의 행정 체제가 규모 면에서 크게 팽창한 것은 사실이다. 일부 학자는 이 시기의 국가 체제를 행정국가(administrative state)로 규정하고 있으나, 복지국가를 지향하면서 불가피하게 재정 규모와 인력이 늘어난 의미에서의 행정국가라기보다는, 경제 성장을 뒷받침하고 반대 세력의 저항을 억누르기 위해 정부의 경제 관련 기구 및 억압기구가 팽창하고 민간부문에 대한 정부의 간섭이 크게 늘어났다는 의미에서의 행정국가라 할 수 있다(이종수, 2013: 185-186).

김수영(1996: 385)은, 비판적 관점에서, 제3공화국의 정부개혁은 다음과 같은 과제를 남겼다고 평가한다.

첫째, 정치적인 측면에서 안정을 표방해 학생, 지식인, 언론의 반발에 대한 탄압을 가함으로써 민주성이 결여됐다.

둘째, 사회적인 측면에서는 불균형적인 경제 개발에의 집중에만 치우쳐 이것에서 파생되는 빈부의 격차, 지대 상승, 주택난, 신구 가치 문제에 대한 해결책이 강구되지 못했다.

셋째, 조직구조 및 관리기술상에서 고도의 집권화 현상으로 인한 하부조직의 경직성, 일방적인 상의하달 명령 방식 및 형식주의 등 역기능적인 인간 행태를 조장했다.

되풀이해서 지적했듯이, 이러한 비판들은 그러나 상당수가 민주화, 분권화, 작은 정부 등 '이상적 정치 · 행정 질서'의 규범적 기준을 먼저 상정한 뒤 그러한 기준에 비춰 정부개혁을 비판하고 있다는 특징을 지닌다. 따라서 평가의 기준을 '능률성' 등 미시적 · 행정관리적 차원의 기준으로 바꿀 경우 부정적 평가는 곧바로 긍정적 평가로 바뀔 수 있을 것이다.

제4절 제4공화국의 정부개혁 평가

제4공화국의 정부개혁에 대한 평가는 ① 유신 체제의 존속을 위한 비민주적 억압 기구의 증설과 행정조직의 팽창에 대한 부정적 평가와, ② 부패의 제거를 위한 서정쇄신운동과 행정관리 개선 등 미시 차원의 개혁 성과에 대한 긍정적 평가로 나눠 볼 수 있다.

제4공화국은 1972년 10월 17일 전국에 비상계엄을 선포하고 대통령 특별 선언을 통해 국회 해산, 정당 및 정치활동 중지 등 헌법 조항의 효력을 일부 정지함으로써 출범하게 됐다. '유신체제'로 불리는 제4공화국의 정부 형태는 영도적 대통령제 또는 절대적 대통령제라 불릴 만큼 대통령의 권한이 대폭적으로 강화된 형태를 취했다.

제4공화국의 정부개혁에 대해 많은 학자들은 유신체제 자체에 대한 비판에 초점을 맞춘다. 즉, 제3공화국 정부 개혁에 대한 비판에서와 마찬가지로 중앙정보부, 경찰청 등 억압기구의 팽창을, 정치적 민주주의의 가치 기준에 입각해 비판하는 시각이 많다. 또한 고도 성장 기간 동안 확대된 정부조직의 팽창을 '작은 정부'의 관점에서 비판하기도 한다.

그러나 제4공화국 기간 동안 추진된 정부개혁에 대해서는 긍정적 평가도 적지 않다. 특히 전통적인 '능률성' 제고를 위한 제4공화국의 여러 행정관리 개선작업은 적지 않은 성과를 거둔 것으로 평가받고 있다. 즉, 행정의 과학적 관리를 통한 능률성 제고, 문서관리 · 보고관리의 개선, 사무의 표준화, 새로운 행정 수요에 적합한 기구 및 정원의 관리, 권한의 하부 위임 등은 유신 기간에 줄곧 강조되던 행정관리 개선 항목들로(박명수, 1986: 320-321, 김수영, 1996: 397; 오석홍, 2012: 255), 그 소기의 성과를 거둔 것으로 평가할 수 있다. 특히 그 가운데서도 대민 관계 법령의 정비 등 민원행정의 개선 작업은, 그것이 비록 유신 체제의 공고화를 위한 정치적 목적의 행정 체제 구축이었다는 관점에서 비판받기도 하나, 결과적으로 민원행정을 개선했다는 점에서는 평가받아야 마땅할 것이다.

제4공화국은 출범 직후인 1973년 1월 15일 정부조직을 대폭적으로 개편했다. 이 제도 개혁에서 제4공화국 정부는 실 · 국의 설치에 관한 규정을 삭제하고 이를 대통령에 위임하도록 하는 한편, 필요한 경우 대통령령으로 중앙행정기관인 위원회를 둘 수 있도록 하는 등 대통령에게 막강한 권한을 부여했다. 제4공화국 기간 동안 다섯 차례에 걸쳐 추진된 정부조직 개편에서 시대적 요구에 부응해 동력자원부, 항만청(뒤에 해운항만청으로 개칭됨), 환경청 등이 신설되고, 중화학공업추진위원회와 전자통신개발추진위원회 등이 설치됐다.

이와 같은 제4공화국의 정부조직 개편에 대해, 앞서 밝혔듯이, '작은 정부'의 관점에서 비판적 평가를 하는 일부 학자들이 없는 것은 아니나, 대부분의 행정학자들은 행정 수요의 증가에 따른 불가피한 조직 확장으로 보고 있다. 즉, 적지 않은 학자들은 박정희 정부 시기의 정부조직 확장에 대해서는 고도 성장에 수반된 행정 수요의 증가에 따른 불가피한 조직 확장으로 본다. 특히 김수영(1996: 397-398)은 급속한 경제 성장이 활발하게 이뤄졌던 이 시기에 국가 발전을 위한 공직자의 막중한 역할 때문에 정부조직 규모도 대폭 팽창됐다는 불가피성을 지적하고 있다.

제4공화국 정부는 또한 행정관리 차원의 개혁을 통해 공무원 정원을 일부 축소・조정하고 행정기구를 통합・폐지하는 조치를 취했다. 그리고 1973년 2월과 1974년 12월 두 차례에 걸친 예산회계제도의 변경을 통해 기획과 예산을 유기적으로 연계시키고, 예산의 통제 기능을 강화하는 조치를 취했다. 이러한 행정관리 차원의 개혁은 그 자체가 합리적인 것으로 평가받을 수 있을 것이다.

제4공화국의 정부개혁에 대해서는 또한 1970년대부터 국가정책적 관심사로 부각된 민원행정 개선작업도 성공적으로 추진한 것으로 평가할 수 있을 것이다.

제4공화국 정부는 또한 1975년부터 강력한 서정쇄신(庶政刷新)운동을 전개했다. 서정쇄신운동은 그 대상 범위가 매우 넓고 대통령으로부터 발상돼 하향적으로 추진된 운동이었다. 서정쇄신운동은 국가 최고지도자의 관심과 지지에 힘입어 여러 분야에 큰 충격을 주었다. '공무원의 기강 확립', '국정의 능률화' 이외에 '국가 안보 확립', '민족 중흥과 부강한 국가의 건설' 등 여러 목적을 제시한 가운데 추진된 서정쇄신운동은 사회개혁운동으로까지 그 의미가 확대됐다.

오석홍(2012: 257)은 제4공화국의 서정쇄신운동에 대해 그 성과가 만족할 만한 수준에 도달하지 못했으며 여러가지 부작용을 빚었다고 비판한다. 즉, 그는 서정쇄신운동이 고압적인 하향적 운동이었기 때문에 대부분의 공무원들이 피동적이었다는 것, 적극적인 인사 활동이 강조되지 않은 바는 아니지만 소극적・적극적 조치들이 너무 큰 비중을 차지했기 때문에 부패를 음성화하고 이른바 '역부조리'가 나타나게도 했다는 점, 숙정과 같은 처벌적 조치를 취할 때 형평을 잃는 경우가 흔히 있었다는 점, 각종 지시 사항의 적용에 통일성이 결여됐다는 점, '권력형 부조리'로 알려진 고급 계층의 비위를 시정하는 데는 무력했다는 점 등을 서정쇄신의 문제점으로 지적하고 있다.

그러나 제4공화국의 서정쇄신운동에 대해 비록 그것이 유신체제의 정당화를 위한 정치적 동기에 의해 추진됐으며, 집권적이고 권위주의적인 방법으로 추진됐다는 등 미시적 관점에서 비판이 제기되기도 하나, 제4공화국의 서정쇄신운동은 그것이 '정치적 동기'에 의해 추진됐다 하더라도, 행정의 능률화 및 부조리 발생 소지의 제거를 위한 실질적인 제도 개선으로 이어졌다는 점은 평가받아 마땅하다고 생각된다.

참고 문헌

국무총리 행정조정실(1976-79). 서정쇄신 추진상황 보고.

권오상(1966). 우리나라 행정개혁사업 개요. 총무처. 행정관리, 5(2).

김광석 · 박준경(1979). 한국경제의 고도성장 요인. 서울: 한국개발연구원.

김광웅(1999). 제2차 정부개혁의 모순과 한계. 한국행정학회. 한국행정학회 특별 세미나 논문집.

김수영(1996). 총합 행정개혁론. 서울: 법률계.

김정렴(1997). 아, 박정희. 서울: 중앙M&B.

노정현 · Roy W. Shin(1997). *Administrative reform and Korean transformation*. 서울: 한국행정연구원.

문화공보부(1976). 서정쇄신.

문희석(1967). 우리나라 행정개혁의 발자취. 국회보(1967.8).

박동서(1998). 행정개혁의 연구와 개혁-궤도수정. 한국행정학보, 32(1).

박명수(1986). 한국행정론. 서울: 대왕사.

박정희(1963). 국가와 혁명과 나. 서울: 향문사.

______(1978). 민족중흥의 길. 서울: 광명출판사.

박희범(1968). 한국경제성장론. 서울: 고려대출판부.

사공일 · L. P.존스(1986). 경제개발과 정부 및 기업가의 역할. 서울: 한국개발연구원.

서울대 행정대학원(1986). 한국행정의 역사적 분석(1968～1984). 서울대학교출판부.

오석홍(1977). 한국정부의 서정쇄신에 관한 연구: 행정체제 내의 부패 제거 작업을 중심으로. 행정논총, 15(1).

______(2003, 2012). 행정개혁론. 서울: 박영사.

이대희 외(2014). 행정사(개정판). 서울: 대영문화사.

이석제(1967). 우리나라 행정개혁. 행정논총, 6(1).

이종수(2005). 정부혁신의 메커니즘과 전략. 서울: 대영문화사.

______(2006). 정부혁신의 미래 비전. 한국행정연구원.

______(2008). 우리나라 역대 행정부의 정책체제의 특징에 관한 고찰. 한국행정사학회. 한국행정사학지, 23: 77-103.

______(2013). 새행정개혁론. 서울: 대영문화사.

임도빈(2008). 행정사상. 한국행정연구원. 한국행정 60년 1: 배경과 맥락. 서울: 법문사.

임현진 · 송호근(1994). 박정희 체제의 지배 이데올로기. 역사문제연구소 편. 한국정치의 지배이데올로기와 대항이데올로기: 169-207. 서울: 역사비평사.

장동희(1988). 한국행정사. 서울: 법문사.

조석준(1964). 제삼공화국과 행정개혁의 방향. 신세계, 3(2): 178-186.

______(1968a). 한국 군사정부 하에 있어서의 두개의 행정개혁에 관한 비교연구: 제1차 경제개발5개년계획과 기본운영계획제도. 서울대학교 행정대학원. 행정논총, 6(2): 95-120.

______(1968b). 군사혁명정부와 조직개편. 행정논총, 6(1): 215-235.

______(1968c). 행정조직개편의 동기와 방향 : 스물두 번에 걸친 중앙행정기구 개편의 경험: 생성과 변혁 20년. 한국정경연구소. 정경연구, 43: 100-107.

______(1970). 정부행정기구개편의 평가. 세대 8(통권 81호): 72-79.

조영재 (1980). 한국의 서정쇄신론. 서울: 율성사.

한국군사혁명사편찬위원회 편 (1963). 한국군사혁명사: 제1편(하). 서울: 국가재건최고회의.

한국행정문제연구소 편 (1968). 한국행정의 역사적 분석(1948～1967). 서울: 서울대학교출판부.

한국행정연구원 (2008). 한국행정 60년(1-4). 서울: 법문사.

황인정 (1985). (증보)행정과 경제개발: 한국발전정부론. 서울: 서울대출판부.

Caiden, Gerald E. (1969). *Administrative Reform*. Chicago: Aldine Publishing Company.

______(1978). Administrative Reform: A Prospectus. *International Review of Administrative Sciences,* 44: 106-120.

Cole, D. C. & P. N. Lyman (1971). *Korean Development: the interplay of politics and economics*. Cambridge, Mass.: Harvard University Press.

Durnford, Trevor (2004). *Building the Foundation for Successful Change*. http://www/isixsigma.com/library/content/c040329a.a

Kotter, John P. (1995). Leading change: why transformation efforts fail. *Harvard Business Review*, March-April, 59-65.

Nutt, P. C. & R. W. Backoff (1997). Crafting a Vision. *Journal of Management Inquiry,* 6(4): 308-328.

Ro, Chung-hyun eds. (1996). *Korea in the Era of Post-Development and Globalization: Tasks of Public Administration*. Seoul: Korea Institute of Public Administration.

Washington, Marvin, Stephen Hacker, & Marla Hacker (2004). Five Components of Successful Change: The importance of Vision, Leadership, Strategic Plan, Political Plan, and Burning Platform in undergoing Transformation Projects. in http://mwashington.ba.ttu.edu/FIVE%20-COMPONENTS%20OF%20SUCCESSFUL%20CHANGE-anahuac.pdf.

찾아보기

『대한민국 역대 정부 주요 정책과 국정운영』 편찬위원 및 참여 인력

발행인: **이은재**(한국행정연구원 원장)

자문위원(가나다순)

김석준(안양대 총장)
박영희(건국대 명예교수)
안병만(전 교육과학기술부 장관)
윤정길(건국대 명예교수)
이달곤(가천대 교수)
정정길(울산대학교 재단이사장, 전 대통령 실장)
정형근(전 국회의원)

편집위원(가나다순)

김성배(숭실대 교수)
박양호(홍익대 교수)
이대희(광운대 교수)
주재현(명지대 교수)
최흥석(고려대 교수)
하미승(건국대 교수)
한표환(충남대 교수)

집필위원

서론: **안병만**(전 교육과학기술부 장관)

이승만 정부

김종철 연세대학교 법학전문대학원 교수(jkim386@yonsei.ac.kr)
남정옥 군사편찬연구소 책임연구원(yalu5812@hanmail.net)
박태균 서울대학교 국제대학원 교수(tgpark3@gmail.com)
박희봉 중앙대학교 행정학과 교수(hbpark@cau.ac.kr)
신윤창 강원대학교 공공행정학과 교수(ycshin@kangwon.ac.kr)

이대희 광운대학교 행정학과 교수(nulbo@hanafos.com)
이서행 한국학중앙연구원 명예교수(leeslow@aks.ac.kr)
이주천 원광대학교 사학과 교수(jucheon@wonkwang.ac.kr)
최신융 숙명여자대학교 행정학과 교수(shinyung@sookmyung.ac.kr)

장면 정부
김정렬 대구대학교 도시행정학과 교수(jykim@daegu.ac.kr)
백학순 세종연구소 수석연구위원(hspaik@sejong.org)

박정희 정부
강 욱 경찰대학교 행정학과 교수(kangmsu@gmail.com)
김재훈 서울과학기술대학교 행정학과 교수(jhkim@snut.ac.kr)
배용수 공주대학교 행정학과 교수(ysbae@kongju.ac.kr)
소순창 건국대학교 행정학과 교수(sosoon74@kku.ac.kr)
소진광 가천대학교 행정학과 교수(sojk514@gachon.ac.kr)
이원희 한경대학교 행정학과 교수(wonheeldaum@daum.net)
이종수 한성대학교 명예교수(jlee@hansung.ac.kr)
임도빈 서울대학교 행정대학원 교수(tobin@snu.ac.kr)
임동진 순천향대학교 행정학과 교수(djlim@sch.ac.kr)
하미승 건국대학교 행정학과 교수(hms5555@konkuk.ac.kr)

전두환 정부
강일규 한국직업능력개발원 선임연구위원(kangig@krivet.re.kr)
권용수 건국대학교 행정학과 교수(yskwon@konkuk.ac.kr)
김현준 고려대학교 행정학과 교수(joonk@korea.ac.kr)
박진근 연세대학교 명예교수(pck@yonsei.ac.kr)
박치성 중앙대학교 행정학과 교수(csp7111@gmail.com)
오재록 전주대학교 행정학과 교수(jaerokoh@gmail.com)
임태성 한양대학교 예체능대학 생활스포츠학부 교수(limts@hanyang.ac.kr)
임혁백 고려대학교 정치외교학과 교수(hyugim@korea.ac.kr)
홍성걸 국민대학교 행정학과 교수(sghong@kookmin.ac.kr)

노태우 정부
김규륜 한국통일연구원 선임연구위원(krkim@kinu.or.kr)
김근세 성균관대학교 행정학과 교수(seogam@skku.edu)
김태룡 상지대학교 행정학과 교수(trkim@sangji.ac.kr)
박양호 홍익대학교 스마트도시과학경영대학원 교수(yhpark@gri.re.kr)

변병설 인하대학교 행정학과 교수(byun@inha.ac.kr)
심상용 국방대학교 교수(sysim60@hanmail.net)
서순탁 서울시립대학교 도시행정학과 교수(stsuh@uos.ac.kr)
이 송 서울시립대학교 명예교수(scugeo@uos.ac.kr)
하태수 경기대학교 행정학과 교수(taesooha@hanmail.net)

김영삼 정부
김병문 안동대 행정학과 교수(byungmk@andong.ac.kr)
금창호 한국지방행정연구원 선임연구위원(gch@krila.re.kr)
심익섭 동국대 행정학과 교수(shim@dongguk.edu)
이남국 부경대학교 행정학과 교수(namkuk@pknu.ac.kr)
이상록 국사편찬위원회 편사연구사(rok@mest.go.kr)
이창원 한성대 행정학과 교수(gosoo717@daum.net)
최진욱 고려대학교 행정학과 교수(jinchoi@korea.ac.kr)
한표환 충남대학교 국가정책대학원 교수(hph1234@cnu.ac.kr)
황지환 서울시립대학교 국제관계학과 교수(whang38@gmail.com)

김대중 정부
김병숙 건국대학교 행정대학원 교수(mishell572@hanmail.net)
김성재 연세대학교 김대중도서관 석좌교수(mooksan11@gmail.com)
문정인 연세대학교 정치외교학과 교수(cimoon@yonsei.ac.kr)
박종철 한국통일연구원 선임연구위원(pjc@kinu.or.kr)
서원석 한국행정연구원 선임연구위원(swonseok@kipa.re.kr)
송하중 경희대학교 행정학과 교수(hahzoong@khu.ac.kr)
이인실 서강대학교 경제학과 교수(insill723@sogang.ac.kr)
이주헌 서울시립대학교 행정학과 교수(jules529@uos.ac.kr)
최흥석 고려대학교 행정학과 교수(hschoi@korea.ac.kr)

노무현 정부
류석진 서강대학교 정치외교학과 교수(sjlew@sogang.ac.kr)
주재현 명지대학교 행정학과 교수(jhjoo61@mju.ac.kr)
변창흠 세종대학교 행정학과 교수(changbyeon@sejong.ac.kr)
성경륭 한림대학교 사회학과 교수(cosmos201@gmail.com)
안성호 대전대학교 행정학부 교수(shahn@dju.ac.kr)
이수훈 경남대학교 극동문제연구소 교수(leesh@kyungnam.ac.kr)
장지호 한국외국어대학교 행정학과 교수(jhufs@hufs.ac.kr)
장혜경 한국여성정책연구원 선임연구위원(hkchang@kwdimail.re.kr)

황혜신 한국행정연구원 선임연구위원(hwanghs@kipa.re.kr)

이명박 정부

김관보 가톨릭대학교 행정학과 교수(kwanbo@catholic.ac.kr)
김동욱 서울대학교 행정대학원 교수(dong@snu.ac.kr)
김상협 KAIST 경영대학원 교수(conanstory@gmail.com)
김성배 숭실대학교 행정학과 교수(graal@ssu.ac.kr)
김영한 성균관대학교 경제학과 교수(kimyh@skku.edu)
박정수 이화여대학교 행정학과 교수(parkj@ewha.ac.kr)
박천오 명지대학교 행정학과 교수(chpark@mju.ac.kr)
안형기 건국대학교 행정학과 교수(hkahn01@kku.edu)
윤창현 한국금융연구원 원장(jisun@kif.re.kr)
하혜수 경북대학교 행정학과 교수(hasoo@knu.ac.kr)

결론: **김석준**(안양대 총장)

사업총괄 책임

양현모 한국행정연구원 선임연구위원

정부별 간사

이승만/장면 정부: 조세현 한국행정연구원 부연구위원
박정희 정부: 황혜신 한국행정연구원 선임연구위원
전두환 정부: 김영록 한국행정연구원 부연구위원
노태우 정부: 윤종설 한국행정연구원 부연구위원
김영삼 정부: 임성근 한국행정연구원 부연구위원
김대중 정부: 오윤경 한국행정연구원 부연구위원
노무현 정부: 허준영 한국행정연구원 부연구위원
이명박 정부: 최순영 한국행정연구원 연구위원

사업총괄 지원

장지원 한국행정연구원 전문연구원

행정 지원

김두진 한국행정연구원 행정원
김유진 한국행정연구원 위촉연구원

대한민국 역대 정부 주요 정책과 국정운영
제2권: 박정희 정부

펴낸날: 제1판 제1쇄 2014년 12월 31일
엮은이: 한국행정연구원
펴낸이: 임춘환
펴낸곳: 도서출판 대영문화사
주소: 서울특별시 용산구 청파로 61길 5 (청파동 1가) 제일빌딩 2층
등록: 1975년 12월 26일 제3-16호
전화: (02)716-3883, (02)714-3062
FAX: (02)703-3839
홈페이지: http://www.dymbook.co.kr

ISBN 978-89-7644-506-3
ISBN 978-89-7644-513-1(세트)

[값 20,000원]